C·H·Beck
PAPERBACK

Die Geschichte der politischen Philosophie ist ein Spiegel der politischen Geschichte. Günter Zöller führt uns durch zweieinhalb Jahrtausende des philosophischen Nachdenkens über Politik – von der griechischen und römischen Antike über das europäische Mittelalter und die Neuzeit bis in die jüngere und jüngste Gegenwart. In vierzehn geographisch und historisch gegliederten Kapiteln werden je drei repräsentative Denker mit ihren klassischen Texten knapp und konzise dargestellt. Im Mittelpunkt steht dabei durchweg das faszinierende Wechselspiel von politischer Geschichte und politischer Philosophie: Die politische Philosophie ist sowohl der unmittelbare Reflex der zeitgenössischen Verhältnisse als auch die kritische Reflexion auf sie. Gegenstand der Überblicksdarstellung ist so der ambivalente Charakter der politischen Philosophie zwischen historischer Abhängigkeit und überhistorischem Anspruch.

Günter Zöller ist em. Professor für Philosophie an der Ludwig-Maximilians-Universität München. Zuletzt sind von ihm in der Reihe C.H.Beck Wissen erschienen: «Philosophie des 19. Jahrhunderts. Von Kant bis Nietzsche» (2018) und «Hegels Philosophie. Eine Einführung» (2020).

Günter Zöller

GESCHICHTE DER POLITISCHEN PHILOSOPHIE

Von der Antike bis zur Gegenwart

C.H.BECK

Originalausgabe

www.chbeck.de
Umschlaggestaltung: Kunst oder Reklame, München
Umschlagabbildung: Le Serment du Jeu de Paume
(The Tennis Court Oath). Jacques Louis David.
Pen and ink (1791–1792) 66 × 101 cm MV 8409
© akg-images / Erich Lessing
Satz: C.H.Beck.Media.Solutions, Nördlingen
Druck und Bindung: Druckerei C.H.Beck, Nördlingen
Printed in Germany
ISBN 978 3 406 81470 9

myclimate

verantwortungsbewusst produziert
www.chbeck.de/nachhaltig

Inhalt

Vorwort

Der folgende Abriss der (westlichen) politischen Philosophie in ihrer geschichtlichen Entwicklung von der klassischen Antike über das christlich geprägte Mittelalter bis zur Neuzeit und zu den jüngeren und jüngsten Entwicklungen stellt repräsentative philosophische Positionen zu den Formen und Normen der politischen Gemeinschaft in den jeweiligen Kontext von Staat und Gesellschaft. Durch die Verbindung von politischer Philosophie mit politischer Geschichte soll das philosophische Denken in seinen Zeitbezügen erhellt werden; umgekehrt soll die politische Wirklichkeit in ihren gedanklichen Voraussetzungen und Hintergründen erkennbar werden.

Die Darstellung verläuft in vierzehn chronologisch angeordneten Kapiteln mit je drei politisch-philosophischen Klassikern, die in ihrer Verschiedenheit oder gar Gegensätzlichkeit die Spannweite des Denkens der jeweiligen Epoche vermitteln sollen. Dabei steht jedes Kapitel unter einem Epochentitel, dem zusätzlich jeweils ein Paar politisch-philosophischer Grundbegriffe zugeordnet wird. Den Anfang macht ein einführendes Kapitel zum generellen Verhältnis von Philosophie und Politik. Auf den kurzen Schluss zur philosophischen Einschätzung der gegenwärtigen globalen politisch-philosophischen Lage folgen noch Literaturhinweise und ein Personenregister mit integrierter Chronologie.

Die Darstellung der philosophisch-politischen Positionen ist durchweg allgemein verständlich gehalten, ohne aber auf politische Trennschärfe und philosophische Tiefenschärfe zu verzichten. Besondere Aufmerksamkeit erfahren die Grundbegriffe des politischen Philosophierens in ihrem Bedeutungs- und Wertewandel über unterschiedliche Kulturen und deren Vokabular hinweg. Der Abriss kann geschlossen als Gesamtdarstellung gelesen werden, ist aber auch für die kapitelweise Lektüre in individueller Anordnung geeignet. Während die Darstellung – bei aller zeitlichen

Spannweite – auf den westeuropäischen und nordamerikanischen Raum, in dem der Autor philosophisch aufwuchs und weiterhin wirkt, beschränkt bleibt, hat sein Blick für die Identität wie Diversität der westlichen politischen Philosophie beträchtlich gewonnen von der Außenperspektive auf das Eigene, die ihm seine zahlreichen Lehr- und Forschungsaufenthalte in den philosophischen und politischen Kulturen Süd-, Mittel- und Osteuropas, des Fernen Ostens, Australasiens und Lateinamerikas vermittelt haben.

Das Buch widmet der Autor seiner Ehefrau, ohne deren wunderbare Unterstützung während und nach seiner zweiten lebensgefährlichen Erkrankung in ihren knapp viereinhalb Jahrzehnten des Zusammenlebens wohl weder das Werk noch sein Autor existieren würden.

Einleitung: Philosophie und Politik

«Wer nicht von dreitausend Jahren
Sich weiß Rechenschaft zu geben,
Bleib im Dunkeln unerfahren,
Mag von Tag zu Tage leben.»

Johann Wolfgang von Goethe,
West-östlicher Divan (1819)

Die Bezeichnung «politische Philosophie» ist jüngeren Datums, doch die damit bezeichnete Sache geht auf die Anfänge der (westlichen) Philosophie überhaupt im alten Griechenland vor gut zweieinhalb Jahrtausenden und insbesondere auf das erste philosophische Nachdenken über die «politischen Dinge» (*ta politika*) im klassischen Athen zurück. Viele der Aufgabenstellungen, Lösungsansätze und Begriffsbildungen der politischen Philosophie aus Geschichte und Gegenwart sind letztlich griechischen Ursprungs. Seit ihren ersten Anfängen hat sich die politische Philosophie aber auch fortlaufend verändert, in der Regel im unmittelbaren Zusammenhang mit den sich wandelnden politischen Verhältnissen. Mehr als andere Gebiete der Philosophie ist die politische Philosophie von der Geschichte und speziell von der politischen Geschichte geprägt, weshalb man sie auch am besten durch ihre Geschichte kennenlernt. Dann erst wird die Spannbreite des philosophischen Nachdenkens über die politischen Dinge wie auch das philosophisch reflektierte Spektrum der politischen Verhältnisse selbst deutlich.

Historisch gesehen beinhaltet die griechisch inspirierte Wortbildung «politische Philosophie» einen eklatanten Gegensatz, ja eine Widersinnigkeit. Die Philosophie gilt seit ihren griechischen Anfängen als die kontemplative Lebensform (*theoria*) schlechthin, während die Politik die herausragende Form des menschlichen Handelns (*praxis*) darstellt. Vor diesem Hintergrund gründet die politische Philosophie als philosophische Theorie über die politische Praxis in einer zweifachen Einsicht. Zum einen ist die Philosophie bei all ihrem kontemplativen Charakter wesentlich auf die Anwendung ihrer Einsichten im Leben, darunter auch und gerade im politischen Leben, ausgerichtet. Zum anderen ist umgekehrt das politische Handeln angewiesen auf die Einsichten der Philosophie in die Dinge und speziell in die politischen Dinge. Philosophie ohne Politik ist leer; Politik ohne Philosophie ist blind.

Die enge Verbindung von Theorie und Praxis in der politischen Philosophie zeigt sich in der Geschichte auch immer wieder daran, wie politische Praktiker philosophieren und wie philosophische Theoretiker sich in die Politik einmischen – Letzteres, wenn nicht als philosophisch geschulte Politiker, so doch als politisch versierte und orientierte Philosophen, die auf die Politik durch Wort und Schrift Einfluss zu nehmen streben. Platons ebenso berühmte wie berüchtigte Auslassung, dass entweder die Könige Philosophen oder aber die Philosophen Könige zu werden hätten, ist nur der extreme Ausdruck der gezielten Zusammenführung von Erkennen und Handeln, von Wissen und Wirkung, von Reflexion und Tat im Grundgedanken der politischen Philosophie selbst. Für die so verstandene politische Philosophie hat die Philosophie als solche politisch zu sein, so wie umgekehrt die Politik als solche philosophisch geprägt sein soll.

Neben die fordernde Haltung der Philosophie an die Politik tritt in der Geschichte der politischen Philosophie aber immer wieder auch die kritische Distanz der politischen Philosophie gegenüber der politischen Praxis und der praktischen Politik, insbesondere der zeitgenössischen Politik. Die politische Philosophie bezieht dabei, ihrer allgemeinen Verfahrensweise gemäß, eher Stellung zu grundsätzlichen Fragen und Problemen, als sich in die konkreten Debatten und aktuellen Kontroversen einzumischen. Oft gehen jedoch von den generellen Überlegungen der politischen Philosophie Anregungen und Einflüsse aus, die – früher oder später – in der Politik Wirkung zeigen.

Zusammen mit dem innovatorischen Potential finden sich in der Geschichte der politischen Philosophie aber auch gezielte Bemühungen, scheinbar vergangene oder entlegene Positionen und Einstellungen in Erinnerung zu bringen oder wiederzubeleben, wenn auch zumeist in veränderter, den jeweiligen aktuellen Umständen angepasster Form. Die politische Philosophie erscheint so im Medium ihrer Geschichte als ebenso fortschrittlich wie bewahrend. Gelegentlich ist dabei die fortschrittliche Einstellung auch und gerade bewahrend angelegt und die bewahrende Haltung durchaus fortschrittlich ausgerichtet.

Die charakteristische Ausrichtung der politischen Philosophie über die Tagespolitik hinaus auf das eher Allgemeine und verhältnismäßig Unveränderliche an den politischen Problemen und Perspektiven bestimmt auch den Politikbegriff, mit dem die Philosophie operiert. Es geht in der politischen Philosophie in der Regel nicht um partikulare politische Entscheidungen, sondern um die politische Dimension menschlicher Existenz insgesamt. Statt von «der Politik» in der Vielfalt ihrer Erscheinungsformen handelt die politische Philosophie von «dem Politischen» als solchem – in dessen Grundgestalten und elementaren Funktionen. Dabei unterliegt allerdings auch der Begriff des Politischen dem geschichtlichen Wandel. Das sich verändernde Grundverständnis dessen, was die politische Lebensform insgesamt und im Allgemeinen beinhaltet, kann sogar die politische Gesamtverfassung der jeweiligen Zeit und ihres Grundverständnisses politischer Verhältnisse anzeigen.

Als eine Form der Philosophie, deren eigenes Gebiet und separate Disziplin sich erst spät ausgestalteten, ist die politische Philosophie über weite Teile ihrer Geschichte mit sachlich benachbarten Formen der Philosophie verbunden. Dazu zählt vor allem die philosophische Reflexion über Recht und Gesetz als Normen eigener Art für das Zusammenleben in Gemeinschaft und Gesellschaft. Auch hier ist der disziplinäre Titel «Rechtsphilosophie» eine Wortprägung jüngeren Datums. Sodann kommt es immer wieder zu Überschneidungen der politischen Philosophie im engeren Sinne mit der Geschichtsschreibung über politische Verläufe und Ereignisse, die ihrerseits nicht selten in philosophischer Betrachtungsweise und aus der Perspektive der politischen Philosophie unternommen wird.

Auch das philosophische Nachdenken über die Geschichte im Hinblick auf ihren Gesamtverlauf und hinsichtlich ihrer allgemeinen Sinnhaftigkeit, für die sich – ebenfalls erst spät – der separate Titel «Geschichtsphilosophie» einbürgerte, bewegt sich oft in den Bahnen der politischen Philosophie, insofern es überwiegend um die Philosophie der politischen Geschichte geht. Des Weiteren steht die philosophische Beschäftigung mit der Religion im Allgemeinen und mit den geschichtlichen Formen von Religion im Besonderen traditionell in enger Verbindung zur politischen Philosophie und ihrer Geschichte. Das gilt insbesondere für solche historischen und gegenwärtigen Formen des politischen Lebens, die spezifisch religiös begründet oder geprägt sind.

Vor allem aber überlappt sich die politische Philosophie historisch gesehen immer wieder mit der Ethik, mit der sie die normative Perspektive auf das gemeinschaftliche und gesellschaftliche Leben teilt, auch wenn es in der Ethik häufig nicht um formell fixierte Regeln geht, wie sie im Mittelpunkt des politischen (und rechtlichen) Rückgriffs auf Gesetze stehen. Nicht zuletzt geht es im Verhältnis der politischen Philosophie zur Geschichts-, Rechts-, Religions- und Moralphilosophie aber auch um die Abgrenzung des Politischen als einer eigenen und eigengesetzlichen Sphäre von den verwandten, aber konkurrierenden Ansprüchen an die richtige Lebensführung, die aus Recht, Religion und Ethik erwachsen.

Die traditionell enge Nachbarschaft der politischen Philosophie zu Recht, Religion und Ethik, verbunden mit der ausgedehnten und abwechslungsreichen Geschichte der politischen Philosophie selbst, verlangen von einer historisch angelegten Darstellung der politischen Philosophie kluge Auswahl sowie zweckmäßige

Schwerpunktsetzung. Dementsprechend geht es im Folgenden vor allem darum, das philosophische Verständnis der politischen Lebensform in seinen geschichtlich manifesten Grundzügen und hauptsächlichen Entwicklungslinien herauszuarbeiten. Im Mittelpunkt steht dabei die Frage nach Herkunft, Begründung und Ausgestaltung von politischer Herrschaft ganz generell. Der damit gegebene Grundbegriff von Regierung (griechisch *kratia*, lateinisch *gubernatio*, französisch *gouvernement*, englisch *government*) führt zu den zugeordneten politisch-philosophischen Grundunterscheidungen zwischen Regierenden und Regierten ganz generell, sodann zwischen den verschiedenen Arten von Regierung über Regierte und schließlich zwischen den Formen der Teilhabe der Regierten an der Regierung.

Zu den zentralen Themen und Problemen der solcherart fokussierten philosophischen Geschichte von politischer Regierung gehören die essentielle Funktion von Gesetz und Gewalt, das gegenseitige Bedingungsverhältnis von Freiheit und Vorschrift sowie der herausgehobene Status des Gemeinwohls gegenüber dem Wohlergehen der Einzelnen. Von besonderer Bedeutung ist dabei die schrittweise Anbahnung der gegenwärtig für gültig erachteten Prinzipien von Freiheit und Gleichheit – von gleicher Freiheit – im Verlauf der langen, aber keineswegs linearen Geschichte der politischen Philosophie.

Doch geht es umgekehrt auch darum, jüngere politisch-philosophische Entwicklungen wie den (politischen) Liberalismus und Konservativismus in einen weiteren historischen Horizont zu stellen, der ihnen den Anschein von Letztgültigkeit und Einmaligkeit zu nehmen geeignet ist. Durch ihre historisch geprägte Perspektive auf das politisch-philosophische Panorama der Gegenwart unterscheidet sich die politische Philosophie auch von der politischen Wissenschaft, die vor allem auf die Gegenwart und deren Wertvorstellungen bezogen ist.

Unter dem leitenden Gesichtspunkt der geschichtlich veränderlichen Konstellation von Regierung, Regierenden und Regierten gestaltet sich die folgende Geschichte der politischen Philosophie als Parcours in vierzehn Stationen. Jede Station entspricht einer geographisch-geschichtlichen Epoche, deren politischer Charakter jeweils von drei philosophischen Figuren repräsentiert und reflektiert wird. Im Ganzen kommen so 42 Figuren zur Darstellung. Dabei finden nicht nur Philosophen im engeren Sinn Berücksichtigung, sondern auch Historiker, Juristen und Staatsmänner. Es ist der historischen Geschlechterpolitik geschuldet, dass – von Ausnahmen abgesehen – eigentlich erst im zwanzigsten Jahrhundert Philosophinnen mit eigener Stimme zum zuvor männlich dominierten politisch-philosophischen Diskurs beitragen.

In nicht wenigen Fällen sind die als repräsentativ ausgewählten Autoren (und Autorinnen) nicht nur in der politischen Philosophie aktiv und produktiv, sondern in der Philosophie insgesamt oder zumindest in weiteren ihrer Hauptgebiete. In anderen Fällen ist dagegen das politisch-philosophische Werk die eigentliche Lebensleistung des Autors (oder der Autorin). Nicht selten erfolgt der spezifische Beitrag zur Geschichte der politischen Philosophie in Gestalt eines einzelnen, überdies monumentalen Werks, für das sein Urheber Ruhm und Anerkennung gefunden hat. Die folgende Darstellung der politischen Philosophie lässt sich deshalb auch lesen als geschichtlich-gedankliche Einführung in das weitere Studium und das eigene Erkunden der legendären Hauptwerke der politischen Philosophie.

Zur Zitierweise

Verweise auf die behandelten klassischen Werke der politischen Philosophie erfolgen im fortlaufenden Text unter expliziter oder impliziter Angabe der Grobgliederung des jeweiligen Werks, in der Regel nach Buch und Kapitel, gegebenenfalls – um Verwechslungen bei mehreren vorgestellten Werken zu vermeiden – unter zusätzlicher Angabe des Kurztitels des betreffenden Werks. Handliche deutschsprachige Ausgaben der klassischen Werke sind in den Literaturhinweisen am Ende des Bands aufgelistet. Ebenfalls im laufenden Text sind in Klammern wichtige originale Ausdrücke (auf Griechisch, Latein, Italienisch, Französisch, Englisch und Deutsch) aus den behandelten Werken aufgeführt. Griechische Termini sind dabei in lateinischer Schrift wiedergegeben; ē steht für langes e (ēta), ō für langes o (omega).

1.
Das antike Athen: Oligarchie und Demokratie

Viele der noch heute gebräuchlichen Grundbegriffe der politischen Theorie und Praxis sind sprachlich wie gedanklich griechischen Ursprungs. Demokratie («Volksherrschaft») ist da nur das herausragende Beispiel – und zugleich das Paradebeispiel – für den immensen Bedeutungs- und Wertewandel, dem politische Grundbegriffe über zweieinhalb Jahrtausende hinweg unterliegen können. Die fortgesetzte griechische Prägung der Politik wie der Reflexion über Politik ist kein Zufall, können die Griechen doch geradezu als die eigentlichen Entdecker und ersten Erkunder der Sphäre des Politischen und darüber hinaus als die förmlichen Erfinder des Nachdenkens über Politik gelten. Auch waren sie die Ersten, die im Modus des Vergleichs über die verschiedenen Formen und Arten von politischer Herrschaft nachdachten und dabei Maßstäbe für die Beurteilung und Einschätzung der konkurrierenden Systeme entwickelten. Darüber hinaus sind das politische Denken der Griechen und ihr Denken ganz generell geprägt durch Debatte und Dialog. Die griechische Erfindung der politischen Lebensform geht einher mit der Entwicklung von Redekunst (Rhetorik) und Denkkunst (Dialektik) als lernbaren Techniken für den produktiven Umgang mit Widerstreit und Widerspruch. Entwickelt und vermittelt wird die reflektierte Begründung von politischen Positionen und Praktiken in den konkurrierenden Wissens- und Weisheitslehren (Sophistik, Philosophie) des fünften und vierten vorchristlichen Jahrhunderts, die vor allem in Athen zur Ausbildung kommen.

Der konkrete Kontext für die griechische Ausbildung und Ausgestaltung des politischen Lebens ist die vielfältige und ausgedehnte Entwicklung des Bürgerstaats (*polis*, Plural *poleis*) in Griechenland und in den im Rahmen der Großen Kolonisation (8. bis 6. Jahrhundert v. Chr.) griechisch besiedelten Küstenregionen und Inseln des Mittelmeerraums (östliche und nördliche Ägäis, Süditalien, Sizilien, illyrische Küste, Korsika, Südfrankreich) sowie der südlichen und westlichen Schwarzmeerküste. In spätarchaischer und klassischer Zeit, vom Beginn des siebten Jahrhunderts bis zum Ende des vierten Jahrhunderts v. Chr., existieren im griechisch geprägten Kulturraum Hunderte solcher lokalen politischen Gebilde, die jeweils einen städtischen Siedlungskern und dessen agrarisches Umland umfassen.

In historischer Perspektive löst die Polis-Kultur nach einer schwierig einzuschätzenden Zwischenzeit («dunkle Jahrhunderte») die spätbronzezeitliche Palastkultur des Mykenischen Zeitalters (ca. 1600 bis 1000 v. Chr.) ab, wie sie in Homers *Ilias* widergespiegelt ist. An die Stelle regierender Häuser tritt in den Polisverfassungen die Selbstverwaltung der Bürgerschaft, zunächst noch unter der Vorherrschaft herausragender lokaler Adelsfamilien, dann auch unter Einbezug zunehmend breiterer Bevölkerungskreise. Am Übergang von der alten Elitenherrschaft zur neuen Volksherrschaft erscheinen nicht selten örtlich Gewaltherrscher (Tyrannen), die populäre und autoritäre Züge geschickt und wirksam verbinden. Auch variiert die institutionelle und informelle Einrichtung und Ausgestaltung der Polis – ihre Verfassung (*politeia*) – beträchtlich und ist wesentlich geprägt von den jeweiligen lokalen geschichtlichen Überlieferungen und geographischen Umständen.

Die enorme Spannweite bei der Ausgestaltung und Einrichtung der griechischen Polisformen erweist sich eindrücklich an den diametral entgegengesetzten politischen Gebilden Athen und Sparta. Sparta, auf der Halbinsel Peloponnes gelegen, ist ausgesprochen konservativ ausgerichtet: Die Führungsschicht (Spartiaten) widmet sich ganz dem Militärdienst, lebt in Gemeinschaftsunterkünften ohne Privateigentum, erzieht auch die Kinder gemeinschaftlich und überlässt Landwirtschaft, Gewerbe und Handel anderen, abhängigen Bevölkerungsschichten, darunter den Nachfahren unterworfener Nachbarpopulationen (Heloten). Athen wiederum, in unmittelbarer Nähe eines Hafens (Piräus) in Attika gelegen, profiliert sich im Laufe des fünften Jahrhunderts v. Chr. als Zentrum von künstlerischem, literarischem, philosophischem und politischem Fortschritt, aber auch als weithin einflussreiche See- und Handelsmacht. Das weiterhin aristokratisch regierte Sparta und das zunehmend demokratisch verfasste Athen entwickeln sich praktisch zeitgleich zu griechischen Großmächten im Kontext der konkurrierenden Bündnisse (Symmachien) von Attischem Seebund und Peloponnesischem Bund.

Die einander entgegengesetzten politischen Lebensformen Athens und Spartas haben die Geschichte der politischen Philosophie seit ihren Anfängen und bis in die jüngste Gegenwart ebenso inspiriert wie auch immer wieder irritiert. So reagieren die griechischen Anfänge der politischen Philosophie unmittelbar auf die zeitgenössische politische Landschaft mit ihrer Spaltung zwischen eher beharrenden und stärker fortschrittlichen Formen der politischen Gemeinschaft. Aber auch in späteren Zeiten liefern die politischen Kulturen von Athen und Sparta Orientierung und Motivation für die Einrichtung und Ausgestaltung politischer Gebilde in der Spanne zwischen einem eher egalitären und kollektivistischen und einem eher liberalen und individualistischen Verständnis von politischer Gemeinschaft.

Thukydides

Der langwierige Entwicklungsprozess Athens zur politischen Grundverfassung der Volksherrschaft (attische Demokratie) wird getragen von einer Reihe namentlich bekannter Staatsmänner und politischer Reformer, vor allem Solon (um 640–um 560 v. Chr.), Kleisthenes (um 570–507 v. Chr.) und Ephialtes (?–461 v. Chr.). Die Hauptquelle für die einander ablösenden, zunehmend demokratisch orientierten Verfassungen Athens vom Ende des siebten bis zum Ende des fünften Jahrhunderts v. Chr. ist ein erst am Ende des neunzehnten Jahrhunderts im Sand Ägyptens wiederentdeckter kurzer Text, *Die Verfassung der Athener* (*Athenaiōn Politeia*), der auf Aristoteles (384 v. Chr.–322 v. Chr.) oder seinen Schülerkreis zurückgeht. Das kurze Werk, in dem auch die Ämter und Institutionen der athenischen Polis beschrieben sind, wird kurz nach 330 v. Chr. verfasst und ist der einzige erhaltene Bestandteil eines von Aristoteles und seinem Schülerkreis erstellten Sammelwerks von 170 historischen und zeitgenössischen Verfassungen griechischer Poleis im Mutterland wie im Kolonialraum. Weitere Quellen sind das Geschichtswerk des Herodot (um 485 v. Chr.–um 425 v. Chr.) zu den Perserkriegen aus der Mitte des fünften Jahrhunderts (*Historiai*; wörtlich «Nachforschungen») und die Biographien der Hauptakteure in Athens politischer Geschichte von Plutarch (um 45–nach 119).

Das generelle Bild von der Entwicklung der Demokratie in Athen, das sich aus dem vergleichenden Studium der antiken Quellen ergibt, ist nicht so sehr geprägt von Umsturz oder Revolution als von schrittweisen Reformen und schwierigen Kompromissen. Am Anfang steht die sich verschärfende politisch-ökonomische Spaltung im spätarchaischen Athen. Die Landbevölkerung verarmt zusehends und gerät zunehmend in persönliche Abhängigkeit von den reicher werdenden adligen Grundbesitzern (Schuldknechtschaft). In dieser Situation entlastet Solons Reformwerk die unteren Bevölkerungsschichten von ihren angehäuften Schulden und den damit verbundenen Diensten. Solons Neuerungen in Agrarwesen, Justiz und Regierung verbinden fortbestehende Vorrechte von Adel und Reichen mit der begrenzten Regierungsbeteiligung normaler Bürger. Institutionell treten neben die hochgerichtliche Adelsvertretung (*areopag*) die große Volksversammlung (*ekklēsia*) und der 400 Vertreter zählende Bürgerrat (*boulē*). Den abgemilderten, aber durchaus fortbestehenden Gegensatz von Reich und Arm will Solon überwölben durch die differenzierte Teilhabe beider Parteien am Gemeinwesen («unsere Polis») im Verfolg einer gerecht geregelten politischen Ordnung (*eunomia*). Der von Solon erlassene Gesetzeskatalog, der sich allerdings nicht erhalten hat, wird öffentlich aufgestellt und so für jeden zugänglich.

Auch im Zuge der anschließenden Kleisthenischen Reformen erhält sich die aristokratisch-demokratische Vermischung der politischen Verhältnisse. Doch werden mit Hilfe einer demographischen Umgestaltung der athenischen Polisstruktur die traditionellen Abhängigkeitsverhältnisse in den einzelnen Wahlbezirken zwischen dominierenden Adligen und ihnen verpflichteter Klientel durchbrochen. Die neu geschaffenen Stammesverbände (*phylai*) und Volksgruppierungen (*demoi*) stehen quer zur geographischen Verteilung der Bevölkerung und bewirken eine systematische Durchmischung des politischen Körpers unabhängig von lokalen sozioökonomischen Strukturen. Zusätzlich erweitert Kleisthenes die Ratsversammlung von 400 auf 500 Bürger.

Weitere Kleisthenes zugeschriebene Neuerungen umfassen die rasche Rotation der meisten Gremien und Ämter und deren Besetzung durch Losentscheid sowie die Einführung des Scherbengerichts (*ostrakismos*), durch das die breite Bevölkerung Politiker, die zu mächtig zu werden drohen, für zehn Jahr ohne Vermögensverlust aus der Stadt und ihrem Gebiet verbannen kann, um die Gefahr von willkürlicher Alleinherrschaft (*tyrannis*) oder Cliquenherrschaft (*oligarchia*) abzuwenden. Zum Solonischen Prinzip der wohlgeratenen Gesetze (*eunomia*) als Garanten bürgerlicher Solidarität tritt bei Kleisthenes die formale Gleichheit der Bürger vor dem Gesetz (*isonomia*).

Ephialtes setzt die Reformen seiner Vorgänger durch weitere Schritte der Demokratisierung fort. Für die Ausübung von Diensten und Ämtern werden nun Diäten gezahlt, die den ärmeren Bevölkerungsschichten die aktive Teilhabe am politischen Leben wirtschaftlich ermöglichen. Zugleich wird der Zugang zum politischen Leben einschließlich des Diensts in der vielköpfigen Jury von Volksgerichten auf alle Bürger, unabhängig von Vermögen und Einkommen, ausgedehnt. Ökonomisch gesehen spiegelt dieser Schritt zur umfassenden Beteiligung des Volks an der politischen Herrschaft den Strukturwandel Athens von der lokalen

Agrarwirtschaft zu Gewerbe (Töpferei) und Handel (Öl), einschließlich dem Fernhandel mit den griechischen Kolonien, wider. Athen wird in dem Maße demokratischer, in dem sich ein zu Wohlstand gelangendes städtisches Bürgertum (Mittelschicht) ausbildet.

Ein weiterer wichtiger Faktor im athenischen Demokratisierungsprozess ist das Militärwesen, insbesondere die Kriegsführung. In spätarchaischer und klassischer Zeit besteht die athenische Militärmacht im Wesentlichen aus einem schnell aktivierbaren Heer aus bemittelten Bürgern – in eigener finanzieller Verantwortung ausgestattete, schwer bewaffnete Fußsoldaten (*hoplitēs*), die in geschlossener Formation vorrücken und kämpfen (*phalanx*). Die Zusammensetzung und die Kampfweise der Hoplitenphalanx schafft ein über den militärischen Einsatz hinaus auch in das zivile Leben reichendes Gemeinschaftsgefühl unter den bewaffneten Bürgern. Athens Bürgerarmee bewährt sich in den Perserkriegen zu Beginn des fünften Jahrhunderts v. Chr., insbesondere in der Schlacht bei Marathon (490 v. Chr.). Im Rahmen des nach der zurückgeschlagenen ersten persischen Invasion aufgelegten athenischen Flottenprogramms erwächst auch den Bürgern aus den unteren Bevölkerungsschichten, die als Ruderer Kriegsdienst leisten, militärisch-politische Bedeutung zu – insbesondere mit dem Seesieg der Athener über die Perser bei Salamis (480 v. Chr.).

Doch trotz der gezielten Demokratisierungsschübe im athenischen Gemeinwesen taucht der Ausdruck «demokratia» in den zeitgenössischen Quellen praktisch nicht auf. Stattdessen ist im Hinblick auf die politische Teilhabe zunächst des mittleren und dann auch des unteren Bürgertums typischerweise die Rede von der «bürgerlichen Gleichheit vor dem Gesetz» (*isonomia*) und von der «Freiheit öffentlicher Rede» (*isegoria*, *parrhēsia*). Wo der Ausdruck «demokratia» in den alten Quellen Verwendung findet, bezeichnet er nicht den erstrebten oder erlangten Ausgleich zwischen verschiedenen Bevölkerungsschichten, sondern die einseitige Herrschaft des einfachen Volks («Arme») über die Bessergestellten («Reiche») und damit die Tyrannei einer Mehrheit über eine Minderheit. Erst im zwanzigsten Jahrhundert wird der Terminus «Demokratie» für die affirmative Benennung der Volksherrschaft zum Einsatz kommen.

Unabhängig von der kontroversen demokratischen Terminologie eint die zeitgenössischen Interpreten der athenischen Verfassungsgeschichte im Besonderen und der griechischen Polisverfassung im Allgemeinen der Gegensatz des bürgerlichen Gemeinwesens zur unumschränkten Herrschaft eines Einzelnen, sei dieser nun ein Gewaltherrscher (*tyrannos*) oder ein legitimer Monarch (*basileus*). Besonders virulent wird die politische Alternative von eigener (freier) und fremder (unfreier) politischer Lebensführung durch die Begegnung Griechenlands mit dem expandierenden Perserreich, in dem der Großkönig oder König der Könige (*basileus megas*, *basileus basileōn*) eine absolute Herrschaft über die eigenen Untertanen wie die eroberten fremden Völker (Lyder, Meder, Ägypter) ausübt.

Für die an politische Selbständigkeit auf lokaler Ebene gewöhnten Griechen gilt die Verfassung des Perserreichs als «barbarisch». Zwar halten die Griechen die Perser für ein hochgradig kultiviertes und zivilisiertes Volk, jedoch ohne jede politische Freiheit. Der fundamentale Gegensatz zwischen dem griechischen und dem persischen politischen Denken wird von griechischen Dichtern und Denkern auch thematisiert. So debattieren in Herodots Kultur- und Kriegsgeschichte der persischen Eroberungszüge ins griechische Mutterland (*Historien*) an einer Stelle (3. Buch, 80. bis 82. Kapitel) drei persische Adlige über die beste Verfassung für ihr Land – mit unterschiedlichen fiktiven Voten für eine demokratische, eine aristokratische und eine monarchische Verfassung. Im Kriegsdrama des Aischylos über die Niederlage der Perser bei Salamis (*Die Perser*), der ältesten erhaltenen Tragödie überhaupt und zugleich der einzigen über einen historischen statt mythologischen Stoff, muss sich die Mutter des Großkönigs darüber belehren lassen, dass bei den Griechen niemand Sklave und keiner einem Einzelnen untertan sei (Verse 241 f.).

Nur wenige Jahrzehnte nach Herodots Geschichtswerk über

die Perserkriege verfasst der frühere Athener General (*strategos*) Thukydides (um 460–um 400 v. Chr.) eine ebenso monumentale wie eindringliche Darstellung der jahrzehntelangen diplomatischen und kriegerischen Auseinandersetzung zwischen den rivalisierenden griechischen Supermächten Athen und Sparta (431–404 v. Chr.). Während Herodot eine Fakten ebenso wie Legenden referierende Geschichte der alten Welt schreibt, konzentriert sich Thukydides' Behandlung des «Kriegs der Peloponnesier und Athener» auf dessen politische Geschichte samt Vorgeschichte. Allerdings bricht die Darstellung – bedingt wohl durch den Tod des Militär-Historikers – mitten im Jahr 411 v. Chr. ab. Die verbleibende Phase des Kriegs bis zum Sieg Spartas ist dann Gegenstand der *Griechischen Geschichte* (*Hellēnika*) des Militärs, Schriftstellers und Sokrates-Schülers Xenophon (um 430–um 354 v. Chr.).

Wo Herodot im Hinblick auf die Perserkriege die ganze Vielfalt der Kulturen und Traditionen in den Blick nimmt, erkundet Thukydides in Bezug auf den Peloponnesischen Krieg das Allgemein-Menschliche hinter den konkreten kriegerischen Handlungen und ihren Begleitumständen. Dadurch ist Thukydides' Werk, bei aller Konzentration auf eigens erforschte Taten (*erga*) und sorgfältig rekonstruierte Reden und Dialoge (*logoi*), eminent philosophisch. Mit seiner exemplarischen Erkundung des Verhältnisses zwischen invarianter menschlicher Natur (*anthrōpeia physis*) und den je nach Umständen variierenden Formen menschlichen Verhaltens (*tropoi*) bewegt sich Thukydides ganz im Umfeld zeitgenössischer Überlegungen zum Verhältnis zwischen dem, was von Natur her Bestand hat (*physei*), und dem, was sich menschlicher Setzung verdankt (*thesei*). Seine philosophische Geschichtsbetrachtung enthält so die Grundzüge einer politischen Anthropologie, die menschliches Handeln auf ein Zusammenspiel von natürlichen Gesetzmäßigkeiten und vernünftiger Überlegung zurückführt.

Thukydides' bahnbrechender Beitrag zur politischen Philosophie liegt in der nüchternen, objektiven Betrachtungsweise menschlichen Verhaltens in Krieg und Frieden, insbesondere in der Behandlung der individual- und sozialpsychologischen Folgeerscheinungen von natürlichen und politischen Katastrophen. Besonders eindringlich sind seine Schilderungen der Seuche (*loimos*, «Pest») in Athen (2. Buch, 47. bis 54. Kapitel), der brutalen Strafexpedition Athens gegen die abtrünnige Ägäisinsel Melos samt der zynischen Rechtfertigung der Aktion durch die Athener (5. Buch, 84. bis 116. Kapitel) und des blutigen Bürgerkriegs (*stasis*) auf der Insel Kerkyra, dem heutigen Korfu (3. Buch, 69. bis 85. Kapitel). Mit seinem klaren Blick für das In-, Mit- und Gegeneinander von Kalkulation und Emotion, von Vernunft und Unvernunft in politischen Dingen ist Thukydides der Wegbereiter des Realismus in der Politik und in der politischen Theorie.

Eine weitere politisch-philosophische Pioniertat ist seine begriffliche Unterscheidung zwischen den eher zufälligen äußeren Anlässen von Kriegen und deren wahren zugrunde liegenden Ursachen. Der eigentliche Grund für den Peloponnesischen Krieg besteht Thukydides zufolge in dem von der etablierten Großmacht Sparta als bedrohlich angesehenen Aufstieg Athens zur ebenbürtigen Gegenmacht als Folge der Perserkriege. Dass sich rivalisierende Großmächte durch ihre zunehmende gegenseitige Konkurrenz systematisch in einen Kriegszustand hineinmanövrieren, bezeichnet man in strategischen Spielen und militärischen Planungen noch heute als «Falle des Thukydides» (*Thycidides' Trap*), beispielsweise im Hinblick auf das gegenwärtige Verhältnis zwischen den USA und der Volksrepublik China.

Besondere Beachtung erfahren bei Thukydides die essentiell instabilen Aktionen und Reaktionen der politisch mächtigen Volksmenge in der athenischen Polis. Das demokratisch verfasste Gemeinwesen kann dabei in populistische Abhängigkeit von Führungspersönlichkeiten geraten, wie dies Thukydides am Fall des klugen Staatsmannes und geschickten Volksführers Perikles (um 495–429 v. Chr.) demonstriert. Unter dessen politischer Autorität während der Anfangsphase des Krieges sieht er eine Demokratie am Werk, die in Wahrheit die Herrschaft des Ersten Mannes der Polis ist (2. Buch, 65. Kapitel). Perikles selbst stellt in seiner von

Thukydides rekonstruierten Gedenkrede (*epitaphios*) auf die Gefallenen des ersten Kriegsjahres (2. Buch, 35. bis 46. Kapitel) an der demokratischen Verfassung Athens zum einen die breite bürgerliche Mitwirkung (*politeuein*) in Freiheit (*eleutherōs*) und zum anderen das freizügige gesellschaftliche Klima heraus (2. Buch, 37. Kapitel). Im Gegensatz zum konservativen und kollektivistischen Sparta erscheint Athen beim Thukydideischen Perikles als Gründungsort einer modern anmutenden, geradezu liberalen Demokratie, die als Vorbild für ganz Griechenland («Schule von Hellas») dienen soll (2. Buch, 41. Kapitel). Doch nach der von Thukydides nicht mehr behandelten endgültigen Niederlage Athens gegen Sparta sollte es noch bis in die zweite Hälfte des zwanzigsten Jahrhunderts dauern, bis die Verknüpfung von Demokratie als Regierungsform und Liberalismus als Lebensform, zumindest zeitweilig, zur vorherrschenden westlichen Existenzweise wurde.

Platon

Wie die eingangs vorgestellten politischen Reformer stammt auch Platon (428/427–348/347 v. Chr.) aus einer aristokratischen athenischen Familie. Aufgewachsen in den Wirren des Peloponnesischen Krieges und untereinander ablösenden demokratischen und oligarchischen Verfassungen, verzichtet Platon auf eine direkte politische Betätigung in seiner Heimatstadt. Unter dem Einfluss seines Lehrers Sokrates (469–399 v. Chr.), der sich als stadtbekannter Wahrheitssuchender, Weisheitsfreund (*philosophos*) und kritischer Hinterfrager traditioneller Vorstellungen und Werte bei dem Nachwuchs der athenischen Oberschicht besonderer Beliebtheit erfreut, widmet sich Platon vor allem ethischen und politischen Fragen aus philosophischer Perspektive. Unter den von Platon verfassten Dialogen, in denen fast immer ein fiktiv mit platonischen Ansichten argumentierender Sokrates als Gesprächsführer hervortritt, ragen zwei umfangreiche Dialoge mit politisch-philosophischem Schwerpunkt heraus. Der erste – traditionell *Politeia* betitelt und früher als «Die Republik», in jüngerer Zeit als «Der Staat» übersetzt – behandelt in zehn Büchern die ideale Einrichtung eines Gemeinwesens vom Typus der griechischen Polis. Der zweite – in der Tradition «Die Gesetze» (*Nomoi*) betitelt – spezifiziert in zwölf Büchern die umfangreiche und detaillierte Gesetzgebung für eine fiktive Stadtgründung auf Kreta. Während die *Politeia* Platons mittlerer Schaffensperiode (um 375 v. Chr.) zugerechnet wird und als sein Meisterwerk gilt, handelt es sich bei den *Nomoi* um das letzte Werk aus seiner späten Schaffensphase und um sein längstes Werk überhaupt, das allerdings nicht zu Ende geführt erscheint.

Beide Schriften bestehen aus inszenierten philosophischen Gesprächen über die theoretischen Grundlagen und die praktischen Regelungen von politischer Gemeinschaft. Platon belässt es aber nicht bei abstrakten Prinzipien und förmlichen Gesetzen, sondern entwirft ein umfassendes Erziehungsprogramm, das die körperliche ebenso wie die geistige Bildung (*paideia*) umfasst und die politische Schulung zum guten Polisbürger gewährleisten soll. Speziell in der *Politeia* steht Platons schrittweise Entwicklung der perfekten Polis in engem Zusammenhang mit seiner generellen Ansicht von den vollkommenen Formen oder «Ideen» (*idea*, Plural *ideai*; *eidos*, Plural *eidē*), die aller Wirklichkeit wie allem Denken als absolute Maßstäbe zugrunde liegen (Ideenlehre). Musterbeispiele solcher Ideen sind «das Gute» (*to agathon*), «das Schöne» (*to kalon*) und die «Tugend» (*aretē*). Die leitende Idee der *Politeia* ist die Gerechtigkeit (*dikaiosynē*) als elementare gesellschaftliche Tugend.

Doch behandelt Platon die Idee der Gerechtigkeit und verwandte praktische Ideen nicht nur im engeren politischen Kontext, sondern auch in ethischer Hinsicht und bezogen auf den Charakter und das Handeln des einzelnen Menschen. Die von Sokrates (oder vielmehr Platon) angesetzte Analogie zwischen der seelischen Beschaffenheit des Menschen (*psychē*) und der Konstitution der Polis bestimmt den strategischen Aufbau der *Politeia*, die schwer zu ergründende innerseelische Zustände und Vorgänge – allen voran Tugenden und Laster – im Ausgriff auf die entsprechenden, aber deutlicher zu Tage tretenden Einrichtungen und Funktionsweisen in der Polis zu ermitteln sucht (2. Buch). Für Platon ist ethisches Verhalten zutiefst politisch geprägt, so wie umgekehrt das politische Leben eminent ethische Züge trägt. Insbesondere ist es derselbe strenge Begriff (Idee) von Gerechtigkeit, der den Einzelnen psychisch und die Gemeinschaft politisch prägen soll.

Das ausgedehnte Gespräch der *Politeia*, an dem sich zusätzlich zum Wortführer Sokrates eine Reihe älterer und jüngerer Athener abwechselnd beteiligen, dreht sich zunächst um die Berufung auf Gerechtigkeit zur Maskierung von Machterwerb und Machterhalt und um den bloß instrumentellen Wert der Gerechtigkeit im Dienst egoistischer Interessen (1. Buch). Auf der Suche nach dem wahren, idealen Sinn von Gerechtigkeit entwerfen Sokrates und seine Gesprächspartner zunächst von unten herauf ein einfaches Gemeinwesen, einen aus dörflichen Gemeinschaften zusammengesetzten städtischen Verbund, der um Handel und Gewerbe zentriert ist und die zunächst bescheidene und selbstgenügsame Polis zu einer expandierenden Metropole von Konsum und Luxus wachsen lässt – unter Einschluss der damit einhergehenden Kriegsführung. Der von Sokrates geforderte Neueinsatz des fiktiven Gründungsunternehmens beginnt dann, von oben herab, mit der Einführung einer professionellen Wächterklasse (*phylakes*), die das Gemeinwesen nach innen wie außen sichern und so das kontrollierte Funktionieren und Florieren der Aktivitäten der agrarischen und handwerklichen Bevölkerungsschichten gewährleisten soll.

Besonderen Wert legt Sokrates auf das körperliche Training (*gymnastikē*) und die musisch-künstlerische Erziehung (*musikē*) der Wächterklasse, die er dabei mit eigens trainierten Hütehunden vergleicht (2. Buch, 3. Buch). Aus der Wächterklasse lässt Sokrates auch die eigentlichen Regenten (*archontes*) des idealen Gemeinwesens rekrutieren. Die so generierte Grundgliederung in eine breite arbeitende Bevölkerung, eine mittelgroße Aufsichtsschicht und eine kleine Führungsriege spiegelt sich in den spezifischen charakterlichen Grundanforderungen (Tugenden) der drei Stände wider. Der Führungsriege ordnet Sokrates speziell die Weisheit (*sophia*) zu, der Wächterklasse vor allem die Tapferkeit (*andreia*) und der breiten Bevölkerung insbesondere die Mäßigung oder Besonnenheit (*sophrosynē*), die aber ganz generell befolgt werden soll. Das wohl geordnete Verhältnis von weisen Regierenden, tapfer Wachenden und besonnen Gehorchenden macht, so Sokrates, zusammen die Gerechtigkeit (*diakaiosyē*) des Gemeinwesens aus, in dem die drei Klassen jede das Ihre und nur dieses zum Gedeihen der Polis beitragen (4. Buch).

Zu den Besonderheiten des von Platon durch sein Sprachrohr Sokrates propagierten Wächterstaates gehört die Abschaffung des Privateigentums und der Kleinfamilie für Wächter wie Regierende, deren asketisches und kommunales Leben ganz der Förderung des Gemeinwohls dienen soll. Damit verbunden sind in Platons Entwurf (5. Buch) die Gleichstellung der Geschlechter und das Betrauen der Frauen mit militärischen und politischen Aufgaben und Funktionen. Zur weitreichenden Reglementierung des Wächterlebens im Interesse des Gemeinwesens gehört auch die Zensur des Lehrstoffs für die Angehörigen der Wächterklasse. Speziell die epischen Dichtungen Homers, die bei den Griechen als ästhetisch wie ethisch vorbildlich und erzieherisch wertvoll gelten, unterzieht Platon wegen des darin geschilderten unmoralischen Verhaltens von Göttern und Helden einer vernichtenden Kritik. Das platonische Verbot von ethisch anrüchiger und dadurch politisch schädlicher Kunst erstreckt sich auch auf die Musik, soweit bestimmte Instrumente und Harmonien verweichlichend wirken und deshalb aus dem Leben der Wächterklasse zu verbannen sind (2. und 10. Buch).

Die starre Segmentierung seiner dreigliedrigen idealen Polis mildert Platon durch Mechanismen sozialer Mobilität nach oben wie nach unten. Nicht die elterliche Herkunft, die wegen der kommunalen Lebensgemeinschaft ohnehin nicht festzustellen ist, sondern die charakterliche Eignung entscheidet über den Einsatz in der Wächter- oder der Regentenklasse. Um die soziale Akzeptanz der charakterbasierten Klassenzugehörigkeit sicherzustellen, bedient sich die politische Führung der platonischen Polis einer «edlen Lüge» (*pseudos gennaios*), der zufolge die anderweitig gleichen Menschen sich voneinander nach drei metallartigen Charaktertypen unterscheiden: golden für die zukünftige Führungsschicht, silbern für die Wächterriege und erzen oder eisern für die breite Bevölkerung (3. Buch). Die *Politeia* enthält weitere solcher ethisch-politischen Mythen, darunter den grandiosen Schlussmythos des Werks (10. Buch) über ein unterweltliches Gericht, das die unsterblichen Seelen der Menschen nach ihrem Tod für ihren irdischen Lebenswandel belohnt oder bestraft.

Die von Sokrates gesprächsweise entwickelte förmliche Verfassung soll die politische Stabilität der Polis sicherstellen. Alle anderen Verfassungsformen unterliegen dagegen nach Platons Auffassung dem Wechsel und Wandel. Im Einzelnen konstruiert Sokrates-Platon in der *Politeia* eine gesetzmäßige Abfolge von fünf Verfassungen, denen ein Gemeinwesen nach Art der Polis typischerweise unterliegt. Die Abfolge beginnt mit der durch Herkunft und Ansehen legitimierten Herrschaft der Besten oder Edelsten (*aristokratia*), die durch die Herrschaft der Angesehenen und Begüterten (*timokratia*) ersetzt wird, welche ihrerseits durch die Herrschaft einer Clique (*oligarchia*) abgelöst wird, um schließlich in die zunächst populäre Herrschaft (*demokratia*), bald aber in die Willkürherrschaft eines Einzelnen (*tyrannis*) zu münden. In Übereinstimmung mit der ethisch-politischen Analogie von Psyche und Polis, die der *Politeia* zugrunde liegt, ordnet Platon den einzelnen Verfassungstypen je einen entsprechenden Menschentypus zu. Am eindrücklichsten schildert er dabei den demokratischen und den tyrannischen Menschentypus in deren essentieller Unbeherrschtheit – als Menschen, die über andere herrschen, ohne die Herrschaft über sich selbst erlangt zu haben (8. und 9. Buch).

Die Funktion der Gerechtigkeit als Garant der stabilen politischen Ordnung im Gemeinwesen hat ihr Gegenstück in der ethischen Ordnung des einzelnen Menschen. Platon zufolge entspricht den drei politischen Funktionsformen des Regierens, des Wachens und des Regiert-Werdens die ethische Differenzierung der Psyche in eine rational-herrschende, eine willentlich-ausführende und eine begierlich-gehorchende Seelenfunktion. Gerechtigkeit im Ethischen besteht, analog zur politischen Gerechtigkeit, in der Beherrschung der irrationalen Begierde (*epithymoides*) durch die Vernunft (*logistikon*) vermittels des Zwischenvermögens der Tat- oder Lebenskraft (*thymetikon*) (4. Buch).

Schon im Gesprächsverlauf der *Politeia* und dann erst recht in der späteren Rezeption des Werks muss sich Sokrates-Platons Extrementwurf einer perfekten Polis, der von ihm so genannten «Schönstadt» (*kallipolis*), gegen den Vorwurf des politischen Utopismus und der philosophischen Phantasterei verteidigen. Statt aber bescheiden die enormen Schwierigkeiten bei der praktischen Verwirklichung seines ethisch-politischen Programms einzugestehen, lässt Platon seinen Sokrates behaupten, dass die politischen Verhältnisse nicht eher ins Lot kämen, als bis entweder die Philosophen Herrscher oder die Herrscher Philosophen würden (6. Buch, 7. Buch). Was zunächst nach einem unverschämten Anspruch auf politische Macht für Philosophen klingen könnte, enthält der Sache nach die Zusammenführung von philosophischem Wissen und politischer Wirksamkeit. Weder soll die Philosophie bloße Theorie bleiben, noch soll die politische Praxis ohne philosophisches Wissen zustande kommen.

Platon selbst hat drei Reisen nach Syrakus auf Sizilien unternommen in der Absicht, auf den dort tyrannisch herrschenden Dionysios I. und seinen Nachfolger zugunsten eines von den eigenen politisch-philosophischen Ideen getragenen Regimes einzuwirken, ist allerdings jedes Mal gescheitert. Auch die Gründung einer eigenen philosophischen Schule, der Akademie, verdankt sich nicht zuletzt dem Streben Platons nach gesellschaftlich-politischer Wirksamkeit seiner Philosophie, die insofern auch noch in ihren hochabstrakten Partien als eminent politische Philosophie gelten kann.

Die späten *Nomoi* ergänzen die Vision einer philosophisch regierten Ideal-Polis aus der *Politeia* um den Entwurf einer realistischeren Alternative, die statt auf die Herrschaft einer philosophisch geschulten Elite auf die Herrschaft philosophisch begründeter Gesetze setzt («zweitbeste Polis»). Wichtig für die weitere Entwicklung der politischen Philosophie ist daran zum einen der Grundgedanke, dass nicht der persönliche Herrscherwille, sondern das allgemeine Gesetz regieren soll (*rule of law*), und zum anderen die selektive Verbindung verschiedener Verfassungsformen in den Typus einer gemischten Verfassung (*politeia mikta*). Der schon in der *Politeia* anvisierten Verknüpfung von Philosophie und Politik, von Wissen und Macht, dienen sodann die den einzelnen Gesetzen vorangehenden Begründungen (Präambeln), die Sinn und Zweck der jeweiligen gesetzlichen Regelung erläutern und so zu deren theoretischem Verständnis und praktischer Beachtung beitragen sollen. Im Übrigen setzen die *Nomoi* die rigide Reglementierung der ethisch-politischen Lebensform aus der *Politeia* fort, die zwar nicht zum vergleichsweise freizügigen kulturellen Klima Athens passt, wohl aber zu der traditionelleren Polis-Kultur Spartas, die auf die politisch konservative athenische Oberschicht nicht nur im Fall Platons eine fatale Faszination ausübt.

Aristoteles

Als Schüler Platons setzt Aristoteles (384–322 v. Chr.), der später in Athen eine eigene Schule (*Lykeion*) gründet und bei dessen erhaltenen Werken es sich so gut wie ganz um Vortragsmanuskripte für den Lehrbetrieb handelt, die im Wesentlichen als Verfassungsvergleich unter dem leitenden Gesichtspunkt der Gerechtigkeit angelegte politische Philosophie seines Lehrers fort. Zwar kritisiert er Platons kommunistische Konzeption der idealen Polis als impraktikabel und unangemessen, doch folgt er seinem Lehrer in der innigen Verschränkung von Ethik und Politik. Er lässt nämlich sein Hauptwerk auf dem Gebiet der Ethik (*Ēthika*), die *Nikomachische Ethik* (zehn Bücher), in die *Politik* (*Politika*, acht Bücher) münden und nimmt in seinen umfassenden Begriff von Politik sowohl die Ethik als auch die Haushaltung (*oikonomia*) und die Politik im engeren Sinne als integrale Bestandteile der praktischen Wissenschaft (*epistēmē praktikē*) auf. Für Aristoteles steht das gelungene, «glückliche» menschliche Leben (*eudaimonia*) unter der doppelten Anforderung von ethischer Tugend (*aretē*) und politischer Freiheit (*eleutheria*) (*Politik*, 1. Buch).

In seinem politischen und philosophischen Erfahrungshorizont unterscheidet sich Aristoteles, der aus dem nordgriechischen Stagira stammt und in Athen kein Bürgerrecht genießt, beträchtlich von Platon. Durch den Vater, der als Leibarzt des Königs von Makedonien wirkt, kommt er früh an den makedonischen Hof und wirkt dort eine Zeit lang als Lehrer des jungen Kronprinzen Alexander, der später zunächst Griechenland und dann das Perserreich sowie weite Teile der damals bekannten Welt in sein kurzlebiges Großreich einbeziehen wird. Neben die im engeren Sinne philosophische Arbeit im Ausgang und Umkreis von Platon treten bei Aristoteles weitreichende Forschungen auf dem Gebiet der «Naturgeschichte» (*physikē historia*), insbesondere zu den Lebewesen unter Einschluss des als Naturwesen betrachteten Menschen. Die von Aristoteles forcierte Integration des Menschen in die natürliche Weltordnung (*kosmos*) zeigt sich auch in der *Politik*, die wie seine anderen Lehrschriften zwischen 335 und 323 v. Chr. entstanden sein dürfte.

Anders als Platon, der zweimal in dialogischer Form eine fiktive Polis entwirft, beschreibt und bewertet Aristoteles in seiner *Politik* – in typisierender Form – eine historisch vorliegende Vielfalt von Verfassungen (4. bis 6. Buch). Die normative Perspektive für seinen Verfassungsvergleich bezieht Aristoteles aus einem zweckgerichteten Verständnis der Natur der Dinge, darunter auch der politischen Dinge (*ta politika*), dem zufolge alles, was in der Natur eines Dinges liegt, zur vollen Verwirklichung gelangen soll.

Für Aristoteles gehört es zur Natur des Menschen, in der Gemeinschaftsform der Polis und insofern politisch zu leben. Als von Natur aus «politisches Lebewesen» (*zoon politikon*) lebt der Mensch nicht nur in häuslicher oder dörflicher Gemeinschaft, sondern in spezifisch politischer Gemeinschaft (*koinōnia politikē*). Vor anderen geselligen Lebewesen (Bienen, Biber) zeichnet er sich dabei aus durch den Gebrauch von Sprache und Denken (*logos*) und durch die Kenntnis der ethisch-politischen Urunterscheidung von gerecht (*dikaion*) und ungerecht (*adikaion*) (1. Buch).

Im Unterschied zu den durch grundsätzliche Ungleichheit charakterisierten Herrschaftsverhältnissen in der häuslichen Gemeinschaft (*oikos*), die auf der Unterordnung unter den Herrn des Hauses (*despotēs*) basieren und auf je unterschiedliche Weise Frauen, Kinder und Sklaven umfassen, besteht die Herrschaft in der Polis für Aristoteles in der Herrschaft von Gleichen über Gleiche (*isoi*) und darüber hinaus im regelmäßigen Wechsel zwischen Herrschen (*archein*) und Beherrschtwerden (*archesthai*) unter den Gleichen. Solche Regierungsrotation unter Gleichen macht für Aristoteles auch die (politische) Freiheit aus, die darüber hinaus in der (persönlichen) Freiheit des Beliebens besteht. Unabhängig von der Frage des zeitlichen Ursprungs der Polis hält Aristoteles die politische Lebensform (*bios politikos*) für der Sache nach früher als jede andere Lebensweise. Erst und nur in der Polis – durch die Teilhabe am politischen Leben oder durch das «Politisieren» (*politeuein*) – findet der Mensch für Aristoteles seine Zweckbestimmung und erlangt so die Vollkommenheit seines Wesens (1. und 3. Buch).

Zum ethisch geprägten glücklichen Gelingen des Lebens in der Polis gehört für ihn auch dessen ökonomische Grundlage. Die Polis ist ihm zufolge durch politische Selbständigkeit, aber auch durch wirtschaftliche Selbstgenügsamkeit (*autarkeia*) definiert. Durch beides zusammen wird die Abhängigkeit der Polis von anderen politischen Mächten ausgeschlossen. Anders als in Platons *Politeia* oder auch im zeitgenössischen Sparta liegen Eigentum und Besitz aber nicht in öffentlichen Händen, sondern in Privathand – als Grundbesitz und dessen Ertrag bei den Vermögenden und als Erwerbseinkommen bei der breiten Bevölkerung. Für Aristoteles geht die politische Gleichheit unter den Bürgern einher mit ökonomischer Ungleichheit, durch die sich die Bürgerschaft und damit die Polis insgesamt in Reiche und Arme gliedert.

In politischer Perspektive manifestiert sich der gesellschaftliche Gegensatz von Begüterten und Unbegüterten als Rivalität zwischen einer egalitären, demokratischen und einer elitären, oligarchischen Verfassungsform. Aufgabe einer gerechten Einrichtung der Verfassung ist so der diffizile Ausgleich zwischen den konkurrierenden Interessen der beiden politischen Lager. Dementsprechend unterscheiden sich die verschiedenen Formen der Verfassung für Aristoteles vor allem im Hinblick auf Art und Ausmaß der Gleichheit (*ison*, *isotēs*) unter den Bürgern einer Polis. Konzeptuell bindet Aristoteles die Gleichheit an die Gerechtigkeit, die als Verteilungsgerechtigkeit wesentlich darin besteht, Gleiches gleich und Ungleiches ungleich zu behandeln (*Nikomachische Ethik*, 5. Buch).

In einer ersten, sehr schematischen Klassifikation gliedert Aristoteles die Verfassungen zunächst nach der Anzahl der Herrschenden (einer, wenige, alle), sodann danach, ob die jeweilige Verfassung auf das Gemeinwohl jenseits der Unterscheidung von Herrschenden und Beherrschten oder auf das Eigenwohl der Herrschenden allein zielt. Dem Königtum (*basileia*) stellt er so die Willkürherrschaft (*tyrannis*), der Herrschaft der Besten (*aristokratia*) die Herrschaft der Wenigen (*oligarchia*) gegenüber. Bei der Herrschaft aller wählt Aristoteles für deren defekte, eigennützige Variante den Titel «Demokratie» (*demokratia*), dessen negative Konnotation bei Platon und anderen aristokratisch oder oligarchisch gesinnten Zeitgenossen er so fortführt. Dagegen verwendet er für die positive, gemeinnützige Spielart der Herrschaft aller den Gattungsausdruck «Politie» (*politeia*), um anzuzeigen, dass diese volkstümliche Form von Herrschaft der Grundidee der Polis als einer Herrschaft von Gleichen über Gleiche am nächsten kommt (*Politik*, 3. und 4. Buch).

In Aristoteles' Einschätzung rangiert die selbstsüchtige Demokratie, was die Bedrohung und Gefährdung des Bestands der Polis angeht, gleich hinter der Tyrannis, deren willkürliche Machtausübung im Fall der radikalen Demokratie vom Einzelnen auf die wankelmütige Masse (*plēthos*) übertragen wird. Wie schon Platon in der *Politeia* widmet sich auch Aristoteles in der *Politik* ausführlich den Ursachen von politischer Unruhe und Umsturz der Herrschaft (*metabolē*). Gleichzeitig erkundet er aber auch die Bedingungen von politischer Stabilität und Erhalt der Herrschaft (*sōtēria*) in den verschiedenen Verfassungen der Polis (5. Buch). Wie schon Platon in den *Nomoi* erachtet Aristoteles in der *Politik* die Rolle des Gesetzgebers (*nomothetēs*) für neu zu errichtende oder zu verbessernde bestehende Verfassungen als die primäre politische Aufgabe des philosophisch geschulten Politikers.

Die zweite detaillierte Verfassungstypologie der *Politik* behandelt vor allem die Unterarten der Demokratie. Das Kriterium der Differenzierung ist dabei die Definition des Status eines stimm- und wahlberechtigten Vollbürgers. Je nachdem, wie eng oder weit der Zensus festgelegt wird, fällt die Beteiligung der breiten Bevölkerung an der politischen Herrschaft eingeschränkter oder umfassender aus. Faktoren bei der Festlegung des bürgerlichen Status sind Besitz und Einkommen, aber auch Herkunft und Abstammung. In ihren beiden Extremformen an den quasi-oligarchischen und radikal-demokratischen Enden des politischen Spektrums favorisiert die Demokratie entweder die Reichen auf Kosten der Armen oder umgekehrt die Armen auf Kosten der Reichen. Aristoteles plädiert für eine moderate, gemischte Verfassung, in die demokratische und oligarchische Elemente eingehen und bei der Reiche und Arme gleichermaßen und auf ausgewogene Weise politische Berücksichtigung finden. Ein weiteres probates Mittel für den Interessenausgleich sieht Aristoteles in der Ausbildung eines starken Mittelstandes (*meson*), der als politischer Puffer zwischen Reichen und Armen dient (4. Buch). Gegen Platons antidemokratisches Argument, dass nur philosophisch gebildete Experten als Herrscher taugen, verteidigt Aristoteles die Befähigung gerade der politisch verfassten Menge zu eigener Einsicht und klugen Entscheidungen (3. Buch).

Zum Abschluss nimmt Aristoteles' *Politik* noch die Suche Platons in der *Politeia* nach der besten Verfassung und der angemessenen politischen Erziehung auf (7. Buch, 8. Buch). Aristoteles folgt im Wesentlichen Platon, wenn er als Erfordernis des gelungenen ethischen wie politischen Lebens die bürgerlichen Tugenden der Tapferkeit, Besonnenheit, Gerechtigkeit und Einsicht ausmacht. Im Menschen wie in der Polis ist das geglückte Leben damit eher eine Frage des Charakters als des Besitzes. Obwohl Aristoteles die kontemplative, rein theoretische Lebensform des Philosophen für die beste hält, billigt er der politischen Lebensform ihre eigene Perfektion zu, solange die politische Tätigkeit auf die rechte Art und Weise und unter Ausübung der ethisch-politischen Tugenden erfolgt. Zum gelungenen politischen Leben gehört für ihn eine Kombination aus materiellen und immateriellen Gütern, insbesondere ethische Tugend, politische Freiheit und genügender Besitz (3. Buch).

Anders als Platon ermittelt Aristoteles die optimale Polis nicht in abstracto, sondern kontextuell – in Abhängigkeit von gegebenen physisch-geographischen und kulturell-historischen Verhältnissen. Generell erachtet er die Griechen wegen ihrer klimatischen Mittellage zwischen den Extremen des kalten europäischen Nordens und des heißen Asiens als am besten geeignet für das vollkommen glückliche Leben in der Polis. Ansonsten schließt er sich bei der Bestimmung der besten Verfassung dem aristokratischen Modell Platons an, wenn er Bauern, Handwerkern und Händlern wegen ihres materiellen Mangels an Muße und ihres spirituellen Mangels an Tugend die volle Befähigung zur politischen Tätigkeit abspricht.

Insgesamt ergibt sich damit für Aristoteles' politische Philosophie das Bild einer großen Nähe zu Platon, was das Fortbestehen oligarchischer Elemente (Reichtum) und aristokratischer Faktoren (Tugend) in der Politie angeht, auch wenn Aristoteles Platons utopischen Kommunismus und seine Expertokratie ablehnt. Die politisch-philosophische Kontinuität zwischen dem Ideenlehrer Platon und dem Erfahrungsphilosophen Aristoteles erstaunt umso mehr, als zu Aristoteles' Zeiten die griechischen Poleis unter der Expansion des Makedonischen Reiches ihre Unabhängigkeit einzubüßen im Begriff sind und mit Alexanders Weltreich neue, großflächige politische Strukturen in die Weltgeschichte Einzug halten. Vor diesem Hintergrund nimmt Aristoteles' *Politik* durchaus zeitkritische oder vielmehr bereits nostalgische Züge an.

2.
Das alte Rom: Republik und Imperium

Praktisch gleichzeitig mit den Polis-Gründungen im griechischen Mutterland und in dessen Kolonialraum wird in Mittelitalien eine Stadt gegründet, die im Laufe mehrerer Jahrhunderte zu einem zunächst lokalen, dann regionalen und schließlich weltumspannenden Reich wächst. Die Gründung Roms durch Romulus, traditionell auf 753 v. Chr. datiert, ist ebenso legendär wie die erste Periode seiner Geschichte unter der Herrschaft eines Königs (*rex*). Aus politisch-philosophischer Perspektive ragt Rom durch zwei Umstände hervor: die auf den revolutionären Sturz der Königsherrschaft (datiert auf 509 v. Chr.) folgende evolutionäre Entwicklung der Stadt als sich selbst regierendes Gemeinwesen (*res publica*) und die territoriale Expansion zum Reich (*Imperium Romanum*) durch militärische Eroberungen zunächst in Mittel- und Oberitalien (Etrusker), dann im westlichen Mittelmeerraum (Iberische Halbinsel, Nordafrika), in Nordwesteuropa (Gallien, Germanien) und schließlich im östlichen Mittelmeerraum und Nahen Osten (Kleinasien, Syrien).

Während es in den ersten Jahrhunderten das republikanische Rom ist, das sich schrittweise zum Weltreich entwickelt, kommt es nach innenpolitischen Auseinandersetzungen während eines ganzen Jahrhunderts der Bürgerkriege (146–44. v. Chr.) und unter den administrativen und militärischen Anforderungen des römischen Expansionismus zu einer neuen Form von Alleinherrschaft (lateinisch *Imperator*; *Caesar*, griechisch *Kaisar*, deutsch «Kaiser»), die sich später als Zweier- und Viererkollegium ausdifferenziert. Nach einer Phase der Machtverschiebung vom Westen zum Osten teilt sich das inzwischen christianisierte römische Weltreich – in definitiver Form im Jahr 395 – in eine westliche

Reichshälfte (*Imperium Romanum Occidentalis*) mit Rom als politischem Zentrum und einen östlichen, griechisch geprägten Reichsteil (*Imperium Romanum Orientalis*) mit Sitz in Byzanz (umbenannt in Konstantinopel, das heutige Istanbul). Unter dem Ansturm barbarischer Gruppierungen aus dem Norden, die ihrerseits auf Migrationsdruck aus dem Osten reagieren («Völkerwanderung»), geht das weströmische Reich und mit ihm die antike Welt unter (476), während das Byzantinische Reich, in zunehmend reduzierter Gestalt, noch das gesamte Mittelalter über bis zur Eroberung von Konstantinopel durch die Osmanen (1453) fortdauert.

Für die politische Philosophie ist Rom bedeutend als Alternative zur griechischen Polis und deren Erweiterung, dem Polisverbund. Das gilt zum einen für Roms republikanische Verfassung, die quer steht zu der auf Platon und Aristoteles zurückgehenden politisch-philosophischen Typologie und Terminologie, zum anderen für die Verbindung von Republikform und Reichsbildung. Schon als Republik ist Rom Imperium. Statt wie die Griechen Kolonien mit Siedlern aus dem Mutterland zu gründen, gliedert sich Rom sukzessive fremde bevölkerte Regionen und ferne Länder als Provinzen an. Die Integration der neuen Bevölkerung erfolgt durch eine zunehmend liberale Handhabung des römischen Bürgerrechts, die dazu dienen soll, besiegte Untertanen in befriedete Mitbürger zu verwandeln (*Pax Romana*). Die römische Zivilisation, die auf diese Weise bis in die entlegenen Provinzen des Imperiums gelangt, umfasst – neben einem effizienten Steuerwesen, als dessen Erfinder die Römer gelten können – öffentliche Bauten wie Aquädukte, Thermen und Amphitheater, für deren Errichtung Backstein und Beton (auch dies eine römische Erfindung) als kostengünstige Materialien verwendet werden.

In kultureller Hinsicht ist Rom seinerseits stark von Griechenland geprägt, kommen von dort doch die Vorbilder für römische Dichtung, Philosophie und Geschichtsschreibung. Allerdings unterziehen die Römer ihre griechischen Vorgänger und Anreger einer pragmatischen Anverwandlung, die der römischen Neigung zum Nüchternen und Direkten entspricht. Der typische römische politische Historiker und Philosoph ist so in erster Linie Mitglied der griechisch gebildeten Oberschicht mit einer Karriere in zivilen und militärischen Ämtern und Funktionen, der aus seinem speziellen Erfahrungs- und Bildungshorizont heraus über philosophische und politische Dinge konzise und konkret schreibt. Im Vordergrund steht dabei oft die herausragende Leistung und Stellung Roms in Geschichte und Gegenwart, gelegentlich verbunden mit scharfer Kritik an dessen Niedergang und Auflösung. Die größte nachhaltige Kulturleistung Roms in politisch-philosophischer Hinsicht ist aber das römische Rechtswesen, dessen jahrhundertelange praktische und theoretische Entwicklung durch Tausende von kommentierten richterlichen Entscheidungen und Grundsätzen in den Jahren 528/29 bis 534 im Auftrag des oströmischen Kaisers (*basileus*) Justinian I. zum nachmals sogenannten Korpus des bürgerlichen Rechts (*Corpus Iuris Civilis*) zusammengefasst wird. Seit seiner Wiederentdeckung im Hochmittelalter bildet es die Grundlage für die sich entwickelnden Rechtssysteme im kontinentalen Europa und in den von diesem kolonisierten Weltteilen.

Polybios

Das erste zeitgenössische politische Geschichtswerk über den Aufstieg der römischen Republik zur Weltmacht ist zugleich das dritte Monumentalwerk der griechischen Geschichtsschreibung nach Herodots Geschichte der Perserkriege und Thukydides' Geschichte des Peloponnesischen Krieges. Die Historien (*Historiai*) des Polybios (um 200–um 118 v. Chr.), eines als politische Geisel nach Rom verbrachten hohen griechischen Militärs und Staatsmanns, der in illustren römischen Kreisen verkehren kann, behandeln, nach dem Muster der beiden Vorgänger, Roms ebenso rapiden wie stetigen Aufstieg vor dem Hintergrund der griechischen politischen Philosophie und ihrer Verfassungslehre. Wie schon

Herodot und Thukydides stellt Polybios eine gewichtige und langwierige, aber zeitlich begrenzte militärisch-politische Entwicklung in ihren umfassenden geschichtlichen Kontext, der das exemplarisch Allgemeine und das welthistorisch Bedeutsame an ihr herausstellt.

In der vollmundigen Ankündigung seines Unternehmens zu Beginn des Werks rühmt Polybios die Römer dafür, in weniger als 53 Jahren – gemeint ist die Zeitspanne von 220 bis 167 v. Chr. – durch militärische und politische Expansion die Herrschaft über die ganze bekannte Welt – gemeint ist der gesamte westliche wie östliche Mittelmeerraum – erlangt zu haben. Während frühere Reichsbildungen der klassischen Antike, etwa Persien oder Makedonien unter Alexander dem Großen, den östlichen Mittelmeerraum und den Vorderen und Mittleren Orient umfassten, haben die Römer, so Polybios, ein veritables Weltreich errichtet, das auch und gerade die Inseln und die Randländer des westlichen Mittelmeers einschließt. Polybios setzt sich zum Ziel, die Gründe für diesen unerhörten Erfolg zu erforschen und insbesondere das politische System (*politeia*) auszumachen, das dem beispiellosen Aufstieg Roms zugrunde liegt.

In ihrem Charakter einer politischen Geschichte mit militärischem Fokus folgen Polybios' *Historien* dem Geschichtswerk des Thukydides, von dem auch das Darstellungsmittel rekonstruierter Reden übernommen ist. Mit seinen umfangreichen Exkursen und eingeschobenen geographischen Erörterungen schließt Polybios aber auch an Herodots breiten kultur- und naturgeschichtlichen Blickwinkel auf historische Ereignisse an. Stärker als beide Vorgänger betont er den praktischen Nutzen historischer Forschungen für aktive Politiker und Militärs. Terminologisch kommt dies in der neuartigen Bezeichnung einer «pragmatischen Geschichte» (*pragmatikē historia*) zum Ausdruck (9. Buch). Geschichte in ihrer fokussierten Vermittlung durch politische Geschichtsschreiber im Stil von Polybios' *Historien* bietet nicht nur philosophische und politische Lektionen über menschliches Wesen und Wirken, sondern offeriert Instruktionen zur Imitation. Als erforderliche Voraussetzung für den pragmatischen Geschichtsschreiber benennt Polybios, zusätzlich zu eigenen Forschungen und topographischen Kenntnissen, persönliche Führungserfahrung in politischen und militärischen Dingen.

Den weiten Horizont seiner Geschichtsschreibung, die den ganzen bewohnten Erdkreis (*oikoumenē*) umfassen soll, begründet Polybios mit der durch das Auftreten der Römer veränderten geopolitischen Lage. Der Einheit der gesamten zivilisierten Welt unter römischer Herrschaft muss eine Geschichtsschreibung entsprechen, die statt Teilen (*merē*) das Ganze (*katholon*) in seiner gegliederten Vielfalt in den Blick nimmt. Mit dem universalen Anspruch der *Historien* setzt sich Polybios in durchaus polemischer Absicht ab von der bloß partialen älteren und zeitgenössischen römischen Geschichtsschreibung, die vorwiegend regionale Zusammenhänge behandelt. Als Agens hinter der Geschichte ganz generell und insbesondere hinter der welthistorischen Wende von pluralen konkurrierenden Mittelmeermächten zum römischen Weltreich macht Polybios eine numinose, quasi-göttliche Gewalt aus: das über allem waltende Schicksal (*tychē*). Mit seiner wesentlichen Unergründlichkeit, die auch für den Geschichtsschreiber gilt, bildet das Schicksal die Grenze der historischen Ursachenforschung. Innerhalb der vom Schicksal verfügten Weltordnung kann dann aber die Ursachenforschung des Universalhistorikers zum Zuge kommen (1. Buch).

Der zentrale Gegenstand der *Historien* – von den 40 Büchern des Werks sind die ersten fünf vollständig erhalten, das 6. Buch zu großen Teilen, der Rest in größeren oder kleineren Fragmenten – ist Roms Rivalität mit Karthago, einer phönizischen Gründung an der nordafrikanischen Mittelmeerküste (im heutigen Tunesien) mit politischer Vormachtstellung und starker wirtschaftlicher Präsenz im gesamten westlichen Mittelmeerraum, von Sizilien über Sardinien bis Spanien. Der Berichtszeitraum des Werks umfasst die Jahre 220–146 v. Chr., mit Schwerpunkt in der Zeit des Zweiten Punischen Krieges (218–202 v. Chr.), insbesondere des Sieges der Karthager unter Hannibal über die Römer bei Cannae in Süditalien (216 v. Chr.), ergänzt durch einen einleitenden Abriss der früheren römischen Geschichte und der ersten Auseinandersetzung Roms mit Karthago (264–241 v. Chr.).

In der Nachfolge von Thukydides unterscheidet Polybios im Hinblick auf den Zweiten Punischen Krieg die tieferen Ursachen, die äußeren Anlässe und die engeren Anfänge der Auseinandersetzung. Den Verlauf des Krieges, darunter Hannibals legendären Zug mit seinen Kriegselefanten über die tief verschneiten französischen Alpen, gibt Polybios detailliert und dramatisch wieder. Er erhöht die Spannung seiner Erzählung noch, indem er nach Roms Niederlage bei Cannae zuerst einmal die Entwicklungen im östlichen Mittelmeerraum, insbesondere in Griechenland, behandelt. Ein weiterer Einschub, der das gesamte 6. Buch der *Historien* einnimmt, widmet sich dem römischen Staats- und Militärwesen. Über den dort ausgeführten Vergleich der politischen Systeme Roms und Karthagos schlägt Polybios den Bogen zurück zur Niederlage Roms bei Cannae. Es ist ein Sieg, den Hannibal in der Folge verspielt. Im Jahr 202 v. Chr. erringt Rom den endgültigen Sieg über Karthago bei Zama in Nordafrika. Allerdings hat sich Polybios' Darstellung der Schlussphase der jahrzehntelangen Konfrontation zwischen den beiden antiken Supermächten nicht erhalten.

Von großer Bedeutung für die Geschichte der politischen Philosophie, insbesondere für das neuzeitliche republikanische Denken, ist das zu großen Teilen erhaltene 6. Buch der *Historien*, das Polybios nach der Darstellung der römischen Niederlage bei Cannae einfügt, um die politischen Gründe für Roms innere Stärke und beträchtliche Resilienz auch und gerade nach einer militärischen Katastrophe zu dokumentieren. Im Kern handelt es sich beim 6. Buch um eine Verfassungstypologie in der Nachfolge von Platon und Aristoteles. Der dezidiert pragmatischen Orientierung und dem eher populären Grundzug seines Werkes entsprechend, verzichtet Polybios aber auf die von Platon eingeführte Analogie zwischen der Polis und der Psyche (sowie zwischen Politik und Ethik) und auch auf den philosophischen Überbau in Gestalt von

Platons Ideenlehre. Stattdessen arbeitet Polybios, darin Aristoteles folgend, die natürliche Gesetzmäßigkeit des Verfassungsgeschehens heraus.

In einem ersten Schritt unterscheidet Polybios die drei klassischen Verfassungen des Königtums (*basileia*), der Bestenherrschaft (*aristokratia*) und der Volksherrschaft (*demokratia*). Sodann ordnet er jeder dieser Verfassungsformen eine defekte Variante zu: der Königsherrschaft die Tyrannis (*tyrannikē politeia*), der Aristokratie die Cliquenherrschaft (*oligarchia*) und der Demokratie die Pöbelherrschaft (*ochlokratia*). Den jeweiligen Wandel von der guten zur schlechten Verfassungsform versteht Polybios als natürlichen Vorgang (*kata physin*) nach dem Muster der Lebensprozesse von Wachstum, Blüte und Verfall. Die politische Form des Niedergangs ist also in der jeweiligen ursprünglichen Verfassung selbst angelegt. Die generelle Entwicklungsform von Verfassungen versteht Polybios als Formverwandlung (*metamorphosis*).

In einem nächsten Schritt verzeichnet er, zusätzlich zur evolutionären Degeneration jeder der drei prototypischen Verfassungen, den gewaltsamen Übergang durch Umwälzung (*metabolē*) von der degenerierten Version eines Verfassungstypus zu einem anderen, spezifisch verschiedenen Verfassungstypus in dessen positiver Variante. Im Einzelnen folgt laut Polybios auf den Sturz einer Tyrannis eine aristokratische Herrschaft, auf den Umsturz einer Oligarchie eine demokratische Herrschaft und auf das gewaltsame Ende einer Ochlokratie ein Neubeginn mit einer königlichen Herrschaft. Damit schließt sich die sechsstufige lineare Sequenz von Verfassungstypen zu einem wiederholungsfähigen Kreislauf von Verfassungen (*politeiōn anakyklōsis*).

Wichtiger noch als die von ihm festgestellte Regelmäßigkeit des Verfassungskreislaufs ist für Polybios die essentielle Unbeständigkeit jeder der sechs politischen Verfassungen. Die einzige Chance, dem fortgesetzten Verfall politischer Herrschaft – welcher der sechs Arten auch immer – zu entkommen, sieht Polybios in der gezielten Verbindung verschiedener Verfassungselemente zu einer gemischten Verfassung (*politeia mikta*). Als Beleg führt er die auf den legendären Gesetzgeber Lykurg zurückgehende Verfassung Spartas an, die monarchische, aristokratische und demokratische Elemente verknüpft. Der geschickte Ausgleich zwischen den rivalisierenden und alternierenden Verfassungstypen hat Spartas Gemeinwesen, nach Polybios' Analyse, zwar Solidität und Stabilität vermittelt, aber auch einen konservativen und inflexiblen ethisch-politischen Charakter geschaffen, in dem bereits das natürliche Ende der spartanischen Herrschaft angelegt war.

Vor dem Hintergrund der spartanischen Verfassung analysiert Polybios sodann die Verfassung Roms (*Romaiōn politeia*), in der die königlichen, aristokratischen und demokratischen Elemente auf die Verfassungsorgane von Konsuln, Senat und Volkstribunen verteilt sind. Im Einzelnen verfolgt er die gegenseitigen Einschränkungen der drei politischen Gewalten Roms und erstellt dabei das Muster für die formale Institution von Bremsen und Gegengewichten in der neuzeitlichen republikanischen Theorie und Praxis, insbesondere bei Montesquieu (*freins et contrepoids*) und in der Verfassung der Vereinigten Staaten von Amerika (*checks and balances*). Im Unterschied zur spartanischen gemischten Verfassung verdankt sich Roms Verfassung, so Polybios' Beobachtung, keiner singulären Gründung durch einen Einzelnen, sondern einem langwierigen historisch-politischen Prozess der Erprobung und Anpassung unter Beteiligung vieler Kräfte. Die faktische Offenheit der römischen Verfassung für Veränderung und Verbesserung trägt für Polybios zu ihrer Langlebigkeit bei. Er stellt aber auch klar, dass auf lange Sicht keine politische Verfassung, auch nicht eine gut gemischte und besonders anpassungsfähige Verfassung wie die Roms, Bestand haben kann.

Das konkrete Bespiel für die fortgesetzte Anfälligkeit und die endliche Hinfälligkeit, der auch eine gemischte Verfassung unterliegt, sieht Polybios durch das politische Schicksal Karthagos gegeben. Auch im Falle Karthagos konstatiert er die prinzipiellen Stärken einer gemischten Verfassung. Doch im Unterschied zum weiterhin stark aristokratisch geprägten politischen System Roms diagnostiziert er beim kommerziell ausgerichteten Karthago, dessen Armee aus Söldnern besteht, ein Überwiegen des demokratischen Elements und den damit einhergehenden Verlust der außen- und innenpolitischen Voraussetzungen für die Größe Roms: militärische Stärke nach außen und solidarischer Bürgersinn nach innen.

Die weitere Entwicklung Roms in den letzten knapp anderthalb Jahrhunderten vor dem Ende seiner republikanischen Verfassung sollte Polybios Recht geben. Die Rivalität von aristokratisch gesinnten Staatsmännern (*Optimati*) und sich demokratisch gerierenden Führungspersönlichkeiten aus der römischen Oberschicht (*Populares*) – von dem Brüderpaar Gracchus bis zu Gaius Julius Caeasar – bereitet den Weg für die schleichende Erosion und faktische Auflösung der Republik hin zum pseudo-demokratischen autoritären Regime der Nachfolger von Caesar und Augustus. Mit dem Systemwechsel in seiner politischen Geschichte ändert sich auch Roms politische Geschichtsschreibung, die nun vorwiegend von Bürgerkrieg, Verschwörung und Aufruhr sowie von Gewaltherrschaft handelt und die so gut wie ganz in den Händen römischer Autoren liegt, die auf Latein schreiben und mit ihren meist nur fragmentarisch erhaltenen Werken Wesentliches zur Morphologie und Pathologie des politischen Lebens beitragen – von Caesars Rechenschaftsberichten (*Commentarii*) zum Gallischen Krieg und zum Bürgerkrieg (*De bello gallico*, *De bello civile*) über Lukans Bürgerkriegsepos (*Pharsalia*) zu Tacitus' düster-distanzierter Geschichte der frühen Kaiserzeit (*Historiae*, *Annales*).

Zur griechisch geprägten Geschichtsschreibung Roms in entfernter Parallele zu Polybios' Doppelperspektive auf die römische Außen- und Innenpolitik trägt einige Jahrhunderte später Prokop bei mit seinen beiden Werken zur spätantiken oströmischen Kriegsführung (Vandalenkiege, Gotenkriege; *Historiai*) und zur Skandalchronik des byzantinischen Hofes (Geheimgeschichte; *Anekdota*). Schon vorher, im ersten Jahrhundert v. Chr., hatte Livius für seine Komplettgeschichte Roms (in 142 Büchern) von der Stadtgründung (*ab urbe condita*) bis in die Gegenwart (9 v. Chr.)

das damals noch vollständig erhaltene Geschichtswerk von Polybios als Vorbild und Materiallieferant benutzt. Über Livius' Geschichtswerk, von dem nur etwa ein Viertel erhalten ist, läuft auch die frühneuzeitliche Rezeption von Polybios bei Machiavelli, der eines seiner Hauptwerke (*Discorsi*) als laufenden Kommentar zu Livius' ersten zehn Büchern anlegt und dabei auch auf den inzwischen ins Lateinische übersetzten Polybios, speziell das politisch-philosophische 6. Buch der *Historien*, zurückgreift.

Cicero

Die produktive Konfrontation von griechischer philosophischer Bildung und römischer politischer Erfahrung, die das Geschichtswerk des Polybios auszeichnet, prägt auch das umfangreiche politisch-philosophische Lebenswerk von Roms einflussreichstem Denker, Redner und Juristen, Marcus Tullius Cicero (106–43 v. Chr.). Anders als so gut wie alle früheren und späteren politischen Philosophen ist Cicero auch ein herausragender praktischer Politiker und hoch angesehener Staatsmann, der sich große Verdienste um die schon im Niedergang begriffene römische Republik erwirbt. Der provinziellen Oberschicht und nicht dem städtischen Senatorenstand entstammend, erhält Cicero zunächst eine juristische Ausbildung und geht dann für philosophische und rhetorische Studien nach Griechenland und Kleinasien (*Asia minor*, das Gebiet der heutigen Türkei), bevor er in Rom als Aufsteiger (*homo novus*) eine politische Karriere verfolgt, in Rekordzeit die obligatorische Ämterlaufbahn (*cursus honorum*) absolviert und es bis zum Konsulat bringt, das mit der Aufnahme in den Senat verbunden ist. Im gehörigen zeitlichen Abstand zum Konsulat (63 v. Chr.) wirkt er im Folgenden als Statthalter von Kilikien im Südosten von Kleinasien (51–50 v. Chr.).

Das aus den Jahren seiner öffentlichen Tätigkeit erhaltene Werk Ciceros, durchgängig auf Latein geschrieben, umfasst zahlreiche Gerichtsreden aus berühmten und berüchtigten Prozessen sowie eine Reihe politischer Reden. Beide Korpora sind seit der frühen Neuzeit als Musterbeispiele ihrer Gattung von Generation zu Generation gelehrt und gelernt worden und haben bis in die jüngere Vergangenheit den Kern des schulischen Lateinunterrichts gebildet. Wie auch seine anderen, im engeren Sinne philosophischen Werke, die ebenfalls auf Latein verfasst sind, zeichnen sich Ciceros Reden durch einen gefälligen und eingängigen gedanklichen wie sprachlichen Stil aus, durch den das raue zeitgenössische Latein die literarische Weihe einer eleganten und eloquenten Schriftsprache erhält.

Den äußeren Höhepunkt von Ciceros auch literarisch dokumentierter öffentlicher Wirksamkeit bildet sein politisches und juristisches Einschreiten gegen den Putschisten Catilina und seine Komplizen (Catilinarische Verschwörung), dem er in dramatischer Inszenierung den Prozess macht (Catilinarische Reden). Die einstweilige Bewahrung der durch Bürgerkrieg und Rebellion bereits bedrohten Republik trägt Cicero den traditionellen Ehrentitel «Vater des Vaterlands» (*pater patriae*) ein und verschafft ihm Ansehen und Achtung als Hauptrepräsentant der altehrwürdigen Republik und ihres tradierten Ethos (*mos maiorum*). Als führender Vertreter des konservativen Senatorenstandes ist Cicero erklärter Gegner des geschickten Populisten und erfolgreichen Machtpolitikers Caesar, ohne aber dessen stetigen Aufstieg zum faktischen Alleinherrscher (*dictator*) Roms aufhalten zu können.

An der Verschwörung der republikanisch gesinnten Senatoren zur Ermordung Caesars (45 v. Chr.) ist Cicero zwar nicht beteiligt, stellt sich aber im Nachhinein auf die Seite der Verschwörer und wendet sich publizistisch insbesondere gegen Caesars selbsterklärten Rächer Marcus Antonius. Seinen gegen die caesarischen Bestrebungen von Marcus Antonius gerichteten Zyklus von vierzehn polemischen politischen Reden benennt Cicero nach dem Vorbild der Invektiven, mit denen der athenische Rhetor Demosthenes seinerzeit die aggressive Expansionspolitik des makedonischen Königs Philipp gegenüber den unabhängigen griechischen Stadtstaaten gebrandmarkt hatte (351–341 v. Chr.), Philippische

Reden (*Philippica*). Obwohl Cicero sich nicht an der erfolglosen militärischen Kampagne der Senatorenpartei gegen Marcus Antonius beteiligt, fällt er den anschließenden Säuberungen (Proskriptionen) zum Opfer. Den Kopf und die abgetrennten Hände des Autors der Philippischen Reden lässt Marcus Antonius zur allgemeinen Abschreckung an der Rednertribüne auf dem Forum in Rom anbringen. Die Republik überlebt ihren wortgewandten späten Verteidiger und Verklärer nur um wenige Jahre, dann setzt sich Caesars Adoptivsohn und politischer Erbe Octavian (später Augustus) gegen Marcus Antonius durch und leitet den Umbau des Römischen Reiches in eine auf eine zentrale persönliche Führung ausgerichtete Herrschaftsform (Prinzipat, später auch Dominat) ein. Der Familienname Caesar wird darüber zum neuen Herrschaftstitel (Kaiser).

Ciceros im engeren Sinne philosophisches Werk ist vorwiegend in den Perioden seiner erzwungenen politischen Inaktivität entstanden. Neben einer Reihe moralphilosophischer Abhandlungen, darunter die für seinen Sohn abgefasste Lehrschrift *Über die Pflichten* (*De officiis*), verfasst er eine Serie staatstheoretischer Schriften, darunter *Vom Gemeinwesen* (*De re publica*) und *Von den Gesetzen* (*De legibus*). Auch ein umfangreicher Text über das sittlich-moralische Profil des öffentlichen Redners (*De oratore*) gehört zu Ciceros stattlichem politisch-philosophischen Korpus. In seinem philosophischen Werk im Allgemeinen und seinen politisch-philosophischen Schriften im Besonderen leistet Cicero eine zweifache Übersetzungsarbeit. Zum einen überträgt er das abstrakte und rigorose philosophische Denken der griechischen Philosophie in die pragmatische Weltsicht und konkrete Vorstellungswelt der Römer. Zum anderen verschafft er dem technischen Vokabular der griechischen Philosophensprache eingängige lateinische Äquivalente, so dass anspruchsvoll angelegtes, dabei aber auch gewinnend gestaltetes philosophisches Denken nunmehr auch auf Latein möglich ist.

Ciceros philosophische Prägung spiegelt die vielfältige intellektuelle Landschaft der späten Republik wider und ist durch die geschickte Vermischung philosophischer Schulen und Lehrmeinungen (Eklektizismus) gekennzeichnet. Die dominierende Orientierung seines philosophischen Denkens verdankt er der Begegnung mit der Philosophie Platons, wie sie zur damaligen Zeit an dessen Athener Schulgründung (Akademie) gelehrt wird. Der frühere Dogmatismus der Platoniker ist einer gemäßigt skeptischen Einstellung gewichen («akademische Skepsis»). Auch in Ciceros Denken überwiegt die abwägende und abgleichende Geisteshaltung, verbunden mit der Abneigung gegenüber einseitigen und extremen Positionen. Dieser undogmatische, dabei aber geistig wie moralisch engagierte Wesenszug seines Philosophierens hat Ciceros Werken von früh an, über lange Zeit und bis in die jüngere Gegenwart weit verbreitete Beachtung und beispiellosen Einfluss auf eine gebildete Leserschaft gewonnen.

Darüber hinaus dienen seine philosophischen Schriften als indirekte Quelle für ansonsten kaum oder gar nicht erhaltene Werke anderer philosophischer Schulen, insbesondere des damals in Roms führenden Kreisen einflussreichen Stoizismus («mittlere Stoa»). In der Nachfolge von Ciceros sprachlich-gedanklicher Pionierleistung haben dann andere römische Philosophen in ihren auf Latein verfassten Werken Ciceros generell platonisch-skeptische Orientierung um den Anschluss an das materialistische und deterministische Denken Epikurs und den auf das ethische Ideal der Selbstbeherrschung ausgerichteten Stoizismus ergänzt. Zu nennen sind hier insbesondere Lukrez (ca. 99/94–ca. 55/53 v. Chr.) mit seinem umfangreichen epikureischen Lehrgedicht *Über die Natur der Dinge* (*De natura rerum*) und die zahlreichen stoisch inspirierten Erbauungs- und Belehrungsschriften des jüngeren Seneca (ca. 1–65 n. Chr.). Auch Letzterer ist politisch tätig und zeitweiliger Erzieher des späteren Kaisers Nero, auf dessen Befehl hin er schließlich Selbstmord begeht. Doch findet sich bei keinem anderen römischen Philosophen die Ciceros Werk auszeichnende durchgehaltene Reflexion über die Formen und Normen des politischen Lebens – auch nicht bei dem Philosophen-Kaiser Mark Aurel (121–180), dessen auf Griechisch verfasste *Selbstbetrach-*

tungen (*Ta eis heauton*) vorwiegend persönlich gehaltene stoische Handlungsmaximen enthalten.

Das Hauptwerk von Cicero zur politischen Philosophie ist der aus sechs Büchern bestehende Dialog *Vom Gemeinwesen* (54–51 v. Chr.). Schon mit der für die Darstellung seiner politischen Prinzipien gewählten Gestalt des Gesprächs schließt Cicero an die dialogische Form des Philosophierens bei Platon an. Auch inhaltlich präsentiert sich *Vom Gemeinwesen* als aktualisierte römisch-republikanische Variante von Platons Erörterung der idealen Verfassung (*politeia*) des griechischen Stadtstaats (*polis*). Doch statt wie Platons *Politeia* in der damaligen Gegenwart angesiedelt und um Sokrates als Hauptunterredner zentriert zu sein, verlegt Ciceros Staatsdialog die Erörterung der rechten Republik in die heroische Zeit des republikanischen Rom. Als Gesprächspartner dienen historisch belegte hochrangige Politiker und Militärs aus der Zeit des endgültigen Sieges von Rom über Karthago (Dritter Punischer Krieg), allen voran der Feldherr und Staatsmann Publius Cornelius Scipio Africanus (236/235–ca. 183 v. Chr.).

In den auf drei aufeinander folgende Tage des Jahres 129 v. Chr. datierten Gesprächen tauscht sich der Kreis um Scipio auf der doppelten Grundlage von praktischer Erfahrung und philosophischer Bildung über die optimale staatliche Gemeinschaft (*civitas*) und den Idealtyp des Staatsbürgers (*civis*) aus. Den dramatischen Abschluss und philosophischen Höhepunkt des Dialogs bildet die noch weiter in die Vergangenheit, in die Zeit kurz vor der Zerstörung Karthagos, datierte Weltvision des Scipio (*somnium Scipionis*) über Roms Randstellung in der gewaltigen Ordnung des Weltalls. Der Traum des Scipio, der bei Cicero die Stelle des Schlussmythos vom Weltgericht in der Unterwelt aus Platons *Politeia* einnimmt, ist über lange Zeit der einzige geschlossen überlieferte Teil des Dialogs, bis zu Beginn des neunzehnten Jahrhunderts ein (leider lückenhaftes) Manuskript des gesamten Werkes entdeckt wird. Bedingt durch sein vergleichsweise spätes Wiederauftauchen hat Ciceros Dialog *Vom Gemeinwesen* nicht den langfristigen Einfluss und die andauernde Wirkung seiner anderen

Schriften ausgeübt. Für die moderne Leserschaft bildet der Dialog in seiner eingeschränkt komplettierten Version aber den wohl wichtigsten Beitrag zum politisch-philosophischen Selbstverständnis der römischen Republik.

Im Vergleich zu ihrem entfernten Vorbild, Platons *Politeia*, ist Ciceros Schrift *Vom Gemeinwesen* weniger weitreichend in den Forderungen an das Staatswesen und weniger gewagt in den Begründungsgängen für dessen Ausgestaltung. Weder spielen die bei Platon am Vorbild Spartas orientierte Gütergemeinschaft und Auflösung des Familienverbands bei Cicero eine Rolle, noch legt er die Ausübung politischer Herrschaft in die Hände ausgebildeter Philosophen. Auch die für Platon ausschlaggebende Zurückführung ethisch-politischer Grundnormen auf allgemeine Wesenheiten (Ideen) fehlt bei Cicero. Wohl aber nimmt er die platonische Typologie der Verfassungen auf, von denen auch er drei gute und drei schlechte unterscheidet: die königliche Herrschaft (*regnum*), die Herrschaft der Besten (*civitas optimatium*) und die Herrschaft des Volks (*civitas popularis*) auf der einen Seite sowie die Tyrannenherrschaft, die Cliquenherrschaft und die Pöbelherrschaft auf der anderen Seite (1. Buch). In der Nachfolge von Polybios und im Hinblick auf die politischen Verhältnisse im republikanischen Rom behandelt Cicero besonders ausführlich und mit deutlicher Bevorzugung die aus allen drei guten Verfassungsformen zusammengesetzte «gemischte Verfassung» (2. Buch).

Trotz ihrer Zugehörigkeit zur römischen Aristokratie (Patrizier) sehen Scipio und seine Gesprächspartner in Ciceros Staatsschrift den historischen Ursprung und die fortwährende Grundlage des römischen Gemeinwesens (*res publica*) im Volk (*populus*) und damit den Grundcharakter der Republik als «Angelegenheit des Volks» (*res populi*). Den gesellschaftlichen Zusammenhalt der Volksrepublik Rom führt Cicero auf zwei Prinzipien zurück: die allgemein verbreitete Anerkennung der rechtlichen Ordnung (*iuris consensus*) und den gemeinschaftlichen Nutzen der staatlichen Ordnung (*utilitatis communio*) (1. Buch). Der Volksbegriff seines idealisierten Porträts der römischen Republik umfasst alle staatsbürgerlichen Schichten und übergreift insbesondere die Trennung zwischen Patriziern mit Besitz und Bildung und der breiten, arbeitenden Bevölkerung (*plebs*, Plebejer).

Eingehend erörtert Cicero in seinem politisch-philosophischen Hauptwerk, in Anlehnung an Platons *Politeia*, die zentrale ethisch-politische Norm der Gerechtigkeit (*iustitia*) als Leitmaßstab von staatlich-rechtlicher Ordnung wie staatsbürgerlicher Lebensführung (3. Buch). Allerdings fehlt in seiner pragmatischen Betrachtung und nüchternen Einschätzung der idealisierten Verhältnisse im republikanischen Rom Platons differenzierte Darlegung der klassenspezifischen charakterlichen Wesensmerkmale in der idealen Polis. Auch verzichtet Ciceros auf die bei Platon breiten Raum beanspruchende Zuordnung der einzelnen politischen Verfassungstypen zu spezifischen ethischen Charaktertypen («tyrannischer Mensch», «demokratischer Mensch») und konzentriert sich stattdessen auf die Schilderung des idealen Staatsbürgers (*civis*) (5. Buch).

Die primär politische Dimension des republikanischen Ethos im Dialog *Vom Gemeinwesen* erfährt noch eine wichtige Ergänzung durch Ciceros stoisch inspirierte Lehre von den ethisch-moralischen Anforderungen an die öffentliche Lebensführung, welche er in seiner späten, aus drei Büchern bestehenden Abhandlung *Von den Pflichten* (44 v. Chr.) darlegt. Darin erörtert Cicero die doppelte Verhaltensnormierung des menschlich gereiften Staatsbürgers, der sich am Anständigen oder Ehrenvollen (*honestum*), das dem allgemeinen Interesse dient (1. Buch), ausrichtet, aber auch am Nützlichen (*utile*), das dem persönlichen Vorteil dient (2. Buch), orientiert. Abschließend demonstriert Cicero in *Von den Pflichten* an Beispielen aus Roms republikanischer Geschichte den klugen Umgang mit Konflikten zwischen den beiden konkurrierenden Normengebilden menschlichen Verhaltens, dem des *honestum* und dem des *utile* (3. Buch). Während seine Schrift *Vom Gemeinwesen* schon recht bald verschollen ist, erfreut sich seine Abhandlung *Von den Pflichten* durchgängig großer Bekanntheit sowie hoher Beliebtheit und prägt nachhaltig das Bild von Cicero als moralisch motiviertem Vertreter römischer Werte. Für das idealisierte politische Porträt des republikanischen Rom wird so nicht der Cicero, der als ihr letzter großer Verteidiger gelten kann, maßgeblich, sondern der Cicero, der die inzwischen bereits Geschichte gewordene Republik (*res publica amissa*) retrospektiv verklärt.

Tacitus

Nach der idealisierenden Darstellung des republikanischen Rom durch Polybios, den politischen Historiker griechischer Prägung, und Cicero, den politischen Philosophen griechischer Bildung, erfährt die römische Republik noch ihre indirekte Erinnerung durch den analytischen Historiker des frühen kaiserlichen Rom, Publius Cornelius Tacitus (ca. 56–ca. 120). Wahrscheinlich aus dem heutigen Südfrankreich stammend (*Gallia Narbonensis*) und in Rom rhetorisch und juristisch geschult, durchläuft Tacitus die Ämterlaufbahn bis zum Konsul und zum Gouverneur im westlichen Anatolien und erlangt die Aufnahme in den Senat, bevor er sich der kritischen literarischen Aufarbeitung der jüngeren Vergangenheit römischer Herrschaftsverhältnisse im Inneren (Stadt Rom) und in den verschiedenen Teilen, insbesondere den Grenzregionen, des Römischen Reichs zuwendet.

Sein monumentales Geschichtswerk, das nur etwa zur Hälfte erhalten ist, gliedert sich in die von der Nachwelt so genannten *Annalen* (*Annales*) und *Historien* (*Historiae*). Die früher entstandenen *Historien* (105 n. Chr.) behandeln den Zeitraum vom sogenannten Vierkaiserjahr (69) bis zum Ende der Flavier-Dynastie (96), während die später verfassten *Annalen* (117) die Zeit vom Tod des Augustus (14 n. Chr.) bis zum Todesjahr Neros (68) darstellen, um damit zum bereits vorliegenden Teil des Doppelwerks überzuleiten. Für die späteren Jahre seiner geschichtlichen Darstellung kann Tacitus auf eigene Anschauung der politischen und militärischen Entwicklungen zurückgreifen. Die ebenso zahlreichen wie umfangreichen Quellen, auf die sich Tacitus darüber hinaus stützt, sind größtenteils verloren gegangen. Damit bildet sein Werk, bei allen Lücken der Überlieferung, eine Hauptquelle für die Innen- und Außenpolitik des kaiserlichen Rom im ersten Jahrhundert seines Bestehens.

Ihrem Gattungscharakter nach handelt es sich bei Tacitus' zweiteiligem politisch-philosophischen Geschichtswerk um Annalistik: Die Darstellung ist fortlaufend nach Jahren gegliedert, wobei für jedes Berichtsjahr zunächst die Geschehnisse in Rom und sodann die Entwicklungen in den Provinzen geschildert und eingeschätzt werden. Besondere Aufmerksamkeit schenkt er innenpolitisch dem Verhältnis der Caesaren zum Senat und außenpolitisch der Lage an den Außengrenzen des Reichs, insbesondere im Norden (Germanen) und Osten (Parther). Gedanklich wie sprachlich folgt Tacitus dem Stil und Ton des spätrepublikanischen Historikers und Politikers Sallust (86–35/34 v. Chr.), von dem insbesondere eine dramatisch gedrängte und düster anmutende Darstellung der Catilinarischen Verschwörung (*De coniuratione Catilinae*) erhalten ist (ca. 41 v. Chr.).

Mit ihrer rigorosen Gliederung nach Regierungsjahren und ihrer separaten Behandlung von Innen- und Außenpolitik unterscheidet sich Tacitus' dezidiert politische Geschichtsschreibung des frühkaiserlichen Rom von der gefälligeren Darstellung derselben Epoche, die sein jüngerer Zeitgenosse Sueton (ca. 70-nach 122) verfasst. Sueton, der als kaiserlicher Amtsträger in Rom wirkt, widmet jedem der zwölf Herrscher von Gaius Julius Caesar über Octavian (Augustus) bis Domitian eine anekdotenreiche Einzelbiographie. Das traditionell als «Kaiserviten» übersetzte Sammelwerk (*De vita Caesarum*) bedient nicht zuletzt die Sensationslust der zeitgenössischen Leserschaft. Wo Tacitus sich über die zunehmend autoritäre Machtausübung im ersten Jahrhundert caesarischer Herrschaft entrüstet, ist Sueton bestrebt, durch die Verbreitung von anrüchigen Geschichten und brisanten Gerüchten seine Leser zu fesseln.

Der eminent politische Charakter seiner Historiographie steht im direkten Zusammenhang mit Tacitus' persönlicher und geistiger Zugehörigkeit zu Roms traditionellem aristokratischen Führungsgremium, dem Senat. Die allgegenwärtige Herrschaftsformel S. P. Q. R (*Senatus Populusque Romanus*) für die politische Verfassung Roms kennzeichnet die demokratisch-aristokratische Doppelherrschaft von römischem Volk, bei dem im Wesentlichen die Gesetzgebung liegt, und Senat, der die Regierungsgewalt ausübt. Die mit Caesar einsetzende und mit Augustus institutionalisierte Sonderstellung einer einzelnen Führungspersönlichkeit, die monarchische Züge trägt, ohne je als solche formalisiert zu werden, belässt dem Senat und seinen Mitgliedern zunächst wichtige Funktionen und Ämter. Auch sind die «Kaiser» – «Caesaren» oder «Imperatoren» wäre die bessere Wortwahl – im ersten Jahrhundert ihrer Herrschaft selbst noch Mitglieder des Senats und suchen dessen Zustimmung und Unterstützung in Fragen der Politik.

Tacitus' Werk steht am Ende einer ganzen Reihe von (zu großen Teilen nicht erhaltenen) Geschichtswerken aus der Hand römischer Senatoren (senatorische Geschichtsschreibung), die – aus eigener Erfahrung und überzeugt von der Sonderstellung des Senats im republikanischen Rom – römische Geschichte und Gegenwart aus der Sicht des politischen und geistigen Machtzentrums darstellen. Bei Tacitus kommt hinzu, dass der Senat, dessen Standpunkt er ebenso vehement wie wortkarg vertritt, zunehmend entmachtet und zum Spielball imperialer Ambitionen und dynastischer Interessen wird. Gut ein Jahrhundert nach Tacitus findet die senatorische Geschichtsschreibung ihren monumentalen Abschluss bei Cassius Dio (ca. 155–ca. 235), einem römischen Senator und hohen Verwaltungsbeamten griechischer Herkunft aus dem nordwestlichen Anatolien. Cassius Dios auf Griechisch verfasste römische Geschichte in achtzig Büchern reicht über 1400 Jahre von der Stadtgründung (753 v. Chr.) über die Errichtung und den Machtzuwachs der Republik bis in die Kaiserzeit, um im Jahr 229 zu enden. Das in großen Teilen erhaltene Werk führt Livius' auf Lateinisch geschriebene und nur teilweise erhaltene Universalgeschichte Roms (*ab urbe condita*) um gut zwei Jahrhunderte fort. Verglichen mit Tacitus fehlt Cassius Dio nicht nur der Fokus auf die innen- und außenpolitischen Machtkämpfe der frühen Kaiserzeit, sondern auch die geradezu aphoristische Kürze und sardonische Kryptik, mit welcher Tacitus außer an Sallust vor allem an Thukydides anschließt.

Bei aller standpunktlichen Voreingenommenheit für die Belange und Interessen des römischen Senats reklamiert Tacitus für sein Werk eine geradezu modern anmutende Sachlichkeit und Objektivität, wenn er zu Beginn der *Annalen* (1. Buch) eine Darstellungsart und Denkweise «ohne Zorn und Eifer» (*sine ira et studio*) verspricht. Man könnte hinter der Versicherung von Unparteilichkeit und Leidenschaftslosigkeit eine Strategie vermuten, mit der er die einseitige Einschätzung der charakterlichen und politischen Defekte der römischen Herrscher, insbesondere im Fall von Tiberius und Nero, zu kaschieren sucht. Doch enthält sich Tacitus in der Tat der emotionalen Reaktion und moralischen Wertung bei der Darstellung politischer Vorgänge und Konflikte, die er durchweg aus rein politischer Perspektive beurteilt. Nicht ohne Grund sind in frühmoderner Zeit zwei diametral entgegengesetzte philosophische Auffassungen seiner sich neutral gebenden politischen Geschichtsbetrachtung entstanden. Neben die republikanische Lesart von Tacitus als Fürsprecher von Roms vergangener politischer Freiheit (*res publica libera*) trat dabei die von politischem Realismus getragene Lektüre von Tacitus als engagiertem Analytiker des herrschaftlichen Handelns nach der Staatsräson («roter» und «schwarzer Tacitismus»).

Ein sachlicher Grund für die konstitutive Ambiguität seiner politischen Philosophie in den *Annalen* und *Historien* dürfte in der schwierigen Lage der römischen Republik am Übergang in die Kaiserzeit zu suchen sein. Das letzte Jahrhundert des republikanischen Rom ist ein Jahrhundert der Bürgerkriege (*bellum civile*), der Ächtung des politischen Gegners (*proscriptio*) und des offenen Aufruhrs (*seditio*). Der Senat erweist sich als unfähig, die in Parteien und Lager gespaltene Republik zu befrieden, ist er doch selbst zutiefst gespalten, insbesondere entlang der entgegengesetzten Lager der Befürworter aristokratischer Privilegierung (Optimaten) und der mit den Anliegen der breiten Bevölkerung Sympathisierenden (Popularen). Weder Cicero in der Spätphase der Republik noch Tacitus in der Frühphase der Caesarenherrschaft verfügen – bei aller begründeten Kritik an den anti-republikanischen Entwicklungen – über konkrete Vorstellungen für die Erneuerung der Republik auf der Grundlage eines radikal reformierten Senats und eines in seinem politischen Ethos erneuerten Stadt- und Staatsvolkes.

Die politisch-philosophische Einschätzung, die Tacitus von der Herrschaft der Nachfolger Caesars hat, insbesondere im Hinblick auf die zunehmende Überlagerung der republikanischen Verfassung durch monarchische Elemente, entzieht sich wohl dem einfachen Schema von pro-republikanischer «roter» Ablehnung und pro-monarchischer «schwarzer» Zustimmung. Eher könnte man bei Tacitus eine Verknüpfung der Loyalität zu alt-republikanischen Prinzipien mit der Akzeptanz postrepublikanischer Herrschaftsformen ansetzen. Der angloirische Politiker und politische Philosoph Edmund Burke, Sympathisant der Amerikanischen und Gegner der Französischen Revolution, hat vor dem Hintergrund der englischen Verfassungswirklichkeit einer parlamentarisch eingehegten Monarchie Tacitus' rot-schwarz gemischte politische Einfärbung als «rosa» (*pink*) charakterisiert. Allerdings bleibt die republikanische Beschränkung der caesarischen Monarchie bei Tacitus eine politisch-philosophische Wunschvorstellung, zu deren Verwirklichung das dafür erforderliche Ethos von Bürgersinn auf der einen Seite und Herrschertugend auf der anderen Seite faktisch fehlt.

Als Alternative zur korrumpierten Kultur des imperialen Rom porträtiert Tacitus in einem seiner Nebenwerke die moralische und politische Gegenkultur von Roms feindlichem nördlichen Nachbarn. Bei der um das Jahr 98 entstandenen *Germania*, nach der Wiederentdeckung im fünfzehnten Jahrhundert mit dem inauthentischen Titel *Von der Lage und den Sitten der Germanen*

(*De situ et moribus Germanorum*) versehen, handelt es sich um eine ethnographische Abhandlung über die zahlreichen verschiedenen Stammesverbände jenseits der nördlichen Reichsgrenze von Rhein und Donau. Die gemeinsame Bezeichnung der Volksgruppen als «Germanen» (*Germani*) spiegelt die römische Wahrnehmung eines diffusen Gegners wider, den der politische und kulturelle Gegensatz zu Rom eint.

Tacitus, der sich selbst nie in Nordeuropa aufgehalten hat und der für seine Schrift auf (inzwischen größtenteils verlorene) zeitgenössische Quellen, vor allem zu Roms gescheiterten Feldzügen in germanisches Gebiet (*bella Germaniae*), zurückgreift, porträtiert das Leben der Völkerschaften zwischen Rhein und Weichsel als exaktes Gegenbild zum frühkaiserzeitlichen Rom. Er schildert das streng geregelte Ehe- und Familienleben, die faire Rechtsprechung und den konsultativen politischen Führungsstil der Anti-Römer – freilich nicht, ohne zugleich die wirtschaftliche Dürftigkeit und materielle Armseligkeit des Lebens der nördlichen Barbaren herauszustellen. Während die politische Wirkung und der philosophische Einfluss seiner großen Geschichtswerke bis heute anhält, wurde die recht marginale und politisch-philosophisch eher magere *Germania* vor allem im deutschsprachigen Raum über lange Zeit breit und begeistert rezipiert. Vom Humanismus der frühen Neuzeit bis zum Anti-Humanismus des zwanzigsten Jahrhunderts diente sie immer wieder als Dokument für die kulturelle und politische Selbstfindung – oder vielmehr Selbsterfindung – der Deutschen.

3.
Das europäische Mittelalter: Papsttum und Kaisertum

Lange als «dunkle» Zwischenzeit im Anschluss an die griechisch-römische Antike und vor deren Wiederbelebung zu Beginn der modernen Ära (Humanismus, Renaissance) angesehen, bildet das europäische Mittelalter, vom fünften bis zum fünfzehnten Jahrhundert reichend, eine eigene vielfältige Welt, die Antikes verändert fortführt und Modernes wegweisend vorwegnimmt. Auch für die politische Philosophie erweist sich diese Zeit in Europa als fruchtbarer Boden. Nach den teils miteinander konkurrierenden, teils aufeinander folgenden Großreichen der antiken Welt bilden sich im Mittelalter originelle politische Strukturen heraus, die bis an die Schwelle der Moderne fortbestehen oder fortwirken, darunter die neuartige Verteilung und Aufteilung von Macht und Besitz (Lehnswesen, Feudalordnung), das Spannungsverhältnis von religiöser und weltlicher Macht (Kirche, Staat) und die Rivalität von universaler und regionaler politischer Herrschaft (Reichsbildung, Reichsteilung).

Am Anfang stehen zwei Großereignisse oder vielmehr längerfristige und weitreichende Entwicklungen, die den langfristigen Übergang der antiken Welt in eine neue, nachantike Ordnung einleiten und gestalten. Zum einen erlangt das Christentum nach seinen bescheidenen Anfängen als obskure, politisch verdächtige Sekte aus dem östlichen Mittelmeerraum in der Spätphase des Römischen Reichs, im Jahr 380, den Status einer Staatsreligion. Neben die Herrschaft des Kaisers tritt damit der Machtanspruch des Bischofs von Rom. Zum anderen wird das Römische Reich im vierten und fünften Jahrhundert von aus ihren angestammten Siedlungsgebieten verdrängten Bevölkerungsgruppen überflutet (Völkerwanderung, Barbareneinfälle), die die römische Herrschaft im Westen des inzwischen zweigeteilten Reiches (Weströmisches und Oströmisches Reich) zuerst überlagern und schließlich ganz ablösen. Nach dem Fall Roms (Westroms) im Jahr 476 kann sich die östliche Reichshälfte noch ein knappes weiteres Jahrtausend behaupten, bis die Osmanen die Hauptstadt Konstantinopel (vormals Byzanz), auf die das griechisch geprägte, «byzantinische» Reich zuletzt praktisch geschrumpft war, erobern (1453).

Die Christianisierung und Germanisierung des Römischen Reiches ist zugleich die Romanisierung und Christianisierung der zunächst einfallenden und dann sich ansiedelnden germanischen Stammesverbände. Von den nachrömischen Reichsbildungen auf dem Boden des weströmischen Reichs, die von Nordafrika über die Iberische Halbinsel und Italien bis ins nördliche Westeuropa reichen (Goten, Vandalen), erweist sich das Reich der Franken auf dem Gebiet der heutigen Beneluxstaaten und angrenzender Teile des heutigen Deutschland und Frankreich als besonders beständig. Durch eine geschickte Verbindung von Übernahme bestehender gallo-römischer Gesellschaftsstrukturen mit deren Überformung durch germanische Regierungs- und Rechtsvorstellungen (*lex salica*, Salisches Recht) bildet sich ein nachantikes Herrschaftsgebilde, das im Jahr 800 mit der Krönung Karls des Großen (748–814) zum römischen Kaiser die Fortführung des römischen Reichsgedankens im Nordwesten Europas beansprucht (*translatio imperii*).

Die territoriale Expansion des Frankenreichs in die Gebiete östlich des germanischen Limes (Sachsenkriege), verbunden mit der dynastischen Dreiteilung des Frankenreichs (843) in ein westliches, mittleres und östliches Herrschaftsgebiet, legt dann den Grundstein für die allmähliche Bildung der mittelalterlichen Staatenwelt im west- und mitteleuropäischen Raum, insbesondere die Ausdifferenzierung des zunehmend zentralistischen Frankreich und des dauerhaft dezentralen Deutschland (*Sacrum Imperium Romanum*, «Heiliges Römisches Reich», später mit dem Zusatz *Nationis Germanicae* oder «Deutscher Nation» versehen). Politisch-philosophisch betrachtet, entwickeln sich so im mittelalterlichen Europa ebenso großräumig vereinheitlichte wie föderativ gegliederte Herrschaftssysteme. Im deutsch-römischen Reich kommt es zur institutionellen Einbindung der selbständigen Mitglieder des Reichsverbands (Reichsstände) in die Regierung des Reichs (Reichstage) und zur wachsenden wirtschaftlichen und damit einhergehend politischen Macht der keiner territorialen Oberherrschaft unterliegenden «freien» Handelskommunen (Reichsstädte).

Ein weiteres prägendes politisches Merkmal des mittelalterlichen Europa, speziell des Hochmittelalters (11.–13. Jahrhundert), ist die offene und offensive Rivalität zwischen dem römisch-deutschen Kaiser und dem Papst als Oberhaupt der sich als allumfassend («katholisch») verstehenden Kirche. Der generelle Gegensatz zwischen geistlicher Gewalt (*sacerdotum*) und weltlicher Gewalt (*imperium*) hat sein theoretisches Widerspiel in zeitgenössischen politisch-philosophischen Traktaten. Die Einhegung religiöser Macht durch weltliche Herrscher ebenso wie die umgekehrte Bestätigung säkularer Macht durch religiöse Autoritäten erweisen sich als wegweisendes Vorspiel für das konfliktreiche Verhältnis von Staat und Religion in der frühen Neuzeit.

Thomas von Aquin

Der einem süditalienischen Grafengeschlecht mit engen verwandtschaftlichen Beziehungen zu Kaisern und Königen entstammende Thomas von Aquin (ca. 1225–1274) tritt in den neu gegründeten Predigerorden der Dominikaner ein, studiert erst in Neapel, dann in Paris und Köln, wo er Schüler von Albert dem Großen (Albertus Magnus, gest. 1280) wird, und lehrt schließlich selbst in Paris und Orvieto. Sein kolossales Hauptwerk, eine schulmäßige, «scholastische» Gesamtdarstellung christlicher Lehre unter dem Titel *Summe der Theologie* (*Summa theologiae*), beginnt er 1266, ohne dieses bei seinem frühen Tod ganz fertiggestellt zu haben. Bekannt als «der Universalgelehrte» (*doctor universalis*), wird

Thomas 1323, ein halbes Jahrhundert nach seinem Tod, von der katholischen Kirche heiliggesprochen.

Neben Duns Scotus (ca. 1265/66–1308) und Wilhelm von Ockham (ca. 1287–1347) gilt Thomas von Aquin als herausragender Vertreter der mittelalterlichen Schulphilosophie (Scholastik), die das Christentum zum Gegenstand von Forschung und Lehre an den neu gegründeten europäischen Universitäten macht. In der Nachfolge seines Lehrers Albertus Magnus entwickelt Thomas von Aquin sein theologisches Lehrgebäude in Auseinandersetzung mit der damals im Westen durch lateinische Übersetzungen gerade erst wieder bekannt werdenden Philosophie des Aristoteles. Die Bearbeitung der christlichen Doktrin mit dem begrifflichen Instrumentarium und den philosophischen Lehren eines vorchristlichen Philosophen ist allerdings unter den Zeitgenossen heftig umstritten. Besonderen Anstoß nimmt die Kirche an der thomistischen Grundauffassung, dass die philosophische Erkenntnis mittels der Vernunft eine vollgültige eigene Erkenntnisform neben der theologischen Erkenntnis durch die göttliche Offenbarung darstellt.

Speziell die im Rückgriff auf Aristoteles von Thomas von Aquin vorgenommene Aufwertung der Natur steht im Gegensatz zu deren moraltheologischer Abwertung als defekt und irreparabel (Erbsünde) – eine Einschätzung, die seit der Spätantike, insbesondere seit dem Kirchenvater Augustinus (354–430), in Orientierung an platonischen Wertvorstellungen das christliche Denken geprägt hatte. Der Austausch von Platon durch Aristoteles als vorchristlichem Referenzautor, den Thomas von Aquin vornimmt, bildet die Grundlage für ein affirmatives Verhältnis zur Natur als Gegenstandsbereich, zur Vernunft als Erkenntnismodus und zur Philosophie als Wissensform, die das weitere europäische Denken auch da, wo es äußerlich im Zeichen des Christentums steht, kennzeichnen wird. Als besonders prägend für das philosophische Denken bei und nach Thomas von Aquin erweist sich Aristoteles' Zwecklehre (Teleologie), die alles Geschehen, einschließlich des menschlichen Handelns, dem Verfolgen von naturgegebenen Zwecken unterstellt und so alle Wirklichkeit als Verwirklichung von Zwecken begreift. Die zahlreichen Zwecke ordnen sich für Aristoteles und – diesem folgend – für Thomas von Aquin in eine Hierarchie, an deren Spitze als letzter Zweck das «höchste Gut» (*summum bonum*) steht.

In der Aristoteles-Rezeption des Thomas von Aquin nimmt die Auseinandersetzung mit der *Politik* eine besondere Stellung ein. Später als andere Schriften des griechischen Philosophen und auch ohne den Vermittlungsschritt durch eine vorherige Übertragung ins Arabische wird die *Politik* erst Mitte des dreizehnten Jahrhunderts in Europa wieder bekannt. Die Kommentare von Albertus Magnus und Thomas von Aquin, über deren Reihenfolge des Entstehens Unklarheit besteht, bilden die erste Beschäftigung mit der *Politik* seit dem Ende der Antike und zugleich den Ausgangspunkt für die vielfältige produktive Auseinandersetzung mit der Schrift in den folgenden Jahrhunderten («politischer Aristotelismus»). Auch die von Thomas von Aquin vorgelegte kombinierte Kommentierung von *Politik* und *Ethik* (*Nikomachische Ethik*) wirkt prägend für den Einbezug ethischer Gesichtspunkte und Maßstäbe (Tugend, *virtus*) bei der Reglementierung politischer Herrschaft im politisch-philosophischen Denken der folgenden Jahrhunderte.

Der neuartige philosophische Ansatz von Thomas von Aquin bei Aristoteles – im Gegensatz zu dem seit Augustinus üblichen Rückgriff auf einen christlich gedeuteten Platon (Neuplatonismus) – zeigt sich außer im Kommentar zur *Politik* auch in den umfangreichen politisch-philosophischen Partien der *Theologischen Summe*. Augustinus hatte in seinem philosophisch-theologischen Hauptwerk *Vom Gottesstaat* (*De civitate Dei*), das um 413–426 und damit nach der Erhebung des Christentums zur Zivilreligion des Römischen Reiches (380) und nach der Plünderung Roms durch die Westgoten (410) entstanden war, zwei rivalisierende Reiche kontrastiert: den «irdischen Staat» (*civitas terrena*) der Sündhaftigkeit und den «himmlischen Staat» (*civitas caelestis*) der Erlösung. Der politisch-theologische Dualismus von Augustinus und seinen Nachfolgern (Zwei-Reiche-Lehre) bestimmte zum einen das individuelle Leben der Gläubigen und markierte zum anderen den gesamten Geschichtsverlauf vom korrumpierten Erdenleben zur endzeitlichen Erlösung (Heilsgeschichte).

Gegen die augustinische Geringschätzung des politischen Lebens stellt Thomas von Aquin die aristotelische Hochschätzung des politischen Lebens als genuiner Gestalt gemeinschaftlicher Existenz. Insbesondere übernimmt er von Aristoteles die Auffassung des Menschen als von Natur aus geselligem Wesen, das in der spezifisch politischen Gemeinschaft (Staat) seine Vollendung findet (*animal sociale et civile*). Zwar lehrt auch Thomas von Aquin die ultimative Ausrichtung menschlicher Existenz auf die Erlösung im Jenseits, doch billigt er dem Leben in politischer Gemeinschaft eine eigene Dignität zu, wie dies zuvor nur antike, vorchristliche Philosophen, allen voran Aristoteles, getan hatten. Allerdings sind die Grundzüge wie die wesentlichen Einzelheiten seiner politischen Philosophie in der *Summe der Theologie* geradezu begraben in den Formalitäten und Subtilitäten seiner schulmäßigen Auflistungen und Unterscheidungen. Doch sind die auf Aristoteles' *Politik* aufbauenden politisch-philosophischen Partien des Werks auch näher an der hochmittelalterlichen gesellschaftlichen Wirklichkeit ausgerichtet, als dies in seinem Kommentar zu Aristoteles' *Politik* der Fall ist.

Zu den veränderten Umständen im europäischen Hochmittelalter im Vergleich zum Griechenland des vierten Jahrhunderts v. Chr. gehört der Wechsel von einem relativ kleinen Stadtstaat mit eng begrenztem Umland (*polis*) zu einem territorial ausgedehnten Herrschaftsbereich, an dessen Spitze in der Regel ein Landesherr (*princeps*, Fürst) im Rang eines Königs steht. Zwar berücksichtigt Thomas von Aquin die ganze Spannweite von Herrschaftsformen (von der Monarchie über die Aristokratie bis zur Demokratie), doch tritt bei Thomas von Aquin an die Stelle der von Aristoteles bevorzugten Mischverfassung aus aristokratischen und demokratischen Elementen, die einem friedlichen Ausgleich zwischen den entgegengesetzten Interessen von Grundbesitzern und Grundbesitzlosen (Reiche, Arme) dienen soll, die monarchische Herrschaftsform mit einem charakterlich fähigen Fürsten – ein Verfassungstypus, den Aristoteles für überlebt gehalten hatte.

Auch Thomas von Aquin unterscheidet, darin Aristoteles folgend, streng zwischen der häuslichen Herrschaft über die Familie und andere Mitglieder eines Haushalts und der genuin politischen Herrschaft über selbständige, «freie» Bürger. Allerdings wird die Herrschaft über Freie von ihm nicht, wie bei Aristoteles, den Freien selbst anvertraut. Abgesehen von gelegentlichen Erwägungen demokratischer oder republikanischer Herrschaftsverhältnisse, hält Thomas von Aquin an der grundsätzlichen personellen Trennung von Regierenden und Regierten fest, die ihm als Abbild der kosmischen Unterordnung der menschlichen und anderer Geschöpfe unter ihren göttlichen Schöpfer gilt. Doch formuliert er auch strenge Anforderungen an die charakterliche Befähigung der Herrscher und besteht insbesondere auf der allgemeinen Ausrichtung herrschaftlichen Handelns am Wohl des gesamten Gemeinwesens.

Für den Fall gravierender Verstöße gegen die politische Grundordnung der Gesellschaft sieht Thomas von Aquin sogar die gewaltsame Beseitigung eines Willkürherrschers vor (Tyrannenmord, Regizid). In dieser Hinsicht bildet er einen der Ausgangspunkte für mittelalterliche und frühneuzeitliche Lehren und Praktiken von politischem Widerstand und speziell für Formen des militanten Antimonarchismus (Monarchomachen). Ähnlich wegweisend sind die umsichtigen Überlegungen zu den Umständen und Maßstäben der ethisch-politisch gerechtfertigten Führung von kriegerischen Auseinandersetzungen (*bellum iustum*, gerechter Krieg), die in den weiteren Kontext der allmählichen Entwicklung einer allgemeinen, die einzelnen politischen Gebilde übergreifenden Rechtsordnung (*ius gentium*, Völkerrecht) gehören. Bemerkenswert an den zeitgemäßen Anpassungen aristotelischer Lehre bei Thomas von Aquin ist schließlich die durchaus positive Einschätzung der politischen Herrschaft von Nichtchristen über Christen, die als philosophischer Reflex der arabischen politischen Dominanz in Südwesteuropa und der militärisch-politischen Verwicklungen im Nahen Osten (Kreuzzüge) anzusehen ist.

Ergänzende Ausführungen zu Grundfragen der politischen Philosophie finden sich noch in einer unvollendeten Gelegenheitsschrift des Thomas von Aquin aus dem Jahr 1267, betitelt *Über die Fürstenherrschaft* (*De regimine principum*). Die an einen Herrscher im östlichen Mittelmeerraum («König von Zypern») gerichtete Schrift verbindet praktische Überlegungen in der Tradition der royalen Ratgeberliteratur (Fürstenspiegel) mit theoretischen Erörterungen zu Ursprung, Berechtigung und Grenzen fürstlicher Herrschaft. Wieder verbindet Thomas von Aquin Grundauffassungen von Aristoteles aus *Politik* (und *Ethik*) mit der Berücksichtigung zeitgenössischer politischer, gesellschaftlicher und kultureller Umstände, allen voran der theoretischen wie praktischen Auszeichnung monarchischer Herrschaft (*princeps*, Fürst) vor Formen der politischen Teilhabe (*democratia*, Demokratie). Da die Schrift indes früh abgebrochen ist, lässt sich das ganze Ausmaß der befürworteten fürstlichen Herrschaft schwer einschätzen. Eine Jahrzehnte nach Thomas von Aquins Tod vorgenommene Vervollständigung des Fragments trägt jedenfalls deutlich republikanische Züge.

Vergegenwärtigt man sich die Einbeziehung zeitgenössischer Zustände, die das aristotelische Gerüst seiner politischen Philosophie modifizieren und aktualisieren soll, fällt auf, dass Thomas von Aquin zwei zusammenhängende Themenbereiche aus seinen politisch-philosophischen Überlegungen fast ganz ausspart: den herausgehobenen Status des römisch-deutschen Kaisers als Fürst über Fürsten und das schwierige Verhältnis des römisch-deutschen Kaisers zum römisch-katholischen Pontifex. In beiden Fällen geht es um die Überbietung einer mehr oder weniger ausgedehnten, aber begrenzten Herrschaftsform durch eine Herrschaft mit universalem Anspruch (*monarchia universalis*, Universalmonarchie). Weder zum strittigen Reichsuniversalismus noch zum ebenso kontroversen Kirchenuniversalismus bezieht Thomas von Aquins politische Philosophie eindeutig Stellung. Erst seine Nachfolger im nächsten Jahrhundert, insbesondere Dante und Marsilius von Padua, werden ihre politische Philosophie geradezu zentrieren um das Doppelthema der Stellung von Kaiser und Papst.

Darüber hinaus zeichnet sich die politische Philosophie Thomas von Aquins durch eine generelle Gesetzeslehre aus, deren Fortbildung über Jahrhunderte hinweg das westliche Nachdenken über politische und rechtliche Verhältnisse prägen sollte. Im Rückgriff auf theologische Vorstellungen von der göttlichen Einrichtung der Welt ergänzt Thomas von Aquin die aristotelische Konzeption von der zweckmäßigen Ordnung der Dinge um die Auffassung von der durchgängigen Regelung von allem und jedem durch ein ganzes Geflecht von Gesetzen, von denen er im Einzelnen vier Typen unterscheidet. Der Begriff des Gesetzes (*lex*) selbst entstammt der rechtlich-politischen Sphäre, doch wird er von Thomas von Aquin in einem maximal erweiterten Sinn verwendet, der ganz allgemein die zeitlos geregelte Ordnung der Schöpfung bezeichnet (*lex aeterna*, ewiges Gesetz). Speziell für leblose wie belebte Geschöpfe besteht darüber hinaus eine Gesetzesordnung der Naturdinge (*lex naturalis*, natürliches Gesetz). Noch weiter spezialisiert ist der Gesetzesbegriff für die Menschen als vernünftige und willensbegabte Geschöpfe mit einem Sinn für die Unterscheidung von Gut und Böse (*lex humana*, menschliches Gesetz). Eine vierte Form von Gesetz betrifft schließlich übernatürliche Ordnungszusammenhänge, die sich der gewöhnlichen Einsicht entziehen und nur durch göttliche Eingebung (Offenbarung) bekannt werden können (*lex divina*, göttliches Gesetz).

Im Hinblick auf politische Verhältnisse führt die Konzeption universell gültiger, «natürlicher» Gesetze bei Thomas von Aquin und seinen Nachfolgern zur Unterscheidung zweier Arten von politischen, rechtlichen und ethischen Gesetzen: den veränderlichen und insofern zufälligen, «positiven» Gesetzen, die der Überprüfung und Revision unterliegen und sich durchaus als ungerecht erweisen können, und den notwendig-allgemeinen, «überpositiven» Gesetzen, die als invariable Maßstäbe das menschliche Miteinander endgültig regeln. Die Gesamtheit der natürlich gegebenen oder vielmehr vorgegebenen sittlichen Gesetze, die Ethik, Recht und Politik gleichermaßen regulieren sollen, bildet das «Naturrecht» (*ius naturae*). Im Anschluss an Thomas von Aquin bestimmt das naturrechtliche Denken vor allem die katholische Geisteswelt der frühen Neuzeit (Spätscholastik) und des neunzehnten Jahrhunderts (Neuscholastik). Seine protestantische Ausprägung findet das Naturrecht in der frühen Moderne in einem universalistischen Rechtsdenken, das gesellschaftliche Normen und Gesetze auf die Vorgaben der allgemeinen Menschenvernunft zurückführt (Vernunftrecht).

Dante Alighieri

Dante Alighieri (1265–1321) nimmt im mittelalterlichen Denken gleich in mehrfacher Hinsicht eine Sonderstellung ein. Anders als fast alle Vertreter der Philosophie dieses Zeitraums ist er kein Kleriker und lehrt auch nicht an einer von den neuen Predigerorden (Franziskaner, Dominikaner) geführten Hochschulen. Darüber hinaus ist er seit nunmehr siebenhundert Jahren einem breiteren Publikum als Dichter bekannt und insbesondere als Verfasser der monumentalen Versdichtung in 100 Gesängen, die zunächst einfach «Commedia» heißt und schon bald den ehrfürchtigen Titel «Göttliche Komödie» (*Divina Commedia*) erhält. Doch liegt von Dante auch eine Reihe zum Teil unvollendeter Schriften philosophischen Inhalts vor. Zudem bietet die *Göttliche Komödie*, die als Jenseitswanderung angelegt ist, über weite Strecken eine philosophisch-theologische Gesamtschau der antiken, heidnischen und nach-antiken, christlichen Welt. Die beträchtliche Kenntnis der Philosophiegeschichte wie auch der politischen Geschichte dürfte sich der Laie Dante nicht nur im Eigenstudium, sondern auch durch informelle Aufenthalte an der einen oder anderen Ordensschule erworben haben.

Die politisch-philosophische Prägung von Dantes gesamtem Werk hat ihren Ursprung nicht zuletzt in der dramatischen Biographie ihres Autors sowie in dessen eifrig betriebener Selbstmythologisierung zum exilierten politisch-philosophischen Visionär. Dantes Familie entstammt dem einfachen Bürgertum von Florenz. Seine frühen Jahre verbringt er – als Militär, Mitglied in mehreren Führungsgremien und Diplomat – im Dienst der Republik. Auch im hochmittelalterlichen Florenz rivalisieren die beiden Hauptkontrahenten um die Herrschaft über große Teile Italiens: der Papst in Rom, dessen Kirchenstaat sich bis nach Norditalien erstreckt, insbesondere in die Emilia Romagna mit der Universitätsstadt Bologna als Zentrum, und der römisch-deutsche Kaiser, zu dessen Reichsterritorien in staufischer Zeit große Teile des nördlichen und südlichen Italien gehören (Reichsitalien). So ist die Bürgerschaft von Florenz traditionell gespalten zwischen einer päpstlichen Partei (Guelfen) und einer kaiserlichen Partei (Ghibbellinen). In der Stadt und den zugehörigen Territorien der Toskana nimmt der politische Grundgegensatz gelegentlich bürgerkriegsartige Formen an, bei denen die jeweils überlegene Partei Mitglieder des gegnerischen Lagers aus Stadt und Land vertreibt.

Zwar gehört Dante zunächst der damals gerade siegreichen Partei der Papstanhänger an, doch in deren baldiger Aufspaltung in eine betont antikaiserliche Richtung (schwarze Guelfen) und eine eher kaiserfreundliche Richtung, die eine Autonomie von Florenz auch in Bezug auf den Papst verfolgt (weiße Guelfen), gerät er wegen seiner Sympathien für die Weißen politisch ins Abseits und existentiell ins lebenslange Exil (ab 1302). Dieses verbringt er an verschiedenen Orten im nördlichen Italien, bevor er sich 1318 für die wenigen verbleibenden Jahre seines Lebens in Ravenna niederlässt. In den Jahren des Exils entsteht zwischen 1307 und 1321 die *Göttliche Komödie*. Die Hoffnungen, die Dante in die Einigung des politisch zersplitterten Italien durch den kurz zuvor gekrönten römisch-deutschen Kaiser Heinrich VII. aus dem Hause Luxemburg setzt, erfüllen sich genauso wenig wie die von ihm angemahnte Eroberung von Florenz durch kaiserliche Truppen. Dante stirbt als enttäuschter Exilpolitiker und als ins Medium der Dichtung übergewechselter politisch-theologischer

Visionär. Begraben ist er in Ravenna, das in der Spätantike jeweils für kurze Zeit erst Hauptstadt des weströmischen Kaiserreichs und danach des ostgotischen Königreichs gewesen war, um danach eine Zeit lang zum Außenposten des oströmischen Kaiserreichs – mit einzigartigen Zeugnissen byzantinischer Sakralarchitektur (Mosaike) – zu werden. In Santa Croce in Florenz wurde im frühen neunzehnten Jahrhundert ein monumentales Grabdenkmal für ihn errichtet.

Die immense universale Bildung, die aus Dantes Dichtungen und Schriften spricht, ist bei ihm, anders als bei akademisch tätigen theologischen und philosophischen Zeitgenossen, in eine ganz persönlich geprägte Weltsicht eingeflossen, die zusammengeht mit einem betonten Selbstverständnis als kritischer Deuter von Vergangenheit wie Gegenwart. Seine poetischen und philosophischen Werke sind getragen von einem singulären Sendungsbewusstsein, und weil sie ebenso belehren wie begeistern sollen, richten sie sich statt an akademisch geschulte Kleriker an ein breiteres gebildetes Publikum, an das gerade aufblühende städtische Bürgertum in den zahlreichen italienischen Handels- und Gewerbemetropolen, dem ein Bewusstsein seiner kulturellen und stadtbürgerlichen Identität vermittelt werden soll. Dem entspricht auch Dantes Wahl des Toskanischen statt des Lateinischen als Sprache für die meisten seiner Werke.

Dantes politische Philosophie liegt in zwei Schriften vor: Am Anfang steht das unvollendete, auf vierzehn umfangreiche Bücher (*tractatus*, Traktate) angelegte *Gastmahl* (*Convivio*), in dessen vier um 1306 vollendeten Büchern jeweils ein längeres Versgedicht (Kanzone) den Gegenstand einer extensiven Exegese bildet. Das *Convivio* gilt als das erste in italienischer Volkssprache abgefasste philosophische Werk überhaupt. In den ersten drei Büchern wird Dantes Verständnis der Philosophie ganz allgemein und deren herausragende Stellung für die eigene Lebensführung im Besonderen behandelt. Das vierte Buch widmet sich dann unter Rückgriff auf antike und zeitgenössische Autoren und Werke der praktischen Dimension der Philosophie. Besondere Bedeutung kommt dabei der *Ethik* und der *Politik* des Aristoteles zu, vermittelt durch die Kommentare von Albertus Magnus und Thomas von Aquin. Doch basiert die Darstellung auch auf eigenen Quellenstudien.

Der von Dante geradezu offensiv propagierte Wechsel von der Metaphysik und Physik zur Ethik und Politik bedeutet die Nachordnung der theoretischen, lediglich betrachtenden Philosophie hinter die praktische, das Handeln anleitende Philosophie. In Anlehnung an das aristotelische Denken sind für Dante sowohl die Ethik als auch die Politik sozial dimensioniert und zentriert um generelle Normen gesellschaftlichen Verhaltens. Sein besonderes Interesse gilt dabei dem am mittelalterlichen Adelsideal orientierten Handlungs- und Haltungskodex der Nobilität (*nobilitade*). Abweichend von Aristoteles, dessen *Politik* an der historischen Gestalt der griechischen *polis* und ihrer Ausgestaltung als Volksherrschaft ausgerichtet ist, sucht Dantes philosophische Politik Vorbilder bei den Herrschaftsformen des antiken Rom.

Wie das gesamte (fragmentarische) Werk ist auch das abschließende 4. Buch des *Convivio* der ethischen Grundfrage nach dem guten (gelungenen, tugendhaften, glücklichen) Leben gewidmet. Doch erweitert Dante die moralphilosophische Untersuchung nun noch um die Frage nach den optimalen gesellschaftlichen Rahmenbedingungen für das glückliche Leben (*vita felice*). Unter Berufung auf Aristoteles in dessen scholastischer Kommentierung identifiziert Dante das Leben in der politischen Gemeinschaft als institutionelle Voraussetzung für ethisches Handeln. Sein eigener Beitrag zur mittelalterlichen ethisch-politischen Lehre vom rechten Leben besteht dann im Rückgriff auf das Römische Reich als optimale Staatsform im Hinblick auf Ethik wie Politik. Das Imperium Romanum versteht er dabei als kaiserliche Herrschaft (*imperiale autoritade*) in einem die gesamte Welt umspannenden Universalreich. Dante zufolge ist die von Rom durch seine Kaiser errichtete und aufrechterhaltene universale Friedensordnung die einzige geeignete Grundlage für allgemeines ethisches Handeln. Dante räumt zwar die Gewalt im Hintergrund der römischen Weltherrschaft ein, schätzt sie jedoch als lediglich instrumentell ein und sieht sie im Dienst einer göttlich gewollten Weltordnung. Die theologische Begründung des römischen Kaisertums illustriert Dante zusätzlich mit dem Verweis auf das zeitliche Zusammenfallen der Errichtung des römischen Kaisertums durch Augustus mit der Geburt Christi (*speziale nascimento*) (4. Buch, 4. und 5. Kapitel).

Das etwa ein Jahrzehnt (ca. 1314–1318) nach dem *Convivio* entstandene Hauptwerk Dantes zur politischen Philosophie ist, anders als das Vorgängerwerk, auf Lateinisch verfasst und trägt in der Überlieferung die alternativen Titel *Monarchia* (*Monarchie*) und *Liber Monarchiae* (*Das Buch von der Monarchie*). Der Kontext des Werkes, das beträchtliches Wissen über Theologie, Philosophie, Geschichte und Kirchenrecht verrät, ist der hochmittelalterliche Streit zwischen dem römischen Bischof (Papst) und dem deutsch-römischen Kaiser um die weltliche Vorherrschaft. Dantes literarischer Beitrag zu der anhaltenden politisch-theologischen Kontroverse, in der er sich dezidiert auf die Seite des Kaisers stellt, wird als pro-kaiserliche Propagandaschrift wahrgenommen, sieben Jahre nach dem Tod ihres Autors auf päpstliche Anordnung hin öffentlich verbrannt und gut zwei Jahrhunderte später (1554), inmitten der Gegenreformation, auf den Index der katholischen Kirche gesetzt, von dem das Werk erst 1881 wieder entfernt wird.

In der *Monarchia* ergänzt und vertieft Dante die zuvor im *Convivio* gelieferte politisch-philosophische Begründung der Weltherrschaft des römischen Kaisertums um den Nachweis der weltlichen Vorherrschaft des Kaisers gegenüber dem Papst. Hintergrund ist der steigende zeitgenössische Machtanspruch des Papstes in weltlichen Dingen, insbesondere die von den Päpsten im Hochmittelalter theoretisch und praktisch behauptete Vorherrschaft gegenüber dem Kaiser und den anderen Königen und Fürsten. So werden in den drei Büchern der *Monarchia* das ethisch-politische Erfordernis einer monarchischen Weltherrschaft, die historische Legitimation der römischen Kaiser und die aktuelle Legitimation zur Weltherrschaft der deutsch-römischen Kaiser behandelt. Dantes Traktat ist im Stil des scholastischen

Denkens verfasst, mit einem künstlich wirkenden logischen Beweisapparat und ausführlichen argumentativen Widerlegungen gegnerischer Positionen, insbesondere was den weltlichen Führungsanspruch des Papstes angeht.

In politisch-philosophischer Hinsicht ist das Werk sowohl wegweisend als auch anachronistisch. Wegweisend ist die Vorstellung einer autonomen, rein weltlichen Herrschaft, die der geistlichen Herrschaft formal ebenbürtig ist, insofern beide auf den gleichen göttlichen Ursprung zurückzuführen sind. Kaiserliche Macht und staatliche Herrschaft ganz generell leitet Dante direkt von Gott her, ohne den Umweg über Kirche und Papst und den daraus resultierenden Überlegenheitsanspruch des Papstes gegenüber dem Kaiser. Doch wird die Autonomie des Politischen bei Dante durch die schon zum damaligen Zeitpunkt antiquierte Leitvorstellung einer weltumspannenden Einzelherrschaft (Universalmonarchie) eingeschränkt. Das deutsch-römische Reich (*Sacrum Imperium Romanum*) ist zum damaligen Zeitpunkt nur eines neben anderen europäischen Staatsgebilden, die rechtlich wie faktisch unabhängig sind von dem sich in der Nachfolge der Caesaren verstehenden deutschen Kaiser. Auch ist das deutsch-römische Kaiserreich zu keinem Zeitpunkt der territoriale Nachfolger des römischen Weltreichs, dessen westliche Hälfte vielmehr geteilt und zersplittert in der emergierenden europäischen Staatenwelt des Mittelalters aufgeht. Zudem lässt Dantes Parallelkonstruktion von päpstlicher und weltlicher Weltherrschaft unberücksichtigt, dass die Ausübung der politischen Macht von Kaisern wie Königen in mittelalterlicher Zeit formell oder zumindest informell eingeschränkt ist durch lokale Herrscher und Ständevertretungen.

Ausführlicher als im *Convivio* begründet Dante im 1. Buch der *Monarchia,* warum ethisches Handeln politische Herrschaft im Allgemeinen und monarchische Herrschaft im Besonderen erfordert. In freier Abwandlung der Aristotelischen Lehre vom überindividuellen Intellekt aus der Schrift *De anima* (Von der Seele) führt Dante anstelle des immer nur stückweise und unvollkommen ethisch handelnden Individuums als Subjekt erfolgreichen ethischen Handelns die kollektive Menschheit (*humanum genus*) ein, die sich in den Individuen sukzessiv und kumulativ verwirklicht. Dem Kollektivsubjekt der gesamten Menschheit ordnet er dann als politisches Rahmengebilde für die generische ethische Vervollkommnung den Universalstaat (*universalis civitas*) zu.

In einem weiteren Argumentationsschritt begründet Dante die exklusive Eignung der monarchischen Herrschaftsform für die Gewährleistung des für kollektives ethisches Handeln erforderlichen Zustands allgemeinen Friedens (*pax universalis*). Der politische Garant des ethischen Gattungsfortschritts ist für Dante logisch zwingend der Einzelherrscher oder Kaiser (*Monarcha sive Imperator*). Unter der Herrschaft des Kaisers und nur unter dieser fallen so für Dante der ethisch qualifizierte Mensch und der politisch ausgezeichnete Bürger zusammen (*bonus homo et civis bonus convertuntur*).

Das zweite Buch der *Monarchia* folgt ergänzend und erweiternd den Überlegungen des *Convivio* zur rechtlich-politischen Dignität der römischen Weltherrschaft. Stärker als im *Convivio* steht dabei die frühchristliche Verurteilung des spätantiken dekadenten Rom im Mittelpunkt, auf die Dante im scholastischen Stil mit der argumentativen Darlegung von Roms welthistorischer Mission antwortet. Gegen die Abwertung des weltlichen, paganen Staatswesens (*civitas terrena*) zugunsten des himmlischen, göttlichen Reichs (*civitas Dei*) bei Augustinus stellt Dante, in kreativer Anlehnung an Aristoteles' *Politik*, heraus, dass Roms Weltherrschaft rechtmäßig (*de iure*) und in der Natur der Dinge begründet (*a natura*) war.

Das dritte Buch der *Monarchia*, das im *Convivio* keinen Vorläufer hat, sucht dann die Konkurrenz von geistlicher und weltlicher Universalherrschaft unter Rückgriff auf den göttlichen Weltplan mit einer doppelt angelegten Menschen- und Weltlehre aufzulösen. Der als Mittelwesen (*medium*) zwischen Körper und Seele angesiedelte Mensch ist für Dante zum einen körperlich-seelisch gemischt verfasst und insofern endlich-irdisch und zum anderen rein seelisch verfasst und insoweit unendlich-himmlisch.

Dem doppelten Wesen des Menschen entspricht, so Dante, dessen doppeltes ethisch-politisches Strebensziel (*duplex finis*): die Glückseligkeit des hiesigen Lebens (*beatitudo huius vitae*) im irdischen Paradies (*paradisum terrestre*) und die Glückseligkeit des ewigen Lebens (*beatitudo vitae aeternae*) im himmlischen Paradies (*paradisum caelestum*).

Den beiden Reichen ordnet Dante dann eine zweifache Führung (*duplex directivum*) durch den Kaiser (*Imperator*) und durch den Papst (*Pontifex*) zu, die beide auf die direkte Einsetzung durch Gott zurückgeführt werden. Damit besteht die allgemeine Machtbefugnis (*universalis auctoritas*) des Kaisers als zeitlicher Monarch (*temporalis monarcha*) ohne jede Vermittlung (*sine nullo medio*) und insbesondere ohne die Vermittlung durch den Papst. Der Behauptung einer angeblichen göttlich verfügten Nachordnung des Kaisers gegenüber dem Papst, dem dadurch indirekt auch weltliche Macht zukommen würde, erteilt Dante damit eine entschiedene Absage. Doch hält er weiterhin an der geistlichen Oberherrschaft des Papstes fest, für den er deshalb auch vom Kaiser Verehrung (*reverentia*) fordert. Die politisch-philosophischen Themen von Dantes *Monarchia* sind im Übrigen auch in der *Göttlichen Komödie* gegenwärtig, insbesondere im 16. Gesang des Läuterungsbergs und im 6. und 20. Gesang des Paradieses.

Marsilius von Padua

Der aus einer angesehenen Paduaner Juristenfamilie stammende Marsiglio de' Mainardini (um 1275/80–1342) studiert – wahrscheinlich in seiner Heimatstadt – Medizin, was damals das vorherige Studium der «freien Künste» (*artes liberales*), darunter Rede- und Denkkunst (Rhetorik, Dialektik), einschließt. Von 1312 bis 1324 ist Marsilius als Universitätslehrer (*Magister*) in Paris nachweisbar, wo er 1313 für einige Monate turnusmäßig das Amt des Rektors der Universität ausübt. Ab 1324 bestimmt der politisch-theologische Streit zwischen Kaiser und Papst sein

Leben. Marsilius gehört zum Gefolge Ludwigs IV. von Bayern («Ludwig der Bayer»), der seine Wahl zum deutsch-römischen Kaiser gegen einen Konkurrenten und den Widerstand von Papst Johannes XXII. durchsetzen muss.

Nach einigen Jahren am Münchner Hof begleitet Marsilius Anfang 1327 Ludwig IV., der durch die italienischen Reichsteile (*regnum Italicum*; Reichsitalien) zur Kaiserkrönung nach Rom reist (Romzug). Hauptstationen der ausgedehnten Visite sind Trient und Mailand. Der Papst hat Ludwig IV. schon 1324 exkommuniziert, woraufhin dieser Johannes XXII. der Abtrünnigkeit vom wahren Glauben (Häresie) anklagt. Die Kaiserkrönung («römischer König») erfolgt 1328 in Abwesenheit des Papstes, der sich im Exil in Avignon aufhält («Babylonische Gefangenschaft der Kirche»), durch das Volk von Rom (*populus Romanus*), repräsentiert durch den örtlichen Adel. Nach einem längeren Aufenthalt in Italien ist Marsilius ab 1329 wieder am Münchner Hof nachweisbar. Der Kaiser versöhnt sich im Laufe der Zeit mit dem Papst. Marsilius wirkt möglicherweise in späteren Jahren als Leibarzt des Kaisers. Sein Grab findet er im Vorgängerbau des spätgotischen Doms (Frauenkirche).

Marsilius' politisch-philosophisches Hauptwerk ist die tagespolitisch wirksame, darüber hinaus aber auch reichspolitisch bedeutsame Schrift *Der Verteidiger des Friedens* (*Defensor pacis*) aus dem Jahr 1324, aus der zentrale Thesen durch ein offizielles päpstliches Schreiben (Bulle) von 1327 für häretisch erklärt werden. Weitere erhaltene Schriften sind eine Abhandlung über die spätantike und frühmittelalterliche Genealogie kaiserlicher Herrschaft (*De translatione Imperii*) und eine Kurzfassung des Hauptwerks (*Defensor minor*). Die Texte dokumentieren seine Vertrautheit mit Aristoteles, unter anderem mit dessen ins Lateinische übertragenen naturphilosophischen Schriften, insbesondere mit der Abhandlung über den organischen Aufbau der Lebewesen (*De partibus animalium*). Als ausgebildeter Mediziner ist Marsilius wohl auch mit den einschlägigen antiken Schriften (Galen) und arabischen Werken vertraut.

Der *Verteidiger des Friedens* erörtert in drei Abhandlungen (*dictiones*) Grundlage, Zielsetzung und Funktionsweise weltlicher Herrschaft, Art und Ausmaß priesterlicher Herrschaft und praktische Konsequenzen aus den vorangegangenen beiden Untersuchungen. Bei dem im Titel des Werks genannten «Verteidiger des Friedens» gegen innere und äußere feindliche Mächte handelt es sich um den weltlichen Herrscher im Allgemeinen und den Kaiser im Besonderen. Als Hauptfeinde der kaiserlichen Friedensordnung erweisen sich die Priesterherrschaft im Allgemeinen und die päpstliche Herrschaft im Besonderen. Jenseits der zeitgenössischen Kontroverse um die weltliche Herrschaft der Kirche und die Unterordnung des Kaisers unter den Papst behandelt der *Verteidiger des Friedens* grundsätzliche Fragen der Legitimation und Limitation politischer Herrschaft sowie der Stellung und Funktion der Religion im Gemeinwesen.

In der ersten Abhandlung von *Verteidiger des Friedens* bestimmt Marsilius das Gemeinwesen als einen politischen (Quasi-)Körper unter einem dessen Leben steuernden Zentralorgan. Anders als frühere oder spätere biologische Modellierungen des Gemeinwesens lokalisiert er die Regierung aber nicht im Kopf, sondern im Herzen und speziell in dessen (von der arabischen Medizin gelehrten) Durchlauffunktion für die den Körper unterhaltenden Flüssigkeiten («Säfte»). Als Zielzustand des gesunden politischen Körpers benennt Marsilius dessen ruhige Ausgeglichenheit (*tranquilitas*), die er auf das rechte Verhältnis der den politischen Körper konstituierenden Bestandteile zurückführt. Im Rückgriff auf die *Politik* des Aristoteles ergänzt er das physiologisch-funktionalistische Verständnis des Gemeinwesens um die normative Vorgabe, die Zulänglichkeit des Lebens (*sufficiencia vitae*) für dessen spezifisch politische Zwecke über das zum Leben Notwendige hinaus zu gewährleisten. Letztere fasst Marsilius unter dem Begriff des bürgerlichen Glücks (*civilis felicitas*). Die Grundbedingung für das gute Leben (*bene vivere*) im Gemeinwesen ist für ihn der allgemeine Friedeszustand (*pax*).

Das Gemeinwesen besteht laut Marsilius in einem umfassenden

Zusammenschluss der Bürger (*universitas civium*). Dabei besteht die Bürgerschaft (*civitas*) in einer Gemeinschaft der Freien (*communitas liberorum*), zu der er auch die unteren Bevölkerungsschichten (*vulgares*) rechnet. Für die Ausübung der Regierung (*regnum*) über die Bürgerschaft sieht Marsilius deren wertvolleren Teil (*valentior pars*) vor. Im Einzelnen unterscheidet er – in Anlehnung an Aristoteles und unter Berücksichtigung der mittelalterlichen Ständegesellschaft – sechs produktive Bestandteile der Bürgerschaft (*partes civitatis*), die alle ihre spezifische Ordnungsfunktion oder Aufgabenstellung (*ordo*, *officium*) für den Fortbestand des Gemeinwesens erfüllen: Landwirtschaft (*agricultura*), Handwerk (*artificium*), Militär (*militaris*), Finanzwesen (*pecuniativa*), Priesteramt (*sacerdotium*), Rechtswesen (*iudicalis*) und (gesellschaftlich-politische) Ratgebung (*consiliativa*).

Die ständisch gegliederte Bürgergemeinschaft unterstellt Marsilius einem die Regierung ausübenden Teil (*pars principans*) in der Funktion des Regenten (*principatus*), ohne dass er die Personenzahl und die Art der Zusammensetzung der Regierung spezifizieren würde. Vom Regenten als oberstem Exekutivorgan unterscheidet er den Gesetzgeber (*legislator*), den er im Prinzip mit der integralen Bürgerschaft und praktisch mit deren gewählter Vertretung identifiziert. Nach der Formulierung zur Annahme durch die Bürgerschaft vorgeschlagener Gesetze (*inventio legum*) durch ein Gremium von politischen Experten und Staatsklugen (*experti et prudentes*) obliegt es dem Volk (*populus*), entweder in kompletter Versammlung (*omnes simul congregati*) oder durch seine Delegierten, die vorgeschlagenen Gesetze förmlich zu erlassen (*institutio legum*). Der leitende Gesichtspunkt für die Wahl und Annahme der Gesetze durch das Volk ist dabei deren Beitrag zum Gemeinwohl (*commune conferens*), das in bürgerlicher Ruhe (*tranquilitas*) und bürgerlichem Frieden (*pax*) besteht.

Die Lebensumstände von Marsilius als Parteigänger des Kaisers in dessen Auseinandersetzung mit dem Papst und die generellen zeitgenössischen Verhältnisse der Rivalität von weltlicher und geistlicher Herrschaft (*imperium*, *sacerdotium*), verbunden mit der polemischen Behandlung des weltlichen Machtanspruchs der Kirche in der zweiten Abhandlung von *Verteidiger des Friedens*, könnten dazu verleiten, auch die erste Abhandlung der Schrift auf die kaiserliche Herrschaft im Reich (*regnum*) und in Norditalien (*regnum Italicum*) zu beziehen. Doch ist Marsilius' Staatslehre zugleich genereller angelegt und spezieller ausgerichtet, als es seine Parteinahme für den Kaiser und gegen den Papst nahelegen könnten. Generell zielt die Staatskonzeption in der ersten Abhandlung von *Verteidiger des Friedens* auf das Gemeinwesen als solches in Fortsetzung der hochmittelalterlichen Rezeption von Aristoteles' *Politik*. Spezieller ist seine Staatstheorie durch ihre implizite Bezugnahme auf die Verfassung der zeitgenössischen norditalienischen Stadtrepubliken mit ihrer Mixtur demokratischer und aristokratischer (patrizischer) Regierungsformen.

Besonders zwei Dinge sind an der ersten Abhandlung von *Verteidiger des Friedens* hervorzuheben. Zum einen ist dies der rein weltliche Charakter der im Gemeinwesen, durch das Gemeinwesen und für das Gemeinwesen erlassenen Gesetze, die auf einen rein menschlichen Gesetzgeber (*legislator humanus*, *lex humana*) zurückgehen und in deren Formulierung und Begründung keine Rahmenbedingungen in Gestalt des göttlichen Gesetzes (*lex divina*), wie etwa des Mosaischen Dekalogs, Berücksichtigung finden. Zum anderen ist dies der Umstand, dass unter den sechs von Marsilius aufgeführten Ständen der Bürgergesellschaft auch die Kleriker (*sacerdotes*) aufgeführt sind, die dabei als – wenn auch herausgehobene – Mitglieder der bürgerlichen Gemeinschaft auftreten und so auch deren Gesetzgebung unterstellt sind. Die zweite Abhandlung mit ihrer anti-päpstlichen Polemik wird an diese Verbürgerlichung des Klerus anschließen.

Allerdings begnügt sich die zweite Abhandlung nicht mit der Integration des Priesterstands in den weltlichen Staat. Im Mittelpunkt dieses Werkteils steht vielmehr die Destruktion aller Ansprüche der Kirche auf rechtliche Macht und politische Gewalt über die Menschen. Marsilius' Absicht ist es, den Anspruch der Kirche und speziell des Papstes auf weltliche Herrschaft grundsätzlich zu widerlegen. Zwar erkennt auch Marsilius den Unterschied von geistlichem und zeitlichem Regiment (*regnum spirituale*, *regnum temporale*) an, doch unterscheidet er die beiden Herrschaftsformen nicht nur nach ihrem jeweiligen Geltungsgebiet (himmlisches Reich, irdisches Reich), sondern auch nach den Modalitäten der jeweiligen Machtausübung.

Marsilius billigt allein der irdisch-weltlichen Herrschaft die Ausübung von rechtlich legitimer Zwangsgewalt (*potestas coactiva*) zu. Dagegen betrachtet er die Ausübung von richterlicher Zwangsgewalt (*iurisdictio coactiva*) über die Gläubigen durch die quasipolitisch organisierte und operative Kirche als nicht gerechtfertigt und deshalb ungerecht (*iniustitita despotica super Christi fideles*). Damit sind sämtliche kirchenrechtlichen Verfahren, die Anklage, Prozess, Verurteilung und Bestrafung in kirchlichen Angelegenheiten umfassen, für unzulässig erklärt. Für Marsilius besitzt allein Gott in der Gestalt von Christus die Strafgewalt über die Gläubigen, die deshalb nicht schon im irdischen Leben, sondern erst im Jenseits zur Ausübung kommen kann. Die gegenteilige kirchliche Doktrin erachtet er für eine grundverkehrte Meinung (*opinio perversa*) und vergleicht die aus der Pseudodoktrin kirchlicher Strafgewalt erwachsene Machtfülle (*plenitudo potestatis*) von Papst und Kirche mit einer die Menschheit seit Urzeiten plagenden Epidemie (*pestilentia*).

Marsilius zufolge stehen der Kirche und ihrem Oberhaupt weder geistliche Strafgewalt noch weltliche politische Herrschaft zu. Ihre legitime Aufgabe beschränkt sich vielmehr auf die geistliche Unterweisung und Anleitung der Gläubigen. Auch findet die Unterrichtung der Gläubigen im Rahmen der weltlichen Friedensordnung des Gemeinwesens statt, zu dessen Erhalt und Gedeihen die Priesterschaft produktiv beizutragen hat. Die Sonderstellung des Papstes innerhalb der Priesterschaft und gegenüber der Gesamtheit der Gläubigen (*universitas fidelium*) resultiert für Marsilius auch keineswegs aus göttlich inspirierter Wahl. Nicht der Papst setzt den weltlichen Herrscher in Gestalt des Kaisers ein, sondern der Kaiser lässt, so Marsilius, den Papst ein oberstes Hirtenamt antreten, das dieser dann im Rahmen und unter der Regierung des weltlichen Gemeinwesens ausübt. Darüber hinaus schwächt Marsilius die Vorrangstellung des Papstes innerhalb der Kirche ab durch die Stärkung von kirchlichen Beratungs- und Beschlussgremien (Konziliarismus).

Die Integration der entpolitisierten Kirche und des staatsrechtlich wie kirchenrechtlich entmachteten Papstes in das bürgerliche Gemeinwesen bringt für Marsilius aber nicht nur die Befreiung der weltlichen Herrschaft von religiöser Oberhoheit mit sich. Sie führt auch zu einer kontrollierten Christianisierung des weltlichen Gemeinwesens. Der in der ersten Abhandlung von *Verteidiger des Friedens* eingesetzte rein menschliche Gesetzgeber wird von Marsilius im Hinblick auf die eminent politische Funktion der Religion im bürgerlichen Gemeinwesen als gläubiger menschlicher Gesetzgeber (*humanus legislator fidelis*) aufgefasst, dessen weltliche Gesetzgebung im Glauben gründet. Der Entpolitisierung der Kirche entspricht so bei Marsilius die Politisierung der Religion zur spirituellen Stütze des bürgerlichen Gemeinwesens.

Die kurze dritte Abhandlung von *Verteidiger des Friedens* führt die Untersuchungen der ersten beiden Abhandlungen des Werks zusammen zum programmatischen Aufriss der (Neu-)Begründung des friedlichen bürgerlichen Gemeinwesens durch den weltlichen Verteidiger des Friedens in der Gestalt des Kaisers. Anders als Dante in seiner kurze Zeit zuvor verfassten *Monarchia* verklärt Marsilius die kaiserliche Herrschaft nicht zur Universalherrschaft, sondern erkennt ihre zeitlichen und räumlichen Grenzen an, ohne damit ihre Legitimität in Frage zu stellen.

Verglichen mit Umfang und Anspruch von *Verteidiger des Friedens* tragen die beiden anderen erhaltenen politisch-philosophischen Schriften nur ergänzenden und zusammenfassenden Charakter. Der Text über die Übertragung der Reichsgewalt (*De translatione imperii*) verfolgt ein doppeltes Ziel. Zum einen demonstriert Marsilius hier die Legitimität des deutsch-römischen Kaisertums, die er herleitet aus den legalen Übertragungen der Reichsgewalt zuerst von Westrom an Ostrom in der Spätantike, sodann von Ostrom an das Frankenreich im Frühmittelalter und schließlich vom inzwischen geteilten Frankenreich an das deutsche Reich im Hochmittelalter. Zum anderen zeigt Marsilius für jeden dieser Schritte, dass die Kirche und speziell der Papst dabei nicht etwa eine maßgebliche und zentrale, sondern lediglich eine assistierende und marginale Rolle innehat. Die Kurzfassung von *Verteidiger des Friedens* (*Defensor minor*) schließlich bezieht die allgemeinen Überlegungen der größeren Schriften auf die konkreten Umstände der zeitgenössischen Reichspolitik und der zeitgenössischen Bemühungen um einen Kompromiss im politisch-theologischen Streit zwischen Kaiser und Papst.

4.
Der Beginn der Neuzeit: Staatsräson und Naturrecht

Der allmähliche Übergang vom europäischen Mittelalter zur Neuzeit wird durch drei historische Daten markiert, die auch in politisch-philosophischer Hinsicht von langfristiger Tragweite sind. Im Jahr 1453 erobert das westwärts expandierende Osmanische Reich die Stadt Konstantinopel (früher Byzanz, später Istanbul). Mit der Stadt fällt das zuletzt auf ein Territorium von nur wenigen Quadratkilometern geschrumpfte Oströmische oder Byzantinische Reich, das den Fall Roms (Westroms) um ein ganzes Jahrtausend überdauert hatte. Die aus Konstantinopel in das westliche Europa fliehenden Gelehrten bringen eine Fülle unbekannter griechischer Texte, darunter die Dialoge Platons, in den Westen. Der dadurch wenn nicht ausgelöste, so doch wesentlich verstärkte Aufschwung klassischer Bildung in Sprachen und Literatur (Humanismus) ist das Parallelphänomen zum gleichzeitigen Wiedererstarken der bildenden Künste in Orientierung an der neu erschlossenen griechisch-römischen Antike (Renaissance).

Knapp vier Jahrzehnte später verzeichnet das Jahr 1492 zwei politisch-kulturelle Großereignisse. Mit der Eroberung des muslimischen Königreichs (auch Emirats oder Sultanats) Granada durch die Streitkräfte der Katholischen Könige (Kastilien, Aragón) kommt das mehrere Jahrhunderte dauernde politisch-militärische Unternehmen der Rückeroberung der spanischen Halbinsel (*Reconquista*) nach deren arabischer Eroberung zu Beginn des achten Jahrhunderts zum erfolgreichen Abschluss. Auf Jahrhunderte eines mehr oder weniger einträchtigen Zusammenlebens der Kulturen und Religionen (*Convivencia*) auf der in weiten Teilen muslimisch regierten Iberischen Halbinsel (*al-Andalus*) folgt jetzt eine Zeit der systematischen Vertreibung und gezielten religiösen

Verfolgung, die sowohl die verbleibende, zum katholischen Bekenntnis gezwungene jüdische Bevölkerung (*Conversos*) betrifft als auch christliche Abweichler vom rechten katholischen Glauben (*Tribunal del Santo Oficio de la Inquisición*, Heilige Inquisition).

Im selben Jahr 1492 unternimmt Christoph Kolumbus die erste von drei Atlantiküberquerungen und markiert damit den Beginn von Entdeckung, Eroberung und Kolonisation der Neuen Welt (zuerst der Karibik, dann Mittel- und Südamerikas, schließlich Nordamerikas) durch Spanien, Portugal, England und Frankreich. Ein Vierteljahrhundert später, im Jahre 1517, signalisiert Martin Luthers Anschlag von 95 Thesen über den Ablasshandel der katholischen Kirche den Beginn der Reformation, die zur Kirchenspaltung führt, in deren Folge innen- wie außenpolitische Unruhen, Bürgerkriege, lokale Kriege und ein kontinentaler Krieg (Dreißigjähriger Krieg, 1618–1648) die politische Landschaft Europas, insbesondere Mitteleuropas, radikal verändern.

Die gewaltige Erweiterung des geistigen und geistlichen Horizonts, die mit diesen Entwicklungen, zu denen auch noch die nur wenig später einsetzende wissenschaftliche Revolution (mathematische Physik) zu zählen ist, einhergeht, schlägt sich auch im zeitgenössischen Denken über Staat und Gesellschaft nieder. An die Stelle der theozentrischen Auffassung von der göttlichen Einrichtung der natürlichen wie der menschlichen Welt tritt zunehmend die Zentrierung der politischen und sozialen Ordnungsvorstellungen um den Menschen, auch wenn dieser durchaus noch in seiner existentiellen und essentiellen Abhängigkeit von Gott gesehen wird. In engerer politisch-juridischer Perspektive markieren vor allem zwei Entwicklungen die graduelle Emanzipation der frühen Neuzeit von der mittelalterlichen Welt. Zum einen erscheint der sich entwickelnde moderne Staat als ein zunehmend autonomes Gebilde mit eigenem Machtanspruch, was die gesetzliche Regelung des öffentlichen Lebens angeht. Zum anderen findet sich der entstehende neuzeitliche Staat in einem ganzen Geflecht von teils politischen, teils wirtschaftlichen Außenbeziehungen zu anderen

Staaten und Völkerschaften und überdies eingehegt durch überpositive, «natürliche» Normen und Regelungen, die nicht der positiven Gesetzgebung des einzelnen Staates unterliegen.

Die politische Doktrin staatlicher Selbständigkeit findet ihren pointierten Ausdruck in der neuzeitlichen Lehre von der Staatsräson (französisch *raison d'état*, italienisch *ragion di stato*, englisch *reason of state*), die alles politische Handeln dem Machtinteresse des Staates unterordnet. Die gegenläufige Konzeption über- und außerstaatlicher Grundsätze und Gesetze für einzel- und zwischenstaatliches Handeln kommt in der frühneuzeitlichen Entwicklung des Naturrechts (*ius naturae*) und des Völkerrechts (*ius gentium*) zur Ausgestaltung. Im Folgenden repräsentieren der Italiener Machiavelli die politisch-philosophische Neuerung der Staatsräson, der Niederländer Grotius das innovative Völkerrecht und der Deutsche Pufendorf die Entwicklung des traditionellen Naturrechts zum modernen Vernunftrecht. Zugleich sind damit die politisch signifikanten Hauptkonfessionen des frühneuzeitlichen Christentums vertreten: Katholiken («Papisten»), Reformierte («Calvinisten») und Protestanten («Lutheraner»).

Niccolò Machiavelli

Der Name von Niccolò Machiavelli (1469–1527) steht schon lange und immer noch für den vorgeblich legitimen Gebrauch von Täuschung, Betrug und Lüge in der Politik und für eine von herkömmlichen ethischen Normen affirmativ abweichende politische Moral (Machiavellismus). Schon bei seinem Zeitgenossen Shakespeare ist Machiavelli sprichwörtlich geworden (*murderous Machiavell*). Doch hat man die Person und das Werk Machiavellis von der politisch-philosophischen Position des Machiavellismus zu unterscheiden. Weder ist Machiavellis politische Philosophie zu reduzieren auf perfide Ratschläge an unmoralische Machtpolitiker, noch sind seine Überlegungen zu den Prinzipien und Techniken von Machterhalt und -mehrung einfach Ausdruck einer diabolischen Politik. Vielmehr reflektiert Machiavellis politisches Denken die zeitgenössischen staatlichen Gegebenheiten und Entwicklungen in Italien im Allgemeinen und in seiner Heimatstadt Florenz im Besonderen, auf die er mit originellen Einsichten reagiert, die einer klugen Kombination von persönlicher politischer Erfahrung und ausgedehnter gelehrter Bildung in Politik und Geschichte entstammen.

Italien ist in der frühen Neuzeit ein Spielball der sich etablierenden europäischen Großmächte. In Norditalien treffen die Interessen der französischen Krone und des deutsch-römischen Kaisers aufeinander (Ludwig XII., Maximilian I.), in Mittelitalien expandiert der zunehmend zum politischen Akteur avancierende Kirchenstaat, und in Süditalien ist die spanische Krone präsent. Zwischen den konträren Einflusssphären liegen, vor allem in der Toskana, eine Handvoll Stadtrepubliken, die sich sowohl gegen einheimische Alleinherrscher als auch gegen ausländische Angriffe wehren müssen. Die Kriege auf italienischem Boden werden von den Großmächten mit Söldnerheeren, zumeist Schweizern, geführt. Florenz wird zwar von der Medici-Familie monarchisch regiert, kann sich aber an der Wende vom fünfzehnten zum sechzehnten Jahrhundert für achtzehn Jahre als selbstregierte Stadtrepublik behaupten, bevor die Medici mit ausländischer Hilfe wieder zur Herrschaft gelangen.

In die Zeit des republikanischen Interregnums fällt Machiavellis kurze Karriere als Sekretär der florentinischen Staatskanzlei und mittelrangiger Diplomat, der jeweils mehrere Monate an den französischen Hof, den kaiserlichen Hof, den Heiligen Stuhl und in die Florenz benachbarte Romagna entsandt wird (1498–1512). Seine Vorbereitung auf den Dienst als Staatssekretär und Gesandter besteht in der damals üblichen humanistischen Bildung, die ihm das Studium der lateinischen Klassiker auf den Gebieten der Rhetorik, der politischen Geschichtsschreibung und der Moralphilosophie vermittelt hat, darunter vor allem die Schriften von Cicero, Livius und Seneca. Seine diplomatischen Erfahrungen mit zeitgenössischer großer Politik macht der junge Machiavelli im Horizont römischer Geschichte und römischer Vorstellungen über die Möglichkeiten und Grenzen politischen Handelns. Besonders prägend sind für sein Denken die persönlichen Begegnungen und vertraulichen Unterredungen mit Ludwig XII. von Frankreich, Kaiser Maximilian I. aus dem Haus Habsburg, dem sprichwörtlichen Renaissancemenschen Cesare Borgia und dem Papst Julius II.

Mit der Restauration der Medici findet Machiavellis politische Karriere ihr ebenso abruptes wie endgültiges Ende. Als Anhänger und Amtsträger des republikanischen Florenz, das einst die Medici vertrieben hatte, wird er zunächst zu Hausarrest und einer hohen Geldstrafe verurteilt, später bezichtigt man ihn der Beteiligung an einem Komplott zum Umsturz der neuen Medici-Regierung, was ihm Folter und Gefängnis einbringt. Eine Amnestie entlässt ihn jedoch bald in ein unauffälliges Privatleben auf seinem kleinen Landgut außerhalb der Stadt.

Machiavellis Versuche, wieder in den Staatsdienst seiner Heimatstadt zu treten, scheitern an den politischen Verhältnissen. In der Zurückgezogenheit der ihm verbleibenden vierzehn Lebensjahre entsteht sein literarisches Werk, zu dem eine Geschichte von Florenz (*Istorie fiorentine*) und eine Schrift über das Militärwesen (*Dell'arte della guerra*) gehören, dazu Versdichtungen und Komödien, von denen *La Mandragola* noch heute gespielt wird. Vor allem aber verfertigt der privatisierende Machiavelli die beiden politisch-philosophischen Schriften, auf denen sein früher Ruhm und seine bis heute anhaltende Wirkung so gut wie ganz beruhen: der recht kurze Text über den Fürsten (*Il Principe*), der im Jahr 1613 entsteht und erscheint, sowie die umfangreichen kommentierenden Abhandlungen über die ersten zehn Bücher von Titus Livius' römischer Geschichte (*Discorsi sopra la prima deca di Tito Livio*), die von 1513 bis 1516 entstehen und erst postum (1531) publiziert werden.

Der *Principe* ist den verschiedenen Formen der Fürstenherrschaft gewidmet; der lateinische Titel des Werks – im Original tragen auch alle 26 Kapitel lateinische Überschriften – lautet *De principatibus* (Von den Fürstentümern). Dagegen behandeln die *Discorsi* die Formen republikanischer Herrschaft (*republiche*). Beide Werke integrieren historische Lektionen aus der älteren (vor allem der römischen) und der jüngeren (vor allem der italienischen) Geschichte in selbständige und originelle Überlegungen zu politischen Herrschaftsformen (*dominii*) und zur Ausübung von politischer Gewalt (*imperio*). Der Stil ist nüchtern, direkt und ohne Umschweife – ganz im Gegensatz zu den damaligen literarischen Gepflogenheiten.

Da die beiden Schriften praktisch gleichzeitig entstanden sind, ist es unwahrscheinlich, dass sie, wie immer wieder angenommen, im Gegensatz oder gar im Widerspruch zueinander stehen. Eher ist davon auszugehen, dass die zwei Werke einander ergänzen sollen: Während der *Principe* den Typus des neu aufgestiegenen Einzelherrschers porträtiert, der ein Staatswesen in einer spezifischen historischen Situation einzurichten und danach auch aufrechtzuerhalten vermag, zeichnen die *Discorsi* das aus der römischen Geschichte destillierte Bild des sich selbst regierenden, auf Dauer ausgerichteten Gemeinwesens. Weder ist der *Principe* auf despotische Herrschaft ausgerichtet, noch sind die *Discorsi* ein Plädoyer für Volksherrschaft.

Beim *Principe* ist der aktuelle Zeitbezug sogar eigens markiert durch die Rahmenteile des Werkes. Am Anfang steht die Widmung an Lorenzo de' Medici, dem sich Machiavelli als Berater empfiehlt, während am Ende ein dramatisches Kapitel im Stil eines Aufrufs steht, das die fürstliche Figur des Befreiers Italiens von der französischen, spanischen und kaiserlichen (deutschen) Fremdherrschaft (*barbari*) heraufbeschwört. Zudem entspricht der Fokus des *Principe* auf den Typus des fürstlichen Parvenu der historischen Situation in einem machtpolitisch zersplitterten Italien von fortwährend rivalisierenden und sich permanent neu bildenden territorialen Herrschaften. Unter diesen Umständen ist auch die übliche Einordnung des *Principe* in die historische Gattung der Unterweisungsliteratur für zukünftige Herrscher (Fürstenspiegel) oder gar seine Vereinnahmung für rezente Ratgeberliteratur unangemessen. Solche Instrumentalisierung wird dem politisch-philosophischen Charakter und Anspruch des Werkes als hochoriginelle frühmoderne Verteidigung des Primats der Politik und der Autonomie des Staates nicht gerecht.

Der analytische und geradezu klinische Zugriff auf Staat und Politik zeigt sich besonders deutlich in der ersten Hälfte des *Principe*, in der Machiavelli in fortschreitenden Unterteilungen und Gegenüberstellungen Formen von Herrschaft und Machtausübung katalogisiert und evaluiert. Zunächst werden die Staaten in Republiken und Fürstentümer eingeteilt, wobei die Republiken im weiteren Verlauf des *Principe* außer Acht bleiben und eine separate Behandlung in den *Discorsi* finden. Sodann teilt der Autor Fürstentümer in dynastisch etablierte und neu entstandene ein. Die neu entstandenen Fürstentümer wiederum werden untergliedert in gänzlich neue und solche, die in eine schon bestehende dynastische Herrschaft eingefügt werden. Letztere finden dann noch eine Einteilung in solche, die von früher her an fürstliche Herrschaft, und solche, die traditionell an republikanische, «freie» Herrschaft gewöhnt sind. Auch die Art, wie solche neuen fürstlichen Herrschaftsgebiete erworben werden, unterliegt weiteren Zweiteilungen. Ihr Erwerb ist entweder mit fremden oder mit eigenen militärischen Mitteln erfolgt und verdankt sich entweder der Gunst des Schicksals (*fortuna*) oder eigener Tüchtigkeit (*virtù*).

Für die so systematisch unterschiedenen Formen der Fürstenherrschaft zitiert Machiavelli historische und zeitgenössische Beispiele, anhand derer er die Chancen und Gefahren der jeweiligen Herrschaftsform differentiell erörtert. Als besonders bedeutsam erweist sich dabei das Gegensatzpaar von *fortuna* und *virtù*, mit dem Machiavelli eingangs den Unterschied von fremdem Zufall und eigenem Verdienst markiert, um die so unterschiedenen Konzepte im Folgenden in ein dynamisches Wechselverhältnis zu setzen. Das semantische Feld der *fortuna* umfasst dabei die unkontrollierbaren, kontingenten, aber auch veränderbaren Umstände politischen Handelns im Gegensatz zu den ebenfalls unkontrollierbaren, dabei aber notwendigen und insofern nicht veränderbaren Gegebenheiten (*necessità*). Als Gegenstück zur *fortuna* bezeichnet *virtù* den Eigenanteil des Akteurs am politischen Handeln. Etymologisch wie mythologisch gesehen orientiert sich *fortuna* an der weiblichen römischen Gottheit, die Zufall mit Gunst (oder Ungunst) verbindet, während *virtù* (abgeleitet von lateinisch *vir*, «der Mann») Trefflichkeit, aber auch Männlichkeit konnotiert und deshalb auch nicht mit dem ethischen Begriff der Tugend zu verwechseln ist. Vielmehr ist *virtù* bei Machiavelli als spezifisch politische Tugend zu verstehen, die in ihrer außerethischen Funktionalität mit «Trefflichkeit» oder «Exzellenz» übersetzt werden kann.

Das dynamische Verhältnis von *fortuna* und *virtù* beim Staatslenker im Allgemeinen und bei dem neu zur Macht gelangten Fürsten im Besonderen konstruiert Machiavelli nach dem Geschlechtermodell des männlichen Prinzips (*il principe*), das der Frau Fortuna seinen politischen Willen aufzuzwingen vermag. Unabhängig von Machiavellis viriler, ja violenter Rhetorik trifft folgendes Sprichwort auch ganz gut das Ermöglichungsverhältnis zwischen *fortuna* und *virtù*: Das Glück hilft dem Tüchtigen. Politik besteht für Machiavelli nicht im verzweifelten Bemühen darum, ein unerreichbar fernes Staatsideal, sei es auch nur ansatzweise, zu verwirklichen, sondern in der ebenso geschickten wie geglückten Gestaltung des Staatswesens im Ausgang von eigenen Leistungen und unter konstruktivem Rückgriff auf unterstützende Umstände und günstige Gelegenheiten. So ist Politik für Machiavelli nicht einfach die Kunst des Möglichen, sondern die Kunst der Ermöglichung.

Neben dem berühmt-berüchtigten *Principe* können die als Livius-Kommentar angelegten *Discorsi* akademisch und akribisch wirken. Doch von den beiden politisch-philosophischen Hauptwerken Machiavellis sind die *Discorsi* der bedeutendere und wegweisendere Text, von dem die neuzeitliche Wiederbelebung republikanischen politischen Denkens und Handelns wesentliche Impulse empfängt. Machiavellis kritische Analyse von Gründung und Aufstieg Roms ist von der Überzeugung getragen, dass die Institutionen, Regelungen und Praktiken der römischen Republik zeitlose Lektionen über die Möglichkeiten und Grenzen politischen Handelns bereithalten. Zwar teilen die *Discorsi* mit dem *Principe* den Fokus auf den absoluten Vorrang von Erwerb, Erhalt und Mehrung politischer Machtfülle (*grandezza*) und politischen Ruhms (*gloria*) gegenüber anderen (ethischen oder religiösen) Wert- und Zielvorstellungen politischen Handelns, doch bringt die republikanische Prägung der *Discorsi* deren primären Fokus auf eine Lebensführung in bürgerlicher Freiheit (*vivere libero e civile*) und in Ausrichtung auf das gemeinsame Gute (*bene comune*) mit sich. Der Staat der *Discorsi* ist wesentlich das von der Bürgerschaft getragene Gemeinwesen (*res publica*, *republica*). Bei Machiavelli wird der Gelehrtenhumanismus des späten vierzehnten und frühen fünfzehnten Jahrhunderts zum Bürgerhumanismus (*zivischer Humanismus*, *civic humanism*).

Von den drei Büchern mit insgesamt 142 Kapiteln der *Discorsi* behandelt das erste Buch in 60 durchgezählten Kapiteln die Gründung und den Aufbau einer Republik, das zweite Buch in 33 mit neuer Zählung durchnummerierten Kapiteln deren Ausbau und Expansion und das dritte Buch in 49 neu gezählten Kapiteln deren Führungspersonal – durchgängig in Orientierung am Musterbeispiel Roms und immer auch unter Einbeziehung der Umstände und Bedingungen von Misserfolg und Scheitern. Jedem Kapitel ist thesenförmig eine elementare politisch-philosophische Einsicht vorangestellt, die das jeweilige Kapitel dann mittels historischer Narration – verbunden mit prinzipieller Reflexion – belegt und begründet. Insgesamt betrachtet präsentieren die *Discorsi* eine umfassende differentielle Betrachtung der republikanischen Herrschaftsform und ihrer Mechanismen von Machtgewinn, Machterhalt und Machterweiterung.

Zu den Kerndoktrinen des politischen Republikanismus, die Machiavelli in den *Discorsi* exemplarisch und zugleich universalistisch entwickelt, gehören: die aus monarchischen, aristokratischen und demokratischen Elementen zusammengesetzte

Verfassung der Republik (gemischte Verfassung), die gezielte Inanspruchnahme der Religion für die Validierung der Republik (Zivilreligion), das strategische Erfordernis von politischer und militärischer Expansion zum Schutz der Republik (Imperialismus), die Rekrutierung von Bürgerwehren (Milizen) an Stelle der Anwerbung von Söldnerheeren, die damit einhergehende Präferenz in der Waffengattung für Infanterie gegenüber Kavallerie und Artillerie, die Kultivierung von Bürgersinn und -stolz (Patriotismus), die Pflege eines öffentlichen Ethos von Bürgertugend (*virtù civile*) und schließlich auch die fortwährende Gefährdung der Republik durch quasi-vegetative Vorgänge der Verderbnis auf Seiten der Regierenden wie der Regierten (*corruzione*).

Besonders provokant sind drei weitere republikanische Kerndoktrinen der *Discorsi.* Zum einen vertritt Machiavelli die politische Produktivität von Zwiespalt und Zwietracht (*disunione*) zwischen Reichen und Armen in der Republik – politisch gesprochen zwischen der breiten Bevölkerung (*popolo*) und der Führungselite (*ottimati, nobili*) – als Garant von republikanischer Freiheit (*libertà*), Letztere verstanden als das eigenbestimmte Leben in der politischen Gemeinschaft. Statt auf Eintracht durch gesellschaftlichen Ausgleich setzt Machiavelli auf fortwährenden produktiven Konflikt, der verhindern soll, dass die wenigen (extrem) Reichen durch ihre Finanzmittel oder die vielen (relativ) Mittellosen durch ihre schiere Zahl auf Dauer im Gemeinwesen die Oberhand gewinnen. Zum anderen kritisiert er in den *Discorsi* die christliche, speziell die damals dominante katholische Religion wegen ihrer antipolitischen Ausrichtung auf ein Leben im Jenseits, das der bejahenden Identifikation der Bürgerschaft mit dem Gemeinwesen entgegensteht. Schließlich spricht Machiavelli in den *Discorsi* der Menge (*moltitudine*) als der aggregierten Bürgerschaft mehr Weisheit und Beständigkeit in politischen Dingen zu als der einzelnen Führungspersönlichkeit (*principe*).

Hugo Grotius

Knapp hundert Jahre nach Machiavelli hat sich die europäische Staatenwelt zu einer konfliktbeladenen Konstellation weniger Großmächte (Frankreich, England, Spanien-Portugal, Deutsches Reich, Schweden) konsolidiert, deren gespanntes Verhältnis zueinander durch konfessionelle Gegensätze noch verstärkt wird. Während der Süden und Südwesten Europas sowie die südlichen und westlichen Länder des Reichs katholisch bleiben, setzt sich im Norden und Osten des Reichs sowie im Nordwesten und Norden Europas der Protestantismus durch. Teile der Schweiz, der Niederlande und zunächst auch Frankreichs, das überwiegend katholisch bleibt, sowie einzelne Reichsgebiete nehmen das reformatorische Bekenntnis an. Die polemisch geführten theologischen Debatten, die zwischen den wie auch innerhalb der drei Hauptkonfessionen entbrennen, tragen nicht selten politischen Charakter, so wie umgekehrt die politischen Auseinandersetzungen oft konfessionell gekleidet auftreten.

Der Niederländer Hugo Grotius (1583–1645) steht als umstrittener reformierter Theologe mit gelehrter juristischer Ausbildung, einer kurzen Karriere im Justiz- und Staatsdienst der Vereinigten Provinzen der Niederlande und einer zehnjährigen diplomatischen Laufbahn als französischer Botschafter in schwedischen Diensten voll und ganz in den Wirren der Zeit, die geprägt ist von dem Heraufziehen und dem Eintritt des Dreißigjährigen Krieges (1618–1648). Die einschneidende Zäsur in Grotius' persönlichem Lebenslauf bildet seine Enteignung und Verurteilung zu lebenslanger Haft im Zuge theologisch-politischer Auseinandersetzungen innerhalb des reformierten Regiments der Vereinigten Niederlande im Jahr 1618. Nach einer abenteuerlichen Flucht drei Jahre später – seine Frau schmuggelt ihn in einer großen Bücherkiste aus dem Schloss, in dem er seine Gefangenschaft verbringt – gelangt Grotius über Antwerpen nach Paris, wo man das einstige Wunderkind (*le miracle de la Hollande*) großzügig aufnimmt.

Seine Rückkehr in die Niederlande im Jahr 1631 ist nur von kurzer Dauer. Schon im nächsten Jahr siedelt er nach Hamburg um, das damals als Verhandlungsort zwischen den rivalisierenden Mächten Schweden und Frankreich dient. Ab 1634 ist Grotius Schwedens Botschafter am französischen Hof. Nachdem er im Zuge einer Dienstreise nach Stockholm auf der Ostsee Schiffbruch erlitten hat, stirbt er in Rostock.

Das schriftstellerische Werk von Grotius – der Familienname ist die neulateinische Übertragung des niederländischen «de Groot» – steht ganz im Zeichen der durch Spaltung und Auseinandersetzung geprägten Welt des europäischen Frühbarock, zu deren dauerhafter Befriedung in theologischer wie politischer Hinsicht seine auf Ausgleich und Übereinkunft orientierten Schriften beitragen wollen. Neben zahlreichen umfangreichen historischen und theologischen Arbeiten sind es vor allem zwei Werke der Rechtsgelehrsamkeit (*jurisprudentia*), durch die sich Grotius in die Geschichte der politischen Philosophie einschreibt. Als juristisch geschulter reformierter Humanist verbindet er in seinen Werken gründliche Bildung in römischer Literatur, Rhetorik und Geschichtsschreibung mit umfassenden Kenntnissen der römischen Rechtsgeschichte, ergänzt um andere Rechtstraditionen und um Kenntnisse der aktuellen politischen Entwicklungen in Europa und Übersee. Philosophisch gesehen ist er in vieler Hinsicht originell, erarbeitet die eigenen Positionen aber im Rahmen überlieferter Traditionen von der Antike über das Mittelalter bis in die frühe Neuzeit.

Von den beiden politisch-philosophischen Hauptwerken ist das erste eine Gelegenheitsarbeit. In den Jahren 1604 und 1605 verfasst Grotius im Auftrag der Niederländischen Ostindischen Kompanie eine umfangreiche Studie zu den rechtlichen Grundlagen und Regelungen des Überseehandels im Allgemeinen und zum Recht auf Seebeute (Prisenrecht) im Besonderen. Den Hintergrund bildet das Handelsmonopol, das die Vereinigten Königreiche von Spanien und Portugal auf den Ostindienhandel beanspruchen. Den konkreten Anlass liefern die Kaperung eines voll beladenen portugiesischen Handelsschiffes durch einen niederländischen Admiral und die diesbezüglichen Restitutionsforderungen der spanisch-portugiesischen Krone. Hinter der Auseinandersetzung steht die sich abzeichnende Konkurrenz zwischen den etablierten Kolonialmächten Spanien und Portugal und den erst kurz zuvor von spanischer Fremdherrschaft befreiten und nunmehr selbstregierten Vereinigten Provinzen der Niederlande (Generalstaaten).

Grotius' umfangreiche Stellungnahme in der Sache, betitelt *De jure praedae* (Über das Seebeuterecht), in dem er auf prinzipieller Ebene gegen die spanisch-portugiesischen Monopolansprüche argumentiert und das Handelsrecht der Generalstaaten verteidigt, bleibt bis auf ein zentrales Kapitel zu seinen Lebzeiten unveröffentlicht, geht längere Zeit sogar verloren und wird erst 1868 publiziert. Das separierte Kapitel erscheint 1609 unter dem programmatischen Titel *Mare liberum* (Das freie Meer), der als Gegenthese zur zeitgenössischen Position und Praxis des für andere Handelsparteien geschlossenen Meeres (*mare clausum*) formuliert ist.

Dieser politisch-philosophische Erstling übersteigt den engen Rahmen eines Rechtsgutachtens beträchtlich. Zwar vertritt Grotius durchweg niederländische Handelsinteressen gegen ein eingespieltes System traditioneller Handelsmonopole, doch ist seine Argumentation von einer rechtlich-politischen Tragweite, die weit über den konkreten Fall hinausreicht. In der Sache ebnet Grotius mit seiner Schrift, zumal in ihrem separat publizierten 12. Kapitel, den Weg für die Freiheit der Meere gegen frühere Vorstellungen von exklusiven Ansprüchen etablierter Großmächte auf Schifffahrtswege und Handelsrouten – und dies auf prinzipieller rechtlicher Grundlage, jenseits von Machtinteressen und traditionellen Ansprüchen. Für Grotius sind die Meere nicht Ausweitungen nationaler Besitzansprüche, sondern ein internationaler Raum, den sich die etablierten wie die aufkommenden Staaten trotz – oder vielmehr gerade wegen – ihrer Konkurrenz miteinander zu teilen haben. Er erkennt, dass die Aufnahme des Überseehandels zu Beginn der Neuzeit zusätzlich zu den Handelswegen auch die Handelsbeziehungen zwischen den Handel treibenden Nationen, zu denen inzwischen auch die Vereinigten Niederlande gehören, radikal verändert hat. Ist so für Grotius die Freiheit der Meere wesentlich Freiheit des Handels auf den Meeren, führt dies zu der Vorstellung eines generell freien Welthandels, der ohne die traditionellen Monopole auf Schiffsrouten, Anlaufhäfen und Warenimporte auskommen würde. Hier jedoch hält Grotius, bei aller theoretischen Anbahnung der Idee des Freihandels, noch an den Praktiken der staatlichen Bevorzugung bestimmter Waren und Güter bei der Ein- oder Ausfuhr fest. Was die Freiheit der Meere angeht, setzt sich seine Position bald durch, mit Ausnahme der Drei-Meilen-Zone vor den Küsten eines Landes, deren Ausdehnung der damaligen Reichweite schwerer Geschütze entspricht.

Während er mit *Mare liberum* zu den Wegbereitern von Theorie und Praxis des Liberalismus, des Kapitalismus, aber auch des Imperialismus gezählt werden kann, gehört Grotius mit seinem eigentlichen politisch-philosophischen Hauptwerk, *De jure belli ac pacis* (Vom Recht des Krieges und des Friedens), das 1625 in Paris erscheint, zu den Begründern des modernen Natur- und Völkerrechts. Die drei Bücher des umfangreichen, in umständlichem Gelehrtenlatein und mit viel humanistischem Bildungsballast verfassten Werkes behandeln die allgemeinen rechtlichen Grundlagen des Krieges. Grotius' Ausführungen zu den Bedingungen, Möglichkeiten und Grenzen von Kriegseintritt, -verlauf und -beendigung gehören in die antike und mittelalterliche Lehrtradition vom «gerechten Krieg» (*bellum iustum*), die in der frühen Neuzeit bereits durch die spanische Neuscholastik (Francisco de Vitoria, Francisco Suarez) wiederbelebt und fortgebildet wird.

Auch Grotius hält den Krieg für grundsätzlich gerechtfertigt, sofern er nach rechtlichen Regeln allgemeiner Art begonnen, geführt und beendet wird. Bei der Begründung der prinzipiellen Einschränkung des Krieges auf formale rechtliche Regeln rekurriert Grotius nicht auf von den einzelnen Staaten gegebene «positive» Gesetze, die immer nur für die Bewohner des jeweiligen Staates gelten können, sondern beruft sich auf ein die einzelnen Staaten und sogar die nicht staatlich organisierten Völkerschaften umfassendes und insofern außer- und überstaatliches Recht. Auch hier steht Grotius in einer antiken Traditionslinie. Doch das im römischen Recht förmlich ausgebildete Völkerrecht (*ius gentium*) ist im Wesentlichen das den Bürgern aller Staaten lediglich als Staatsbürgern gemeinsame Recht – ein universales bürgerliches Recht (*ius civile*). Dagegen verweist der Begriff des Völkerrechts bei Grotius auf eine die einzelnen Staaten und Völkerschaften übersteigende Völkergemeinschaft (*societas gentium*), zu der jedes menschliche Individuum nicht als Untertan dieses oder jenes Staates gehört, sondern ausschließlich als Mensch.

Der außer- und überstaatliche Charakter der Völkerrechtsgemeinschaft gründet für Grotius in einem aller positiven Gesetzgebung voraufliegenden Naturrecht (*ius naturae*). Auch hier schließt er an früheres, speziell mittelalterliches und frühneuzeitliches Rechtsdenken an. Als neuartig erweist sich aber die explizite Herauslösung des Naturrechts aus religiösen Vorstellungen und kirchlichen Lehren. Grotius formuliert das von ihm gelehrte Natur- und Völkerrecht mit dem Anspruch zu gelten, «selbst wenn wir annähmen ..., Gott existiere nicht» (*etiamsi daremus ... non esse Deum*) (1. Buch, Prolegomena, 11.). Doch handelt es sich hier um eine im Irrealis vorgetragene kontrafaktische Annahme, die rein methodischer Natur ist. Inhaltlich rekurriert Grotius durchaus auf – wenn auch nur minimale – religiöse Annahmen, vor allem die der Existenz eines einigen und personalen Gottes. Statt von einem «profanen» oder «säkularen» Naturrecht sollte man bei Grotius deshalb eher von einem (zu großen Teilen) säkularisierten Naturrecht sprechen. Auch ist die naturrechtliche Argumentation bei ihm, in Übereinstimmung mit der zeitgenössischen Praxis, durchsetzt mit teils ethisch-moralischen, teils machtpolitischen Begründungsgängen.

Bemerkenswert an Grotius' Natur- und Völkerrecht ist auch nicht so sehr die reduzierte Rolle der Religion, sondern vielmehr die Neutralität gegenüber pluralen und konfligierenden religiösen

Gruppierungen. In einer Epoche religiös motivierter oder doch drapierter Kriege zeichnet sich Grotius' Völkerrecht von Krieg und Frieden aus durch die gezielte Reduktion der Institution des Krieges auf militärische Lösungsversuche von rechtlich-politischen Streitpunkten im Hinblick auf den Schutz von Leib, Leben und Eigentum in zwischenstaatlichen Beziehungen. Bemerkenswert ist darüber hinaus der Rekurs auf anthropologische Konstanten bei der Begründung des Natur- und Völkerrechts, die bei Grotius auf dem durch menschliche Vernunft vermittelten Interesse an individueller Selbsterhaltung und dem allgemein-menschlichen Bedürfnis nach Geselligkeit (*socialitas*) basieren. Doch ist auch festzuhalten, dass sein gelehrtes Kompendium über das Natur- und Völkerrecht von Krieg und Frieden noch kein systematisch ausgearbeitetes Völkerrecht enthält, das als internationales Recht erst viel später, im Rückgriff auf Grotius' Pionierleistung, zustande kommt. In der politisch-philosophischen Theoriebildung über internationale Beziehungen schließlich nimmt Grotius – oder vielmehr der Grotianismus – mit seiner Leitidee einer rechtlich-moralisch geprägten internationalen Gemeinschaft eine distinkte Mittelstellung ein zwischen dem vor allem auf Machiavelli zurückzuführenden Realismus internationaler Machtpolitik und dem auf Kant zurückgehenden Idealismus eines internationalen Friedensbundes.

Samuel Pufendorf

Nach Machiavelli, dem praktischen Politiker und Theoretiker der Machtpolitik, und Grotius, dem Rechtsgelehrten und Theoretiker der Völkergemeinschaft, trägt der Historiker und Naturrechtslehrer Samuel Pufendorf (1632–1694) als Dritter zum frühmodernen Diskurs über das Verhältnis von Gewalt und Gesetz im Zeichen von Staatsräson und Naturrecht bei. Wie vor ihm Machiavelli in der Renaissance und Grotius im Frühbarock räsoniert und argumentiert Pufendorf vor dem Hintergrund historischer Bildung und im Kontext der eigenen Zeit. Pufendorfs Jugend fällt noch in die Zeit des Dreißigjährigen Krieges, dessen Schlussphase er in seiner sächsischen Heimat aus nächster Nähe erleben muss. Aber schon seine Studienjahre mit den Fächern Theologie, Philosophie und Mathematik, die er in Leipzig, Jena und Leiden verbringt, gehören zu der durch die Friedensschlüsse von Münster und Osnabrück (1648) geschaffenen Welt ebenbürtiger souveräner Territorialstaaten (westfälisches Staatensystem, *Westphalian world*). Erst recht ist seine anschließende Karriere zuerst als akademischer Lehrer im kurpfälzischen Heidelberg (1661–1668) und im schwedischen Lund (1668–1677), dann als Hofhistoriker der schwedischen und brandenburgischen Herrscherhäuser in Stockholm (1677–1688) und Berlin (1688–1694) dieser Welt zuzurechnen.

Der Sohn eines lutherischen Geistlichen besucht die Fürstenschule Grimma, wo er außer in der klassischen Trias von Grammatik, Dialektik und Rhetorik (*trivium*) auch in griechischer und römischer Literatur unterrichtet wird und 1650 als Klassenbester abschließt. An der Universität in Leipzig wechselt er schon bald von der Theologie, die ihm zu dogmatisch betrieben wird, zur Jurisprudenz. Auch später neigt Pufendorf zu einer undogmatischen Auffassung des Protestantismus, die Religiosität und Moralität über Strenggläubigkeit und Dogmatik stellt. Ein Großteil seiner späteren Schriften ist der polemischen Auseinandersetzung mit der orthodoxen protestantischen Theologie und Religion gewidmet. Im Naturrecht, das er als einer der Ersten zum akademischen Fach macht, orientiert er sich an Grotius, neigt aber stärker als dieser zur systematischen Ausarbeitung von Recht und Gesetz unter Rekurs auf vernünftiges, an der Verfahrensweise der modernen Mathematik und Naturwissenschaft geschultes Argumentieren.

Historisch gesehen gehört Pufendorf in die Frühaufklärung. Auf ihn geht ganz wesentlich die Umbildung des auf diversen und diffusen Grundlagen beruhenden frühneuzeitlichen katholischen wie protestantischen Naturrechts in ein strikt vernunftbasiertes modernes Naturrecht (Vernunftrecht) zurück, das die kontinentale Reflexion über Recht und Politik das gesamte achtzehnte Jahrhundert über bis hin zu Kant und Hegel dominiert. Auch in England und Frankreich wird Pufendorf früh, breit und zustimmend rezipiert (Jean Barbeyrac, John Locke). Die Zugehörigkeit zum (früh-)aufklärerischen Denken zeigt sich bei Pufendorf vor allem in der strikten Trennung der auf Vernunft beruhenden Philosophie im Allgemeinen sowie des Naturrechts qua Vernunftrecht im Besonderen von der auf dem Glauben gegründeten Theologie und Religion. Im neunzehnten und zwanzigsten Jahrhundert gerät seine Leistung zwar weitgehend in Vergessenheit, doch entdeckt ihn die jüngere Forschung zur Philosophie der frühen Neuzeit dank der modernen Edition seiner philosophischen, juristischen, theologischen und historischen Schriften neu.

Aus Pufendorfs umfangreichem Werk ragen vor allem zwei Schriften hervor, die als wegweisende Beiträge zur Rechtsphilosophie auch für die frühneuzeitliche Geschichte der politischen Philosophie von großer Bedeutung sind. Dazu kommt als dritte einschlägige Publikation eine frühe Gelegenheitsschrift. 1672 erscheint, aufgeteilt auf acht Bücher mit insgesamt über 1200 Seiten, die in konzisem Latein verfasste Abhandlung *Vom Naturrecht und Völkerrecht* (*De iure naturae et gentium*) – ein Text, der sowohl methodisch als auch inhaltlich bemerkenswert ist. Methodisch verbindet Pufendorf ein von den modernen naturwissenschaftlichen Standards der Präzision und Demonstration getragenes und systematisch strukturiertes Rechtsdenken mit einer wegweisenden Offenheit für die faktische Verschiedenheit der Regeln und Gesetze des menschlichen Zusammenlebens.

Was die inhaltliche Seite angeht, so ist die dem Natur- und Völkerrecht zugrundeliegende Vernunft für Pufendorf nicht mehr, wie zuvor für Grotius, ein Erkenntnisorgan zur Entdeckung der präexistenten objektiven Ordnung der Dinge unter Einschluss der Menschen und ihrer informellen und formellen Institutionen. Stattdessen dient die nunmehr vermenschlichte Vernunft als inventives Instrument zur konstruktiven Entwicklung von Lösungen für die strukturellen Grundprobleme des menschlichen Zusammenlebens. Pufendorf klassifiziert die traditionellen Gegenstände von Moral, Recht und Politik (Rechte, Pflichten, Gesetze, etc.) als geistig geprägte Gebilde (*entia moralia*), die nicht einfach wie die physischen Dinge (Körper und deren Eigenschaften) vorhanden sind, sondern erst durch menschliche Leistung zustande kommen und aufrechterhalten werden. Formal ausgedrückt sind die Gebilde von Moral, Recht und Politik bei ihm nicht Substanzen (*substantiae*), sondern Zustandsbestimmungen oder Modifikationen (*modi*), die an Substanzen, hier vor allem körperlich existierenden, aber beseelten Menschen, und in deren Verhältnis zueinander in Erscheinung treten.

Die Ordnung der geistig-moralischen Wesenheiten ergänzt so bei Pufendorf die Welt der physischen Wesenheiten in Raum und Zeit um eine ganz neue Dimension von vorwiegend relationalen Bestimmungen, deren Auftreten und Bestand sich dem koordinierten Einsatz von menschlichem Verstand (*intellectus*) und menschlichem Willen (*voluntas*) verdankt. Mit der Abkehr von der bei Grotius noch maßgeblichen objektiven Gegebenheit von Recht und Moral steht bei Pufendorf im Zentrum der praktischen Philosophie, inklusive der politischen Philosophie, der menschliche Wille, auf den die Setzung wie die Durchsetzung aller vernünftigen gesellschaftlichen Ordnung zurückgeht. Damit gliedert er sich ein in eine lange und distinguierte Reihe von Voluntaristen, die bei allem Rückgriff auf die Vernunft (*ratio*) dem Willen – und nicht der Vernunft, wie es das Gegenlager der Rationalisten tut – die ausschlaggebende Rolle bei der normativen Gestaltung der menschlichen Verhältnisse zusprechen. Auch in anderer Hinsicht schränkt Pufendorf die praktische Funktion der Vernunft ein, wenn er neben der Vernunft noch affektive und emotive Faktoren positiver wie negativer Art (Tugenden, Laster; Neigungen, Abneigungen) bei der Ausgestaltung der Regeln (*regulae*) und Gesetze (*leges*) des menschlichen Zusammenlebens systematisch berücksichtigt.

Als generelle Grundlage für die rational-voluntative Ausgestaltung von Moral, Recht und Politik dient bei Pufendorf die Geselligkeit (*socialitas*) des Menschen, die diesen über die individuelle Selbsterhaltung hinaus wesentlich auf den Mitmenschen und die menschliche Gemeinschaft ausgerichtet sein lässt. Für die spezifische Begründung natur- und völkerrechtlicher Regelungen greift er nicht wie Grotius vor ihm auf eine angebliche allgemeine Zustimmung aller Menschen (*consensus omnium*) zurück, die er für illusorisch hält. Stattdessen rekurriert Pufendorf auf die jeweilige faktische Übereinkunft (*convenientia*) unter den in die eine oder andere Form von Gesellschaft eintretenden Parteien. Das als Vernunftrecht fortentwickelte Naturrecht samt dem ihm beigefügten Völkerrecht wird so bei und nach Pufendorf zunehmend abstrakt und formal. Es sind nicht konkrete überpositive Gesetze eigener Bestimmtheit, die nunmehr das Naturrecht ausmachen, sondern Letzteres besteht lediglich in einem funktionalen Rahmen von übergeordneten Prinzipien für die jeweilige, geschichtlich situierte positive Gesetzgebung.

Pufendorf und die ihm folgenden Naturrechtler des achtzehnten Jahrhunderts stimmen auch darin überein, individuelle Moral und gesellschaftliche Ethik in den weiten Rahmen des Naturrechts zu integrieren, in dem deshalb der Staat als im spezifischen Sinne politische Gemeinschaft (*civitas*) auch erst im Anschluss an die Behandlung von Ehe, Familie, häuslicher Gemeinschaft und anderen außerpolitischen Formen von Gesellschaft erörtert wird. In Fortführung der frühneuzeitlichen Konzeption vom kontraktuellen Ursprung des Staates lässt Pufendorf den Staat aus zwei aufeinander folgenden Vertragskonstruktionen hervorgehen: einem Vereinigungsvertrag (*pactum unionis*) aller Beteiligten zur Schaffung des jeweiligen Gemeinwesens (*respublica*) und dem anschließenden Unterwerfungsvertrag (*pactum subiectionis*), durch den die zuvor konstituierte Bürgerschaft sich geschlossen der Oberherrschaft (*summum imperium, imperium*) eines Souveräns (*imperans*) unterwirft. Pufendorf zufolge kann Letzterer ein Einzelner, eine Minderheit oder das gesamte Volk sein (Monarchie, Aristokratie, Demokratie).

Die Wahl der jeweiligen Staatsform überlässt er Klugheitsüberlegungen unter Berücksichtigung der jeweiligen geschichtlichen Traditionen und politischen Erfahrungen. Während er die Mischung der Verfassungstypen (gemischte Verfassung) wegen der damit gegebenen Einschränkung der Oberherrschaft ablehnt, sieht sein Naturrecht die Verknüpfung einer pristinen Staatsform, beispielsweise der Monarchie, mit aristokratischen oder demokratischen Strukturen in der Ausübung von Herrschaft durch den Regierungsapparat vor. Die Oberherrschaft des staatlichen Souveräns ist bei Pufendorf auch auf die Sphäre der Religion ausgedehnt. Hier verbindet er staatliche Toleranz gegenüber pluralen Konfessionen mit staatlicher Aufsicht über die öffentliche Präsenz der Religion in der Vielfalt ihrer Manifestationen.

Im Vergleich mit der ausufernden, wenn auch in vieler Hinsicht wegweisenden Abhandlung *Vom Naturrecht und Völkerrecht* ist die nur ein Jahr später (1673) publizierte knappe Schrift *Von der Pflicht des Menschen und des Bürgers nach dem natürlichen Gesetz* (*De officio hominis et civis iuxta legem naturalem*) eine popularisierte Kurzfassung seines frühen Hauptwerkes. Dessen umständliche Beweisgänge und die ausführlichen Verweise auf historische und zeitgenössische Autoren sind durch knappe Zusammenfassungen der zentralen Argumentationsstränge ersetzt. Der Grobgliederung des Naturrechts im früheren Werk in die Moralphilosophie und die Staatsphilosophie samt Völkerrecht entspricht in der Kurzfassung die Einteilung in je ein Buch über den Menschen, betrachtet lediglich als Mensch unter Menschen mit «natürlichen» Verpflichtungen gegenüber sich selbst und anderen, und über den Menschen, erwogen als Bürger mit spezifisch staatsbürgerlichen, «zivischen» Verpflichtungen innerhalb der staatlichen Gemeinschaft.

In beiden Teilen des kurzen Werkes geht es formal um die verbindlichen Vorgaben, denen der Mensch in Ausübung seiner Vernunft wie seines freien Willens zu folgen hat, und inhaltlich um die Verhaltensregeln, durch die der Mensch ein nützliches Glied der vor- und außerpolitischen Gesellschaft (Familie, Dorfgemeinschaft, etc.) wie auch der durch bürgerliche Gesetze strukturierten politischen Gesellschaft (Staat) wird. Die zentrale Grundlage für die gesellschaftliche Verfasstheit menschlicher Existenz bildet bei Pufendorf der allgemein-menschliche Grundzug der Geselligkeit (*socialitas*), ergänzt um die natürliche Gleichheit der Menschen (*aequalitas naturalis*) sowie die daraus hergeleitete Würdigkeit aller Menschen (*dignatio*) und die dementsprechend einzufordernde Wertschätzung aller Menschen (*existimatio*) – zusammengefasst in der normativen Vorstellung von der Menschheit (*humanitas*), mit der Pufendorf sowohl auf frühere Vorstellungen von der Würde des Menschen (*dignitas hominis*) zurückgreift als auch auf spätere Vorstellungen von Menschenrecht und Menschenwürde vorausweist.

Auch die dritte für die Geschichte der politischen Philosophie einschlägige Schrift Pufendorfs reflektiert die generelle Scharnierfunktion seines ebenso umfangreichen wie einflussreichen Werkes zwischen den Zeiten: zwischen dem siebzehnten und dem achtzehnten Jahrhundert, zwischen Barock und Aufklärung, zwischen Jurisprudenz und Staatslehre, zwischen belesenem Gelehrtentum und rationalisierter Darstellung. 1667 erscheint unter dem Pseudonym Severinus de Monzambano eine lateinische Abhandlung Pufendorfs über den Zustand des Deutschen Reichs (*De statu imperii Germanici*), die in acht Kapiteln die Gründung, die Entwicklung und den gegenwärtigen Zustand des Heiligen Römischen Reiches (*Sacrum Imperium Romanum*), jenes altehrwürdigen, aber auch zunehmend anachronistischen Staatsgebildes im Herzen Europas, behandelt.

Formal gehört die Schrift über die Reichsverfassung zur Gattung der frühneuzeitlichen Rechtsliteratur über die eigentümliche Staatlichkeit des Reiches, die dabei aus der Perspektive des sich als modernes Staatsrecht entwickelnden öffentlichen Rechts in den Blick genommen wird («Reichspublizistik»). Inhaltlich kritisiert die Schrift die bisherige Literatur zum Thema wegen deren fachlicher Verengung auf rein rechtliche Fragen, die Pufendorfs Gegenentwurf um die Perspektive der damals sich ebenfalls entwickelnden Staatswissenschaft («Politik», «Statistik») ergänzt.

Bedeutsam ist die Schrift wegen ihrer prinzipiellen Kritik am Versuch, der besonderen staatlichen Struktur des Reiches mit den Mitteln der klassischen, auf Aristoteles zurückgehenden Staatsformenlehre gerecht zu werden. Für Pufendorf ist das Reich weder eine Monarchie unter einem absolut herrschenden Kaiser noch eine Aristokratie von kollektiv die Herrschaft ausübenden territorialen Fürsten («Reichsstände»), noch eine Mischverfassung aus monarchischen, aristokratischen oder demokratischen Elementen. Nach den Maßstäben der überkommenen Staatsformenlehre erscheint das Reich vielmehr, wie Pufendorf hinter der Maske des Pseudonyms im 6. Kapitel der Schrift provokant ausführt, als ein «unregelmäßiger [politischer] Körper und einem Monster ähnlich» (*irregulare aliquod corpus et monstro simile*).

Doch belässt er es nicht bei der doppelten Kritik der Reichsverfassung wie der Reichsverfassungsliteratur. Mit seinen Ausführungen zur föderativen Struktur und zur rechtlich-politischen Unterscheidung zwischen der monarchisch-kaiserlichen Staatsform des Reiches und der aristokratisch-landesfürstlichen Art seiner Regierung eröffnet Pufendorf eine Sicht auf das «Alte Reich», die dessen Zukunftspotential für föderative und konstitutionell-monarchische Verfassungsformen sondiert. Wegweisend ist auch seine dezidiert politische Sicht auf die Verfassungsgeschichte und Verfassungswirklichkeit des Reiches, die dem Gesichtspunkt der Staatsräson (*ratio status*) prinzipielle Bedeutung zuweist. Auch die verbliebene Sonderstellung der katholischen Kirche in einem durch den Westfälischen Frieden multikonfessionell restrukturierten Reich wird bei Pufendorf aus machtpolitischer Perspektive scharf kritisiert. Der direkte und indirekte Einfluss seiner Verfassungsschrift reicht über Voltaire, der in Überbietung der Pufendorf'schen These von der Monstrosität des Reiches erklärt, Letzteres sei weder heilig noch römisch noch ein Reich, bis zu Hegel, dessen frühe fragmentarische Schrift zum Thema die föderative und konstitutionell-monarchische Zukunft des Reiches noch am Vorabend seiner Selbstauflösung (1806) beschwört.

5.
Das absolutistische Frankreich: Souveränität und Gewaltenteilung

Unbeschadet ihres gemeinsamen frühmittelalterlichen Ursprungs im Frankenreich als der größten und nachhaltigsten staatsförmigen Neugründung im Zuge der Völkerwanderung auf dem Boden des untergegangenen Römischen Reiches, gehen Deutschland und Frankreich aus geradezu gegenteiligen verfassungspolitischen Entwicklungen hervor. Die östliche Reichshälfte (Austrien) wächst zum heterogenen Gebilde des Heiligen Römischen Reiches, das im Mittelalter weiter nach Osten expandiert und zeitweilig auch im Norden Italiens (Reichsitalien) präsent ist. In der westlichen Reichshälfte (Neustrien) verläuft die Ausdehnung hauptsächlich in südlicher Richtung, doch bleibt das heutige Territorium Frankreichs während des gesamten Mittelalters und bis an die Schwelle der Neuzeit in verschiedene, teils fremde Herrschaften (darunter England) aufgeteilt. Die frühe Neuzeit sieht dann auf französischer Seite die territoriale Expansion und herrschaftliche Konzentration der Königsmacht, während es auf deutscher Seite zur Dezentralisierung des Reiches in relativ autonome territoriale Herrschaften mittlerer Größe mit schleichendem Schwund der kaiserlichen Zentralmacht kommt.

Auch in konfessionspolitischer Hinsicht unterscheiden sich die Entwicklungen beträchtlich. In den Gliedstaaten des Deutschen Reiches verstärken die konfessionelle Spaltung und die politische Dezentralisierung einander. In Frankreich wiederum gehören die teils politischen, teils militärischen Auseinandersetzungen zwischen der katholischen und der reformatorischen Partei (acht Hugenottenkriege zwischen 1562 und 1598) in den größeren Rahmen der innen- und außenpolitischen Konsolidierung der Königsmacht. Zwar erreichen die Reformierten («Hugenotten» als

Verballhornung von «Eidgenossen», wegen des Genfer Ursprungs von Johannes Calvins Kirchenreform) 1598 im Edikt von Nantes die Gewährung von religiöser Duldung und vollen bürgerlichen Rechten, doch das gleiche Edikt deklariert die katholische Religion zur Staatsreligion. Nach gut hundert Jahren der weiteren Konsolidierung der königlichen Zentralmacht, samt Ausschaltung der spanischen Konkurrenz um die Vormachtstellung in Europa, widerruft Ludwig XIV. (*Louis le Grand*, «Sonnenkönig») 1685 das Edikt von Nantes. In der Folge verlassen Hunderttausende Religionsflüchtlinge das Land in Richtung Niederlande, Schweiz und Brandenburg-Preußen, wo sie zur ökonomischen und kulturellen Prosperität ihrer Gastländer dauerhaft beitragen.

Jean Bodin

Die Schriften des Advokaten, königlichen Beamten und hochrangigen politischen Akteurs Jean Bodin (1529/30–1596) entstehen allesamt zur Zeit der Hugenottenkriege. Nach einem abgebrochenen Noviziat im Karmeliterorden, theologischen Studien in Angers, philosophischen Studien in Paris und einem Jura-Studium in Toulouse ist Bodin ab 1560 als Anwalt am Pariser Hohen Gericht (*Parlement de Paris*) tätig, tritt 1570 als Jurist und Diplomat in königliche Dienste und wirkt – nach einem Intermezzo als regionaler Repräsentant des Dritten Standes auf der Versammlung der Generalstände in Blois (1576/77), auf der er sich gegen die Finanz- und Religionspolitik des Königs ausspricht – ab 1576 bis zu seinem Lebensende als Anwalt der Krone am Hohen Gericht der Stadt Laon. Seine zahlreichen Schriften weisen ihn als Historiker, insbesondere als Rechtshistoriker, sowie als ökonomischen und politischen Denker aus, der humanistische Bildung mit einem nüchternen Geist und einer polemischen Feder im Dienst von Ausgleich und Versöhnung zwischen den Konfessionen zu verbinden versteht.

Die für die frühe Neuzeit typische enge Verbindung von Recht und Historie im Zeichen des römischen Rechts, aber auch der nationalen Rechtstraditionen manifestiert sich in Bodins früher programmatischer Schrift über die *Methode zur leichten Kenntnis der Geschichte* (*Methodus ad facilem historiarum cognitionem*) aus dem Jahr 1566. Der Plural im lateinischen Titel des Werks (*historiae*) nimmt Bezug auf die drei von Bodin unterschiedenen Bereiche historischer Forschung (*scientia historiarum*): die Geschichte Gottes, die Geschichte der Natur und die Geschichte des Menschen als Weltgeschichte (*historia universalis*). Bemerkenswert ist, dass Bodin den gelehrten Umgang mit historischen Texten – darin über den im Humanismus der Renaissance gepflegten Rahmen der Philologie hinausgehend – für die Einbeziehung von praktischen Kenntnissen und pragmatischen Erfahrungen aus den Bereichen der Politik und des Rechts öffnet. Die historische Kenntnis politisch-rechtlicher Systeme soll Einsichten für die gegenwärtige Gesetzgebung bereitstellen.

Bodins politisch-philosophisches Hauptwerk sind *Die sechs Bücher vom Gemeinwesen*, ursprünglich 1576 auf Französisch publiziert (*Les Six Livres de la République*). 1586 erscheint eine von Bodin selbst ausgeführte lateinische Übersetzung (*De republica libri sex*), der schon bald Übersetzungen ins Spanische, Italienische, Deutsche und Englische folgen. Beim ersten Erscheinen des Werkes sind nur vier Jahre vergangen seit dem von höchster Stelle organisierten Pogrom an führenden Hugenotten bei der eigentlich als Versöhnungsfeier geplanten Hochzeit Heinrichs von Navarra (nach seiner Konversion zum Katholizismus als Heinrich IV. französischer König) mit Margarete von Valois (Bartholomäusnacht, «Pariser Bluthochzeit»). Vor dem Hintergrund der standespolitischen, dynastischen und konfessionellen Streitigkeiten und Kämpfe unternimmt Bodin eine wegweisende Neubestimmung von Charakter, Funktionsweise, Entwicklung und Verfall des Gemeinwesens im Allgemeinen (*république*, *respublica*), die getragen ist von umfassender Kenntnis der älteren und jüngeren politischen Geschichte, von seinen eigenen politischen Erfahrungen, aber auch von gezielt kultivierter Distanznahme gegenüber extremen Parteiungen und erfüllt von bahnbrechender Einsicht in die Wesensmerkmale des sich entwickelnden frühmodernen Staatskörpers.

In methodischer Hinsicht nimmt Bodins Hauptwerk eine Mittelstellung ein zwischen der humanistisch-gelehrten Argumentation mit historischen Quellen und dokumentierten Traditionen und dem modern-rationalen Rekurs auf Prinzipien zum Zweck von logischer Herleitung. Bodins Denkstil ist historisch informiert, aber prinzipiell orientiert. Im Spektrum der Hauptparteien, die sich im Verlauf der Hugenottenkriege ausbilden, ist Bodin seinem politischen Wirken wie seinem Hauptwerk nach der gemäßigten, konfessionell gemischten Gruppierung der «Politiker» (*politiques*) zuzuordnen, die, statt konfessionell definierte Extrempositionen einzunehmen, mit dem Primat des Gemeinwesens in seiner Form als moderner monarchischer Staat gegenüber Gruppeninteressen und deren exklusiven Ansprüchen argumentiert und sich letztlich bei der Beilegung der bürgerkriegsartigen Konflikte durchsetzen kann.

Mit dem Begriff *république* (*res publica*) im Titel seines Hauptwerks bezieht sich Bodin nicht auf die Staatsform der Republik in deren historischer Gestalt (antikes Rom) oder in damals noch aktueller Ausprägung (Venedig), sondern auf das Gemeinwesen ganz generell. Der von ihm gelegentlich verwendete Ausdruck *état* (Staat) hat noch nicht die heutige weite Bedeutung, sondern bezeichnet entweder das Verwaltungssystem eines Gemeinwesens oder einen Stand innerhalb des Gemeinwesens. Auch wenn Bodin selbst noch nicht den *Ausdruck* «Staat» im modernen Sinn verwendet, so prägt doch sein politisch-philosophisches Denken, insbesondere sein Hauptwerk *Vom Gemeinwesen*, recht eigentlich den modernen *Begriff* des Staates. Dies gelingt Bodin, indem er einen völlig neuen Grundbegriff in die Lehre vom Gemeinwesen, von seinen Formen und seinen Funktionsweisen einführt: Souveränität (*souveraineté*, lateinisch *majestas*), definiert als die «absolute und dauerhafte Gewalt eines Gemeinwesens» (*puissance absolue et perpétuelle d'une République*) (1. Buch, 8. Kapitel).

Für Bodin macht es den Kern eines Gemeinwesens aus, dass in ihm eine Macht vorwaltet, die über allen anderen in ihm vorfindlichen Gewalten steht. Absolut (von der lateinischen Wendung *a legibus abolutus,* «losgelöst von den Gesetzen») ist die souveräne Macht, insofern sie über dem Gesetz steht. Dauerhaft ist die souveräne Gewalt, insofern sie keiner zeitlichen Beschränkung unterliegt. Allerdings begrenzt Bodin die Absolutheit souveräner Gewalt dadurch, dass er ihren außer- und übergesetzlichen Status lediglich auf die von Menschen gemachten Gesetze (positive Gesetze) bezieht und auch sie selbst ausdrücklich dem natürlichen und göttlichen Gesetz unterstellt. Des Weiteren gilt Bodin die souveräne Gewalt als unteilbar (*indivisible*). Die alle anderen Gewalten im Gemeinwesen grundsätzlich und nicht nur faktisch überragende Gewalt ist, jedenfalls innenpolitisch, ohne Konkurrenz und Kontestation.

In einem gelehrten Parcours durch die Verfassungsgeschichte antiker, mittelalterlicher und frühneuzeitlicher staatlicher Gebilde demonstriert Bodin die Seltenheit eines Gemeinwesens, in dem eine wirklich souveräne Gewalt vorhanden ist. Immer wieder zeigt sich, so Bodin, in Geschichte und Gegenwart, dass eine vermeintlich souveräne Gewalt in einem Gemeinwesen der Einschränkung durch die eine oder andere konkurrierende oder auch nur konfirmierende Gewalt unterliegt. Nicht einmal das kaiserliche Rom wird von ihm als Beispielfall einer Verfassung mit genuin souveräner Gewalt anerkannt. Fündig wird er nur bei einigen wenigen frühneuzeitlichen Monarchien, darunter Spanien, Frankreich, England und Schottland. Der Clou seines Souveränitätsbegriffs liegt denn auch nicht in dessen allgemeiner Anwendbarkeit auf Gemeinwesen aller Art, sondern in seiner Funktion als Unterscheidungskriterium zwischen so gut wie allen vormodernen Staatsverfassungen und einigen wenigen, genuin modern verfassten Staaten. Als gründlich gelehrter Rechtshistoriker und politikerprobter Zeitgenosse erkennt Bodin, dass erst die sich zu seiner Zeit entwickelnden zentral verwalteten Territorialstaaten Europas einen Herrschaftstypus ausprägen, der dem strengen Begriff von souveräner Macht in Gestalt von souveräner Staatlichkeit entspricht.

Im Anschluss an die Definition des von ihm in die politische Philosophie neu eingeführten Begriffs der Souveränität ermittelt Bodin dessen einzeln notwendige und insgesamt hinreichende Merkmale (*marques*) (1. Buch, 11. Kapitel). An erster Stelle steht die Gesetzgebung als die Gewalt, Gesetze zu geben für alle wie für jeden Einzelnen (*la puissance de donner loi à tous en général et à chacun en particulier*), und zwar ohne dass dazu die Zustimmung anderer, sei es höherer, gleichgestellter oder minderer Gewalten, erforderlich wäre. Bodin löst damit die souveräne gesetzgebende Gewalt von der traditionellen Bindung des Gesetzgebers an mitbeteiligte politische Instanzen wie Ständeversammlungen oder Parlamente. Doch sieht sein Verständnis von gesetzgeberischer Souveränität die Konsultation von Gesetze vorschlagenden oder beratenden Körperschaften des Gemeinwesens vor, denen aber keine Entscheidungsgewalt zukommen kann. Zu den weiteren Merkmalen der Souveränität gehören die alleinige Entscheidung über Krieg und Frieden, das Recht letztinstanzlicher Entscheidung und das Münzrecht.

Vor dem Hintergrund seiner Begriffsdefinition der souveränen Gewalt revidiert Bodin sodann die klassische Staatsformenlehre (2. Buch). Zunächst beschränkt er die Republik im weiten Sinn auf drei Arten und unterscheidet dabei zugleich drei Arten von Souverän: die Monarchie (*monarchie*) mit einer Einzelperson als Souverän, der dann auch nicht nur Fürst (*prince*, *principe*) im Sinne von Erster (*primus*, *princeps*) und auch nicht lediglich gewählter Kaiser (*Imperator*, *Caesar*), sondern König (*roi*) ist; die Aristokratie mit einer Minderheit als Souverän; und die Demokratie (*état populaire*) mit den kollektiven Vollbürgern als dem Souverän. Die seit Aristoteles zugelassenen oder sogar empfohlenen Mischverfassungen aller Art verwirft Bodin, weil sie die ihrem Begriff nach unteilbare Souveränität auf rivalisierende Gruppierungen aufteilen. Bodin zufolge stellen auch das republikanische Rom und das republikanische Venedig keine Mischverfassungen dar, sondern eigentümliche Ausprägungen populärer Souveränität.

Die traditionell von den drei Grundformen der Staatsverfassung unterschiedenen defekten Varianten (Despotie, Oligarchie, Ochlokratie) lässt Bodin nicht als eigene Staatsformen gelten, sondern sieht in ihnen lediglich Abwandlungen der drei Grundtypen. Im Einzelnen unterscheidet er drei Modifikationen der Monarchie (und analog auch der Aristokratie und der Demokratie): die despotische Monarchie (*monarchie seigneurale*), bei der der Monarch rechtmäßig als Herr über die Untertanen als seine Sklaven herrscht; die tyrannische Monarchie (*monarchie tyrannique*), bei der der Monarch unrechtmäßig über seine Untertanen nach Willkür herrscht; und die königliche Monarchie (*monarchie royale*), bei der der dynastisch legitimierte Monarch rechtmäßig über seine Untertanen als freie Bürger herrscht.

Das formale Verhältnis von Grundform und multipler Modifikation nimmt Bodin auch in Anspruch, um die singuläre und solitäre Souveränität im Staat mit dem praktischen Erfordernis pluraler Organe und Institutionen der Ausübung staatlicher Gewalt zu verbinden. In einer weiteren wegweisenden Innovation – «ein Geheimnis der Politik, das noch von niemandem berührt wurde» (*un secret de police qui n'a point été touché de personne*) – unterscheidet Bodin zwischen dem Staat (*état*) als der natürlichen oder moralischen Person des Souveräns und dem Modus seiner Regierung (*gouvernement*). So kann für Bodin ein Staat monarchisch verfasst sein (*état monarchique*), dabei aber auf demokratische Art und Weise regiert werden (*gouverné populairement*). Ein integraler Bestandteil seiner innovativen Konzeption staatlicher Souveränität ist schließlich die weitgehende Leugnung eines Widerstandsrechts auf Seiten der Untertanen gegen einen etablierten Souverän. In der traditionellen rechtlich-politischen Debatte über den Tyrannenmord, die in reformatorischer Zeit durch den protestantischen Antimonarchismus («Monarchomachen») neue Impulse erhält, schränkt Bodin den Kampf gegen in ihrer Religionspolitik repressive Regime auf passiven Widerstand ein.

Die vier weiteren Bücher der Schrift *Vom Gemeinwesen* handeln nacheinander von den Organen des Staates, vom Entwicklungsgang der Staaten, von der Rolle des Klimas für die Staatseinrichtung und von der Eignung Frankreichs für die Erbmonarchie (*monarchie royale*). Bodins große Wirkung geht aber fast gänzlich auf die Ausführungen zur Souveränität in den ersten beiden Büchern seines Hauptwerkes zurück. Zu erwähnen sind noch zwei Schriften: die eine, weil sie das bisher gezeichnete Bild von Bodin als vorausweisendem politisch-religiösen Denker bestätigt, die andere, weil sie Bodin auf verstörende Weise in den Horizont der Glaubensvorstellungen seiner Zeit stellt.

Einunddreißig Jahre nach seinem Tod taucht ein umfangreiches lateinisches Manuskript unter seinem Namen auf, das mit «Gespräch der Sieben über die Geheimnisse der erhabenen Dinge» (*Colloquium Heptaplomeres de rerum sublimium arcanis*) betitelt ist und in dem fünf Repräsentanten der drei monotheistischen Religionen (Katholizismus, Lutheranismus, Calvinismus, Judentum, Islam) zusammen mit je einem generell gottgläubigen und einem religiös skeptischen Philosophen ihre religiösen Positionen im freundschaftlichen Austausch erörtern und sich auf eine allgemeine, lediglich in der menschlichen Vernunft und ohne jede Offenbarung begründete, «natürliche» Religion einigen, in der aber auch Dämonen und andere Geister figurieren. Der auf 1593 datierte Text zirkuliert zunächst in Abschriften, bis er 1841 teilweise und 1857 komplett im Druck erscheint. In jüngerer Zeit wird Bodins Autorschaft dieses teils schon radikal-aufklärerischen, teils noch im Aberglauben befangenen Textes zwar angezweifelt, aber auch weiterhin verteidigt. Inhaltlich überschneiden sich Teile des in seiner Authentizität strittigen *Colloquium Heptaplomeres* mit Ausführungen einer von Bodin selbst 1580 publizierten Schrift unter dem Titel *Über die Dämonensucht der Hexen* (*De la démonomanie des sorciers*), in der er die Besessenheit von Hexen affirmativ vertritt und in gewohnt gelehrter Manier juristisch aufbereitet, getragen von einem persönlichen Glauben an Hexen und Dämonen und von eigenen Erfahrungen aus der Mitwirkung an Hexenprozessen.

Charles-Louis de Montesquieu

Mit Montesquieu (1689–1755), der als Charles-Louis de Secondat geboren wird und später die Titel und Besitzungen der Baronien La Brède und Montesquieu erbt, springt die exemplarische Darstellung politisch-philosophischen Denkens im absolutistischen Frankreich von der Renaissance und dem Humanismus des sechzehnten Jahrhunderts zur Aufklärung des achtzehnten Jahrhunderts. Das dazwischenliegende siebzehnte Jahrhundert sieht die gegen erhebliche Widerstände und sogar Aufstände (*fronde*) des zuvor unabhängigen Adels erzwungene Konsolidierung Frankreichs zum absolutistisch regierten zentralisierten Staat und dessen Etablierung als europäische Großmacht mit (letztlich erfolgloser) Ambition auf eine europaweite, «universelle Monarchie», die den Anspruch des Alten Reiches auf diesen Titel ablösen soll.

Kulturell ist das siebzehnte Jahrhundert das klassische Zeitalter Frankreichs (*Âge classique*) in Literatur (Racine, Corneille, Molière) ebenso wie Architektur (Hardouin-Mansart, Le Nôtre), Malerei (Poussin, Lorrain), Musik (Lully, Charpentier) und Philosophie (Descartes, Malebranche, Pascal). Allerdings entspricht den politischen und kulturellen Errungenschaften des Zeitalters Ludwigs XIV., der von 1643 bis 1715 regiert, keine vergleichbar bedeutende Leistung in der politischen Philosophie, abgesehen von dem für die Erziehung des Thronfolgers (Dauphin) verfassten und 1699 publizierten philosophischen Roman *Die Abenteuer des Telemach* (*Les Aventures de Télémaque*) des politisch wie religiös regimekritischen Erzbischofs und Reformtheologen Fénelon (1651–1715).

Die drei politisch-philosophischen Hauptwerke Montesquieus, die in der ersten Hälfte des achtzehnten Jahrhunderts unter den Bedingungen von Aufklärung im Denken und Rokoko in den Künsten entstehen, vollziehen rückblickend die Einschätzung des absolutistischen Zeitalters und vorausblickend die Vermessung der sich rapide verändernden gesellschaftlichen und politischen Welt am Vorabend der Revolution. Seiner Ausbildung und langjährigen Amtstätigkeit nach ist Montesquieu Jurist; er studiert die Rechte in Bordeaux, in dessen Nähe sein Geburtsort und seine späteren Besitzungen liegen, und tritt 1714 in die Dienste des Hohen Gerichts von Bordeaux (*Parlement de Bordeaux*). 1715 heiratet der Katholik Montesquieu eine Hugenottin. Von 1716 bis 1726 wirkt er als einer der Präsidenten am Hohen Gericht von Bordeaux (damals ein für den juristisch gebildeten Adel käufliches und vererbbares Amt), lebt zeitweise in Paris, um sich als Schriftsteller zu etablieren, und unternimmt von 1728 bis 1731 eine ausgedehnte Bildungsreise durch die Niederlande, Deutschland, Österreich, Ungarn, Italien und England, auf der er bevorzugt an örtlichen Höfen und lokalen Regierungssitzungen Station macht und die jeweiligen politischen, militärischen und gesellschaftlichen Verhältnisse systematisch studiert und minutiös notiert. Nach Frankreich zurückgekehrt, zieht er sich für den Rest seines Lebens als Privatgelehrter und Gutsherr auf sein ererbtes mittelalterliches Schloss La Brède bei Bordeaux zurück.

Montesquieus drei Hauptschriften behandeln die Formen und Normen politischer Ordnungsgebilde in einer zugleich umfassenden und vergleichenden Perspektive. Der enorm erfolgreiche Briefroman *Persische Briefe* (*Lettres persanes*) von 1721, der ihm den Sitz in der *Académie française* einbringt, porträtiert die zeitgenössische europäische Gesellschaft im Spiegel des vielstimmigen Briefwechsels zwischen zwei Europareisenden aus dem fernen Persien und unterschiedlichen Repräsentanten der persischen Gesellschaft. In Montesquieus künstlich verfremdetem Blick auf die eigene Welt erscheinen die kulturellen, kirchlichen, gelehrten und politischen Organisationen und Strukturen Europas im Allgemeinen und Frankreichs im Besonderen klinisch objektiviert und ihrer vermeintlichen Selbstverständlichkeit entkleidet. Zugleich können die indirekten Schilderungen der scheinbar gänzlich anderen Verhältnisse in Persien – insbesondere der häusliche wie politische Despotismus, der die Frauen im Haus genauso versklavt hält wie die Untertanen im Staat – als getarnte Darstellung und Kritik der Exzesse des absolutistischen Frankreich gelesen werden.

Die 1734 erscheinenden *Betrachtungen über die Gründe der Größe der Römer und ihres Niedergangs* (*Considérations sur les causes de la grandeur des Romains et de leur décadence*) ergänzen den seit der Renaissance kultivierten bewundernden Blick auf Roms Aufstieg und Ruhm um die gegenläufige Perspektive auf dessen schleichenden Niedergang und endlichen Untergang. Besonders bemerkenswert an Montesquieus distanzierter Deutung von Roms welthistorischer Karriere ist seine doppelte Diagnose, der zufolge Roms Untergang schon zu Zeiten der Republik in der imperialen Expansion angelegt ist und der Untergang des Imperiums auf die Aushöhlung des römischen Bürgersinns durch die Professionalisierung des Militärs und die Ausweitung des Bürgerrechts ohne entsprechende zivische Verpflichtung zurückzuführen ist.

Montesquieus bedeutendes Hauptwerk, an dem er zwanzig Jahre arbeitet, erscheint 1748 unter dem Titel *Vom Geist der Gesetze* (*De l'esprit des lois*) und erlebt in kurzer Zeit 22 Auflagen – und dies trotz eines Umfangs von 31 Büchern mit insgesamt 501 Kapiteln und an die 2000 Fußnoten, das Ganze verteilt auf zwei Bände mit insgesamt über 1000 gedruckten Seiten. Das singuläre Monumentalwerk der politischen Philosophie der Aufklärung stellt die geschriebenen und ungeschriebenen Gesetze eines Landes und einer Zeit in den Kontext des jeweiligen sozio-politischen Umfelds. Montesquieus Darstellung rechtlich-politischer Regelungen in Raum und Zeit ist zugleich universalhistorisch und geopolitisch ausgerichtet, dazu analytisch und komparativ angelegt, verzichtet aber weitgehend auf Werturteile und Rangordnungen. Durchweg gilt sein primäres Interesse der Funktionaliät der jeweiligen formellen und informellen Gesetze im Kontext der besonderen Umstände des jeweiligen Landes und der jeweiligen Epoche. Der Begriff des Geistes im Titel des Werks benennt so weder einen identischen, absoluten Geist jenseits von Raum und Zeit noch einen sich linear entwickelnden, sukzessive zu sich selbst gelangenden Geist hinter der Geschichte (wie später, unter Montesquieus Einfluss, bei Hegel), sondern die historisch und geographisch variable, die jeweiligen gesellschaftlichen Gegebenheiten reflektierende Zweckdienlichkeit rechtlich-politischer Ordnungsgebilde.

Obwohl Montesquieus ebenso kluge wie scharfsinnige politische Soziologie *avant la lettre* als das einflussreichste und wirkmächtigste politisch-philosophische Werk der europäischen Aufklärung gelten darf, dessen Einfluss von den Gründungsvätern der Vereinigten Staaten von Amerika bis zur deutschstämmigen Zarin Katharina der Großen reicht, wird der *Geist der Gesetze* allzu voreilig auf zwei, überdies noch allzu simplifizierte Kernpunkte reduziert: das Erfordernis der Trennung der politischen Gewalten von Legislative, Exekutive und Jurisdiktion und den kausalen Einfluss des Klimas (allgemeiner: der physischen Geographie) auf Politik und Geschichte. Tatsächlich vertritt Montesquieu die institutionelle Verteilung der politischen Gewalt auf einander gegenseitig kontrollierende Organe lediglich im Hinblick auf moderne Staaten, ohne je explizit oder implizit die zeitgenössische absolute Monarchie abzulehnen oder die Einrichtung einer Republik zu fordern. Die Erkenntnis der prägenden Rolle der physischen Geographie für die politische Geschichte macht Montesquieu zwar zum faktischen Begründer der Geopolitik, doch erkennt er an, dass die geographischen Determinanten der Politik mit geeigneten Gegenmaßnahmen aufgewogen oder sogar ausgehebelt werden können.

Montesquieus bleibende Bedeutung liegt denn auch nicht in der Bereitstellung fixer und vereinfachter Doktrinen politischen Denkens, sondern in der gezielten Reorientierung des politisch-philosophischen Blicks auf die je eigene Zeitepoche und Weltregion, deren scheinbare Selbstverständlichkeiten sich im Vergleich mit anderen Rechtskulturen und politischen Regimeformen in ihren Besonderheiten wie Begrenztheiten zeigen. Dabei ist Montesquieu kein Relativist, der die beträchtlichen Unterschiede der Zeiten und Räume allesamt für gleich gültig gelten lässt. Eher ist er ein

Relationist, der die jeweilige Passung zwischen Umständen und Gesetzen differenziert registriert und dabei immer auch das Ziel verfolgt, die spezifischen rechtlich-politischen Umstände, Anforderungen, Leistungen und Schwächen moderner europäischer Staaten, seien es absolute Monarchien wie Frankreich, konstitutionelle Monarchien wie England oder föderative Republiken wie die Vereinigten Niederlanden oder die Helvetische Konföderation, zu eruieren.

Auch seine Neueinteilung der Staatsformen ist vom durchgängigen Augenmerk auf die Spezifika moderner Staaten (2. Buch) getragen. Zum einen fasst Montesquieu die demokratische wie auch die aristokratische Staatsform als Arten der republikanischen Verfassung auf (*république aristocratique*, *république démocratique*). Zum anderen bindet er die despotische Staatsform nicht mehr ausschließlich an die monarchische Staatsform, als deren defiziente Variante, sondern stuft den Despotismus (*despotisme*) – verstanden als die systematische Angleichung der politischen Herrschaft an die häusliche Herrschaft des Herrn über Untergebene – als eine Staatsform *sui generis* ein, in die Republiken ebenso wie Monarchien ausarten können und dies über kurz oder lang auch tun werden. Im Gegenzug löst er die politische Freiheit (*liberté politique*), verstanden als Selbstregierung ohne innere oder äußere Bevormundung, von der traditionellen exklusiven Anbindung an die republikanische Staatsform und erklärt auch und gerade die monarchische Staatsform für mit politischer Freiheit prinzipiell vereinbar. Den drei neu unterschiedenen Staatsformen (*gouvernements*) ordnet Montesquieu dann noch je ein spezifisches Prinzip (*principe*) zu, das die Funktionalität des jeweiligen politischen Systems garantieren soll: der monarchischen Regierung die Standesehre (*honneur*), der despotischen Regierung die Furcht um Leib, Gut und Leben (*crainte*) und der republikanischen Regierung die Bürgertugend (*vertu*) (3. Buch).

Dass Montesquieu politische Freiheit als verträglich mit republikanischer wie monarchischer Regierung erachtet, zeigt sich besonders deutlich an seiner Analyse der (ungeschriebenen) Verfassung Englands, der er die Gewährleistung von politischer Freiheit sogar als Ziel und Zweck ihrer Einrichtung zuschreibt (11. Buch). Am Beispiel Englands demonstriert Montesquieu im Detail die Vorzüge einer institutionellen Aufteilung und Ausbalancierung der politischen Macht zwischen der gesetzgebenden Gewalt (*pouvoir législatif*) des Unterhauses, der ausführenden Gewalt (*pouvoir exécutif*) der Regierung und der richterlichen Gewalt (*pouvoir judiciaire*) des Oberhauses. In historischer Perspektive verfolgt Montesquieu den Ursprung des englischen Verfassungstypus einer durch Kontrollorgane und -mechanismen eingeschränkten, «konstitutionellen» Monarchie bis zu den auf dem Boden des Römischen Reichs am Ausgang der Antike neu gegründeten «barbarischen» Königreichen im Gefolge der Völkerwanderung.

Die Verfassung der von ihm nach den Staatsgründungen der Goten auf italienischem, französischem und spanischem Boden (Ostgoten, Westgoten) benannten Art der Regierung (*gouvernement gothique*) hält Montesquieu wegen der darin gegebenen politischen Beteiligung des Adels und der freien bäuerlichen Bevölkerung für die beste von Menschen ersonnene Regierungsform. Montesquieu zufolge betrifft die welthistorische Errungenschaft von adliger wie populärer Regierungsbeteiligung innerhalb einer monarchischen Staatsverfassung insbesondere die am Übergang von der Spätantike in das Frühmittelalter eingeführte Institution von politischer Teilhabe durch förmliche Repräsentation (*système représentatif*) in Gestalt beratender oder sogar beschließender Versammlungen von Adel und Volk. Weder die westliche antike Welt (Griechenland, Rom) noch die generell despotisch, nach dem Modell des Hausherrn (Griechisch *despotēs*) regierte orientalische Welt (Osmanisches Reich, Persien, China, Japan) kennt, so Montesquieu, den nachantiken, im Mittelalter und der frühen Neuzeit in Europa entwickelten Typus der Monarchie (*monarchie moderne*).

Sein Votum für die konstitutionelle Monarchie als mit politischer Freiheit besonders kompatibel – und dies auch und gerade im Vergleich mit der griechischen Demokratie und der römischen

Republik – ergänzt er noch um die generelle Akzeptanz der absoluten Monarchie, sofern die dabei gegebene Fusion von legislativer und exekutiver Gewalt in der Hand des Monarchen und seiner Minister moderiert wird durch eine unabhängige Justiz und durch Zwischenkörperschaften (*corps intermédiaires*), darunter adlige und bürgerliche Ständevertretungen, die zwischen Regierenden und Regierten vermitteln. Als probates Mittel für die Ermöglichung von politischer Freiheit erachtet Montesquieu ganz generell die Mäßigung und den Ausgleich zwischen Extremen. Im Übrigen hält Montesquieu die Vielfalt der historisch und zeitgenössisch vorliegenden Typen von Regierung nicht für den Gegenstand von abstrakter und insofern beliebiger Wahl. Vielmehr sind für ihn die verschiedenen Arten der Regierung im Hinblick auf die Geographie und die Demographie eines Landes unterschiedlich geeignet. Im Einzelnen ordnet er großen Politien die despotische Regierung zu, Politien mittlerer Größe die monarchische Regierung und kleineren Politien die republikanische Regierung. Für die mittelgroßen Staatsgebilde des zeitgenössischen Europa bedeutet dies die Angemessenheit der (absoluten oder konstitutionellen) monarchischen Verfassung. Doch skizziert Montesquieu auch die Möglichkeit, mittels einer föderativ verfassten Republik die außenpolitische Stärke einer modernen Monarchie mit den innenpolitischen Vorzügen einer modernen Republik zu kombinieren – ein Wink, dem die Gründungsväter der Vereinigten Staaten gut drei Jahrzehnte später gezielt folgen sollten.

Die als (repräsentative) Regierungspartizipation definierte politische Freiheit beinhaltet Montesquieu zufolge, dass in einem politisch frei verfassten Gemeinwesen niemand daran gehindert wird, das zu tun, was die Gesetze vorschreiben, oder gezwungen wird, etwas zu tun, das die Gesetze verbieten. Daraus resultiert die durch die Verfassung gewährleistete Freiheit, all das tun zu dürfen, was die Gesetze erlauben, und sich generell in einem Zustand allgemeiner Rechtssicherheit zu wissen (12. Buch). Mit seinem Fokus auf politisch gewährter und garantierter persönlicher Freiheit in einer Verfassung politisch freier Partizipation zählt

Montesquieu zu den Wegbereitern liberalen Denkens, das dann im neunzehnten Jahrhundert zur vollen Ausbildung gelangt. Diesem liberalen Einschlag seines anderweitig durchaus konservativen Denkens, etwa was die Präferenz für die Monarchie betrifft, entspricht auch sein Plädoyer für die sozial fortschrittliche und politisch friedensfördernde Funktion des Handels (*commerce*) in einer modernen Welt, die Krieg durch Kommerz ersetzt und dabei das Medium der Konkurrenz vom Militärischen ins Zivilgesellschaftliche überträgt (20. bis 23. Buch).

Jean-Jacques Rousseau

Anders als fast alle Hauptvertreter der neuzeitlichen politischen Philosophie ist Jean-Jacques Rousseau (1712–1778) weder Jurist noch Politiker oder Diplomat und auch kein Universitätslehrer. Der Sohn eines Genfer Uhrmachers wächst als Halbwaise bei Verwandten und Fremden auf. Seine erste Lebenshälfte verbringt er in meist kurzlebigen und weder einträglichen noch besonders ansehnlichen Anstellungen in der Schweiz, Norditalien und Frankreich und bildet sich weitgehend autodidaktisch zum Instrumentalmusiker, Musiktheoretiker und Komponisten. Zur großen *Enzyklopädie* (*Encyclopédie ou Dictionnaire raisonné des sciences, des arts et des métiers*) von Diderot und d'Alembert, die von 1751 bis 1780 in 35 Bänden erscheint, trägt er eine Reihe musiktheoretischer Arbeiten bei und entwickelt ein neues musikalisches Notationssystem, das sich indes nicht durchsetzt. Seine komische Oper *Der Dorfwahrsager* (*Le devin du village*) ist 1752 am Hof von Versailles und im Folgejahr in Paris ein großer Publikumserfolg, dessen Potential für zukünftige Kompositionsaufträge Rousseau aber nicht weiterverfolgt.

In der zweiten Lebenshälfte kommen botanische Studien dazu, vor allem aber entsteht ab der Jahrhundertmitte ein umfangreiches schriftstellerisches Werk mit theoretischen und literarischen Texten, darunter eine Reihe autobiographischer Schriften, die auf bahnbrechende Weise literarische Fiktion mit philosophischer Reflexion verbinden. Das umfangreichste autofiktionale Werk Rousseaus, die schockierend selbstentblößenden *Bekenntnisse* (*Les Confessions*) aus den Jahren 1765 bis 1770, erscheinen postum 1782 und 1789, und die in seinen letzten beiden Lebensjahren verfertigten *Träumereien eines einsamen Spaziergängers* (*Les rêveries du promeneur solitaire*) bleiben unvollendet und erscheinen ebenfalls erst 1782.

Rousseaus einzelgängerische Persönlichkeit, die später geradezu paranoide Züge annimmt, verbunden mit seinen hochgradig originellen, aber durchweg umstrittenen Positionen und Stellungnahmen in den künstlerischen, kulturellen und gesellschaftspolitischen Debatten und Kontroversen der Zeit, machen ihn zum radikalen Außenseiter der europäischen Aufklärung. Legt man allerdings einen weiten Begriff von Aufklärung zugrunde, der auch ihre radikale Selbstkritik und ihren kontinuierlichen Übergang in die nachfolgenden Epochen von Revolution und Romantik umfasst, dann gehört Rousseau durchaus zum Kern der europäischen Aufklärungsbewegung.

Sein Durchbruch als philosophischer Schriftsteller von europäischem Rang geht auf die beiden preisgekrönten Beiträge zurück, die er auf zwei Preisfragen der Akademie von Dijon verfasst und veröffentlicht. Mit der *Abhandlung über die Künste und Wissenschaften* (*Discours sur les sciences et les arts*) von 1751 für den Wettbewerb von 1749, der die Frage nach dem Beitrag der in der Moderne (nach dem Vorbild der Antike) wiederhergestellten Wissenschaften und Künste zur Verbesserung der Sitten stellt, enttäuscht Rousseau gründlich und genüsslich die aufklärerische Grundhaltung von Fortschrittsoptimismus und Glaube an menschliche Selbstverbesserung. Im künstlerischen und wissenschaftlichen Fortschritt der Moderne sieht Rousseau neben dem ästhetischen und kognitiven Gewinn einen beträchtlichen sozialen und politischen Verlust. Die kulturelle Verfeinerung durch die Wissenschaften und Künste geht für ihn einher mit dem Verlust von natürlicher Unschuld und einfacher Tugend (*vertu*). Vor allem aber verdeckt das Florieren von Wissenschaften und Künsten nach Rousseaus Einschätzung die in der fortgeschrittenen Kultur und Gesellschaft vorliegende Verknechtung des Menschen (*servitude*) durch bewährte, aber ungerechtfertigte Herrschaftsverhältnisse.

Die zweite, ebenfalls preisgekrönte *Abhandlung über den Ursprung und die Grundlagen der Ungleichheit unter den Menschen* (*Discours sur l'origine et les fondements de l'inégalité parmi les hommes*) von 1755 beantwortet die Frage der Akademie von Dijon aus dem Jahr 1753, die allerdings nur nach dem (faktischen) Ursprung (*origine*) der Ungleichheit und nach ihrer möglichen Berechtigung (*autoriser*) durch ein natürliches Recht (*loi naturelle*) fragt. Rousseaus erweiterte Perspektive auf die Grundlagen (*fondements*) der Ungleichheit gilt den sozio-politischen Mechanismen hinter den ungleichen Machtverhältnissen unter den Menschen. Der durch die Gewalt der Starken und die Unterdrückung der Schwachen geprägten gesellschaftlichen Ungleichheit stellt Rousseau einen mythischen Naturzustand (*état de nature*) von ursprünglich gegebener Gleichheit der Menschen gegenüber, um so die faktische Ungleichheit als nicht naturgegeben, sondern als von Menschen gemacht zu demaskieren.

Im Naturzustand ist der Mensch für Rousseau durch die beiden einander ergänzenden Prinzipien der individuellen Selbsterhaltung (*se conserver soi-même*) und der zwischenmenschlichen Solidarität in Gestalt des Mitgefühls (*pitié*) geprägt. Den Übergang von natürlicher Gleichheit zu unnatürlicher Ungleichheit führt Rousseau auf die frühe, an den Ackerbau und die Metallverarbeitung gebundene Einführung des (Privat-)Eigentums (*propriété*) zurück. An die Stelle der natürlichen Selbstliebe (*amour de soi*) tritt in der komplexer organisierten Gesellschaft die durch das Konkurrenzdenken geprägte Eigenliebe (*amour propre*). In dem sich daraus entwickelnden Staat als bürgerlicher Gesellschaft (*société civile*) erblickt Rousseau dementsprechend eine geschickt ersonnene Institution zum Zweck von Machterhalt und -mehrung durch die sozio-ökonomisch Starken gegenüber den gesellschaftlich und wirtschaftlich Schwachen und Abhängigen.

Wie anders dagegen ein Staatswesen einzurichten ist, das auf den natürlich-ursprünglichen Prinzipien der Freiheit und der Gleichheit aller basiert, erkundet Rousseau ein Dutzend Jahre später in seiner berühmtesten und wirkmächtigsten Schrift *Vom Gesellschaftsvertrag oder Prinzipien des Staatsrechts* (*Du contrat social ou Principes du droit politique*) aus dem Jahr 1762. In das Doppeljahr 1762/63 fällt auch die Publikation zweier anderer erfolgreicher und einflussreicher Werke Rousseaus: des empfindsamen Briefromans *Julie oder die neue Heloise* (*Julie ou la Nouvelle Héloïse*) und des pädagogischen Romans *Émile oder von der Erziehung* (*Émile ou de l'éducation*). Das als Einschub im 4. Buch des *Émile* enthaltene *Glaubensbekenntnis des savoyardischen Vikars* (*Profession de foi du vicaire savoyard*) verwirft die Offenbarungsreligion zugunsten einer natürlich-vernünftigen Religion. Rousseaus aufklärerische Ersetzung des religiösen Theismus durch den philosophischen Deismus führt zum Verbot des *Émile* durch die katholische wie die reformierte Kirche. Zuvor verurteilt die katholische Kirche den zweiten *Discours* wegen seines Porträts eines Naturzustands ohne Sündenfall und Erbsünde. Rousseau selbst konvertiert in jungen Jahren in Turin zum Katholizismus und rekonvertiert 1754 in Genf zum reformierten Glauben.

Der *Gesellschaftsvertrag* ist das einzig erhaltene Bruchstück eines von Rousseau über einen längeren Zeitraum geplanten Großprojekts, betitelt *Politische Einrichtungen* (*Institutions politiques*). Mit gerade einmal hundert Seiten ist der *Gesellschaftsvertrag* nicht nur bedeutend kürzer, sondern auch thematisch enger gefasst als fast alle Hauptwerke der politischen Philosophie davor und danach. Wie der Untertitel der in vier Bücher zu zwischen acht und achtzehn Kapiteln gegliederten Schrift anzeigt, geht es ausschließlich um die «Grundsätze des Staatsrechts» (*principes du droit politique*), unter Ausschluss des vor- und außerstaatlichen Rechts und des Völkerrechts. Mit seinem Haupttitel reiht sich der *Gesellschaftsvertrag* ein in die neuzeitliche Tradition der vertragstheoretischen Begründung von politischer Herrschaft, auf deren Hauptvertreter – Hobbes und Grotius – Rousseau ausdrücklich, aber auch kritisch verweist (1. Buch, 2. und 4. Kapitel). Doch anders als bei sämtlichen seiner Vorgänger ist der vertragliche Ursprung des Staats bei Rousseau nicht nur ein wenn auch wichtiges, so doch vorübergehendes Gründungselement des Staatswesens, sondern durchwaltet dessen gesamte daran anschließende Konstruktion.

Den das Staatswesen begründenden wie durchgestaltenden Gesellschaftsvertrag präsentiert Rousseau als ursprüngliche Übereinkunft (*convention*) am Übergang des gesellschaftlichen Lebens im Naturzustand (*état de nature*), der durch einfache, selbstgenügsame Verhältnisse, aber auch durch die relative Schwäche isolierter Individuen und kleinerer Gruppen geprägt ist, in den bürgerlichen Zustand (*état civil*), der die Kräfte und Ressourcen der zahlreichen Vertragspartner bündelt und dirigiert (1. Buch, 5. Kapitel). Die Einrichtung des gesellschaftlichen Pakts (*pacte social*) unterstellt Rousseau der Anforderung, die zuvor natürlich gegebene Freiheit der Individuen gleichwertig zu erhalten – bei gleichzeitiger Vergrößerung ihrer konsolidierten und koordinierten Kräfte (1. Buch, 6. Kapitel). Den Staat (*État* für «Staat»; im Unterschied zu *état* für «Zustand») sieht Rousseau dadurch zustande kommen, dass alle Individuen gleichermaßen ihre Person einbringen in die Schaffung eines politischen Körpers (*corps politique*), zu dem sie dadurch in einem doppelten Verhältnis stehen: als mitkonstitutives Glied von dessen oberster Herrschaftsmacht (*pouvoir souverain*) und zugleich als dieser Macht unterworfen (1. Buch, 7. Kapitel).

Neu und radikal ist an Rousseaus Rekonstruktion des Gesellschaftsvertrags zum einen der durchgängige Fokus auf die Freiheit und Gleichheit der Bürger im Staat und zum anderen die Identifikation der den Staat tragenden obersten politischen Gewalt mit dem vereinigten Volk (Volkssouveränität). Die im Gesellschaftsvertrag verbriefte gleiche Freiheit versteht Rousseau als bürgerliche Freiheit (*liberté civile*) unter selbstgegebenen Gesetzen, im Unterschied zu der vor dem Gesellschaftsvertrag gegebenen natürlichen Freiheit (*liberté naturelle*), die ganz auf physischer Stärke beruht (1. Buch, 8. Kapitel). Das Prinzip der politischen Autonomie, dem zufolge frei ist, wer unter selbstgegebenen Gesetzen steht, wird zwei Jahrzehnte später von Kant zum Prinzip der sittlich-moralischen Autonomie (kategorischer Imperativ) umgestaltet. Tatsächlich erwähnt schon Rousseau, wenn auch eher beiläufig, dass die Gewährung von bürgerlicher Freiheit, verstanden als politischer Selbstgesetzgebung, auch zum Erwerb moralischer Freiheit (*liberté morale*) führt, insofern als diese in der Selbstbeherrschung dank Überlegung statt dem Beherrschtwerden durch Trieb und Begierde besteht (1. Buch, 8. Kapitel).

Bei der Vergesellschaftung (*association*) der Menschen zu Bürgern eines politischen Körpers tritt neben den Einzelwillen (*volonté particulière*) aller Beteiligten der allen gemeinsame oder allgemeine Wille (*volonté générale*), der keinem Einzelnen zuzuordnen ist, sondern der Gesamtheit in Gestalt des (Volks-)Souveräns (1. Buch, 6. Kapitel). Während die Willensbildung des Einzelnen von einem je verschiedenen besonderen Interesse (*intérêt particulier*) geleitet ist, dient der allgemeine Wille immer nur dem gemeinsamen Interesse (*intérêt commun*) des politischen Körpers. Den allgemeinen Willen unterscheidet Rousseau vom additiv ermittelten und durch kooperative Kompromisse vermittelten Willen aller (*volonté de tous*) (1. Buch, 3. Kapitel). Streng genommen ist der allgemeine Wille bei Rousseau kein faktisch gebildeter, wie auch immer umfassend angelegter Wille, sondern die kontrafaktische, wesentlich normative Konzeption des allem staatlichen Handeln zugrunde zu legenden Prinzips. Dementsprechend ist der allgemeine Wille einerseits allmächtig, andererseits aber auch schwer zu ermitteln. Bei Rousseau fungiert er als orientierende und motivierende politische Leitvorstellung. Der problematische Charakter von Rousseaus allgemeinem Willens wurde manifest, als sich der radikale Rousseau-Anhänger Maximilien de Robespierre in der Terrorphase der Französischen Revolution (1793/94) zu diktatorischen Zwecken auf die Unabhängigkeit des idealisierten allgemeinen Willens vom faktisch gegebenen Volkswillen berief.

Bei Rousseau steht aber weniger der allgemeine Wille im Mittelpunkt seiner politisch-philosophischen Überlegungen als vielmehr die Konzeption der Volkssouveränität. Rousseau hält die Souveränität als solche und damit auch die nach Maßgabe seiner Version des Gesellschaftsvertrags beim Volk selbst liegende Souveränität für unveräußerlich (*inaliénable*), unteilbar und unauflöslich (2. Buch, 1. und 2. Kapitel; 4. Buch, 1. Kapitel). Doch ist der Souverän in seiner praktischen Funktion als allgemeiner Wille (des Volkes) bei Rousseau keineswegs eine im Staat ganz allein und völlig uneingeschränkt herrschende Macht. Die souveräne Gewalt hat durchaus ihre Grenzen (*bornes du pouvoir souverain*), die vor allem in überpositiven, natürlich vorgegebenen Gesetzen bestehen (2. Buch, 4. Kapitel). Auch in institutioneller Hinsicht ist für Rousseau der Souverän in der Ausübung seiner im Prinzip absoluten Macht prinzipiell eingeschränkt. Die politische Willensbildung des Souveräns soll nur die oberste Gesetzgebung betreffen, während die praktische Ausführung der allgemeinen Gesetze und deren Umsetzung in konkrete politische Maßnahmen einer vom Souverän einzusetzenden Regierung (*gouvernement*) und dem ihr nachgeordneten Regierungsapparat obliegt (3. Buch, 1. Kapitel).

Zur Trennung der Souveränität als absoluter legislativer Gewalt von der exekutiven Gewalt in Gestalt einer vom Souverän eingesetzten Regierung kommt als weitere einschränkende Bestimmung der Souveränität bei Rousseau deren generalistische Ausrichtung auf die öffentlichen Belange unter explizitem Ausschluss von Regelungen, die den Einzelnen ihre private Lebensgestaltung vorschreiben würden (2. Buch, 4. Kapitel). Nur was direkt oder indirekt das Gemeinwohl betrifft, unterliegt der Gesetzgebung durch den Souverän. Die in der Rezeption und Interpretation eher vernachlässigte Einräumung weitgehender privater Selbstbestimmung trägt ein liberales Element in die ansonsten recht reglementiert scheinende politische Vorstellungswelt Rousseaus, deren Fokus auf dem öffentlichen Wohl sich in die römische und neo-römische Tradition republikanischen Denkens einreiht.

Ebenfalls oft übersehen wird Rousseaus generische Neudefinition der Republik. Für Rousseau ist jedes Staatswesen eine Republik, das die (legislative) Souveränität des Volkes anerkennt, unabhängig davon, ob die (exekutive) Regierung monarchisch, aristokratisch oder demokratisch eingerichtet ist (2. Buch, 6. Kapitel).

Bei der vergleichenden Erörterung der verschiedenen Arten von Regierung – Monarchie, Aristokratie oder Demokratie (3. Buch, 3. bis 6. Kapitel) – folgt Rousseau Montesquieu in der Berücksichtigung klimatischer und demographischer Bedingungen für die Zuordnung eines geeigneten Regierungstyps (3. Buch, 8. Kapitel). Speziell im Hinblick auf die für kleine, übersichtliche Bevölkerungsverhältnisse geeignete Demokratie plädiert Rousseau für die direkte Demokratie unter Verzicht auf repräsentative Organe und Institutionen (*représentants*), die für ihn die politische Willensbildung durch partikulare Interessen zu korrumpieren drohen (3. Buch, 15. Kapitel). Der eigentlichen positiven Gesetzgebung im monarchisch, aristokratisch oder demokratisch regierten Staat stellt Rousseau noch die Staatsstiftung durch eine Verfassungsgesetzgebung voran, die er exemplarisch an legendären genialen Staatsgründern veranschaulicht, insbesondere Moses für die hebräische Theokratie und Lykurg für die spartanische Militäraristokratie (2. Buch, 7. Kapitel). Ein weiteres Element aus der römisch-republikanischen Tradition ist die den *Gesellschaftsvertrag* abschließende Einführung einer Zivilreligion (*religion civile*), die als kollektive Religion des Bürgers (*religion du citoyen*) die individuelle Religion des Menschen (*religion de l'homme*) um einen öffentlichen und allgemeinen Kultus ergänzt, der die Ausbildung einer politisch-patriotischen Identität und von allgemeinem Gesetzesgehorsam gezielt fördern soll (4. Buch, 8. Kapitel).

Schon im *Gesellschaftsvertrag* identifiziert Rousseau das kurz zuvor von der Stadtrepublik Genua abtrünnig gewordene Korsika als Testfall für ein konsequent nach der Idee des Gesellschaftsvertrags einzurichtendes Staatswesen (2. Buch, 10. Kapitel). 1765 bietet sich ihm tatsächlich die Gelegenheit, einen *Verfassungsentwurf für Korsika* (*Projet de constitution pour la Corse*) einzureichen, der allerdings keine Berücksichtigung findet, zumal Korsika kurz danach französisch wird. Auch ein föderativer Verfassungsentwurf Rousseaus für das notorisch zwischen einer Erbaristokratie und einem Wahlkönigtum politisch zerstrittene Polen, *Betrachtungen über die Regierung Polens* (*Considérations sur le gouvernement de Pologne*), von 1772 bleibt unverwirklicht. Nur ein Jahrzehnt später setzt mit der Ersten Polnischen Teilung die schrittweise Auflösung der politischen Identität Polens ein. Nachhaltiger, aber auch problematischer ist die Wirkung des *Gesellschaftsvertrags* mit seinem Doppelprinzip von Freiheit und Gleichheit auf die radikal republikanische Phase der Französischen Revolution. Mit dem Kult des höchsten Wesens wird damals für kurze Zeit eine aufwendig ausgestaltete Zivilreligion Rousseau'scher Inspiration installiert. 1794 überführt man die sterblichen Überreste Rousseaus in das nach seinem römischen Vorbild benannte Panthéon, einen ursprünglich als Kirche geplanten Zentralbau im Herzen von Paris, der kurz nach seiner lange verzögerten Vollendung zum nationalen Mausoleum umgewidmet wird.

6.
Das frühmoderne England und Schottland: Rechte und Eigentum

Wie auf dem Kontinent ist auch in England und Schottland der Beginn der Neuzeit von religiösen und politischen Auseinandersetzungen im Zeichen von Kirchenspaltung und Bürgerkrieg geprägt. England teilt ferner mit den kontinentalen Staatsgebilden, insbesondere denen auf deutschem und französischem Boden, die Verquickung der politischen Kontroversen um die Schaffung eines modernen Staatswesens mit den religiösen Bestrebungen um eine dem modernen Menschen angemessene Gestalt von Religion und Glaube. Zwei Umstände – der eine jüngeren, der andere älteren Datums – bedingen jedoch gewisse Besonderheiten, was die innere und äußere Situation Englands im Vergleich zu den gleichzeitigen kontinentaleuropäischen Entwicklungen angeht. Zum einen löst sich die englische Krone (anlässlich der von Heinrich VIII. gewünschten Scheidung seiner Ehe mit Katharina von Aragon) früh und förmlich von der römisch-katholischen Kirche und installiert eine Staatskirche, deren geistliches Oberhaupt (bis auf den heutigen Tag) der jeweilige Herrscher des Königreichs ist. So ist England in der einmaligen Lage, dass staatliche und kirchliche Macht politisch vereinigt sind. Allerdings breiten sich neben der liturgisch noch stark vom Katholizismus geprägten englischen Staatskirche (Hochkirche, Anglikanismus) auch dezidiert protestantische Bekenntnisse aus, darunter dasjenige der in den englischen Bürgerkriegen (1642–1646 und 1648–1651) zeitweilig zu Macht und Einfluss gelangenden Reformierten (Puritaner). Überdies bleibt eine Minderheit der englischen Bevölkerung, darunter einflussreiche Teile des Adels, heimlich katholisch, was zu einer Verbindung von religiöser und politischer Opposition gegen die zentralistischen Machtbestrebungen der Krone führt. Das mit

England zeitweise in Personalunion verbundene Schottland ist weiterhin großteils – vor allem, was Krone und Adel angeht – katholisch und dadurch über lange Zeit auch stark auf den Kontinent und insbesondere auf Frankreich hin ausgerichtet.

Zum anderen ist England seit hochmittelalterlicher Zeit durch die Rivalität von Krone und Adel geprägt, was sich in der periodischen Bestätigung der Rechte («Freiheiten») des von Knechtschaftsverhältnissen freien Teils der Bevölkerung im Königreich zeigt. Das bekannteste Dokument dieser englischen Rechtstradition, die auch eine Tradition der politischen Machtbeschränkung der englischen Herrscher darstellt, ist die *Große Urkunde der Freiheiten* (*Magna Carta Libertatum*) von 1215. Der institutionelle Ausdruck der verbrieften englischen Freiheit ist die in eine obere und untere Kammer (*House of Commons*, *House of Lords*) gegliederte Standesvertretung des Königreichs, der die Bewilligung von Steuern und Abgaben und damit die Finanzgewalt im Staat obliegt. Die ungeschriebene Verfassung Englands unterliegt denn auch im Laufe der Zeit ganz gegensätzlichen Deutungen, die entweder die monarchische Gewalt noch über die parlamentarische Kontrolle stellen oder aber die monarchische Gewalt als in den parlamentarischen legislativen Prozess integriert betrachten (*King in Parliament*, *Queen in Parliament*).

Thomas Hobbes

Vor dem zeitgenössischen Hintergrund politisch motivierter und religiös orchestrierter Bürgerkriege zwischen Royalisten und Republikanern ebenso wie zwischen Katholiken und Reformierten entwickelt Thomas Hobbes (1588–1679) das politisch-philosophische Programm eines die persönliche Freiheit der Bürgerschaft gewährleistenden starken Staats. Der humanistisch gebildete und in Oxford geschulte Hobbes verbringt die meiste Zeit seines erwachsenen Lebens im Dienst einer Familie der englischen Hocharistokratie, lebt in dieser Funktion auch länger auf dem Kontinent und unterhält enge Kontakte zu den großen philosophischen Persönlichkeiten der Zeit. Anders als die meisten politischen Philosophen der frühen Neuzeit ist Hobbes breit ausgerichtet und trägt auch zur theoretischen Philosophie Wesentliches bei.

In seiner lateinisch geschriebenen philosophischen Werkserie folgt die Abhandlung der politischen Philosophie (*De cive*, *Vom Bürger*, 1642) – wenn nicht in chronologischer, so doch in systematischer Ordnung – auf die Behandlung des Menschen ganz generell (*De homine, Vom Menschen*, 1658), der ihrerseits die philosophische Lehre von den körperlichen verfassten Dingen (*De corpore*, *Vom Körper*, 1655) sachlich vorausgeht. Durchweg ist Hobbes' philosophisches Lehrgebäude materialistisch konzipiert. Wirklich sind für Hobbes nur Körper in Raum und Zeit, zu denen er aber nicht nur natürliche Körper zählt, sondern auch von Menschen gemachte, künstliche Körper – unter Einschluss des politischen Körpers (*body politic*).

Zusätzlich zu der weit verbreiteten politisch-philosophischen Schrift *Vom Bürger* (1642) legt Hobbes seine politische Philosophie in einem früheren skizzenhaften Werk, *Grundzüge von Naturrecht und Politik* (*Elements of Law Natural and Politic*, 1640), sowie in dem ebenso berühmten wie berüchtigten, nach einem biblischen Seeungeheuer benannten *Leviathan* (1651) dar. Aus dem Text von 1640 geht insbesondere der rechtsphilosophische Hintergrund seiner politischen Philosophie hervor. Während das Werk von 1642 die politische Philosophie explizit in sein materialistisches Weltbild integriert, ist der *Leviathan* von 1651– vor allem in der zweiten Hälfte, die vom rechten und vom falschen Verhältnis zwischen Staat und Religion handelt – polemischer angelegt und auf populäre Wirkung hin ausgerichtet. Auch sprachlich ist das Buch ein Meisterwerk. Der trockene, präzise und gedrängte Denk- und Sprachstil ist durch Thukydides geprägt, dessen *Geschichte des Peloponnesischen Kriegs* der junge Hobbes ins Englische überträgt (1629).

Hobbes' Integration der politischen Philosophie in eine materialistisch geprägte Philosophie mechanisch bewegter Körper hat weitreichende Konsequenzen für seine Sicht auf Staat und Gesellschaft. Anders als das von Aristoteles geprägte Weltbild der Antike und des hohen Mittelalters, das den Dingen natürliche oder göttliche Zwecke unterlegt, die den unbelebten wie belebten Dingen eine vorgegebene Ausrichtung verleihen, werden die Körper in Hobbes' Welt von rein mechanischen Gesetzen regiert und lediglich nach dem Prinzip von Ursache und Wirkung bewegt. Dementsprechend ist der Mensch bei Hobbes auch nicht schon, wie bei Aristoteles, von Natur aus (*physei*) auf die politische Lebensform ausgerichtet und auch nicht schon von Natur aus dafür geeignet. Im Gegenteil: Hobbes macht das Leben in der politischen Gemeinschaft von einer künstlichen Einrichtung abhängig, die er vom biblischen Bund der Hebräer mit ihrem Stammesgott her versteht und als Pakt auffasst (*covenant*) (*Leviathan*, 14. Kapitel, 11. Abschnitt). Besonders krass zeigt sich der anti-aristotelische Grundzug seines Staatsdenkens in der Annahme eines von grober Gewalt und fortwährender Bedrohung geprägten menschlichen Naturzustands, in dem ein Krieg aller gegen alle (*war of every one against every one*) (*Leviathan*, 14. Kapitel, 4. Abschnitt) herrscht und in dem der Mensch dem Mensch ein Wolf ist (*homo homini lupus*), wie es im Widmungsschreiben der Schrift *Vom Bürger* heißt.

Vor dem Hintergrund seines von zeitgenössischen Erfahrungen mit Krieg und bürgerkriegsartigen Zuständen geprägten düsteren Menschenbilds formuliert Hobbes als Ziel und Zweck des (modernen) Staates, seinen Bürgern ein Leben in Sicherheit (*security*) und Freiheit (*liberty*) zu gewährleisten (*Leviathan*, 14. Kapitel, 2. und 4. Abschnitt). Dabei umfasst die staatlich zu garantierende Sicherheit sowohl den Schutz vor unrechtmäßigem Verhalten der Mitbürger als auch den Schutz vor unrechtmäßigen staatlichen Übergriffen. Durch die doppelte staatliche Sicherungsleistung, sozusagen in horizontaler und vertikaler Richtung, will Hobbes die Bürger in die Lage versetzen, ein Leben in individueller Selbstbestimmung zu führen. Das typisch englische Freiheitsverständnis, das auf Freiheit von staatlicher wie gesellschaftlicher Regelung und Kontrolle und auf die Freizügigkeit individueller Lebensgestaltung hin angelegt ist, hat bei Hobbes eine seiner politisch-philosophischen Quellen. Allerdings betont Hobbes durchweg auch das Erfordernis, den für die Sicherheit und die Freiheit seiner Bürger verantwortlichen Staat mit umfassenden und weitreichenden Machtmitteln auszustatten. Dadurch kann der Eindruck entstehen, Hobbes' Staats-Leviathan stelle ein illiberales oder gar totalitaristisches Regiment dar.

Die 47 durchgezählten Kapitel des *Leviathan* sind in vier Teilen zusammengefasst, die nacheinander vom Menschen (*Of Man*), vom Gemeinwesen (*Of Commonwealth*), von einem christlichen Gemeinwesen (*Of a Christian Commonwealth*) und vom Königreich der Finsternis (*Of the Kingdom of Darkness*) handeln. Aufschlussreich für die Gesamtkonzeption des Werks ist das von Hobbes eigens in Auftrag gegebene, als Stich ausgeführte Frontispiz (Bildertitel) des *Leviathan*, das den mit Schwert und Krummstab – den Insignien von weltlicher und geistiger Herrschaft – ausgestatteten menschenförmigen Oberkörper eines Wesens zeigt, das bis auf das bekrönte Haupt ganz aus unzähligen kleinen Menschen zusammengesetzt ist, die allesamt in Richtung des Haupts schauen. Ein lateinisches Zitat aus dem Buch Hiob (41. Kapitel, 25. Vers) weist das über die vor ihm ausgebreitete Weltlandschaft samt Städten und Ländereien herrschende Wesen als den biblischen Leviathan aus. Die das Frontispiz komplettierenden, in zwei vertikalen Reihen angebrachten Bildteile präsentieren wesentliche Attribute der doppelten, weltlich-geistlichen Erdherrschaft des als Mensch-aus-Menschen dargestellten Leviathan und rahmen zugleich den kompletten Titel des Werks ein: *Leviathan or The Matter, Forme and Power of A Commonwealth Ecclesiasticall and Civil* (Leviathan oder Inhalt, Form und Macht eines kirchlichen und zivilen Gemeinwesens).

In Hobbes' ingeniöser Bildgebung für den *Leviathan* vereinen sich die beiden Hauptzüge seines Staatsbildes, die sowohl zueinander im Gegensatz stehen als auch einander ergänzen. Zum einen beruht das gewaltig und übermenschlich erscheinende personifizierte Gemeinwesen für Hobbes ganz und gar auf dem vertragsförmigen Zusammenschluss einer Menge Menschen zu einem politischen Körper, den diese buchstäblich mit ihren Leibern bilden. Zum anderen herrscht der von seinen Bürgern gebildete staatliche Oberherrscher (*sovereign*) uneingeschränkt und umfassend über Land und Leute, die ihm untertan sind (*subject*). Im Werk selbst nennt Hobbes das in strenger Gegenseitigkeit der sich vereinigenden Bürger (*every one, with every one*) vertraglich begründete Gemeinwesen einen sterblichen Gott (*Mortal God*) und zeigt damit an, dass die politische Allmacht des Staatswesens durchaus menschengemacht und damit endlich ist (*Leviathan*, 18. Kapitel, 1. und 13. Abschnitt).

Um Art und Ausmaß der Freiheit (*liberty*), die Hobbes' absolutistisch anmutender Staat seinen Bürgern ebenso gewährt wie gewährleistet, richtig einzuschätzen, hilft der kontrastierende Vergleich mit der im Naturzustand herrschenden Form von Freiheit. Hobbes hält es für das natürliche Recht eines jedes Menschen, ungehindert (oder frei) seine persönliche Macht zum Zweck der eigenen Selbsterhaltung zu gebrauchen (*Leviathan*, 14. Kapitel, 1. bis 3. Abschnitt). Doch bringt diese allen Menschen natürliche Berechtigung zum selbsterhaltenden Freiheitsgebrauch sogleich den allgemeinen Kriegszustand zwischen den Menschen mit sich, so dass Hobbes das Leben im freien Naturzustand in einer berüchtigten Wendung als «scheußlich, brutal und kurz» (*nasty, brutish, and short*) beschreibt (*Leviathan*, 13. Kapitel, 9. Abschnitt).

Abhilfe gegen den permanenten natürlichen Kriegszustand schafft, Hobbes zufolge, eine den kontraproduktiven Freiheitsgebrauch, den das natürliche Recht erlaubt, stabilisierende und die natürlich gegebene Freiheit einschränkende Gesetzlichkeit der Natur (*law of nature, lex naturalis*), die vernünftiger Überlegung entspringt. Das erste solche Gesetz der Natur besteht für Hobbes in der Vorschrift (*precept*) oder allgemeinen Klugheitsregel der Vernunft (*general rule of reason*), durchweg Frieden zu suchen und erst, nachdem man damit gescheitert ist, zu kriegerischen

Mitteln zu greifen (*Leviathan*, 14. Kapitel, 4. Abschnitt). Das zweite natürliche Gesetz schreibt jedem Menschen vor, das friedliche Zusammenleben mit anderen auch um den Preis der Aufgabe des eigenen natürlichen Rechts auf alle Dinge und also mittels Beschränkung der eigenen Freiheit im Verhältnis zu anderen Menschen (und um deren Freiheit willen) zu suchen, vorausgesetzt, die anderen sind allesamt zu einer ebensolchen Selbstbeschränkung bereit (*Leviathan*, 14. Kapitel, 5. Abschnitt). Das vertraglich geschaffene Gemeinwesen, samt seinem souveränen Oberhaupt, ist für Hobbes nichts anderes als der institutionalisierte Ausdruck des auf die Bedingungen der beiden vernünftig begründeten Gesetze der Natur eingeschränkten natürlichen Rechts auf Freiheit (*Leviathan*, 17. Kapitel, 13. Abschnitt).

Dass Hobbes den Leviathan nicht als Machtmonster mit totalitärer Gewalt über die gesamte Bürgerschaft entwirft, geht nicht nur aus seiner Konzeption natürlich gegebener Rechte und vernunftgegründeter Gesetze hervor, sondern auch aus den funktionalen Merkmalen und konstitutiven Einrichtungen des Staates. Ein eigens der Freiheit der Untertanen gewidmetes Kapitel des *Leviathan* (*Of the Liberty of Subjects*; *Leviathan*, 21. Kapitel) weist all das, was außerhalb der Sphäre der zum Zweck des bürgerlichen Friedens erlassenen staatlichen Vorschriften und Verbote liegt, als vom Souverän gezielt übergangen (*praetermitted*) der individuellen freien Verfügbarkeit zu (*Leviathan*, 21. Kapitel, 6. Abschnitt). Zu dieser Sphäre, in der das Gesetz des Souveräns stumm bleibt (*silence of the law*), gehört insbesondere das gesellschaftliche und wirtschaftliche Handeln (*Leviathan*, 21. Kapitel, 6. und 18. Abschnitt). Neben der persönlichen Freiheit kennt Hobbes' Staat noch eine politische Freiheit, die in der äußeren Unabhängigkeit des Gemeinwesens von anderen Staaten besteht (*Leviathan*, 21. Kapitel, 8. Abschnitt). Auch bei der Erörterung der vom Souverän in seiner Funktion als Gesetzgeber förmlich erlassenen bürgerlichen Gesetze (*civil laws*) spielen die dem Souverän vorgegebenen Gesetze der Natur (*laws of nature*) eine leitende Rolle. Umgekehrt erhalten für Hobbes die zum friedlichen Zusammenleben erforderlichen moralischen Tugenden, darunter vor allem Fairness (*equity*) und Gerechtigkeit (*justice*), erst durch ihre obligate Berücksichtigung in der bürgerlichen Gesetzgebung des Souveräns Kraft und Wirkung (*Leviathan*, 26. Kapitel, 8. Abschnitt).

Ungeachtet seiner bildlichen Präsentation als monströses menschenartiges Individuum ist der Souverän bei Hobbes nicht notwendig eine physische Person. Zusätzlich zur Monarchie lässt Hobbes auch die Aristokratie und die Demokratie als genuine Ausprägungen der Souveränität gelten (*Leviathan*, 19. Kapitel, 1. Abschnitt), wobei er deren Vorzüge und Nachteile gegenüber der Monarchie gründlich abwägt. Die politische Funktion des Souveräns im Staatskörper kann folglich durch eine Einzelperson, durch eine Versammlung von geringer Personenzahl oder auch durch eine größere Versammlung vorgestellt werden. Andere Formen von Herrschaft – namentlich die Tyrannis, die Oligarchie und die Anarchie – sind für Hobbes nicht eigenständige Formen, sondern lediglich Fehlformen der drei eigentlichen Arten von Souveränität (*Leviathan*, 19. Kapitel, 2. Abschnitt). Die in allen drei Ausgestaltungen der Souveränität vorliegende unbegrenzte (*unlimited*) Herrschaft begründet Hobbes damit, dass andere, eingeschränkte Herrschaftsformen faktisch in den Naturzustand eines allgemeinen Krieges zurückfallen (*Leviathan*, 21. Kapitel, 18. Abschnitt).

Was in seiner Konzeption des modernen Staates als Gemeinwesen unter einem absoluten Souverän bei aller Berücksichtigung der Rechte und Freiheit der Untertanen allerdings fehlt, ist die prinzipielle Berechtigung zum Ungehorsam gegen einen ungerecht handelnden Souverän (Widerstandsrecht). Zwar erlaubt das auch im bürgerlichen Zustand fortbestehende natürliche Recht auf Selbsterhaltung die Verteidigung von Leib und Leben mit den dazu erforderlichen Mitteln, zumal wenn der Souverän und seine Organe in ihrer Schutzfunktion versagen oder gar selbst eine ungerechtfertigte Bedrohung von Leib und Leben darstellen. Doch tut Hobbes nicht den Schritt von der durchaus berechtigten individuellen Selbstverteidigung zu der juridisch erlaubten oder gar ethisch gebotenen Erhebung gegen einen Souverän, der dem Gemeinwesen im großen Stil schadet. Im Gegenteil hält er es für schädlich im Hinblick auf den Fortbestand des Gemeinwesens, wenn sich der Einzelne in Fragen politischer Moral persönliche Richtkompetenz zuspricht (*Leviathan*, 29. Kapitel, 6. Abschnitt) oder glaubt, aus Gewissensgründen politischen Widerstand leisten zu müssen (*Leviathan*, 29. Kapitel, 7. Abschnitt). Für Hobbes ist gegenüber dem Souverän allezeit unbedingter Gehorsam geboten – zumindest in allem, was nicht gegen die als Gebote Gottes anzusehenden Gesetze von Natur und Vernunft verstößt (*Leviathan*, 31. Kapitel, 31. Abschnitt).

Der historische Hintergrund seiner Bestreitung eines Rechts auf politischen Widerstand ist die zeitgenössische Leugnung der Legitimität des englischen Monarchen von katholisch-royalistischer wie reformiert-republikanischer Seite. Den daraus resultierenden allgemeinen (Bürger-)Kriegszustand sucht Hobbes durch seinen absoluten Staat auf immer zu vermeiden. Speziell der subversive politische Einfluss einer oppositionellen Kirche soll durch die Einheit von Staat und Religion unter einem zugleich weltlich und geistlich agierenden Souverän verhindert werden. Sowohl was die Indienstnahme der Religion für staatliche Zwecke als auch die Einhegung der Religion durch den Staat angeht, bedient sich Hobbes' Argumentation ausführlicher und zahlreicher Belege aus dem Alten und Neuen Testament, die bibelkritisch ausgedeutet werden, um angebliche Ansprüche der katholischen wie der reformierten Kirche auf politische Herrschaft zu entkräften und dem politisch selbständigen Staat die Oberhoheit in allen religiösen Fragen, die von öffentlichem Belang sind, zuzuweisen (*Leviathan*, 35., 38. und 40. Kapitel). Dem faktischen Fortbestehen abweichender Bekenntnisse im offiziell anglikanisch kirchenverfassten England begegnet Hobbes mit der Privatisierung sektiererischer Bekenntnisse und ihrem Ausschluss von öffentlicher Ausübung. Wenn so auch nicht alle Religion in die Politik integriert wird, ist die Religion bei Hobbes doch durchweg der Politik untergeordnet.

John Locke

Leben und Werk von John Locke (1632–1704) sind von den Englischen Bürgerkriegen in der ersten Hälfte des siebzehnten Jahrhunderts und den politisch instabilen Jahrzehnten danach geprägt. Er stammt aus einer Familie puritanischen Glaubens; der Vater, eigentlich Anwalt, dient zeitweise in einem Reiterregiment der Armee Oliver Cromwells. Der junge Locke studiert klassische Sprachen und Literatur am Christ Church College in Oxford, lehrt dort nach den Abschlüssen als Bachelor und Master für einige Zeit Griechisch, Rhetorik und Moralphilosophie, sattelt aber im Hinblick auf seine naturwissenschaftlichen Interessen auf die Medizin um und praktiziert längere Zeit als Arzt, hauptsächlich als Leibarzt von Anthony Ashley Cooper, dem späteren 3. Earl von Shaftesbury, einem um die Mitte des Jahrhunderts einflussreichen Politiker und Staatsmann. Im Umkreis von Ashley Cooper hat Locke teil an den politischen Bestrebungen, die wiederhergestellte englische Monarchie (unter der schottischen Dynastie der Stuarts), die religiös zum Katholizismus und politisch zum Absolutismus tendiert, durch eine religiös tolerante und politisch liberale Regierung in Gestalt einer konstitutionellen Monarchie zu ersetzen.

Nach einem gescheiterten Komplott müssen Ashley Cooper und auch Locke ins holländische Exil gehen. 1688 kommt es von Holland aus zur Invasion Englands: Jakob II. von England (zugleich Jakob VII. von Schottland) wird abgesetzt und seine Tochter Maria II. und deren Ehemann (und Neffe von Jakob II.) Wilhelm III. von Oranien werden als neues Herrscherpaar eingesetzt (*Glorious Revolution*). Im Zuge des Machtwechsels verabschiedet das neu einberufene Parlament im Jahr 1689 eine formelle Erklärung der Rechte und Freiheiten – nicht zuletzt gegenüber der Krone – der englischen, später auch der schottischen Bevölkerung (*Bill of Rights*), ein politisches Dokument, das zum Anreger und Vorbild für Menschen- und Bürgerrechtserklärungen vom späten achtzehnten bis ins zwanzigste Jahrhundert wird. Der weitgehend unblutige Wechsel des englischen Regierungssystems mündet 1706, kurz nach Lockes Tod, in die territoriale Vereinigung von England und Schottland (Vereinigtes Königreich), die zuvor schon durch Personalunion ihrer Monarchen verbunden waren. Getragen wird die Umwandlung Englands (und Schottlands) von einer absoluten Monarchie in eine konstitutionelle Monarchie mit verbrieften Bürgerrechten von einer Gruppierung im Parlament, die ihren Rückhalt im begüterten Landadel (*gentry*) hat und zunächst als *Country Party*, dann als *Whigs* die Vorform der sich später herausbildenden Partei der Liberalen bildet, dem die um den Hofadel zentrierte Gruppierung der *Court Party* als Vorläufer der Konservativen (*Tories*) gegenübersteht.

Lockes Hauptbeitrag zur politischen Philosophie – die *Zwei Abhandlungen über die Regierung* (*Two Treatises of Government*) – erscheint im Umkreis der politisch revolutionären Geschehnisse der Jahre 1688 und 1689, obwohl beide Abhandlungen wahrscheinlich bereits einige Jahre zuvor verfasst oder zumindest konzipiert wurden und speziell die *Zweite Abhandlung* möglicherweise im Licht der zeitgenössischen Ereignisse revidiert wurde. Frühere politische Dokumente, die im Kontext des englischen Kolonialismus im Süden der nordamerikanischen Kolonien (Carolinas) und des atlantischen Sklavenhandels stehen und an deren Abfassung Locke als Sekretär beteiligt ist, lassen seine spätere, ausgesprochen liberale politisch-philosophische Haltung allerdings kaum erwarten. Eine Zeit lang ist Locke sogar Anteilseigner einer auf Goldminen und den Sklavenhandel in Westafrika ausgerichteten, vom König protegierten Handelsgesellschaft (*Royal African Company*).

Von den beiden zusammen publizierten Abhandlungen über die Regierung ist die erste explizit gegen die politisch-theologische Position von Robert Filmer (ca. 1588–1653) gerichtet, der in einer erst postum veröffentlichten Schrift *Der Patriarch oder Die natürliche Macht der Könige* (*Patriarcha, Or the Natural Power of Kings*, 1680) im Rückgriff auf die Bibel das göttliche Recht der

Könige zu herrschen verteidigt (Gottesgnadentum). Lockes Entgegnung, in der die Ansichten Filmers minutiös, beinahe Zeile für Zeile, widerlegt werden, ist heute eher von historischem Interesse – als Dokument des frühaufklärerischen Kampfes gegen die Inanspruchnahme einer Offenbarungsreligion für staatspolitische Zwecke. Von ungleich größerer Bedeutung für das spätere und auch noch das gegenwärtige politisch-philosophische Denken ist die *Zweite Abhandlung*, deren deskriptiver Untertitel «ein Versuch betreffend den wahren Ursprung, die Ausdehnung und den Zweck der bürgerlichen Regierung» (*an Essay Concerning the True Original, Extent, and End of Civil Government*) lautet.

Anders als die *Erste Abhandlung* gegen Filmer hat die *Zweite Abhandlung* keinen namentlich identifizierten Gegner. Doch kann die Schrift in weiten Teilen als konstruktive Kritik Lockes an Hobbes' politischer Philosophie gelesen werden, auch wenn dessen Name genauso wenig fällt wie der anderer führender politischer Philosophen aus Antike, Mittelalter und früher Neuzeit. Vor dem Hintergrund der mit geschichtlichen Traditionen und historischen Autoren argumentierenden früheren politischen Philosophie wirkt Lockes *Zweite Abhandlung* ganz gegenwartsbezogen und gänzlich ausgerichtet auf die englischen Verhältnisse zu Ende des siebzehnten Jahrhunderts. Speziell in Bezug auf Hobbes erweckt Lockes *Zweite Abhandlung* einen zwiespältigen Eindruck. Im Grundsätzlichen – vor allem dem vertraglichen Ursprung des Staates und dem Fokus auf Sicherheit und Freiheit – ist Locke ganz und gar Hobbes verpflichtet. In wichtigen Details – in erster Linie der rechtlichen Begrenzung staatlicher Macht (*limited government*) und der institutionellen Entflechtung von Staat und Religion – weicht er dagegen von seinem ungenannten Vorgänger und heimlichen Vorbild ab.

Am zweckmäßigsten dürfte es sein, das Verhältnis Lockes zu Hobbes als eine Fortentwicklung von politisch-philosophischen Grundbegriffen und Prinzipien zu sehen, die allesamt bei Hobbes angelegt sind und bei Locke dann so zur vollen Entfaltung gelangen, dass andere Elemente von Hobbes' politischer Philosophie demgegenüber in den Hintergrund treten. Das gilt insbesondere für dessen proto-liberale Konzeption von der persönlichen Freiheit der Bürger im Staat, die bei Locke zum Begriff individueller Freiheitsrechte fortgebildet wird. Der bei Hobbes als absolut angesehene Staat wird in diesem Zusammenhang heruntergebildet zum institutionellen Rahmen für individuelle Freiheitsbetätigung. Damit verbunden treten der Erwerb und die Vermehrung von persönlichem Eigentum bei Locke in den Mittelpunkt der Überlegungen zu Funktion und Zweck der Regierung. So gesehen markiert die sich bei Locke abzeichnende Uminterpretation des modernen Staates vom absoluten Staat souveräner Gewalt zum instrumentellen Staat im Dienst der bürgerlichen Gesellschaft (Nachtwächterstaat) den Beginn des bürgerlichen Zeitalters mit seinem Fokus auf Eigentumssicherung und Gewinnmaximierung (Frühkapitalismus).

Die *Zweite Abhandlung* umfasst nur gut einhundert Seiten und ist in neunzehn Kapitel mit 243 fortlaufend durchgezählten Abschnitten (§) gegliedert. In ihrer Themenfolge bewegt sich die Schrift vom Naturzustand (*state of nature*) und Kriegszustand (*state of war*) über das Eigentum, die Sklaverei und die väterliche Gewalt (2. bis 6. Kapitel) weiter zur Definition, Entstehung und zu den Zwecken bürgerlicher und politischer Gesellschaft und Regierung bis zu den verschiedenen Formen eines Gemeinwesens (7. bis 10. Kapitel). Darauf folgt, unter Einschluss der Verknüpfung von paternalistischer, politischer und despotischer Gewalt, die Erörterung der legislativen und exekutiven Gewalt des Gemeinwesens (11. bis 15. Kapitel). Den Abschluss bilden Überlegungen zu Eroberung, Usurpation und Tyrannis sowie zur Auflösung der Regierung (16. bis 19. Kapitel). In Bezug auf Thema, Substanz und Stil nimmt sich der *Second Treatise* aus wie *Hobbes light*: Was das persönliche und philosophische Temperament angeht, scheint man es mit einem zuversichtlicheren und unternehmerischen – statt einem grüblerischen und hartgesottenen – Autor zu tun zu haben.

Zu den wegweisenden, wenn auch nicht unproblematischen Neuerungen in Lockes Staatslehre gehören die begriffliche Unterscheidung von Naturzustand und Kriegszustand sowie die Forderung der institutionellen Trennung von legislativer und exekutiver Gewalt. Den Naturzustand definiert Locke als Zustand von Gleichheit und Freiheit (*state of equality*, *state of liberty*) unter dem Gesetz der Natur (*law of nature*) (2. Kapitel, §§ 4 und 6). Wer gegen diese Bedingungen verstößt, erklärt den anderen implizit den Krieg, woraufhin diese sich mit allen erforderlichen Mitteln persönlich verteidigen dürfen. Den Eintritt in den bürgerlichen Zustand erklärt Locke vor dem Hintergrund des potentiell kriegerisch belasteten Naturzustands als kollektive Schutzmaßnahme seitens der Menschen, die ihre persönlichen natürlichen Rechte auf Selbstverteidigung und Bestrafung der Übeltäter der Gemeinschaft in Gestalt der bürgerlichen Gesellschaft (*civil society*) übertragen. Deren zentrale Aufgabe ist es, so Locke, das natürliche Recht aller auf Leben, Freiheit und Vermögen (*life, liberty, and estate*) zu schützen und dessen Verletzung zu sanktionieren (2. Kapitel, § 6; 7. Kapitel, § 87).

Im Unterschied zu den schon im Naturzustand bestehenden und auch im bürgerlichen Zustand fortbestehenden Gesellschaftsformen der Ehe, der Familie und des Haushalts handelt es sich bei der bürgerlichen Gesellschaft um eine im spezifischen Sinne politische Gesellschaft (*political society*), die auf strenger Gegenseitigkeit und breiter Zustimmung (*consent of the people*) beruht und wesentlich eine gemeinsame positive Gesetzgebung und Rechtsprechung (*common established law and judicature*) umfasst, welche einer eigens eingesetzten Regierung (*government*) übertragen werden (7. Kapitel, § 87; 8. Kapitel, §§ 97 und 104). Die im spezifischen Sinne bürgerliche oder politische Regierung (*civil government; politic government*) hat allein das öffentliche Wohl des Volkes (*public good of the people*) im Sinn (7. Kapitel, §§ 83 und 90; 9. Kapitel, § 131). Das schließt für Locke aus, die gesetzgeberische und ausführende Gewalt (*legislative and executive power*) der Regierung in derselben Person zu vereinigen, wie es in der absoluten Monarchie (*absolute monarchy*) der Fall ist. Denn dann könnte der absolute Einzelherrscher (*absolute prince*) die

Gesetze sowohl erlassen als auch durchsetzen und ebenso deren Nichtbefolgung ahnden – was eine absolute und willkürliche Gewalt (*absolute, arbitrary power*) darstellen würde und einem Rückfall in den Naturzustand gleichkäme, in dem jeder sein eigener Richter ist (7. Kapitel, § 91; 15. Kapitel, § 172).

Locke sieht die für eine bürgerliche Gesellschaft erforderliche anti-absolutistische Form der Regierung verwirklicht in gemäßigten Monarchien und wohlgestalteten Regierungen (*moderate monarchies and well-framed governments*), in denen legislative und exekutive Gewalt in getrennten Händen (*in distinct hands*) liegen (14. Kapitel, § 159) und das Volk, typischerweise in Gestalt von gewählten Vertretern (*deputies*), an der Gesetzgebung beteiligt ist (11. Kapitel, § 142). Im Verhältnis zur Exekutive hat die Legislative für Locke die oberste Gewalt (*supreme power*) inne (13. Kapitel, § 149). Doch unterliegt auch die gesetzgebende Gewalt vergleichsweise engen Grenzen (*bounds*) (11. Kapitel, § 142). Zum einen bestehen die aus dem Gesetz der Natur herrührenden Verpflichtungen auch in der bürgerlichen Gesellschaft fort und binden deren positive Gesetzgebung (11. Kapitel, § 135), zum anderen muss die bürgerliche Gesetzgebung für alle gleich gelten und durchweg dem öffentlichen Wohl dienen. Auch darf die gesetzgebende Gewalt nicht ohne Zustimmung des Volkes oder seiner Vertreter an andere Staatsorgane delegiert werden (11. Kapitel, § 142). Die der Legislative im Prinzip unterstellte Exekutive wiederum verfügt bei der Ausführung der positiven Gesetze des Gemeinwesens über ein beträchtliches Maß an Handlungsspielraum (*prerogative, discretion*) (13. Kapitel, § 156; 14. Kapitel, § 160). Auch hält Locke es für hinreichend, wenn die Legislative – vulgo: das Parlament – nur periodisch zusammentritt und die Gesetzgebung ausübt, während die Exekutive fortlaufend funktionieren muss (13. Kapitel, § 153). Der Exekutive überträgt Locke außerdem die Entscheidungsgewalt über Krieg und Frieden sowie über Föderations- und Bündnisbildung (*federative power*) – beides Dinge, die das Verhältnis des Gemeinwesens nach außen betreffen (12. Kapitel, § 146).

In Anbetracht der generellen Grenzen, die Locke der politischen Gewalt in ihrer legislativen wie exekutiven Form anweist, überrascht es nicht, dass ihm eine schwerwiegende Fehlfunktion der Regierung als faktische einseitige Auflösung der politischen Gemeinschaft zwischen Regierenden und Regierten gilt. Unter solchen Umständen hält Locke Aufruhr und Umwälzungen (*rebellion*, *revolutions*) für rechtlich erlaubte und politisch gebotene Reaktionen einer sich reorganisierenden bürgerlichen Gesellschaft (Kapitel 19, §§ 224 f.). Er geht sogar so weit, die absolutistisch, willkürlich und gegen das Gemeinwohl handelnde Regierung selbst als rebellisch einzustufen, insofern sie faktisch den bürgerlichen Zustand aufkündigt und die Gesellschaft in den kriegerischen Zustand zurückfallen lässt (lateinisch *rebellare*; *bring back again the state of war*) (19. Kapitel, § 226).

Im Zentrum eines funktionierenden Gemeinwesens steht für Locke die Sicherung des natürlichen Rechts auf Eigentum (*property*) in Gestalt von Besitztümern und Vermögen (*possessions*, *estate*). Doch ist das eigens dem Recht auf Eigentum gewidmete Kapitel (5. Kapitel) nicht dem bürgerlichen Zustand zugeordnet. Vielmehr führt Locke das Eigentum ausdrücklich ein im Rückgriff auf den Naturzustand und das darin geltende natürliche Recht, auf das er die Institution von Eigentum, was dessen Erwerb wie Anhäufung angeht, zurückführt. Der bürgerlichen Gesellschaft obliegt es dann, so Locke, das natürlich gegebene und in der bürgerlichen Gesellschaft fortbestehende Recht auf Eigentum durch positive Gesetze zu gewährleisten. Der vorbürgerliche Ursprung des Eigentums bringt es mit sich, dass die erste Einführung und die frühe Ausgestaltung des Eigentums nicht auf vertraglichen Vereinbarungen gründen, die erst mit und durch die bürgerliche Gesellschaft zustande kommen. In Ermangelung gesellschaftlicher Zustimmung rekurriert Locke für die Begründung des Eigentums auf die natürliche Vernunft (*natural reason*) und die biblische Offenbarung (*revelation*) (5. Kapitel, § 25). Zur imaginären Illustration der Besitzverhältnisse im Naturzustand stützt sich Locke aber nicht auf eine graue Vorzeit, sondern auf die Verhältnisse unter der indigenen Bevölkerung Nordamerikas (*wild Indians*), das so zum Repräsentanten des Naturzustands wird (*in the beginning all the world was America*) (5. Kapitel, §§ 26 und 49).

Die Überführung von ursprünglichem Besitz (*possession*), der gemeinschaftlich (*in common*) ist, in privates und exklusives Eigentum (*property*) macht Locke daran fest, dass sich der Einzelne durch eigene Anstrengung eine Sache aneignet (*to appropriate*) (5. Kapitel, §§ 25 f.). Das gilt für die erjagte Beute ebenso wie für den bestellten Ackerboden. Die Grundform der natürlich-rechtlichen Aneignung (*appropriation*) besteht für Locke darin, dass jemand den betreffenden Gegenstand mit seiner Arbeit gemischt (*mixed his labour with*) und ihn sich dadurch angeeignet hat (*appropriated*), ohne dass dazu alle Halter des früheren Gemeineigentums eigens zustimmen müssen (*not … express consent of all the commoners*) (5. Kapitel, §§ 27 f.). Die in eine Sache investierte Arbeit konstituiert für Locke nicht nur deren faktischen Besitz, sondern auch rechtliches Eigentum (*right of property*), selbst wenn im Naturzustand die institutionellen Mittel zur Durchsetzung strittiger Eigentumsansprüche fehlen mögen (5. Kapitel, § 45).

Im vorausschauenden Blick auf die in der bürgerlichen Gesellschaft ins Zentrum rückende Institution des Privateigentums stellt Locke ganz generell heraus, dass schon im Naturzustand der Wert (*value*) einer Sache von ihrer Transformation durch die Beimischung von Arbeit und Fleiß (*labour and industry*) abhängt (5. Kapitel, §§ 40 und 42). Doch steht das auf Arbeit beruhende Eigentum (*property of labour*) (5. Kapitel, § 40) zunächst noch unter der biblischen Einschränkung, dass nie mehr angeeignet werden darf, als auch verbraucht wird, damit keine von Gottes Gaben verdirbt oder verschwendet wird (5. Kapitel, § 31). Aber schon im Naturzustand wird dem abgeholfen durch die Erfindung des Geldes als Maß für Eigentum (*measure of property*), und zwar in Gestalt der unkorrumpierbaren Edelmetalle Silber und Gold (5. Kapitel, § 36). Der ausgedehnte Gebrauch des Geldes setzt allerdings gegenseitige Zustimmung (*mutual consent*) voraus (5. Kapitel, § 47) und führt für Locke überdies, früher oder später, zu der rechtlich durchaus akzeptablen Ungleichheit privater Besitztümer (*inequality of private possessions*) (5. Kapitel, § 50).

Das proto-liberale Gepräge von Lockes Konzeption der besitzbürgerlichen Gesellschaft zeigt sich auch in seiner Verteidigung pluraler religiöser Bekenntnisse im modernen Gemeinwesen, die sich allerdings nicht in der *Zweiten Abhandlung* findet, sondern in dem im holländischen Exil auf Lateinisch verfassten *Brief über Toleranz* (*Epistola de Tolerantia*). Anders als der holländische Philosoph Baruch de Spinoza (1632–1677), der in seiner bibelkritischen *Theologisch-politischen Abhandlung* (*Tractatus theologico-politicus*) von 1670 die Denkfreiheit (*libertas philosophandi*) ganz generell als vorteilhaft, ja sogar als unerlässlich für ein florierendes Gemeinwesen (*respublica*) ansieht, bezieht Locke die von ihm reklamierte religiöse Duldung exklusiv auf die seit der Reformation nebeneinander bestehenden christlichen Konfessionen. Zudem hat er bei seinen Überlegungen primär die Situation in England am Ende eines Jahrhunderts der Bürgerkriege im Blick. Es gibt allerdings im Text Anzeichen dafür, dass Locke die Duldung der römisch-katholischen Religion zumindest skeptisch sieht angesichts der Rolle des Papstes als ausländischem politischen Fürsten, dessen geistlich-weltliches Regiment über die Gläubigen weltweit deren Loyalität gegenüber ihrem jeweiligen weltlichen Gemeinwesen in Zweifel zieht. Explizit schließt Locke jedenfalls den Islam von der von ihm propagierten Duldung aus – mit dem (historisch inkorrekten) Argument, dass die religiöse Zugehörigkeit zum Islam nicht mit dem bürgerlichen Gehorsam gegenüber der Regierung eines christlich geprägten Gemeinwesens zusammen bestehen könne.

Das relativ eng gezogene Toleranzgebot gilt bei Locke sowohl für das Verhältnis der christlichen Konfessionen zueinander als auch für das Verhältnis des Staates zu den zu tolerierenden christlichen Kirchen. Statt wie Hobbes ein halbes Jahrhundert zuvor aus politischen Gründen für die Einheit von Staat und Kirche zu argumentieren, plädiert Locke für die strikte Trennung zwischen der bürgerlichen Regierung (*civil government*) und den christlichen Kirchen als Formen religiöser Gesellschaft (*religious society*). Ersterer ordnet er dabei die Sorge um das weltliche Wohl zu, Letzterer die Sorge um die unsterbliche Seele. Doch hat das weltliche Gemeinwesen, Locke zufolge, auch dafür Sorge zu tragen, dass keine der politisch und religiös geduldeten Konfessionen durch ihre theoretischen und praktischen Glaubensinhalte den friedlichen Fortbestand des Gemeinwesens gefährdet. Die aufklärerische Duldung erstreckt sich für Locke auch nicht auf Atheisten, die er im Hinblick auf Versprechen, Bündnisse und Eide für unzuverlässig hält und deren anti-religiöse Einstellung sie für Locke vom Genuss religiöser Duldung disqualifiziert.

Adam Smith

Die formelle Vereinigung mit England zum Vereinigten Königreich im Jahr 1706/07 (*Acts of Union*) hat für Schottland weitreichende politische, gesellschaftliche, wirtschaftliche und kulturelle Konsequenzen. Zwar verliert Schottland durch die Zusammenlegung beider Parlamente und durch die damit verbundene Übersiedlung der politischen Elite und von Teilen des Adels nach London sein politisches Zentrum im eigenen Land. Doch schafft dies einen von Politik und Protektion freien Raum für den sich unabhängig entwickelnden Mittelstand – bestehend aus Vertretern des weiterhin von schottischen Rechtstraditionen geprägten Justizsystems, der schottischen reformierten Kirche, der an modernen Entwicklungen orientierten Professorenschaft von Schottlands Universitäten und der prosperierenden Gruppierung von Gewerbe- und Handeltreibenden. Binnen weniger Jahrzehnte wird aus dem zurückgebliebenen Schottland – zumindest, was das Tiefland (*Lowlands*) angeht – eine fortschrittliche Handels- und Kulturnation, die in Konkurrenz zum mächtigeren, aber auch stark in veralteten Traditionen verhafteten England tritt und im regen wirtschaftlichen wie intellektuellen Austausch mit Kontinentaleuropa, insbesondere Frankreich, steht.

Zu den Hauptträgern der schottischen Aufklärung in der zweiten Hälfte des achtzehnten Jahrhunderts gehören – außer Naturwissenschaftlern, Medizinern, Künstlern und Schriftstellern – vor allem Philosophen, die im Rahmen ihrer Arbeiten zu Staat und Gesellschaft Bahnbrechendes leisten für die von ihnen praktisch begründeten Disziplinen der Anthropologie, Soziologie, Politologie und (National-)Ökonomie. Insgesamt sind die philosophischen und speziell die politisch-philosophischen Bestrebungen der hauptsächlich in Edinburgh, Glasgow und St. Andrews lehrenden oder dort anderweitig aktiven schottischen Intelligentsia durch eine pragmatische Orientierung, einen skeptischen Geist und einen auf Erfahrung und Experiment aufbauenden Gebrauch von Vernunft gekennzeichnet. Das besondere Betätigungsfeld der schottischen Aufklärer sind die historischen und gegenwärtigen Funktionsformen menschlicher Gemeinschaft, die aber nicht von oben, im Rückgriff auf abstrakte Vernunftprinzipien, hergeleitet, sondern von unten entwickelt werden – aus dem vergleichenden Studium der multiplen Manifestationen sozialen Lebens in Geschichte und Gegenwart. Auch ist die schottische Aufklärung, deren historiographische Unterscheidung von der englischen oder britischen Aufklärung erst jüngeren Datums ist, keine homogene Schule und nicht einmal eine einheitliche intellektuelle Bewegung, sondern ein vielfältiges Feld verwandter, aber durchaus verschiedenartiger Kulturleistungen unter spezifisch modernen bürgerlichen Bedingungen.

Zu den zentralen Begriffen der schottischen Aufklärungsphilosophie gehören Sinn (*sense*) und Gefühl (*sentiment*), die beide auf die außervernünftige Dimension menschlicher Existenz im Allgemeinen und gesellschaftlicher Existenz im Besonderen verweisen. Als Sinn zählt dabei nicht nur jeder der fünf physiologischen Sinne, sondern auch der Sinn in übertragener Bedeutung in Gestalt des ästhetischen Sinns (*aesthetic sense*), des moralischen Sinns (*moral sense*) und des Gemeinsinns (*common sense*) – allesamt Organe für etwas, das über die Sphäre der Einzelsinne hinausreicht und das auf ein Gemeinsames in ästhetischer, ethischer oder kognitiver Hinsicht verweist. Unter den Gefühlen kommt in der schottischen Aufklärung den moralischen Gefühlen (*moral sentiments*) eine besondere Bedeutung zu, speziell in Gestalt des Mitgefühls (*sympathy*) als der Befähigung zur affektiven Identifikation mit dem Tun und Leiden anderer.

Die wesentlichen Vertreter der gefühlsbasierten Ästhetik, Moral- und Sozialphilosophie in der schottischen Aufklärung sind der Glasgower Universitätslehrer Francis Hutcheson (1694–1746) mit der *Untersuchung über den Ursprung unserer Ideen von Schönheit und Tugend* (*An Inquiry into the Original of Our Ideas of Beauty and Virtue*) von 1725 und der Edinburgher Bibliothekar und brillante Stilist David Hume (1711–1776) mit den *Essays, Moral, Political, and Literary* (*Moralische, politische und literarische Essays*) von 1758. Von Hume stammen auch eine umfangreiche, aber unvollendete Geschichte Englands (sechs Bände, 1754–1761) sowie wichtige und wegweisende Beiträge zur Leistungsbestimmung der geistigen und seelischen Kräfte des Menschen, in denen die Einbildungskraft (*imagination*) gegenüber dem Verstand aufgewertet und die untergebene Rolle der Vernunft gegenüber den Leidenschaften (*slave of the passions*) herausgestellt wird.

Zur politischen Philosophie liegen aus der schottischen Aufklärung drei größere Werke vor: von dem früheren Militärgeistlichen mit gälischen (schottisch-keltischen) Sprachkenntnissen und späteren Edinburgher Philosophieprofessor Adam Ferguson (1723–1816) der *Versuch über die Geschichte der bürgerlichen Gesellschaft* (*An Essay in the History of Civil Society*) von 1767, von dem Glasgower Juraprofessor John Millar (1735–1801) *Der Ursprung der Rangunterscheidung. Oder: Eine Abhandlung über die Umstände, die in den verschiedenen Gliedern der Gesellschaft Einfluss und Autorität entstehen lassen* (*The Origin of the Distinction of Ranks: Or, An Inquiry Into the Circumstances Which Give Rise to Influence and Authority, in the Different Members of Society*) von 1771 und – als krönendes Werk und politisch-philosophische Gründungstat der Nationalökonomie oder Volkswirtschaftslehre – von dem vormaligen Edinburgher Professor für Moralphilosophie und späteren zeitweiligen Edinburgher Zollbehördenleiter Adam Smith (1723–1790) die *Untersuchung über die Natur und die Ursachen des Reichtums der Völker* (*An Inquiry into the Nature and Causes of the Wealth of Nations*) von 1776.

Gemeinsam ist allen drei Werken zunächst der Fokus auf der modernen bürgerlichen Gesellschaft (in Absetzung vom obrigkeitlichen Staat und seinem Regierungsapparat), sodann das Augenmerk auf Handel und Gewerbe als Merkmale der bürgerlichen Gesellschaft (*commercial society*), des Weiteren ein Zutrauen in die Fortschrittsfähigkeit menschlicher Institutionen und Praktiken und schließlich eine historische Perspektive auf die Entwicklung der modernen Gesellschaft aus früheren und einfacheren sozialen und kulturellen Verhältnissen. An die Stelle des Gegensatzes zwischen Naturzustand und bürgerlichem Zustand in der frühmodernen politischen Philosophie tritt dabei die integrale Sicht auf die Menschheitsgeschichte als mutmaßlicher (Entwicklungs-)Geschichte (*conjectural history*) der menschlichen Gesellschaft, die zudem schematisch in Entwicklungsstadien eingeteilt wird (*stadial history*).

Insbesondere bei Ferguson, der wilde (*savage*), barbarische (*barbarous*) und zivilisierte (*polished*) Völkerschaften (*nations*) unterscheidet, geht die Wertschätzung der zivilisatorischen Errungenschaften der modernen Gesellschaft einher mit einem Bedauern über den Verlust der vormodernen Traditionen von Bürgertugend und Gemeinschaftsgeist (*civic virtue*, *communal spirit*), so dass man bei ihm, in Aufnahme eines Werktitels von Theodor W. Adorno und Max Horkheimer, geradezu von einer «Dialektik der Aufklärung» sprechen könnte. Millar und Smith stellen die modernen gesellschaftlichen Entwicklungen explizit in den kausalen Kontext ihrer technischen und wirtschaftlichen Grundlagen. Alle drei Autoren eint die Einschätzung, dass die Gesetzmäßigkeiten der menschlichen Gesellschaft durchweg im Rücken ihrer Akteure wirken – als Mächte, deren gesamtgesellschaftliche Wirkung die partikularen Zwecke und eigenen Absichten der beteiligten Individuen grundsätzlich übersteigt (*the result of human action, but not the execution of any human design*).

Die jenseits – oder vielmehr: diesseits – individueller Intentionen wirksamen gesellschaftlichen Mechanismen stehen auch im Mittelpunkt von Adam Smiths monumentalem Werk über den transindividuellen, kollektiven Wirtschaftswert (*wealth*; «Reichtum») einer Staatsgesellschaft (*nation*; «Nation»). Mit seiner breiten welthistorischen Perspektive, seiner Einbettung wirtschaftlicher Vorgänge in gesamtgesellschaftliche Entwicklungen und seinem Augenmerk auf den generellen Gesetzmäßigkeiten menschlichen Handelns gehört *Der Reichtum der Völker* zu den großen Leistungen der europäischen Aufklärung, an Bedeutung und Wirkung am ehesten vergleichbar mit Montesquieus *Vom Geist der Gesetze.* Das umfangreiche, in zehnjähriger Arbeit entstandene Werk – es umfasst zwei Bände mit insgesamt fünf Büchern – erscheint noch zu Lebzeiten seines Autors in fünf Auflagen, von denen die dritte Auflage von 1784 substantielle Ergänzungen bringt. Eine erste deutsche Übersetzung wird bereits zwischen 1776 und 1778 publiziert.

Ein bahnbrechendes Werk ist Smiths *Reichtum der Völker* vor allem aufgrund seiner gründlichen und ausführlichen Behandlung einer Materie, die zuvor allenfalls verstreut und in Einzelabhandlungen bearbeitet wird. Anders als die (von Smith mitbegründete) Disziplin der Volkswirtschaftslehre in ihrer rezenten Ausprägung kommt Smiths Studie zum Zusammenhang von Wirtschaft und Gesellschaft ganz ohne Mathematisierung und Modellierung aus. Im Unterschied auch zu seinen klassischen Kritikern im neunzehnten Jahrhundert, allen voran Karl Marx, hat Smith noch nicht die maschinengestützte Industrialisierung im Blick, sondern die arbeitsteilige Manufaktur und die Agrarwirtschaft im großen Stil und im internationalen Rahmen. Auch der zur damaligen Zeit schon praktizierten Finanzierung von wirtschaftlichen Unternehmungen durch öffentlich gehandelte Aktien, wie etwa im Fall der Niederländischen Ostindien-Kompagnie (VOC), kommt bei Smith keine große Bedeutung zu. Schließlich verwendet Smith auch noch nicht den später gebräuchlichen finanzwirtschaftlichen Ausdruck «Kapital» (*capital*), sondern stattdessen den generischen Ausdruck für «Vorräte» oder «Bestände» (*stock*). An spätere wirtschaftswissenschaftliche Methodik erinnert am ehesten Smiths Musterkalkulation zur Produktivität der Arbeitsteilung bei der Herstellung von Stecknadeln gleich zu Beginn des Werkes (1. Buch, 1. Kapitel).

In der gegenwärtigen Rezeption von Smiths Werk steht eine Reihe auf ihn zurückgeführter wirtschaftspolitischer Dogmen im Mittelpunkt: etwa das Ausmaß und die Begrenzung der Arbeitsteilung, der internationale Freihandel und die selbstregulatorische Funktion des Marktes. Für Smith selbst gehören diese Themen, Thesen und Theoreme in einen gesellschaftlich-politischen Gesamtzusammenhang, der bestimmt ist durch die philosophische Frage: Wie kann aus dem selbstisch bestimmten Handeln des Einzelnen ein nicht nur funktionierendes, sondern sogar florierendes gesamtgesellschaftliches Wirtschaften werden? Auf einer fundamentalen Ebene gilt Smiths leitende Fragestellung dem Zusammenspiel von Individualität und Sozialität, von Teil und Ganzem, von Glied und Gesellschaft – einem Zusammenspiel, das einer Konkurrenz im doppelten Sinn des Wortes entstammt: dem antagonistischen Entgegenstreben der Einzelnen und deren synergistischem Zusammenlauf. Den Hintergrund von Smiths Nachdenken über Wirtschaft und Gesellschaft bildet dabei ein aufklärerisches Menschen- und Weltbild, das für den Einzelnen die materielle und geistige Selbstverbesserung und für die Gesellschaft die zunehmende wirtschaftliche und kulturelle Höherentwicklung vorsieht.

Der unbeabsichtigte gesamtgesellschaftliche Erfolg des generellen egoistischen Handelns, den Smith verzeichnet, hat ein entferntes literarisches Vorbild in der *Bienenfabel* (*The Fable of the Bees*) des niederländisch-englischen Arztes und Philosophen Bernard Mandeville (1670–1733), einem erstmals 1705 publizierten Versgedicht über einen Bienenstock, der vor lauter Tugend darbt und untergeht und dessen *fabula docet* («die Moral von der Geschichte») der Untertitel einer späteren Version der Fabel (1714) verkündet: *Private Laster, Öffentliche Tugenden* (*Private Vices, Public Benefits*). Während aber Mandeville in moralitätskritischer Absicht den gesellschaftlichen Nutzen privater Unmoral (*vices*, Laster) herausstellt, argumentiert Smith mit dem kooperativen Erfolg ursprünglich lediglich selbstischen, aber deshalb nicht auch schon unmoralischen Handelns nach dem Motto: private Absichten, öffentliche Erfolge. Die berühmt-berüchtigte «unsichtbare Hand» (*invisible hand*) als Ausdruck der heimlichen überindividuellen Koordination individuellen Handelns wird von Smith im Übrigen nur an einer einzigen Stelle in *Reichtum der Völker* benutzt, und das auch nur im Hinblick auf die sowohl für den einzelnen Handeltreibenden als auch für die Gesamtgesellschaft gegebenen Vorzüge des relativ sicheren Binnenhandels gegenüber dem ungleich riskanteren Außenhandel (4. Buch, 2. Kapitel).

Der *Reichtum der Völker* enthält also nicht so sehr eine vereinheitlichte nationalökonomische Doktrin als vielmehr eine Reihe von Grundeinsichten in das Funktionieren der Wirtschaft, die in kritischer Auseinandersetzung mit den herrschenden Wirtschaftssystemen der Zeit (*systems of political economy*) gewonnen werden – dem Merkantilismus und dem Physiokratismus (4. Buch). Das merkantilistische System, die Wirtschaftsform des frühmodernen absolutistischen Staates, zeichnet sich dadurch aus, dass die modernen europäischen Monarchien zur Finanzierung ihrer laufend steigenden Ausgaben für Militär, Verwaltung und Hofhaltung die inländische Warenproduktion und den Export heimischer Waren fördern, bei gleichzeitiger Begrenzung des Exports einheimischer Rohstoffe und des Imports ausländischer Waren. Die politischen Mittel der staatlichen Wirtschaftssteuerung sind Handelsmonopole und Strafzölle, verbunden mit einer starken Reglementierung der einheimischen Warenproduktion. Dagegen fordert Smith, die Regulierung des Handels, einschließlich des internationalen Handels, dem Markt und dessen Selbstregulation durch das Zusammenspiel von Angebot (*supply*) und Nachfrage (*demand*) zu überlassen.

Wegen seines einseitigen Fokus auf frühindustrielle Warenproduktion (Manufakturwesen) wird der Merkantilismus schon vor Smith von den Physiokraten kritisiert, die den Nationalreichtum statt auf Herstellung und Handel auf die Wertschöpfung aus Naturressourcen (Grund und Boden) in Gestalt von Land- und Forstwirtschaft, Fischerei sowie Bergbau zurückführen. Die Forderung der Physiokraten nach Freihandel, Steuerreduktion und Entfeudalisierung der Wirtschaft (Abschaffung der Frondienste und des Zunftwesens) nimmt Smith auf, kritisiert aber die völlige Vernachlässigung von Handel und Gewerbe (*merchants*, *artificers*, *manufacturers*) als drittem Grundbestandteil der Wirtschaft neben Arbeit (*labour*) und Boden (*land*), deren jedem Smith einen spezifischen Beitrag zur wirtschaftlichen Gesamtleistung zuweist: dem Landbesitz die Bodenrente (*rent*), der Arbeit den Lohn (*wage*) und dem Handel und Gewerbe den Gewinn (*profit*).

Die im engeren Sinne politische Dimension von *Reichtum der Völker* tritt vor allem im dritten und fünften Buch zutage. So erörtert das dritte Buch länderspezifische Unterschiede im Wohlstandswachstum einzelner Völker. Dabei liegt der Schwerpunkt auf den wirtschaftlichen Auswirkungen der europäischen politischen Geschichte vom Untergang des (West-)Römischen Reichs bis in die Neuzeit unter besonderer Beachtung von Verfall und Wiederaufstieg der Städte als Zentren von Handel und Gewerbe. Smiths politisch-ökonomische Analysen, insbesondere seine Ausführungen zur mittelalterlichen Feudalwirtschaft, schließen an die rechtsgeschichtlichen Untersuchungen von Montesquieus *Vom Geist der Gesetze* an und ergänzen die Ausführungen zu Spätantike und Mittelalter von Edward Gibbon (1737–1794) in dessen sechsbändiger *Geschichte von Niedergang und Fall des Römischen Reichs* (*History of the Decline and Fall of the Roman Empire*, 1776–1788), das bis zum Untergang Ostroms (Byzanz, Konstantinopel, Istanbul) im Jahr 1453 reicht.

Im fünften, abschließenden Buch von *Reichtum der Völker* erörtert Smith noch die Finanzierung des Souveräns oder des Gemeinwesens und damit den monetären Beitrag des Wirtschaftssystems zum politischen System. Zu den staatlich zu organisierenden und damit auch von dieser Seite zu finanzierenden öffentlichen Aufgaben des Gemeinwesens zählt er die Landesverteidigung, das Justizwesen und das Bildungswesen, darüber hinaus den Unterhalt der für Handel und Verkehr erforderlichen Infrastruktur und die Ausgaben für den angemessenen Unterhalt des Staatsoberhaupts. Smith entwickelt ein umfassendes System von Steuern und Abgaben, die auf Landbesitz, Geschäftsgewinn und Lohnarbeit erhoben werden sollen. Dabei erweist sich der angebliche Vorreiter des minimalen Staates als Ideenlieferant für später weiterentwickelte Formen der staatlichen Besteuerung – und damit verbunden der politischen Steuerung – von wirtschaftlichen Aktivitäten aller Art.

Im Kontext der historisch geprägten Ausführungen zur wirtschaftlichen Entwicklung Europas zeichnet Smith auch den stufenweisen Ablauf der Geschichte nach, der von nomadischen Jagdvölkern (*nations of hunters*) über Hirtenvölker (*nations of shepherds*) zur sesshaften Wirtschaftsform des Landbaus (*agriculture*) führt, an die sich für Smith in historischer Zeit der handeltreibende Gesellschaftszustand (*commercial state of society*) anschließt (5. Buch, 1. Kapitel). Letzteren betrachtet Smith nicht isoliert, sondern in Zusammenhang mit dem durch den Markt vermittelten Austausch zwischen den drei wirtschaftlichen Trägern der modernen Gesellschaft: der Land besitzenden Klasse (*proprietors*), der Land bearbeitenden Klasse (*cultivators*) und der seine Arbeitskraft beisteuernden Klasse der Gewerbe- und Handeltreibenden (*unproductive class*). Der Wohlstand (*prosperity*) der modernen Gesellschaft beruht, so Smith, auf der Einrichtung von (staatlich garantierter und vervollkommneter) Gerechtigkeit, Freiheit und Gleichheit für alle drei Gesellschaftsklassen gleichermaßen (*establishment of perfect justice, of perfect liberty, and of perfect equality*) (4. Buch, 9. Kapitel). In Aufnahme politisch-philosophischer Lehren von Locke und Montesquieu plädiert Smith generell für ein unparteiisch operierendes Justizsystem und insbesondere für dessen Trennung von der exekutiven Gewalt (5. Buch, 1. Kapitel).

7.
Die bürgerliche Revolution: Republik und Nation

Am Ende des achtzehnten Jahrhunderts mündet die europäische Aufklärungsbewegung in zwei politische Großereignisse – eines davon in Kontinentaleuropa, das andere im kolonialen Nordamerika –, die eine einschneidende Zäsur im neuzeitlichen politischen Denken markieren. Mit der Amerikanischen Revolution (1774–1789) und der Französischen Revolution (1789–1799) wird das politische Philosophieren unmittelbar politische Praxis. Die in dieser Zeit aufgekommene Bezeichnung «Revolution» (*revolution*, *révolution*) für eine Staatsumwälzung überträgt einen Terminus aus der theoretischen Astronomie, der die Umkehrungsbewegung in der Laufbahn eines Himmelskörpers bezeichnet, und verbindet dabei die plötzliche Umkehrung der politischen Verhältnisse mit der Vorstellung der gesetzlichen Geregeltheit dieses Wechsels – sei es als Ausdruck quasi-natürlicher Entwicklungsprozesse, sei es als Reflex philosophisch begründeter Bestrebungen.

In ihrem gesellschaftlichen Grundcharakter sind die Revolutionen in Nordamerika und Frankreich bürgerlich, sie streben danach den Bürger (*citizen*, *citoyen*) in seine vorliegenden, aber vorenthaltenen Rechte (*rights*, *droits*) und seine Freiheit (*liberty*, *liberté*) einzusetzen. In beiden Fällen geht dieser Vorgang mit einem radikalen Regimewechsel einher, der sich in Absetzung von der frühneuzeitlichen monarchischen Tradition an der klassisch-römischen Theorie und Praxis des Gemeinwesens (*res publica*) orientiert (*republic*, *république*) und die rechtliche Gleichheit aller Bürger (*equality*, *égalité*) zum Kern hat. Beide Revolutionen haben zudem geopolitische Konsequenzen. In Nordamerika wird dadurch ein dynamisches, territorial ausgedehntes und weiter expandierendes Staatsgebilde begründet, das sich im Laufe der nächsten gut einhundert Jahre zu einer wirtschaftlich-politischen Weltmacht entwickelt. In Frankreich schafft die Revolution eine unter dem Druck innerer und äußerer gegenrevolutionärer Kräfte und Kriege politisch geeinte Nation (*nation*), die durch den zum Militärdiktator aufgestiegenen Revolutionsgeneral Napoleon Bonaparte, der sich selbst zum «Kaiser der Franzosen» krönt, zeitweilig zur europäischen Hegemonialmacht aufsteigt.

Die scheinbare Rückkehr zur alten Ordnung nach dem militärischen Sieg der verbündeten europäischen Großmächte über Napoleon (Wiener Kongress 1815) kaschiert nur kurzfristig das fortwährende revolutionäre Ferment, das sich in der Mitte des neunzehnten und zu Beginn des zwanzigsten Jahrhunderts mit unterschiedlichem Erfolg Bahn bricht. Geopolitisch wichtiger noch ist die Neuordnung der Staatengebilde auf dem Territorium des (inzwischen untergegangenen) Heiligen Römischen Reichs in der Mitte Europas – zuerst durch den Wiener Kongress, der Preußen für die nächsten einhundert Jahre als deutsche Vormacht etabliert, später dann nach dem Ersten Weltkrieg durch die Schaffung von nationalen Nachfolgestaaten der untergegangenen Doppelmonarchie Österreich-Ungarn. Die in den Revolutionen zu Ende des achtzehnten Jahrhunderts in die Praxis umgesetzten politisch-philosophischen Prinzipien von Republikanismus und Nationalität bestimmen die Politik der Alten und Neuen Welt für die nächsten gut anderthalb Jahrhunderte, bis mit dem Eintritt Asiens und Afrikas in die Weltpolitik veränderte Interessen und andere politische Orientierungen das Weltgeschehen zunehmend prägen.

James Madison

Die Loslösung der dreizehn nordamerikanischen Kolonien von Krone und Parlament des Vereinigten Königreichs von England und Schottland ist ein langwieriger und vielförmiger Vorgang, der sich über Jahrzehnte erstreckt und nur streckenweise den äußerlich sichtbaren Charakter eines revolutionären Geschehens trägt.

Am Anfang steht die nach dem Ende des Siebenjährigen Krieges, der in Nordamerika als Krieg Englands gegen Frankreich und die mit Frankreich verbündeten Indianerstämme geführt wird (1763), einsetzende straffere englische Kolonialpolitik, die zusätzlich zu Zöllen auf aus England importierte Waren mehr und mehr auch den Handel und das Gewerbe in den Kolonien mit direkten Abgaben (Steuern) belegt. Der Widerstand der nordamerikanischen Kolonisten richtet sich vor allem gegen ihre fehlende politische Vertretung in dem für die Finanzpolitik zuständigen englischen Parlament – nach dem Motto: keine Besteuerung ohne Vertretung (*no taxation without representation*). In den Jahren 1775 bis 1783 führen die verbündeten dreizehn Kolonien nach Rekrutierung einer eigenen Armee (*Continental Army*) unter der Führung von George Washington einen am Ende erfolgreichen Krieg gegen die – mit ausgeliehenen deutschen Truppen (*Hessians*) verstärkte – Armee von König und Parlament, der um die Unabhängigkeit vom Mutterland und die politische Selbständigkeit geführt wird. Letztere wird mit der Unabhängigkeitserklärung vom 4. Juli 1776 formal vollzogen.

Teils parallel zu den kriegerischen Auseinandersetzungen, teils danach wird in zwei Phasen ein unabhängiges nordamerikanisches Gemeinwesen gegründet. 1777 verabschiedet die Vertretung der dreizehn abtrünnigen Kolonien (*Continental Congress*) die Artikel der Konföderation und der Beständigen Union (*Articles of Confederation and Perpetual Union*), die aus den ehemaligen Kolonien ebenso viele locker verbündete souveräne Staaten hervorgehen lassen. Da sich der Staatenbund innen- wie außenpolitisch als nicht überlebensfähig erweist, entwirft eine eigens einberufene verfassungsgebende Versammlung eine Verfassung für die Vereinigten Staaten (*United States*), die einen Bundesstaat mit zentralen Verfassungsorganen (Präsident und Wahlkollegium, Kongress mit Repräsentantenhaus und Senat, Oberstes Gericht) vorsieht (1787).

Um die formelle Annahme der neuen Verfassung, die durch Zustimmung jedes der dreizehn Gliedstaaten zu erfolgen hat, entspannt sich eine öffentliche politisch-philosophische Debatte, in der die Föderalisten für eine starke Zentralgewalt und die Anti-Föderalisten für ein dezentrales System wie die frühere Konföderation plädieren. Der Ratifikationsprozess für die neue Verfassung kommt 1788 zum Abschluss. 1789 dann wird in Antwort auf anti-föderalistische Bedenken gegenüber einem zu starken (Bundes-)Staat ein Verfassungszusatz in Gestalt eines Grundrechtekatalogs (*Bill of Rights*) verabschiedet, dem spätere Generationen weitere Verfassungsverbesserungen (*Amendments*) hinzufügen.

Die Unabhängigkeitserklärung und die Verfassung der Vereinigten Staaten sind politisch-philosophische Dokumente ersten Ranges. Während sich die Unabhängigkeitserklärung – für den berechtigten Widerstand gegen die britische Krone – auf die unveräußerlichen Rechte (*unalienable rights*) aller Menschen (*all men*), darunter vor allem das Recht auf Leben, Freiheit und das Streben nach Glück (gemeint ist ein zufriedenes Leben nach eigenen Vorstellungen) (*life, liberty and the pursuit of happiness*) und das rechtliche Erfordernis der Zustimmung der Regierten als der alleinigen Legitimationsgrundlage für eine staatliche Regierung (*consent of the governed*) beruft, stellt sich die Verfassung in ihrer Präambel die Aufgabe einer vollkommeneren Vereinigung (*a more perfect Union*) für das erst noch zu konstituierende (Staats-)Volk der Vereinigten Staaten (*People of the United States*). Beide Dokumente überzeugen durch ihre Kürze und Kraft.

Erst in einem dritten gewichtigen, wenn auch inoffiziellen Dokument wird das ganze Ausmaß an politisch-philosophischer Bildung wie Vision hinter dem Gründungsgeschehen der Vereinigten Staaten deutlich. Gemeint ist die umfangreiche Artikelserie zur Rechtfertigung der zur Ratifizierung anstehenden Verfassung, welche drei herausragende Politiker und Staatsmänner im Jahr 1787/88 unter dem Pseudonym Publius und unter dem Titel *Der Föderalist* (*The Federalist*) veröffentlichen. Die beiden Hauptverfasser sind der nachmalige vierte Präsident der Vereinigten Staaten, James Madison (1751–1836), und der nachmalige Finanzminister und Begründer der Bundesbank des jungen Landes, Alexander Hamilton (1755/57–1804), auf den auch die Initiative zur Artikelserie zurückgeht. Der Dritte im Bunde ist der spätere Vorsitzende des Obersten Gerichtshofs, John Jay (1745–1829), dessen Beiträge zum *Föderalisten* hauptsächlich die Judikative betreffen. Dagegen erörtern Madison und Hamilton in ihren Beiträgen primär die exekutive und legislative Gewalt in der neuen Verfassung. Insbesondere die von Madison verfassten Beiträge – 29 von insgesamt 85 – zeichnen sich durch ihren philosophischen Horizont und ihre verfassungspolitische Tiefenschärfe aus. Auf Madison, einen am College of New Jersey (der heutigen Princeton University) in Sprachen und Literatur ausgebildeten Plantagenbesitzer aus Virginia, geht auch das Vorhaben zurück, die ursprünglichen, nur zur Revision und Erweiterung vorgesehenen Artikel der Konföderation durch eine ganz neue Verfassung der Vereinigten Staaten zu ersetzen (*Virginia Plan*).

Während die Unabhängigkeitserklärung auf die von John Locke im Kontext seiner Rechtfertigung der konstitutionellen Monarchie vertretenen natürlichen Rechte verweist und die Verfassung der Vereinigten Staaten das Präsidentenamt als zeitlich begrenztes Wahlkönigtum und den Senat als quasi-aristokratisches Oberhaus anzulegen scheint, wird erst durch Madisons Beiträge zum *Föderalisten* der dezidiert republikanische und föderative Charakter des neuen nordamerikanischen Gemeinwesens deutlich, für den sich Madison ausdrücklich auf Montesquieu als Quelle seiner politisch-philosophischen Inspiration (*oracle*) beruft (*Federalist*, 47). Der republikanische Charakter des neuen Staatswesens liegt für Madison nicht nur in dessen Unterschied zu einer monarchischen Staatsverfassung, sondern auch in dem Unterschied zu einer direkten Demokratie (*pure democracy*), in der die jeweilige Mehrheit die Minderheit dominiert (*overbearing majority*). Dagegen stellt Madison die republikanische Verfassungsform, in der das Prinzip der Repräsentation für die Berücksichtigung der pluralen und diversen Interessen im Gemeinwesen sorgen soll (*system of representation*) und zudem dafür Sorge getragen ist, dass die Regierung populär, aber nicht populistisch ist (*popular government*) (*Federalist* 10).

Auch die föderative Struktur des neuen republikanischen Staatswesens wird von Madison wegen ihrer Aufteilung der Interessenvertretung auf die lokale und auf die zentrale Ebene als Schutzmaßnahme gegen die einseitige, wenn auch mehrheitlich gestützte Dominanz einzelner Parteiungen (*factions*) gesehen. Doch betont er ebenso, dass gegenüber der durch die Föderierung erstarkten zentralen Staatsmacht die republikanischen Prinzipien der Freiheit von Fremdbestimmung (*republican liberty*) und der politischen Selbstbestimmung (*republican form*) gewährleistet sein müssen. Zu diesem Zweck nimmt er in die definitorischen Anforderungen an eine Republik auf, dass alle Regierungsgewalt, sei es direkt oder indirekt, vom Volk ausgeht und dass alle Regierungsämter dessen Kontrolle unterliegen (*Föderalist* 37).

Um die Bedenken der Anti-Föderalisten gegen eine zu starke staatliche Zentralgewalt zu zerstreuen, verweist Madison auf die Ergänzung der einzelstaatlichen und der föderalen Ebene der neuen Verfassung durch deren nationale Dimension, bei der es um das Verhältnis der Regierungsgewalt zur Bevölkerung des Landes in ihrer Gesamtheit geht (*nation*). Die Zentralregierung als föderale Gewalt wirkt, so Madison, primär auf die Gliedstaaten in ihrem Verhältnis zur Bundesregierung. Auf die Gesamtbevölkerung des Landes wirkt die Zentralgewalt lediglich in eng umgrenzten Bereichen, die das nationale Interesse betreffen. Im Einzelnen weist Madison das Repräsentantenhaus der nationalen Ebene zu, den Senat wegen dessen Besetzung auf einzelstaatlicher Ebene dagegen der föderalen Dimension sowie das Amt des Präsidenten, wegen dessen indirekter Wahl durch ein auf einzelstaatlicher Ebene aus der Gesamtbevölkerung rekrutiertes Kollegium (*Electoral College*), der Verknüpfung von nationaler und föderaler Ebene. Für Madison stellt sich die Verfassung der Vereinigten Staaten als eine republikanische Verbindung von föderaler und nationaler Regierung (*Federalist* 39) dar. Schließlich behandelt er die wechselseitigen Kontrollmechanismen zwischen den institutionell unterschiedenen und operativ getrennten (*distinct and separate*) Verfassungsorganen, die einander teils ausbremsen, teils ausbalancieren (*checks and balances*) – und dies sowohl horizontal auf föderaler Ebene als auch vertikal im Verhältnis der föderalen Gewalt zu den einzelnen Gliedstaaten und zur Nation als ganzer (*Federalist* 51).

Im *Federalist* machen Madison und Hamilton noch gemeinsam Front gegen die anti-föderalen Kritiker der neuen Bundesverfassung. Schon wenige Jahre später entspinnt sich ein politisch-philosophischer Konflikt zwischen den beiden, der symptomatisch und prognostisch ist für die Richtungskämpfe innerhalb der jungen föderalen Republik. Der New Yorker Rechtsanwalt Hamilton vertritt mit seinen Initiativen für eine Zentralbank (*federal bank*) und eine Münze (*mint*) die Interessen einer städtischen Oberschicht, die auf die ökonomische Kommerzialisierung und die politische Zentralisierung der prosperierenden bürgerlichen Gesellschaft der Vereinigten Staaten abzielt. Dagegen setzt sich der Plantagenbesitzer (und Sklavenhalter) Madison für die fortgesetzte wirtschaftliche und politische Selbständigkeit der Landesteile in klassischer republikanischer Tradition ein. Die geographische und gesellschaftliche Zweiteilung des jungen Gemeinwesens in einen überwiegend großagrarischen Süden und einen vorwiegend gewerblich-mittelständischen Norden, verbunden mit der sukzessiven Kolonisation des Kontinents westlich der Appalachen, markiert die Bruchstelle für das heraufziehende Zerbrechen der noch jungen Union im Amerikanischen Bürgerkrieg (1861–1865) und darüber hinaus für die bis heute anhaltende latente Spaltung innerhalb eines Großgemeinwesens, das einstweilen noch unter dem republikanisch-föderalen Motto «Aus Mehreren Eines» (*e pluribus unum*) firmiert.

Emmanuel Joseph Sieyès

Nicht die Amerikanische Revolution, sondern die etwas spätere Französische Revolution (1789–1799) ist zur sprichwörtlichen Mutter aller (nachfolgenden) Revolutionen geworden. Verglichen mit den eklatanten französischen Ereignissen (Sturm auf die Bastille, Hinrichtung der Königsfamilie, Pogrome gegen Adlige und Priester sowie Teile der Zivilbevölkerung, Einführung einer Zivilreligion, staatlicher Terror, ausgedehnte patriotische Kriege gegen die alten europäischen Mächte) könnte man sogar fragen, ob die nordamerikanischen Entwicklungen (zunehmende Loslösung eines Kolonienverbunds vom Mutterland, Krieg um politische Selbständigkeit, Schaffung eines neuen Staatswesens) überhaupt als Revolution zu bezeichnen sind. Alternativ wäre im Hinblick auf Nordamerika in der zweiten Hälfte des achtzehnten Jahrhunderts von einem teils evolutionären, teils revolutionären Prozess der Dekolonisation mit anschließender mehrstufiger Ausgestaltung eines neuen staatlichen Gebildes zu reden. Auch in politisch-philosophischer Hinsicht unterscheiden sich die beiden beinahe parallelen Entwicklungen in Nordamerika und Frankreich. Die Protagonisten der Amerikanischen Revolution berufen sich auf Locke und Montesquieu mit deren Zentralideen von politischer Freiheit, natürlichen Rechten und Gewaltenteilung. Im Falle der Französischen Revolution steht Rousseau Pate mit seinen Leitvorstellungen der Volkssouveränität, des Allgemeinwillens und des Vorrangs des republikanischen Staatskörpers gegenüber Individuum wie Gesellschaft.

Aus der Frühphase der Französischen Revolution ragen zwei Dokumente heraus, die es an politisch-philosophischer Sprengkraft mit den beiden nordamerikanischen Revolutionsmanifesten – der Unabhängigkeitserklärung von 1776 und den Beiträgen des *Federalist* von 1787/88 – aufnehmen können. Das eine ist eine am Vorabend der Revolution verfasste und veröffentlichte Propagandaschrift, das andere die Erklärung der Menschen- und Bürgerrechte (*Déclaration des droits de l'homme et du citoyen*) von 1789. Das letztgenannte Dokument nimmt in seiner Präambel die Bezugnahme seines nordamerikanischen Pendants auf natürliche Rechte und die Freiheit aller auf, fügt allerdings den Rechten (*droits*) explizit die entsprechenden Verpflichtungen hinzu (*devoirs*).

Von den insgesamt siebzehn knapp gehaltenen Artikeln der Menschen- und Bürgerrechtserklärung stechen die ersten sechs durch ihre grundlegende Funktion heraus. Artikel 1 erklärt alle Menschen für von Geburt an frei und gleich an Rechten (*libres et égaux en droits*) und fordert, dass alle gesellschaftlichen Unterschiede im öffentlichen Nutzen (*utilité publique*) begründet sein müssen. Artikel 2 benennt als natürliche Rechte im Einzelnen die Freiheit, das Eigentum und die Sicherheit sowie den Widerstand gegen Unterdrückung (*résistance à l'oppression*), ohne genauer auf die Bedingungen und Grenzen des allgemein-menschlichen Widerstandsrechtes einzugehen. Artikel 3 vollzieht mit der Identifikation der Nation (*nation*) als einzigem Souverän den Übergang von den Rechten des Menschen zu den Rechten des Bürgers. Artikel 4 leitet aus der Reziprozität der Menschen- und Bürgerrechte, die alle gleichermaßen genießen sollen, die Grenzen (*bornes*) der individuellen Rechtsausübung her, deren genaue Festlegung dem Gesetz (*loi*) überantwortet wird. Artikel 5 schränkt die Wirkungssphäre des Gesetzes auf das Verbot gesellschaftlich schädlicher Handlungen ein. Artikel 6 schließlich erklärt das Gesetz zum Ausdruck des Allgemeinwillens (*volonté générale*), an dessen Bildung alle Bürger, persönlich oder durch ihre Vertreter, mitzuwirken haben. Die Artikel 10 und 11 schränken die Meinungs-, Religions- und Pressefreiheit jeweils ein auf die Bedingungen der vom Gesetz garantierten öffentlichen Ordnung, und der vorletzte Artikel spricht jeder Gesellschaft, in der die Menschen- und Bürgerrechte nicht garantiert sind und die Gewaltentrennung (*séparation des pouvoirs*) nicht realisiert ist, ab, über eine Verfassung (*constitution*) zu verfügen.

Im Vergleich zu den parallelen Dokumenten der nordamerikanischen Revolution, die durchweg auf Rechte und Freiheiten abheben, fällt auf, dass die französische Erklärung der Menschen- und Bürgerrechte die natürlichen Rechte unmittelbar mit natürlichen Pflichten verbindet, dass die persönliche Freiheit sogleich dem Gesetz unterstellt wird und dass die individuellen Handlungen sofort eingeschränkt werden durch den Vorrang des gesellschaftlichen

Nutzens und den übergeordneten Zweck der Aufrechterhaltung der gesellschaftlichen Ordnung – von der argumentativen Berufung auf den die Einzelwillen an den Rand drängenden ominösen Allgemeinwillen einmal ganz zu schweigen. Insgesamt betrachtet zeichnet sich hier ein kollektivgesellschaftlicher und sozialpatriotischer Zug im französischen Revolutionsdenken ab, der schon bald zu einer aggressiven Politik der nationalen Sicherheitsbestrebungen nach innen wie außen führen sollte.

Das andere politisch-philosophische Dokument der Französischen Revolution von Anfang 1789 – sozusagen das Gegenstück zum *Federalist* von Madison, Hamilton und Jay – ist die Schrift «Was ist der Dritte Stand?» (*Qu'est-ce que le Tiers état?*) des Politikers, Staatsmanns und katholischen Klerikers Emmanuel Joseph Sieyès (1748–1836). Sieyès, der die geistliche Laufbahn wohl eher aus Karrieregründen einschlägt und es nach Studien der Theologie und Philosophie in Paris schon bald zum Generalvikar und Kanzler der Diözese von Chartres bringt, ist einer der Pariser Deputierten des Dritten Standes in der von Ludwig XVI. im Jahr 1789 einberufenen Versammlung der Generalstände (*Etats généraux*) – der ersten derartigen Versammlung seit 1614. Aktiv und einflussreich besonders in der Frühphase der Revolution (1789–1790), stimmt Sieyès 1793 für die Hinrichtung des Königs, überlebt die Terrorphase der Revolution und hat nach dem Sturz Robespierres (1794) und später nach dem Staatsstreich Napoleons vom 18. Brumaire des Jahres VIII (Revolutionskalender; gregorianischer Kalender: 9. November 1799), erst unter dem Direktorat (1795–1799) und dann unter dem Konsulat (1799–1804), hohe politische Ämter inne. Während des Ersten Kaiserreichs (1804–1814) aus der Politik ausgeschieden, kehrt Sieyès im Anschluss an Napoleons Flucht von Elba («Herrschaft der Hundert Tage», 1815) für kurze Zeit in die Politik zurück und geht – nach der Restauration der Bourbonenherrschaft – ins Exil nach Brüssel, wo er noch die nächste große europäische Revolutionswelle von 1830 erlebt, die es ihm erlaubt, als Privatmann nach Paris zurückzukehren.

Seine Schrift über den Dritten Stand ist das letzte von drei Pamphleten aus den Jahren 1788 und 1789, in denen ihr Autor auf die Einberufung der Generalstände mit ebenso programmatischen wie prinzipiellen Ausführungen zu Wesen und Zweck der drei Stände (Klerus, Adel, Dritter Stand) und zu ihrem Verhältnis zueinander reagiert. Speziell der Text über den Dritten Stand, der mit 300000 gedruckten Exemplaren eine Leserschaft von über einer Million erreicht haben dürfte, macht Sieyès über Nacht zur Schlüsselfigur. Dabei trägt die Schrift einen doppelten Charakter. In ihrer äußeren Anlage besticht sie durch eine dramatische Eröffnung in dreifacher Frageform, auf die sechs didaktisch geschickt gestaltete und auch nicht zu lange Kapitel folgen. Die drei auseinander hervorgehenden Eröffnungsfragen samt den lapidaren Antworten lauten: 1. Was ist der Dritte Stand? Alles. 2. Was war er bis jetzt? Nichts. 3. Was verlangt er? Etwas zu sein. In ihrer inneren Form stellt die Schrift einen originellen politisch-philosophischen Beitrag dar, der Sieyès' innige Vertrautheit mit der klassischen und modernen politischen Philosophie verrät und in dem besonders die Rückbezüge auf Montesquieu und Rousseau auffallen.

Die große politisch-philosophische Leistung der Schrift besteht in der Umdefinition des Dritten Standes vom unbedeutendsten und einflusslosesten Bestandteil eines traditionellen korporativen Repräsentationsorgans zum alleinigen Träger des als Nation (*nation*) reinterpretierten modernen Staates. Mit dem neu und eigens eingeführten verfassungspolitischen Fachausdruck «Nation» bezeichnet Sieyès die kollektive politische Identität Frankreichs, das nun nicht mehr traditionell strukturiert ist (nach gesellschaftlich gegliederten Ordnungen und geographisch verschiedenen Landschaften), sondern eine politische Einheit bildet, die zu Verwaltungszwecken in knapp hundert Regierungsbezirke (*départements*) eingeteilt wird. Die Nation ist bei Sieyès also rein politisch gedacht (Staatsnation) und weder als ethnische Einheit (Nationalvolk) noch im Hinblick auf eine kulturelle Identität (Kulturnation) konzipiert. Anders als im Deutschen, wo sprachlich zwischen den Ausdrücken «Stand» und «Staat» differenziert wird, verwendet das Französische den Ausdruck *état* für beide Bedeutungen. Schon deshalb und auch wegen der historischen Selbstidentifikation Ludwigs XIV. mit dem absolutistischen Staat (*l'État c'est moi*; «Ich bin der Staat») verwendet Sieyès den Ausdruck *nation*, mit dem ursprünglich die Herkunft (lateinisch *natus*, *-a*, *-um*, «geboren») bezeichnet wird.

Indem Sieyès den modernen Staat über die Nation definiert, setzt er sich nicht nur von der Identifikation des frühmodernen Staates mit der (physischen oder juristischen) Person des Monarchen ab. Die Nation im Sinne der kollektiven Grundlage des modernen Staates bei Sieyès ist auch zu unterscheiden vom homogenen Allgemeinwillen (*volonté générale*), in dem für Rousseau die Regierungsgewalt des Gemeinwesens unergründlich gründet. Bei Sieyès artikuliert sich in der Nation primär der von Rousseau beiseitegesetzte Wille aller (*volonté de tous*) in Gestalt eines gemeinsamen Willens (*volonté commune*), dessen komplexe Beschaffenheit in der förmlichen Verfassung (*constitution*) des nationalen Staatswesens abzubilden ist. Das organisatorische Mittel, den differenzierten nationalen Willens in staatliches Handeln umzusetzen, ist für Sieyès die Stellvertretung (*représentation*), deren weiterer Ausgestaltung durch gestufte Systeme von Volksvertretung in den Organen der Legislative und Exekutive er später noch ausführliche Überlegungen und Entwürfe widmet. Anders als Rousseau, der die Volksvertreter als kommissarische Agenten mit imperativem Mandat versteht, sieht Sieyès in den gewählten politischen Repräsentanten der Nation eigenverantwortlich handelnde und hochqualifizierte Sachverwalter des Gemeinwesens, die unabhängig von der Beeinflussung durch den Monarchen oder das Volk beraten und beschließen.

Für die verfassungsförmige Umsetzung seines Grundverständnisses des Staates als Nation denkt Sieyès in der Anfangsphase der Revolution an eine konstitutionelle Monarchie mit einem rein symbolischen Monarchen ohne jede politische Kompetenz. Nach dem gescheiterten, als Hochverrat ausgelegten Fluchtversuch des Königs in das feindliche Ausland (1791) wechselt Sieyès ins republikanische Lager, favorisiert später eine dirigierte Republik («Direktorium») und ist schließlich einer der Hauptverschwörer gegen die zunehmend anarchisch gewordene revolutionäre Republik zugunsten einer diktatorisch angehauchten Konsulatsverfassung. Diese wiederum bietet Napoleon Bonaparte als Erstem Konsul das Sprungbrett zur imperialen Überhöhung der Nation in das neu geschaffene Kaiserreich. So kommt Sieyès das paradoxe Verdienst zu, die Französische Revolution sowohl 1789 (mit-)initiiert als auch 1799 (mit-)terminiert zu haben.

Zusätzlich zur Einführung des staatspolitischen Grundbegriffs der Nation enthält seine Schrift über den Dritten Stand in ihrer ersten Hälfte eine polemisch gehaltene Abrechnung mit den Privilegien der anderen beiden Stände, insbesondere den mit der Geburt verbundenen Vorrechten des Erbadels – des Schwertadels (*noblesse d'épée*) im Unterschied zu dem auf Verdienst beruhenden Amtsadel (*noblesse de robe*). Sieyès betont zunächst die Nutzlosigkeit dieses privilegierten Standes, die daraus resultiere, dass fast alle privaten und öffentlichen Angelegenheiten von Mitgliedern des Dritten Standes erledigt würden. Darüber hinaus stellt er auch die Schädlichkeit dieses Standes heraus, der einen Staat im Staat (*imperium in imperio*) bilde und mit der Besetzung nahezu aller höheren Regierungsämter und -funktionen partikularen Standesinteressen (*intérêt particulier*) nutze, statt dem gemeinschaftlichen Interesse (*intérêt commun*) zu dienen (1. Kapitel). Generell hält Sieyès fest, dass Freiheit nicht in Privilegien besteht, sondern in Rechten gründet, die allen von Geburt zukommen und die sich in einer allen gemeinen Gesetzgebung und einer allen gemeinen politischen Vertretung (*une loi commune et une représentation commune*) manifestieren (2. Kapitel).

Im Hinblick auf die dem Dritten Stand zustehende, ihm aber vorenthaltene politische Freiheit (*liberté politique*) formuliert Sieyès drei Forderungen, die sich auf die Stellung und Funktion des Dritten Stands in den einberufenen Generalständen beziehen: Erstens soll die Vertretung des Dritten Stands nicht mehr, wie häufig in der Vergangenheit praktiziert, durch Mitglieder der privilegierten Stände, typischerweise Mitglieder des Amtsadels, erfolgen dürfen. Zweitens soll die Zahl der Deputierten des Dritten Stands der Summe der Deputierten aus dem ersten und dem zweiten Stand gleichkommen. Drittens sollen die Generalstände nicht nach Ständen, sondern nach Köpfen abstimmen (3. Kapitel). Die geforderten Maßnahmen dienen allesamt dem Ziel, dem Dritten Stand den ihm gebührenden Rang als einzig authentischem Repräsentanten der Nation zu sichern. In Übereinstimmung mit den drei Programmpunkten leitet Sieyès schon in den ersten Wochen nach dem Zusammentritt der Generalstände zuerst den Beitritt der beiden bislang privilegierten Stände zum Dritten Stand in die Wege und danach die Selbstausrufung des so komplettierten Dritten Standes zur Nationalversammlung (*Assemblée nationale*). Damit ist der entscheidende Schritt von den gewünschten Reformen des *Ancien Régime* zur völligen Neuordnung der politischen Verhältnisse vollzogen.

Obwohl sich Sieyès auch unabhängig von seiner zehnjährigen revolutionären Karriere mit politisch-philosophischen Problemen beschäftigt, insbesondere mit Verfassungs- und Wahlrechtsfragen, und auch einen umfangreichen Nachlass von einschlägigen Aufzeichnungen aus vielen Jahrzehnten hinterlässt, gibt es – bis auf die wenigen Gelegenheitsschriften im Umkreis der Revolution – von ihm kein umfangreicheres Werk, das seine verstreuten Überlegungen zu Nation und Staat, Verfassung und Regierung, konstitutioneller Monarchie und repräsentativer Republik zusammenführen würde. So steht sein schmales *œuvre* etwas verloren zwischen den maßgeblichen staatsphilosophischen Werken der Aufklärung und des frühen neunzehnten Jahrhunderts, mit denen es den politisch-philosophischen Fokus auf Freiheit, Recht und Gesetz teilt.

Edmund Burke

Die Französische Revolution trifft von Anfang an auf ein großes publizistisches Echo im europäischen Ausland. Im benachbarten Deutschland, insbesondere in den linksrheinischen Gebieten vom Rheinland über die Pfalz bis Baden, werden revolutionäre Clubs gegründet, in denen der Verlauf der Revolution in Reden und Diskussionen verfolgt und nicht selten begeistert gefeiert wird. Auch in anderen Teilen Deutschlands findet das Gedankengut der Revolutionäre eine enthusiastische Aufnahme, vor allem bei der akademischen Jugend. Erst die Terrorphase der Revolution ändert die Wahrnehmung der Pariser politischen Entwicklungen und führt vielerorts zu revidierten oder doch modifizierten Urteilen der Zeitgenossen. Für die politisch-philosophische Einschätzung der Französischen Revolution ist aber die Diskussion der Ereignisse, die in England stattfindet, von fast noch größerer Bedeutung. Denn dort betrachtet man das Geschehen in Frankreich, anders als in Deutschland, aus der Perspektive eines Landes, das in jüngerer und jüngster Zeit selbst Erfahrungen mit revolutionären Ereignissen und Entwicklungen gemacht hat: kurz zuvor erst mit der Unabhängigkeitserklärung seiner nordamerikanischen Kolonien (1776) und im vorangegangenen Jahrhundert mit dem Sturz der Monarchie (samt späterer Hinrichtung des Königs) zugunsten einer religiös geprägten Republik (1649) sowie – nach der Wiederherstellung der Monarchie (1660) – mit dem verhältnismäßig friedlichen Umsturz der zum Absolutismus und Katholizismus tendierenden Stuart-Monarchie zugunsten einer konstitutionellen Monarchie unter einem protestantischen Königspaar (1688).

Insbesondere die als Glorreiche Revolution (*Glorious Revolution*) gefeierte Konsolidierung der Machtstellung des Parlaments gegenüber der Krone von 1688 liefert einen britisch-patriotischen Kontext für die produktive Auseinandersetzung mit den revolutionären Entwicklungen auf der anderen Seite des Ärmelkanals. Eine besonders markante Position in der parallelen Lesart der

Umwälzungen von 1688 und 1789 nimmt der britische Moralphilosoph und nicht mit der anglikanischen Kirche konformgehende (*nonconformist*) Seelsorger Richard Price (1723–1791) ein, der die politischen Revolutionen in einen spezifisch religiösen, endzeitlichen Kontext stellt. Im Einzelnen stellt Price in einer patriotischen Predigt (*A Discourse on the Love of Our Country*) die Revolutionen in England und Frankreich im Hinblick auf drei politisch-philosophische Prinzipien nebeneinander, deren jedes er auf ein natürlich gegebenes Recht zurückführt. Erstens erachtet Price das Königsamt als Gegenstand einer Wahl durch das Volk (*choice of the people*). Zweitens hält er den Inhaber des Königsamtes im Fall eines Fehlverhaltens für abwählbar (*cashiering*). Drittens spricht er dem Volk in diesem Fall die Berechtigung zu, eine neue Regierung zu bilden (*form a new government*).

Unter den Beiträgen der sich um diese provokante Predigt entspinnenden publizistischen Kontroverse, die zumeist in Gestalt von Pamphleten – pro und contra der parallelen Deutung der Revolutionen von 1688 und 1789 – geführt wird, ragt ein Beitrag, verfasst Ende 1790, durch seine übergroße Länge, seinen brillanten Stil und seine originelle politisch-philosophische Position hervor: die *Betrachtungen über die Revolution in Frankreich* (*Reflections on the Revolution in France*) des anglo-irischen Politikers und Philosophen Edmund Burke (1729–1797).

Burke entstammt väterlicherseits der anglikanischen Führungsschicht Irlands (der Vater ist Anglikaner, die Mutter Katholikin), studiert am Trinity College in Dublin (wo er einen Debattierclub gründet) alte Sprachen und Literatur und bricht weitere Studien, für den Anwaltsberuf (*Barrister*), in London, ab, um sich zuerst einer literarischen und dann einer politischen Karriere zu widmen. Beinahe dreißig Jahre lang (1765–1794) sitzt er im britischen Unterhaus (*Commons*), übt zwar nur einmal und für kurze Zeit ein Regierungsamt aus, hält dafür aber vielbeachtete und wirkungsmächtige Parlamentsreden. Das Hauptprodukt seiner frühen schriftstellerischen Tätigkeit, die *Philosophische Untersuchung über den Ursprung unserer Ideen des Erhabenen und*

Schönen (*A Philosophical Enquiry into the Origin of Our Ideas of the Sublime and Beautiful*) von 1757, wirkt auf den frühen Kant, dessen *Beobachtungen über das Gefühl des Schönen und Erhabenen* (1764) eine Replik auf Burke darstellen.

Politisch gehört Burke zur parlamentarischen Gruppierung (*faction*) der *Whigs*, die sich im Unterschied zu den royalistischen und legitimistischen *Tories* der konstitutionellen Einhegung der Monarchie durch verbriefte Rechte und Freiheiten der Bürger verschreiben. Im Verlauf des neunzehnten Jahrhunderts entwickeln sich aus den beiden Gruppierungen dann die politischen Parteien der Liberalen und Konservativen. Als Whig kritisiert der Parlamentarier Burke in berühmten Reden die Kolonialpolitik des britischen Königreichs in Nordamerika, Indien und Irland. Er plädiert, allerdings vergeblich, für die parlamentarische Vertretung der nordamerikanischen Kolonien, für die Einrichtung lokaler Volksvertretungsorgane in den Kolonien und für die Einnahme von Steuern und anderen Abgaben durch lokale Behörden in den Kolonien, spricht sich aber gegen die Unabhängigkeit der dreizehn Kolonien aus. Im Hinblick auf die Praktiken der nichtstaatlichen Ostindien-Kompanie prangert er die Ausbeutung des indischen Subkontinents durch private Partikularinteressen an. Außerdem unterstützt er im Laufe seiner langen politischen Karriere die Grundsätze des Freihandels, verteidigt die Freiheit der Presse und spricht sich gegen die Sklaverei und auch gegen die Aufteilung großer Teile von Polen-Litauen unter die angrenzenden Großmächte (Erste Polnische Teilung 1772) aus.

Vor dem Hintergrund seiner fortschrittlichen politischen Positionen in der britischen Handels- und Außenpolitik muss es umso mehr erstaunen, wie vehement und polemisch Burke in den *Betrachtungen* gegen die Französische Revolution Stellung bezieht. Von der Schrift werden in kurzer Zeit 17 500 Exemplare verkauft. Schon bald erscheinen Übersetzungen in andere europäische Sprachen ebenso wie Repliken aus verschiedenen Lagern. Zwar entsprechen die aggressive Tonlage und die Verbalattacken in dem Text den Usancen der zeitgenössischen politischen Pamphletliteratur, doch gehen Burkes verbale Attacken gegen die revolutionären Umtriebe in Frankreich über eine parteiische Stellungnahme hinaus und reichen bis zu einem Angriff auf Frankreichs politische Kultur und ihre, Burke zufolge, verblendete ausländische Rezeption vor allem in England.

Im Hinblick auf die politischen Verhältnisse im eigenen Land unterscheidet Burke zwischen konservativen, reformerischen «alten Whigs» und radikalen, pro-revolutionären «neuen Whigs» (*Old Whigs*, *New Whigs*). Zunächst ist Burke mit seiner antifranzösischen Position innerhalb der Whigs völlig isoliert. Später treiben die weiteren Entwicklungen in Frankreich viele ehemals pro-revolutionäre Whigs in das traditionellere, reformerische Lager. Während Burke im neunzehnten Jahrhundert, im Rahmen der aufkommenden ideologischen Konfrontation von Liberalen und Konservativen, weiterhin den Ersteren zugerechnet wird, kommt es im zwanzigsten Jahrhundert zu seiner Vereinnahmung durch das andere, konservative Lager – zunächst im Kontext des Anti-Kommunismus in der westlichen Nachkriegswelt, später im Rahmen des Neo-Konservatismus.

Obwohl als Brief an einen französischen Freund angelegt, der ihn um eine Einschätzung der revolutionären Ereignisse bittet, sind Burkes *Betrachtungen* zu großen Teilen eine Auseinandersetzung mit der englischen Rezeption der Französischen Revolution. Die Schrift ist zwar stilistisch brillant, aber durch ihre Überlänge, fehlende äußere Gliederung und Reichtum an Verweisen und Anspielungen auf klassische Texte und historische Ereignisse schwer überschaubar und schwierig einzuschätzen. Bei Redaktionsschluss der *Betrachtungen* hat die Revolution in Frankreich eineinviertel Jahr hinter sich: Der Dritte Stand ist zur Nationalversammlung umgewandelt, die Privilegien und Vorrechte von Adel und Kirche sind abgeschafft, der Einzug der Kirchengüter hat begonnen, auf den erwarteten Gewinn aus dem Verkauf der kirchlichen Güter gibt die Regierung Papierzertifikate (*Assignats*) aus, die nach Ausbleiben vieler Verkäufe als Papierwährung mit Einlöseversprechen gehandelt werden; die königliche Familie wird zwangsweise von

Versailles nach Paris verbracht und den wachsamen Augen der zunehmend radikalisierten Bürgerschaft unterstellt; erste Ermordungen von auffälligen Mitgliedern von Adel und Klerus finden statt.

Burkes publizistische Reaktion auf diese Serie von Ereignissen ist eine rhetorisch geschickte Mischung von theoretischer Kritik an den Prinzipien der revolutionären Politik und praktischer Sympathie mit deren anonymen und bekannten Opfern, insbesondere mit der ihrer Majestät und Würde beraubten Königin, deren mitleidserregenden Zustand Burke ausführlich schildert. Auf politisch-philosophischer Ebene stellt Burke dem Rationalismus der Revolutionäre, die mit abstrakten Begriffen und logischen Schlussfolgerungen argumentieren, agitieren und agieren, den britischen Empirismus gegenüber, der in der Politik aus Erfahrung schöpft und mit Klugheit verfährt. In formaler Hinsicht betont Burke den Kontrast zwischen einem geschichtlich gewachsenen Gemeinwesen wie dem englischen, in dem unterschiedliche politische, soziale und ökonomische Interessen und Orientierungen Berücksichtigung finden, und dem zentral dirigierten revolutionären Staat in Frankreich, der pure Prinzipien kompromisslos umsetzt. Philosophisch stehen sich dabei eine metaphysische und apriorische (*metaphysic*, *a priori*) Konzeption von Recht und Gesetz auf Seiten der Revolutionäre und die historische Herleitung von Recht und Gesetz aus landesspezifischer Tradition (*national tradition*) – samt den damit verbundenen Instanzen von Gepflogenheit (*custom*) und Präzedenz (*precedent*) – gegenüber.

Doch Burke behandelt das Staatsgebilde der französischen Revolutionäre nicht einfach als alternative Ausprägung des modernen Staates neben der englischen Verfassung in Gestalt einer konstitutionell beschränkten Monarchie. Anders als das geschichtlich gewachsene britische Gemeinwesen hält Burke das sich abzeichnende französische Staatswesen – gleichgültig ob als konstitutionelle Monarchie oder als demokratische Republik – für gesellschafts- und finanzpolitisch unstabil und auf dem besten Weg in Chaos und Zerfall (*anarchy*). Auch ist für ihn die Reform als die den britischen Verhältnissen angemessene Gestalt möglicher politischer Veränderung kein genaues Gegenstück zum französischen Weg der Revolution, so als gebe es zwei Wege zum gleichen Ziel. Wesentlich für die Revolution ist vielmehr der radikale Bruch mit dem Bestehenden, während die Reform für Burke ein Miteinander von Bewahren und Verändern darstellt (*at once to preserve and to reform*).

Die bei allen angezeigten Veränderungen zu bewahrende Tradition versteht Burke nicht als starr zu konservierende vorherige Ordnung. Speziell im Hinblick auf Frankreich ist die Alternative zur Revolution für Burke nicht die Restauration der vorrevolutionären Verhältnisse, die spätere reaktionäre und konterrevolutionäre Kritiker der Revolution fordern. Der konservative Impetus hinter Burkes Revolutionskritik gründet in einem umfassenden, rückwärts- wie vorwärtsgerichteten Verständnis von Tradition, das Vergangenheit, Gegenwart und Zukunft in einem die Generationen übergreifenden Sinnzusammenhang der Geschichte sieht. Den Gesellschaftsvertrag versteht Burke in dieser zeitlich dreidimensionalen Perspektive nicht als abstraktes Gründungsdokument, sondern als gelebten überzeitlichen Kontrakt – als «großes ursprüngliches Vertragswerk der ewigen Gesellschaft» (*great primeval contract of eternal society*), das eine «Partnerschaft zwischen den jetzt Lebenden, den bereits Verstorbenen und den noch zu Gebärenden» (*partnership between those who are living, those who are dead, and those who are to be born*) bildet. In Burkes traditionalistischer Perspektive ist die englische Revolution von 1688 kein Vorläufer der Französischen Revolution von 1789, sondern die erneuernde Bestätigung eines jahrhundertealten Erbes von Rechten und Freiheiten (*inheritance of rights and liberty*), das bis zur *Magna Carta* von 1215 zurückreicht.

Im Zentrum von Burkes traditionalistischem Verständnis des englischen Gemeinwesens steht die Freiheit (*liberty*), verstanden als Freiheit von «willkürlicher» (*arbitrary*) Bevormundung des Einzelnen durch die formellen und informellen Instanzen von Staat und Gesellschaft. Als «bürgerliche Freiheit» (*civil liberty*) wird die individuelle Freiheit, so Burke, durch die «bürgerliche Regierung» (*civil government*) und ihre «starken Institutionen» (*strong institutions*) ebenso geschützt wie geregelt. Als auf die Bürger hin orientiert und auf ihnen basiert ist die bürgerliche Regierung, Burke zufolge, eine «repräsentative Regierung» (*representative government*), in der die Bürger durch parlamentarische Vertreter an der Regierung mitwirken.

In Anbetracht der egalitären und demokratischen Tendenzen der Revolution in Frankreich betont Burke in seiner Funktion als selbsternannter Old Whig zum einen die Beschränkung der bürgerlichen Repräsentation auf die durch Besitz oder Einkommen ökonomisch unabhängigen Segmente (*classes*) der Bevölkerung, zum anderen die politische Unabhängigkeit der parlamentarischen Vertreter von Mandaten der Wählerschaft und den Charakter des Parlaments als frei entscheidender beratender Versammlung (*deliberative assembly*). Das neuerrichtete französische politische System erscheint Burke demgegenüber als «künstlich hergestellte neue Regierung» (*fabrication of a new government*), als «willkürliche Versammlung von Frankreich» (*arbitrary assembly of France*) und als «willkürliche Pariser Republik» (*arbitrary republic of Paris*). Das ehemalige französische Staatswesen sieht er auf die «Elementarbestandteile eines aufgelösten Volkes» (*moleculae of a disbanded people*) reduziert. Speziell an der Verstaatlichung der Kirchengüter und der verordneten Verwandlung des Klerus in staatliche Beamte moniert Burke die Abschaffung unabhängiger Körperschaften außerhalb von Staat und Regierung, durch die Letztere zu viel Macht und Einfluss verliehen werde.

Für das irritierende Ineinander von geschichtsvergessener anarchischer Freiheit und willkürlichem staatlichen Dirigismus verwendet Burke in den *Betrachtungen* auch die Wendung «jakobinisches Frankreich» (*Jacobin France*) – unter Rückgriff auf die im ehemaligen Konvent der Jakobiner-Mönche tagende und zunehmend einflussreiche radikale Gruppierung unter den französischen Revolutionären. Zum französischen revolutionären Freiheitsverständnis heißt es bei ihm lapidar: «Ihre Freiheit ist nicht liberal.» (*Their liberty is not liberal.*) Burkes eigene politisch-philosophische Position zum Verhältnis von Freiheit und Tradition wäre demgegenüber wohl am ehesten als die eines liberalen Konservativen zu kennzeichnen.

8.
Das dezentrale Deutschland: Recht und Freiheit

Zwei Dinge, die überdies miteinander zusammenhängen, unterscheiden die politische Situation in Deutschland in der frühen Neuzeit von der in anderen Ländern West-, Mittel- und Nordeuropas, vor allem in Frankreich und England. Zum einen ist dies die konstitutive Zersplitterung des «Alten Reichs» (Heiliges Römisches Reich Deutscher Nation), das im Wesentlichen mit den deutschsprachigen Ländern in der Mitte Europas zusammenfällt, welche wiederum in eine Vielzahl von Territorialherrschaften weltlicher und geistlicher Art sowie unterschiedlicher Größe und Bedeutung gegliedert sind. Die zentralen Institutionen – das Wahlkaisertum, der Reichstag und das Reichsgericht – sind zunehmend weniger in der Lage, den Zusammenhalt des Reichsverbandes zu gewährleisten. Zum anderen ist es die strenge Zuordnung der multiplen Territorialherrschaften des Reiches zu je einer der drei christlichen Konfessionen (katholisch, lutherisch, reformiert), nach der im Wesentlichen ein protestantischer Nordosten und Südwesten gegen einen katholischen Nordwesten und Südosten des Reiches stehen. Hinzu kommt noch die zunehmende innerdeutsche Rivalität zwischen dem traditionell den Kaiser stellenden und stark nach Ost- und Südostmitteleuropa ausgerichteten Österreich (später Österreich-Ungarn) und dem in östlicher wie westlicher Richtung expandierenden Brandenburg-Preußen (später Preußen).

Während die größeren und kleineren Fürstenhöfe des Reiches sich am ostentativen Vorbild des französischen Absolutismus orientieren, favorisiert das im Aufstieg begriffene städtische Bürgertum in den deutschen Ländern, darunter vor allem der Gelehrtenstand, die aufgeklärte Variante des Absolutismus (aufgeklärter

Absolutismus) im Zeichen von bescheidenem wirtschaftlichen Wohlstand und provinzieller kultureller Blüte. Weder die Englische Revolution von 1688 noch die Amerikanische Revolution von 1776 führen hier zu Forderungen nach gesellschaftlichen und politischen Veränderungen. Erst die Französische Revolution inspiriert Teile der Bevölkerung in den westlichen, dem Geschehen unmittelbar benachbarten Reichsteilen zu Sympathiekundgebungen und vereinzelten politischen Aktionen, insbesondere zu publizistischer Aktivität pro und contra. Die mit dem Aufstieg Napoleons einhergehende außenpolitische Expansion des zunächst noch revolutionären und dann imperialen Frankreich provoziert im Folgenden stärkere Reaktionen in den deutschen Ländern, von denen viele zumindest zeitweilig französisch besetzt und verwaltet sind. Vielerorts wird darüber aus den Sympathien für das revolutionäre Frankreich eine auch politisch-philosophisch artikulierte Antipathie gegen Napoleons Herrschaft über große Teile Europas. Durch die Selbstaufhebung des Reichs in den Napoleonischen Kriegen und die Neuordnung Europas nach dem Sturz Napoleons steigt das zwar militärisch und kulturell, aber kaum politisch modernisierte Preußen endgültig zur europäischen Großmacht auf, um wenige Jahrzehnte später, nach Kriegen gegen Österreich-Ungarn und Frankreich, die deutschen Länder – darunter drei Königreiche und sechs Großherzogtümer – mit Ausnahme von Österreich unter einem preußisch geführten Erbkaisertum (Deutsches Reich) zu vereinigen.

Immanuel Kant

Der lebenslange Königsberger Bürger und langjährige Königsberger Universitätslehrer Immanuel Kant (1724–1804) steht politisch-philosophisch zwischen zwei Epochen. Sein Leben lang ein überzeugter Anhänger des aufgeklärten Absolutismus in dessen friderizianischer Ausprägung («in meinem Staate kann jeder nach seiner Façon selig werden»), begeistert sich Kant, als er schon das heutige Pensionsalter erreicht hat, für die politisch-philosophischen Ideale der Französischen Revolution (Freiheit, Gleichheit, Brüderlichkeit), wenn auch nicht für deren Politik (gewaltsamer Umsturz, Enteignung im großen Stil, Königsmord), die er vehement kritisiert. Genau wie seine Zeitgenossen und seine frühen Nachfolger rezipiert Kant die Französische Revolution vor dem Hintergrund des neuzeitlichen Naturrechts und im Kontext einer vernünftig (re-)konstruierten philosophischen Geschichte der Menschheit, die auf deren geistigen und moralischen Fortschritt abzielt. Dementsprechend ist Kants politische Philosophie rechtsphilosophisch begründet und geschichtsphilosophisch ausgerichtet. Sie steht überdies im weiteren Zusammenhang seines philosophischen Gesamtvorhabens einer gegenseitigen Grenzbestimmung der Gesetzlichkeiten von kausal determinierter Natur und selbstbestimmter Freiheit, die er in vier grundlegenden Werken aus den 1780er Jahren ausführt (*Kritik der reinen Vernunft*, *Grundlegung zur Metaphysik der Sitten*, *Kritik der praktischen Vernunft* und *Kritik der Urteilskraft*).

Nach einem geschichtsphilosophischen Vorläufer in Aufsatzform (*Idee zu einer allgemeinen Geschichte in weltbürgerlicher Absicht*, 1784) publiziert Kant seine teils längeren, teils kürzeren, immer aber gewichtigen Beiträge zur politischen Philosophie nach dem Ausbruch der Französischen Revolution und dann nicht selten in Reaktion auf sie und in Auseinandersetzung mit ihr. Im Einzelnen handelt es sich um folgende sechs Schriften oder wesentliche Teile von ihnen: *Über den Gemeinspruch: Das mag in der Theorie richtig sein, taugt aber nicht für die Praxis* (1793), *Zum ewigen Frieden. Ein philosophischer Entwurf* (1795), *Die Metaphysik der Sitten* (1797), *Über ein vermeintes Recht aus Menschenliebe zu lügen* (1797), *Der Streit der Fakultäten* (1798) und *Anthropologie in pragmatischer Hinsicht* (1798). Zu den bedeutendsten dieser einschlägigen Schriften gehören die in der Form eines fiktiven universellen Friedensabkommens verfasste Abhandlung *Zum ewigen Frieden* mit ihren beiden politisch-philosophischen Anhängen sowie die als kombinierte Rechtslehre und Ethik («Tugendlehre») angelegte *Metaphysik der Sitten* mit ihren politisch-philosophischen Partien zum Staats-, Völker- und Weltbürgerrecht.

Zwei Merkmale zeichnen Kants politische Philosophie gegenüber der politisch-philosophischen Tradition aus: die Auffassung der Politik als angewandtes Recht und die Trennung des Rechts – unter Einschluss seiner Anwendung auf die Politik – von der Moral qua Ethik. Durch die Anbindung der Politik an das Recht («ausübende Rechtslehre») überträgt Kant die vernünftige Regulierung des (positiven) Rechts durch das Naturrecht auf die Ebene politischer Einrichtungen und Entscheidungen, die bis dahin der Domäne historischer Erfahrung und politischer Urteilskraft («Staatsklugheit») zugeordnet sind. Für Kant gilt: «Das Recht muß [gemeint ist hier: darf] nie der Politik, wohl aber die Politik jederzeit dem Rechte angepaßt werden.» (*Über ein vermeintes Recht*). Durch die prinzipielle Trennung von Recht und Ethik entbindet Kant darüber hinaus die Sphäre des Rechts ebenso wie die rechtliche Regelung der Politik, die beide immer nur äußerlich manifeste Handlungen betreffen, von ethisch-moralischen Vorgaben, die durchweg den inneren Absichten der Akteure («Gesinnung») gelten. Für Kant sind Recht und Ethik prinzipiell getrennte Formen der Gesetzgebung («äußerlich», «innerlich»), so dass der Ethik als solcher keine rechtliche Verbindlichkeit zukommt, auch wenn Kant eine über das bloße Recht hinausgehende ethisch-moralische Verpflichtung zum Gehorsam gegenüber Recht und (Rechts-)Gesetz einräumt. Die rechtliche Einhegung der Politik und die Loslösung des Rechts von der Ethik sind beide als aufklärerische Errungenschaften anzusehen, die einerseits die Politik von Willkürherrschaft loslösen und öffentlich-rechtlichen Standards unterstellen und andererseits die Moral im engeren Sinn von der Politik fernhalten und der privaten Sphäre persönlicher Überzeugungen zuweisen.

Ein weiteres Unterscheidungsmerkmal von Kants politischer Philosophie gegenüber vielen Vorgängern, besonders in der englischen und schottischen Aufklärungstradition, verrät seine große Nähe zu Rousseau: ein Freiheitsverständnis im Recht wie in der

Ethik, das neben der negativen Freiheit von Willkür und Zwang zusätzlich auf dem positiven Sinn von Freiheit als Selbstgesetzgebung («Autonomie») insistiert. Die Vorstellung, dass nur die frei sind, die unter eigenen, selbstgegebenen Gesetzen stehen, und dass genau darin überhaupt deren Freiheit besteht, geht auf das klassische griechische und römische politische Denken zurück und wird, im Anschluss an Machiavelli und andere frühmoderne Repräsentanten des Republikanismus, vor allem von Rousseau vertreten. Kant übernimmt das republikanische Verständnis von Freiheit als Autonomie sowohl in seine Ethik als auch in seine Rechtslehre und über Letztere auch in seine Politik.

Ethisch frei zu sein, bedeutet für Kant, unter dem allgemein gültigen moralischen Gesetz («Sittengesetz») zu stehen, das in der handlungsbezogenen («praktischen») Vernunft eines jeden Menschen gründet. Kant zufolge schreibt das unbedingte Sittengebot der Vernunft («kategorischer Imperativ») allen Menschen – und darüber hinaus allen etwa existierenden nicht-menschlichen endlichen Vernunftwesen – die allgemein-gesetzliche Form («Gesetzmäßigkeit») ihrer individuellen Handlungsgrundsätze («Maximen») vor. Die Grundformel lautet deshalb: «handle nur nach derjenigen Maxime, durch die du zugleich wollen kannst, daß sie ein allgemeines Gesetz werde» (*Grundlegung zur Metaphysik der Sitten*, 2. Abschnitt). Vom Ethisch-Moralischen ins Rechtlich-Politische übertragen («Rechtsimperativ»), lautet das unbedingte Gebot der autonomen (Rechts-)Vernunft («allgemeines Rechtsgesetz»): «Handle äußerlich so, daß der freie Gebrauch deiner Willkür mit der Freiheit von jedermann nach einem allgemeinen Gesetze zusammen bestehen könne.» (*Metaphysik der Sitten*, Einleitung in die Rechtslehre)

Indem Kant die Ethik wie das Recht samt der dem Recht angegliederten Politik auf Freiheit als Autonomie gründet, verabschiedet er den Eudämonismus, der seit Aristoteles den Wert des ethischen und politischen Tuns an dessen Beitrag zum gelungenen Leben (*eudaimonia*, «Glückseligkeit») bemessen hatte. Stattdessen stellt Kant das ethische wie das rechtlich-politische Handeln unter die funktionale Anforderung der selbstgesetzlichen Freiheit («Autonomie») und unter das formale Erfordernis vernünftiger Allgemeinheit («allgemeine Freiheit»). Wenn so die Freiheit als Autonomie bei Kant ganz generell an (ethische oder rechtliche) Gesetze gebunden ist, kommt speziell für die Sphäre von Recht und Politik, zusätzlich zu Freiheit und Gesetz, das Instrument des rechtlich gegründeten Zwangs («Gewalt») hinzu. Die nicht nur legitime, sondern sogar erforderliche rechtlich-politische Zwangsgewalt soll, so Kant, dafür Sorge tragen, dass die durch das Gesetz geregelte Einschränkung der Freiheit jedes Einzelnen auf deren Zusammenbestehen mit der Freiheit aller anderen nicht leere Vorschrift bleibt, sondern konsequent durchgesetzt werden kann.

Die unter politisch durchgesetzten Rechtsgesetzen stehende Gemeinschaft bezeichnet Kant ganz allgemein als «bürgerliche Gesellschaft» (lateinisch *societas civilis*). Das Zusammenspiel von (rechtlicher) Freiheit, (Rechts-)Gesetz und (rechtlicher) Gewalt macht für ihn das Gemeinwesen als solches aus, das er auch generisch als «Republik» und *res publica* bezeichnet – noch ganz unabhängig von dessen spezifischer staatlicher Verfassung. Kant zufolge ist die bürgerliche Gesellschaft und ihre republikanische Grundbeschaffenheit aber nicht nur ein rechtlich-politisches Ideal, sondern auch das realistische Ziel menschlicher Geschichte. In geschichtsphilosophischer Perspektive macht er hinter der Entwicklung von Staat und Gesellschaft einen Mechanismus aus, der die Menschen kollektiv, als Gattung, zum rechtlich-politischen Fortschritt antreibt.

Das heimliche Movens der Menschengeschichte ist für Kant die von ihm so genannte «ungesellige Geselligkeit», eine Konstellation von sozialer Anziehungs- und Abstoßungskraft, die sich darin manifestiert, dass die Menschen einander zwar brauchen und deshalb die Gesellschaft Anderer suchen, aber in der Gesellschaft mit Anderen immer auch ihren eigenen Willen einschränken müssen und deshalb die Gesellschaft Anderer ebenso zu meiden bestrebt sind (*Idee zu einer allgemeinen Geschichte*, 4. Satz). Der im

Lauf der Geschichte zunehmend erzielte Gleichgewichtszustand zwischen den konträren Kräften von Geselligkeit und Ungeselligkeit ist, Kant zufolge, die bürgerliche Gesellschaft als solche, die individuelle Freiheit zwar maximiert, zugleich aber auch eingeschränkt auf ihr Zusammenbestehenkönnen mit der individuellen Freiheit aller Anderen.

Die republikanisch verfasste bürgerliche Gesellschaft stellt Kant unter drei rechtlich-politische Prinzipien, die das dreifache Motto der Französischen Revolution (*liberté*, *égalité*, *fraternité*) in modifizierter und spezifizierter Form aufnehmen: Freiheit, Gleichheit, Selbständigkeit. Die Freiheit versteht Kant als individuelle Selbstbestimmung, unabhängig von paternalistischen Vorgaben durch Staat und Gesellschaft. Die Gleichheit fasst Kant als rechtliche Gleichheit oder als Gleichheit vor dem Gesetz, unter Zurückweisung von rechtlichen Privilegien, doch mit Anerkennung anderer Formen von Ungleichheit, insbesondere im Hinblick auf Begabung und Vermögen. Die an die Stelle der revolutionären Solidarität («Brüderlichkeit») gesetzte Selbständigkeit schließlich versteht er als wirtschaftliche Qualifikation durch ein unabhängiges Einkommen – auf der Grundlage von Land- und Kapitalbesitz, von akademischer Bildung oder von handwerklicher oder gewerblicher Ausbildung – für die Mitwirkung an der bürgerlichen Gesetzgebung («Mitgesetzgeber») (*Über den Gemeinspruch*, 2. Abschnitt).

Die staatliche Verfassung der bürgerlichen Gesellschaft entwickelt Kant unter Rückgriff auf politisch-philosophische Grundbegriffe Rousseaus (Gesellschaftsvertrag, allgemeiner Wille, Souveränität), die dabei als rechtlich-politische Normen für die Einrichtung und das Funktionieren des jeweiligen Staatswesens dienen. Bei der Beurteilung einer gegebenen Staatsverfassung legt Kant besonderen Wert auf die Art und Weise, in der das jeweilige Gemeinwesen regiert wird («Regierungsart») – entweder unter personeller Trennung der gesetzgebenden und der ausführenden Gewalt und damit in «republikanischer» Manier oder ohne deren Trennung und damit in «despotischer» Form. Gegenüber der Zweiteilung der

Regierungsarten nach republikanisch-gut und despotisch-schlecht ist es für ihn von nachrangiger Bedeutung, über welche förmliche Verfassung das jeweilige Gemeinwesen verfügt («Staatsform») – ob monarchisch, aristokratisch oder demokratisch (*Zum ewigen Frieden*, 2. Abschnitt). Kant bevorzugt, zumindest für die eigene Zeit, die monarchische Staatsform, solange das Gemeinwesen nach republikanischer Art – also unter Trennung der Legislative in der Person des Monarchen von der Exekutive in Gestalt einer Ministerialbürokratie – regiert wird. Selbst ein aufgeklärter Absolutismus im Stil von Preußen unter Friedrich II. gilt ihm als zwar nicht dem Buchstaben, wohl aber dem Geist nach republikanisches Regiment (*Zum ewigen Frieden*, 2. Abschnitt).

Wie entfernt Kants politische Philosophie von jüngeren Formen von populärer Republik und parlamentarischer Demokratie ist, wird auch deutlich in seiner Einführung des politischen Instruments der Vertretung («repräsentatives System») (*Zum ewigen Frieden*, 2. Abschnitt). Kant rechtfertigt die Schaffung von Vertretungsorganen als politische Lösung für das Problem, die rechtlich geforderte Freiheit und Gleichheit der Bürger in einem großflächigen Staatsgebilde zu verwirklichen (*Über ein vermeintes Recht*). Dabei lässt er die Zusammensetzung und den Wahlmodus der Vertretung ebenso offen wie deren Befugnisse und Aufgaben. Es dürfte seiner politischen Imagination ferngelegen haben, sich das politische Repräsentationssystem nach Art der förmlichen Volksvertretung in der englischen monarchischen oder gar der (nord-) amerikanischen republikanischen Verfassung vorzustellen.

Was die Frage möglicher politischer Veränderungen angeht, ist Kant ein erklärter Gegner des Widerstandsrechts gegen ungerechte Regierungen und Verwaltungen. Statt für eine Revolution von unten, die immer mit dem Bruch gültigen Rechts verbunden ist, plädiert er für eine Reform von oben, zu der nicht zuletzt die fortschreitende Aufklärung im Ausgang von bürgerlichen Gelehrten und Publizisten beitragen soll. Die Errichtung eines dauerhaften Friedenszustands zwischen den europäischen Mächten («ewiger Friede») schließlich macht er an der Republikanisierung der modernen Staaten fest, in denen die zunehmende Berücksichtigung des bürgerlichen Interesses an persönlicher Freiheit und Rechtssicherheit und des bürgerlichen Desinteresses an monarchischem Machtstreben und dessen materiellen und personellen Kosten für die Bevölkerung den Krieg als politische Option zunehmend obsolet werden lassen soll.

Als einen weiteren Schritt zum «ewigen Frieden» sieht Kants fiktiver Vertragsentwurf vor, dass sich die äußerlich republikanisch verfassten oder zumindest innerlich republikanisch gesinnten Staaten zu einer Friedensliga («Völkerbund») zusammenschließen. Dabei soll die Selbständigkeit der einzelnen Staaten erhalten bleiben («Föderalismus freier Staaten»). Eine staatsähnliche Zwangsgewalt über die so vereinigten Staaten nach Art des rechtlichen Zwangs in jedem einzelnen Staat («Völkerstaat», «Weltrepublik») lehnt er als unvereinbar mit republikanischer Freiheit ab.

Im Vordergrund von Kants politischer Philosophie steht die argumentative und institutionelle Begründung von bürgerlicher Freiheit durch Recht und Gesetz, dem gegenüber die politische Freiheit im Sinne von Selbstgesetzgebung und Selbstregierung von ihm zwar grundsätzlich anerkannt wird, aber zugleich zeitgemäß an andere Instanzen (Monarch, Minister, Notabeln) übertragen wird.

Johann Gottlieb Fichte

Der aus ärmlichen Verhältnissen stammende Johann Gottlieb Fichte (1762–1814) studiert ohne Abschluss an der Universität Leipzig, schlägt sich danach als Hauslehrer durch, bevor er aufgrund einer Verwechslung – seine in Teilen anonym erschienene erste Schrift wird für ein Werk des berühmten Kant gehalten – zu Ruhm und einer Professur an der Universität Jena gelangt, die er nach fünf Jahren im Zusammenhang mit der Beschuldigung des Atheismus aber wieder verliert. Die folgenden zehn Jahre verbringt Fichte hauptsächlich als Privatgelehrter mit gelegentlichen öffentlichen Vorträgen, bevor er in seinen letzten vier Lebensjahren noch einmal als akademischer Lehrer wirkt, diesmal an der neu gegründeten Universität Berlin. In seinem Habitus ist Fichte ein hochbegabter Außenseiter mit Hang zu radikalen philosophischen Positionen und politischen Ansichten und mit breiter zeitgenössischer Wirkung auf Philosophie, Dichtung und Künste.

Über die gesamte Dauer seines Gelehrtenlebens erscheint er als ein eminent politischer Philosoph, der über politische Themen Vorträge und Vorlesungen hält und einschlägige Schriften veröffentlicht: von einer frühen agitatorischen Schrift zur Französischen Revolution (1793) und einem akademischen rechtsphilosophischen Werk (1796/97) über eine wirtschaftsphilosophische Abhandlung (1800) und populäre geschichts- und kulturphilosophische Publikationen (1806, 1808) bis zu einer summarischen Neudarstellung der Rechtslehre (1812) und späten Vorträgen über zeitgenössische politische Ereignisse (Befreiungskriege gegen Napoleon) im Hinblick auf das Zusammenspiel von Recht, Politik und Religion (1813). Chronologisch betrachtet wie seiner Selbsteinschätzung nach und auch in der Sicht seiner Zeitgenossen ist Fichtes an Kant anschließendes philosophisches Denken gleichursprünglich mit Ausbruch und Ablauf der Französischen Revolution, als deren philosophisches Pendant Fichtes Philosophieren gelten kann. Wie die Französische Revolution will Fichtes Denken den Menschen von falschen Abhängigkeiten befreien und ihn in Freiheit auf sich selbst stellen – auf seinen innersten, selbstbestimmten Kern als «Ich». Sein an Kant anschließendes philosophisches System, für das er den Ausdruck «Wissenschaftslehre» prägt, versteht Fichte als das «erste System der Freiheit», das ganz auf die Selbständigkeit und Selbstbestimmung des Menschen in seinem Wissen wie in dem darauf aufbauenden Wollen und Handeln ausgerichtet ist.

Als generell politisch ambitioniertes Philosophieren ist Fichtes Denken durchweg auf gesellschaftliches Wirken ausgerichtet. In Fortsetzung aufklärerischer Anliegen zielt die Philosophie für

Fichte auf die umfassende Selbstvervollkommnung des Menschen als eines Individuums, das nur unter seinesgleichen und nur im Austausch mit anderen Individuen sein geistiges und moralisches Potential voll zu verwirklichen vermag. Selbstverbesserung und Weltverbesserung gehen so für Fichte Hand in Hand. Dementsprechend rückt bei Fichte die Zukunft als Dimension frei zu gestaltender menschlicher Geschichte ins Zentrum der politischen Philosophie.

Bei Fichte ist die politische Philosophie geschichtlich situiert und die Geschichtsphilosophie politisch ausgerichtet. Der grundsätzlichen Zurückführung des Menschen auf das selbstbestimmte Ich entspricht die politisch-geschichtliche Aufgabenstellung an Individuum wie Gesellschaft, alle unfreie Fremdbestimmung durch Natur und Kultur sukzessive durch freie Selbstbestimmung zu ersetzen. Maßstab der anzustrebenden freien Selbstbestimmung ist, wie schon bei Kant, die Vernunft mit ihrer Forderung nach streng allgemeinen, universal gültigen Regeln und Normen.

Auch in der prinzipiellen Trennung des auf äußerlich gesetzeskonformes Verhalten aufgerichteten Rechts von der auf die Motivation abzielenden Moral stimmen Kant und Fichte überein. Doch statt wie Kant Recht und Moral als alternative Ausprägungen von rein vernünftigem Wollen und Handeln in einer umfassenden praktischen Philosophie zu behandeln, versteht Fichte das Recht als der theoretischen Philosophie zugeordnete Sozialtechnik zur Vereinbarung der Freiheitsbetätigung vielzähliger und vielförmiger Individuen. Das Recht enthält so bei Fichte keine unbedingten Gebote, sondern strategische Regeln und taktische Techniken für die gesellschaftliche Durchsetzung von freiheitlichen Prinzipien. Im Gegenzug unterstellt Fichte die instrumentell und prudentiell verstandene Sphäre des Rechts insgesamt dem moralischen Fernziel allgemeinen ethischen Handelns. Der Staat als Rechtsinstitution wird dadurch bei Fichte zum probaten Mittel im universalhistorischen Prozess der Moralisierung der Menschheit. Die Verquickung der grundsätzlichen Trennung von Recht und Moral mit der Indienstnahme des Rechts durch die

Moral ist auch für die charakteristische Gebrochenheit von Fichtes politischer Philosophie verantwortlich. Im Hinblick auf ihre rein rechtlichen Grundlagen legt seine politische Philosophie den Fokus auf freie und variable Individualität, während sie in Bezug auf ihre ethisch-moralische Zielsetzung unterschiedslose überindividuelle Identität betont. In Schlagwörtern ausgedrückt, die erst im neunzehnten und zwanzigsten Jahrhundert in Gebrauch kommen, neigt die politische Philosophie Fichtes ebenso sehr zum Liberalismus und Individualismus wie zum Kommunitarismus und Sozialismus.

Die zeitlichen wie gedanklichen Hauptphasen in der Entwicklung von Fichtes politischer Philosophie werden markiert von seiner frühen, eher liberalen Rechtslehre, seiner mittleren, ausgesprochen kommunitarischen Geschichts- und Kulturphilosophie und seiner späten, eklatant endzeitlichen Staatslehre. Die *Grundlage des Naturrechts* (1796/97) ist zunächst dem Nachweis gewidmet, dass ein voll funktionsfähiges vernünftiges Individuum nur unter seinesgleichen und im durch gegenseitigen Respekt geprägten Austausch («Anerkennung») zustande kommen kann (*Grundlage des Naturrechts*, § 4). Das Recht als Regelwerk zwischenmenschlichen Handelns und der Staat als Institution zu dessen effizienter Durchsetzung sollen gewährleisten, dass die für menschliches Florieren erforderliche wechselseitige Anerkennung fortgesetzt und allerseits stattfindet. Die vorstaatliche Grundlage der menschlichen Rechtsgemeinschaft ist für Fichte das ursprüngliche Recht («Urrecht») jedes Menschen auf die Respektierung seiner Freiheit durch die anderen, zu der jeder Mensch dann seinerseits ebenfalls verpflichtet ist: «jeder beschränke seine Freiheit durch den Begriff der Freiheit des anderen» (*Grundlage des Naturrechts*, § 10).

Der Staat bildet für Fichte den rechtlich-politischen Rahmen, in dem das allgemeine Menschenrecht auf theoretisch wie praktisch anerkannte Freiheit im engeren Raum einer bürgerlichen Gesellschaft umgesetzt und durchgesetzt werden kann. Erst im Staat wird das Menschenrecht auf Freiheit durch positive sanktionsbewehrte Gesetze («Zwangsgesetze») garantiert (*Grundlage des Naturrechts*, § 14). Streng genommen gibt es deshalb für Fichte kein vor- und außerstaatliches Naturrecht, sondern nur das Recht im Staat und durch den Staat. Die den Staat tragende Instanz ist ein vom Wollen der Individuen («Privatwille») spezifisch verschiedenes gemeinschaftliches Wollen («gemeinsamer Wille»), das auf den institutionellen Schutz der Individuen voreinander («gegenseitige Sicherheit») abzielt (*Grundlage des Naturrechts*, § 16). In Bezug auf die Ausgestaltung der staatlichen Ordnung durch rechtlich-politische Strukturen und Funktionen ist er zum einen ungewöhnlich penibel, zum anderen geradezu nonchalant. So fordert er auf der einen Seite, dass in einem gut organisierten Staat jeder jederzeit den Behörden gegenüber die eigene Identität belegen können muss, und zwar mittels eines Passes samt eingetragener Personenbeschreibung oder sogar eingefügtem (gezeichnetem) Porträt. Der invasiven staatlichen Kontrolle bleibt in Fichtes Rechtsstaat qua Polizeistaat nur die bürgerliche Privatsphäre entzogen (*Grundlage des Naturrechts*, § 21). Auf der anderen Seite ist er bereit, viele Fragen der Einrichtung des Staates statt dem Recht und seinen Grundsätzen, der Politik und ihrer pragmatischen Verfahrensweise zu überlassen.

Besonders eklatant wird die Indifferenz in Verfassungsfragen bei seiner Einschätzung der Gewaltenteilung. Fichte hält die Trennung von Legislative und Exekutive für impraktikabel und auch für unnötig. Die staatliche Gesetzgebung soll sich auf allgemeine Vorgaben beschränken («Grundgesetz») und die näheren gesetzlichen Regelungen den ausführenden staatlichen Organen überlassen (*Grundlage des Naturrechts*, § 16). Statt die Kontrolle des Staatsapparats dem Widerspiel der legislativen, exekutiven und judikativen Gewalt anzuvertrauen, sieht Fichtes frühe Staatslehre neben der die Legislative und Judikative unter sich befassenden Exekutive ein von dieser unabhängiges Aufsichts- und Beurteilungsorgan vor, das er in Anlehnung an ein ähnliches Gremium im antiken Sparta «Ephorat» nennt (*Grundlage des Naturrechts*, § 16). In der Frage der Staatsform zeigt er sich offen sowohl für eine monarchische Verfassung als auch für eine republikanische Verfassung aristokratischen oder demokratischen Zuschnitts, wobei er die Auswahl und die weitere Ausgestaltung von den jeweiligen Umständen des Gemeinwesens abhängig machen möchte (*Grundlage des Naturrechts*, § 16).

Die für Fichte charakteristische Verknüpfung von eher liberalem Rechtsverständnis und tendenziell dirigistischer Politikkonzeption zeigt sich auch in dem als Anhang zur Rechtslehre vorgelegten *Geschlossenen Handelsstaat* (1800), der eine private Eigentumsordnung mit einer staatlichen Wirtschaftskontrolle zu verbinden sucht. Mit dem Argument, dass internationale Beziehungen aller Art, unter Einschluss von Handelsbeziehungen, nur zu Konkurrenz und Krieg führen, will Fichtes «philosophischer Entwurf» den privaten Außenhandel abschaffen und auch den sonstigen Austausch mit dem Ausland auf das absolut Erforderliche reduzieren. So soll der dauerhafte, «ewige» Friede zwischen den Staaten nicht durch Interaktion, sondern durch Isolation erzielt werden. Der von Fichte vorgesehene Wirtschaftsdirigismus umfasst neben der Abschaffung von konvertierbarer Währung auch den persönlichen Verzicht auf importierte Waren und Güter des täglichen Gebrauchs, die so weit wie möglich durch inländische Produkte ersetzt werden sollen. Die systematische Schließung des Handelsstaates versteht Fichte als Pendant zur Schließung des Rechtsstaates im Zeichen von einzelstaatlicher Souveränität.

Während die *Grundlage des Naturrechts* und der *Geschlossene Handelsstaat* die Spannung zwischen Freiheitsrechten und staatlichen Verpflichtungen noch abstrakt entwickeln, betten Fichtes 1804/05 gehaltene und 1806 veröffentlichte Vorlesungen über die *Grundzüge des gegenwärtigen Zeitalters* das Verhältnis von menschlicher Freiheit, bürgerlichem Recht und staatlichem Gesetz in eine politische Gattungsgeschichte der Menschheit ein. Den Gang der Geschichte versteht Fichte als sukzessive Verfalls- und Fortschrittsgeschichte, mit der zwiespältigen Gegenwart sowohl als Endpunkt des Verfalls als auch als Beginn des Fortschritts. Das Ziel der Gattungsgeschichte («Weltplan») besteht für ihn in der gelungenen und umfassenden Einrichtung der menschlichen Verhältnisse nach Maßgabe der Vernunft und im Modus der Freiheit («nach Vernunft mit Freiheit») (*Grundzüge*, 1. Vorlesung). Während die vernünftige Einrichtung der gesellschaftlichen Verhältnisse zunächst noch ohne Freiheit («Vernunftinstinkt») angestrebt wird, gerät die Vernunft, so Fichte, zwischenzeitlich – und insbesondere in der eigenen Gegenwart – ins Hintertreffen gegenüber einer unvernünftig betätigten Freiheit, um erst in Zukunft durch frei-vernünftiges Wissen und Handeln («Vernunftwissenschaft», «Vernunftkunst») zur adäquaten Verwirklichung zu gelangen (*Grundzüge*, 2. Vorlesung).

Den Entwicklungsstand eines Zeitalters macht Fichte durchweg an dessen staatlicher Organisationsform («Staatsverfassung») fest (*Grundzüge*, 9. Vorlesung). Er sieht den Staat in geschichtsphilosophischer Perspektive als künstlich geschaffene Institution zur «Bündelung aller individuellen Kräfte auf den Zweck der Gattung» und versteht den die Individuen für die Zwecke der Gattung in Anspruch nehmenden Staat als «absoluten Staat» (*Grundzüge*, 10. Vorlesung). Die Entwicklung des Staates stellt sich für Fichte als eine Fortschrittsbewegung von Recht und Freiheit dar, die sich von den despotischen Staaten des Mittleren Orients über die demokratischen und aristokratischen Staatsbildungen im klassischen Griechenland und Italien zu den modernen monarchischen Staaten Nordeuropas erstreckt.

Die beiden wichtigen Stationen in der rechtlich-politischen Entwicklung des Staates zum Gattungsziel von vernünftiger Freiheit sind für Fichte die in der klassischen Antike zumindest ansatzweise erzielte Gleichheit aller Bürger vor dem Gesetz («Gleichheit des Rechts») und die erst im christlich geprägten Europa wenigstens in Ansätzen erreichte Rechtsgleichheit aller Bürger («Gleichheit der Rechte»). Des Weiteren unterscheidet Fichtes politische Geschichtsphilosophie zwischen der angestrebten gleichen rechtlichen Freiheit der Bürger («bürgerliche Freiheit») und der durchaus ungleich verteilten Beteiligung der Bürger an der Regierung des Staates («politische Freiheit»), die ihrerseits die fortbestehende gesellschaftliche und wirtschaftliche Ungleichheit im Staat widerspiegelt (*Grundzüge*, 12. Vorlesung). Das zeitgenössische Europa sieht Fichte als religiös einheitliches und politisch vielteiliges Gemeinwesen («christliche Völkerrepublik»), das durch den politisch-philosophischen Grundgegensatz zwischen dem zentralistischen Frankreich und dem dezentralen Deutschland geprägt ist. Dementsprechend steht Europa für Fichte, der hier vor dem Hintergrund von Napoleons militärischen Erfolgen argumentiert, vor der Alternative eines politischen Hegemon («Universalmonarchie») oder einer Machtbalance zwischen den europäischen Großmächten («Gleichgewicht») (*Grundzüge*, 14. Vorlesung). Sein politisch-philosophisches Geschichtspanorama endet indes nicht auf der staatlichen Ebene, sondern betont die kultivierende Wirkung des modernen, «absoluten» Staates auf die Entfaltung des geistigen Lebens in Gestalt von Zivilisiertheit («Sitte»), Wissenschaft («Philosophie») und Hingabe an das Überirdische («Religion») (*Grundzüge*, 16. Vorlesung).

Während das erste seiner beiden verbleibenden Werke zur politischen Philosophie eine Tendenz zum Deutsch-Nationalen aufweist – mit weitreichenden Folgen für die spätere nationalistische Rezeption Fichtes –, überhöht das zweite sein Rechts- und Geschichtsdenken ins Religiös-Überirdische, mit beträchtlichen Folgen für Fichtes Vereinnahmung durch die politische Theologie. Die *Reden an die deutsche Nation* von 1807/08 bilden eine Reaktion auf die Besetzung Preußens durch Napoleon nach dessen Sieg bei Jena und Auerstedt (1806). In dieser Schrift stellt er, im Rückgriff auf die differenzierte sprachliche, kulturelle und politische Geschichte der europäischen Länder innerhalb und außerhalb des ehemaligen Römischen Reiches, den Entwurf einer politisch-philosophischen Gegenkultur zum absolutistischen und zentralistischen Frankreich vor. Der titelgebende Ausdruck «deutsche Nation» bezeichnet für Fichte sämtliche west- und nordeuropäischen Länder außerhalb der Romania. Den Antagonismus von (germanischem) Inland und (romanischem) Ausland stellt er in den weiteren Rahmen der gesamteuropäischen geschichtlichen Einheit («gemeinsame Nation»), so wie er auch den strategisch begründeten Nationalismus («Patriotismus») in den Dienst eines amikablen Universalismus («Kosmopolitismus») gestellt wissen will.

Die erst postum unter dem nicht von Fichte stammenden Titel *Die Staatslehre oder über das Verhältniß des Urstaates zum Vernunftreiche* publizierten Vorträge von 1813 entstehen zu Beginn der Erhebung Preußens gegen Napoleon. In ihrem politisch-philosophischen Kern kontrastiert die *Staatslehre* den zwangsgestützten Rechtsstaat («Staat») mit dem zwangsfreien ethischen Gemeinwesen («Reich»). Der endgeschichtliche Übergang von Ersterem zu Letzterem soll mittels ethisch-politischer Erziehung zum freiwilligen, weil aus innerlicher Überzeugung gewählten Rechttun bewerkstelligt werden. Für die derart herangebildete Gemeinschaft der Freien und Gleichen, so Fichte, fällt dann der Staat als Zwangsinstitut weg. Der späte Fichte präsentiert das Reich als ethisch-religiöse Nachfolgegestalt des politisch-rechtlichen Staates («Reich des Himmels auf der Erde»). Aus dem säkularen Staat wird so ein religiöses Regiment über die Menschen («Theokratie»), das allerdings nicht, wie in alten Zeiten, auf blindem Glauben beruhen soll, sondern auf klarer Einsicht, die sich der Philosophie und ihrer Popularisierung als christlich geprägter philosophischer Religion («Vernunftreligion») verdankt (*Staatslehre*, 3. Abschnitt). Der eminent politische Philosoph Fichte, der Politik von Anfang an nur als Mittel zum Zweck behandelt, propagiert am Ende, dass alle Politik in die Metapolitik von Religion und Glauben übergehe.

Georg Wilhelm Friedrich Hegel

Mit Georg Wilhelm Friedrich Hegel (1770–1831) erreicht der Beitrag der klassischen deutschen Philosophie («deutscher Idealismus») zur Geschichte der politischen Philosophie seinen Höhepunkt, sowohl was den intrinsischen sachlichen Gehalt als auch die langwährende internationale Ausstrahlung angeht. Im Laufe seiner generellen philosophischen Entwicklung und im zeitgenössischen Kontext der sozio-politischen Entwicklungen zwischen der Französischen Revolution, der Napoleonischen Epoche und der Restauration Europas im Gefolge des Wiener Kongresses wächst Hegels politische Philosophie zu einer zeitgeschichtlich fundierten Gesamtanalyse des modernen Lebens in Staat und Gesellschaft. Anders als oft angenommen ist der politische Horizont Hegels nicht auf die damaligen Verhältnisse in Preußen beschränkt, in dessen Hauptstadt er auch erst 1818 eine Professur antritt. Frühere Stationen seines beruflichen Lebens führen den gebürtigen Württemberger und Absolventen des legendären Tübinger Stifts in eine Schweizer Patrizierrepublik (Bern), eine freie Reichsstadt (Frankfurt), die thüringische und fränkische Provinz (Jena, Bamberg), eine ehemalige freie Reichsstadt (Nürnberg) und in die damals zu Baden gehörende rechtsrheinische ehemalige Kurpfalz (Heidelberg) – allesamt protestantisch geprägt wie Hegel selbst. Dazu kommt, dass er sein Leben lang anhand klassischer Quellen und zeitgenössischer Veröffentlichungen politisch-historische Studien betreibt. Überdies liest er regelmäßig internationale Zeitungen im englischen und französischen Original und unternimmt ausgedehnte Bildungsreisen in die historischen Metropolen Europas mit ihren Kunstsammlungen, Theatern und Konzertsälen (Dresden, Prag, Wien und Paris). Seine politische Philosophie steht ganz auf der Höhe der Zeit, die er ebenso kenntnisreich wie kritisch in Begriffe fasst, von denen viele bis heute das Denken über Staat und Gesellschaft bestimmen.

Während Hegels frühester Beitrag zur politischen Philosophie im zeitgenössischen Kontext den oligarchischen Verhältnissen in dem von Bern beherrschten Waadtland (1798) gilt, ist sein letzter Beitrag der Wahlrechtsreform im Vereinigten Königreich gewidmet (1831). Dazwischen liegen eine umfangreiche, aber abgebrochene Studie über die Verfassungsgeschichte Deutschlands (1799–1803), eine publizierte Auseinandersetzung mit der jüngeren Naturrechtslehre (1802/03), ein größeres Fragment zu Fichtes

Grundlage des Naturrechts (1802/03), verschiedene fragmentarische Entwürfe zur Ordnung und Entwicklung von Staat und Gesellschaft (1803/04–1805/06) sowie eine Schrift über den Württembergischen Verfassungsstreit zwischen Monarch und Ständevertretung (1817). Hinzu kommen einschlägige Partien seiner philosophischen Hauptwerke *Phänomenologie des Geistes* (1807) und *Enzyklopädie der philosophischen Wissenschaften* (1817, 1827, 1830) sowie seine postum herausgegebenen *Vorlesungen über die Philosophie der Weltgeschichte* (1822/23–1830/31). Das kapitale Hauptwerk von Hegels politischer Philosophie sind die *Grundlinien der Philosophie des Rechts* von 1820 (mit der Jahresangabe 1821), bei denen es sich um die überarbeitete Textgrundlage («Handbuch») zu seinen in Heidelberg und Berlin gehaltenen einschlägigen Vorlesungen (1817/18–1831/32) handelt, deren erhaltene studentische Nachschriften inzwischen ebenfalls publiziert sind.

Aus Hegels vielfältigen früheren Beiträgen zur politischen Philosophie ragen zwei Grundbegriffe heraus, die er in kritischer Auseinandersetzung mit jüngeren und älteren Vorgängern fortentwickelt: Sittlichkeit und Anerkennung. Mit «Sittlichkeit» bezeichnet der frühe Hegel die von ihm entwickelte Ergänzung der zuvor durch Kant und Fichte bearbeiteten Sphären von Recht («Legalität») und Moral («Moralität»). Die dritte Grundgestalt des Praktischen gewinnt Hegel im historischen Rückgriff auf vormoderne Formen der normativen Prägung des menschlichen Lebens («Sitte») und im Verfolg seines allgemeinen Vorhabens, die Einseitigkeiten und Gegensätze früherer philosophischer Positionen in einem vermittelnden Dritten zu verbinden. Er macht die Sittlichkeit als ursprüngliche, gelebte Norm des Handelns diesseits der späteren Trennung zwischen rechtlichem Zwang und moralischer Gesinnung zunächst am griechischen Altertum, insbesondere in dessen Selbstdarstellung durch die Tragödiendichtung und die Geschichtsschreibung, fest («antike Sittlichkeit»). Im weiteren Verlauf seiner philosophischen Entwicklung münzt Hegel den Begriff der Sittlichkeit zum generischen Konzept der geschichtlich gewachsenen, formellen wie informellen Normierung des gesellschaftlichen Lebens um, unter explizitem Einschluss der zeitgenössischen Verhältnisse («moderne Sittlichkeit»).

Den Begriff der Anerkennung übernimmt Hegel aus Fichtes Rechtsphilosophie, wo er vor allem die Urszene zwischenmenschlicher Begegnungen bezeichnet. Der frühe Hegel weitet den Begriff aus zur generellen Charakterisierung von Ziel und Zweck gesellschaftlich-politischer Verhältnisse («wechselseitige Anerkennung»). Darüber hinaus dramatisiert er die angestrebte reziproke Anerkennung zum Gegenstand eines individuellen wie kollektiven Ringens («Kampf um Anerkennung»). Vor allem aber stellt Hegel in der *Phänomenologie des Geistes* das Drama der Anerkennung als die wechselhafte Beziehung zwischen zwei Mächten dar, die einander auf Leben und Tod bekämpfen, bis der eine sich aus Furcht vor dem Tod unterwirft («Knecht») und den anderen als überlegen anerkennt («Herr») – mit einem doppelten, unerwartet verkehrten Resultat. Zum einen verdankt der neu anerkannte Herr seine Anerkennung einer ihm nicht ebenbürtigen Instanz, so dass die Anerkennung wertlos wird. Zum anderen ist es der unterworfene Knecht, der sich durch seine dienstbare Produktivität («Arbeit») die Welt zu eigen macht und so eine heimliche Herrschaft über den vermeintlichen Herrn gewinnt (*Phänomenologie des Geistes*, IV., A.). Obwohl nur eine Episode in dem umfangreichen Werk, wird das Kapitel über die Verkehrungsgeschichte («Dialektik») von Herrschaft und Knechtschaft zur Keimzelle späterer gesellschaftspolitischer Hegel-Deutungen.

Doch Hegels eigentliche politisch-philosophische Leistung liegt in der originellen Konzeption, der präzisen Ausführung sowie den weitreichenden Implikationen und Konsequenzen seiner «Rechtsphilosophie», wie der aus den gedruckten *Grundlinien der Philosophie des Rechts* und den postum edierten rechtsphilosophischen Vorlesungen zusammengesetzte Werkkomplex etwas irreführend genannt wird. Dem Untertitel der Druckversion folgend («Naturrecht und Staatswissenschaft im Grundrisse») ist Hegels Rechtsphilosophie nämlich keine Rechtslehre im traditionellen Sinn, sondern eine neu entworfene Disziplin, in die das alte Natur- oder Vernunftrecht und die neuere Staatswissenschaft eingehen. Eingeschlossen sind das positive Recht («abstraktes Recht») und die individuelle Moral («Moralität»), die Hauswirtschaftslehre («Familie»), die Volkswirtschaftslehre («System der Bedürfnisse»), die Rechtspflege («Justiz»), die Lehre von der obrigkeitlichen Ordnung («Polizei») und der bürgerlichen Selbstorganisation («Korporation») sowie die Staatslehre im engeren Sinn («Staatsverfassung»). Das neue Ganze ordnet Hegel zu einem einheitlichen, aber komplex komponierten und vielfach gestuften Normengefüge des menschlichen Zusammenlebens.

Den 360 durchgezählten Paragraphen der *Grundlinien*, deren knapper, für das Diktat in der Vorlesung vorgesehener Text jeweils durch gedruckte Erläuterungen ergänzt wird, stellt Hegel eine programmatische Vorrede voran, die das Vorhaben der *Grundlinien* im Hinblick auf die Zusammenführung von Vernunft und Wirklichkeit positioniert. Die Vernunft gilt ihm nicht nur als selbstbewusste Geistigkeit (subjektive Vernunft), der gegenüber die Wirklichkeit wesentlich zurückbleiben würde, sondern auch als in menschlichen Institutionen und Praktiken verwirklichte Vernunft und als von Vernunft durchdrungene Wirklichkeit (objektive Vernunft).

Es ist die Grundthese von Hegels Rechtsphilosophie, dass Vernunft und Wirklichkeit im Reich des Rechts zusammenfallen: «was vernünftig ist, das ist wirklich, und was wirklich ist, ist vernünftig» (*Grundlinien*, Vorrede). Dabei sind sowohl der Vernunftbegriff als auch der Wirklichkeitsbegriff Hegels kriteriologisch zu verstehen: Nur was wahrhaft vernünftig ist, ist wirklich; nur was wahrhaft wirklich ist, ist vernünftig. Lediglich scheinbare Vernunft (Verstand, Gefühl) und nur scheinbare Wirklichkeit (rein Faktisches, Zufälliges) bleiben in der Rechtsphilosophie außen vor. Aufgabe der Rechtsphilosophie ist so der kombinierte Nachweis des Vernünftigen am Wirklichen und des Wirklichen am Vernünftigen. Den schrittweisen Vermittlungsprozess von Vernunft und Wirklichkeit fasst Hegel mit logischen Mitteln – als wirklichkeits- wie vernunftbezogenes Begreifen («Begriff») und Denken («Gedanke»).

Ungeachtet ihrer logischen Methodik ist Hegels Rechtsphilosophie aber kein apriorisch konstruiertes System von abstrakt-allgemeinen Regeln. Die Philosophie im Allgemeinen und die Rechtsphilosophie im Besonderen ist für ihn durchweg begrifflich durchdrungener Reflex der eigenen Zeit («ihre Zeit in Gedanken erfaßt»). Darin liegt zum einen die Anreicherung der auf das Allgemeine ausgerichteten Philosophie durch den profunden Bezug auf zeitspezifische Verhältnisse, zum anderen aber auch die Beschränkung der Philosophie auf die eigene Zeit, deren spezifischen Horizont sie nicht zu überspringen vermag.

Im Hinblick auf die politische Philosophie schließt der Fokus auf der Gegenwart sowohl die anachronistische Wiederherstellung («Restauration») vormaliger Verhältnisse als auch das imaginäre Ersinnen gänzlich anderer Verhältnisse («Ausdenken») aus. Stattdessen weist Hegel der auf das Vernünftige am Gegenwärtigen ausgerichteten Philosophie die praktische Aufgabe zu, den Menschen zur affirmativen Identifikation mit der als vernünftig begriffenen Welt zu bringen («Versöhnung mit der Wirklichkeit»). Dabei schließt die konzeptuelle Konsolation der Philosophie für Hegel durchaus die Anerkennung von grundlegenden Defekten und gravierenden Defiziten innerhalb einer insgesamt als vernünftig begriffenen Ordnung ein («Rose im Kreuze der Gegenwart») (*Grundlinien*, Vorrede).

Der primäre Bezug auf die eigene Zeit bedingt den Fokus von Hegels politischer Philosophie in den *Grundlinien* auf dem neuzeitlichen Gemeinwesen («moderner Staat») in Absetzung von vormodernen und außereuropäischen Verhältnissen. In Übereinstimmung mit ihrer Ausrichtung auf das Wirklich-Vernünftige behandelt Hegels politische Philosophie aber keinen besonderen modernen Staat, sondern die auf Begriffe gebrachte Essenz moderner Staatlichkeit. Auch werden für ihn die begrifflichen Konturen der Wirklichkeit erst dann für das philosophische Denken augenfällig, wenn die betreffende Ausprägung der Wirklichkeit

(«Gestalt») in ihrer grundsätzlichen Entwicklung bereits zum Abschluss gekommen ist – weshalb Hegel die Philosophie der Abenddämmerung zuordnet, in der das Begleittier der Weisheitsgöttin Athena, der Steinkauz (*Athene noctua*), seinen Flug antritt («Eule der Minerva») (*Grundlinien*, Vorrede). So ist der Gegenwartsbezug seiner politischen Philosophie summarisch, ja retrospektiv, ohne dass damit eine enge Beschränkung auf die Zeit des späten Hegel – politisch die Restauration, gesellschaftlich das Biedermeier – gemeint wäre. Hegels philosophisch begriffener moderner Staat ist vielmehr der neuzeitliche Staat als solcher (geprägt durch die politische Souveränität, die bürgerliche Freiheit und das repräsentative Regierungssystem), wie er im siebzehnten Jahrhundert grundgelegt und im achtzehnten Jahrhundert ausgebaut wird, um im neunzehnten und zwanzigsten Jahrhundert erweitert und ausdifferenziert zu werden.

In den *Grundlinien* steht im Zentrum der Philosophie des modernen Staates die Teilung des Gemeinwesens in zwei komplementäre Subsysteme: die horizontal ausgerichtete Sphäre des Bürgerstaates («bürgerliche Gesellschaft») und die vertikal orientierte Sphäre des Regierungsstaates («politischer Staat») (*Grundlinien*, §§ 157 und 276). Hegel ordnet die zivisch-politische Doppelgestalt des Staates explizit der Moderne zu, in der das personengebundene Freiheitsverständnis («subjektive Freiheit»), das Hegel historisch auf Renaissance und Reformation zurückführt, mit der für das Gemeinwesen von jeher charakteristischen politischen Selbständigkeit («substantielle Freiheit») zusammengeführt wird («konkrete Freiheit») (*Grundlinien*, §§ 257 f. und 260). Zwar findet der Terminus «bürgerliche Gesellschaft», besonders in seiner englischsprachigen Variante (*civil society*), schon vor ihm Verwendung, um den Charakter des Staates als Gemeinwesen im Hinblick auf seine Bürgerschaft wiederzugeben. Doch erst Hegel unterscheidet begrifflich zwischen bürgerlicher Gesellschaft und politischem Staat, um die beiden sodann in ein konstruktives Verhältnis zueinander zu setzen.

Die bürgerliche Gesellschaft bildet in den *Grundlinien* den mittleren Teil einer dreistufigen Darstellung neuzeitlicher gesellschaftlicher Formationen, der zwischen der häuslichen Privatsphäre («Familie») und der politisch geprägten öffentlichen Sphäre («Staat») (*Grundlinien*, § 157) angesiedelt ist. Die bürgerliche Gesellschaft ist wiederum dreigeteilt in die Sphäre der Marktwirtschaft («System der Bedürfnisse»), die Sphäre der rechtlichen Regelung des bürgerlichen Lebens («Rechtspflege») und die Doppelsphäre von obrigkeitlicher Ordnung und bürgerlicher Solidargemeinschaft («Polizei und Korporation») (*Grundlinien*, § 188). Charakteristisch für die bürgerliche Gesellschaft insgesamt und insbesondere für deren Wirtschaftssystem sind, Hegel zufolge, die Aufspaltung der modernen Gesellschaft in einzelne Individuen und die damit einhergehende Isolation des Individuums gegenüber dem gesellschaftlichen Ganzen («Entzweiung») (*Grundlinien*, § 184). So ist es, Hegel zufolge, die generelle Aufgabe der bürgerlichen Gesellschaft auf ihren unterschiedlichen Funktionsebenen, den gesellschaftlichen Atomismus durch unterschiedliche Formen der Vereinbarung der Gegensätze («Vermittlung») zu übergegensätzlicher Einheit zurückzuführen (*Grundlinien*, § 188).

Im Fall des wirtschaftlichen Subsystems geschieht die fällige Vermittlung von individueller Besonderheit und kollektiver Allgemeinheit durch gesellschaftlich produktive, arbeitsteilige Tätigkeit («Teilung der Arbeiten») (*Grundlinien*, § 198). Hegel erkennt die mit der ökonomisch vermittelten Ausbildung der modernen bürgerlichen Gesellschaft einhergehende und seiner Einschätzung zufolge auch unvermeidbare sozio-ökonomische Disparität («Ungleichheit des Vermögens und der Geschicklichkeiten») (*Grundlinien*, § 200). In Fortsetzung des Fokus auf Kapital und Arbeit ist das juridische Subsystem dann wesentlich auf den «Schutz des Eigentums» ausgerichtet (*Grundlinien*, § 188), während das dritte Subsystem der bürgerlichen Gesellschaft hauptsächlich der existentiellen Sicherung des Einzelnen durch die Gesellschaft («Vorsorge») dient (*Grundlinien*, § 188). Hegels besonderes Augenmerk gilt hier dem eklatanten Auftreten von Not und Armut inmitten einer ansonsten florierenden bürgerlichen Gesellschaft, die, so seine Analyse, «nicht reich genug ist ..., dem Übermaße der Armut und der Erzeugung des Pöbels zu steuern» (*Grundlinien*, § 245).

Was den politischen Staat angeht, unterscheidet Hegel in den *Grundlinien* drei Gewalten: die gesetzgebende Gewalt, die Regierungsgewalt und die fürstliche Gewalt (*Grundlinien*, § 273). Die fürstliche Gewalt in der Person des Monarchen versteht er als symbolischen Ausdruck der «Souveränität des Staates» (*Grundlinien*, § 278), während die Regierungsgewalt für ihn die «Ausführung und Anwendung» der Gesetze umfasst, zu der er auch die richterliche und die polizeiliche Gewalt rechnet. Dadurch ergibt sich eine enge Verbindung der staatlichen Exekutive mit der Rechtspflege und der Ordnungsmacht («Polizei») in der bürgerlichen Gesellschaft (*Grundlinien*, § 287). Auch die aus zwei Kammern zusammengesetzte staatliche Legislative greift auf Institutionen der bürgerlichen Gesellschaft zurück, insbesondere auf deren sozio-ökonomische Strukturierung («Stände»), der auf staatlicher Ebene die Zusammensetzung der gesetzgebenden Körperschaft folgen soll (*Grundlinien*, §§ 303 und 312). Die ständische Komposition der staatlichen Legislative soll, so Hegel, der Vermittlung zwischen den legitimen ständischen Interessen und dem berechtigten Gesamtinteresse des Gemeinwesens dienen und so den Zerfall der in der Legislative repräsentierten bürgerlichen Gesellschaft («bloß ungeschiedene Masse», «in ihre Atome aufgelöste Menge») verhindern (*Grundlinien*, § 303).

Wenn Hegel in den *Grundlinien* die drei Staatsgewalten unter dem Titel «konstitutionelle Monarchie» zusammenfasst und diese Form der Staatseinrichtung erst der Neuzeit zuspricht («das Werk der neueren Welt»), verweist er damit auf eine von ihm schon früh – in dem Fragment über die Verfassung Deutschlands – vertretene und dann in den Berliner Vorlesungen über die Philosophie der Weltgeschichte vertiefte Ansicht über den Verlauf der politischen Fortschrittsgeschichte von Ost nach West und von der antiken zur modernen Welt (*Grundlinien*, § 273). Sein weltgeschichtliches Narrativ lässt die Vernunft in der Geschichte («Weltgeist») sich entfalten vom «despotischen» Orient über das «demokratische» Griechenland und das «aristokratische» Rom zu der im europäischen Mittelalter angelegten und in der europäischen Neuzeit ausgebildeten Form der eingeschränkten, partizipatorischen Monarchie, die zuerst den Adel und dann auch das Bürgertum durch reguläre Repräsentation an der Regierung des Staates beteiligt und den repräsentativen Institutionen insbesondere die Gesetzgebung überträgt. Mit seiner geschichtsphilosophischen Sicht auf das Junktim von konstitutioneller Monarchie und politischer Repräsentation in der Moderne steht Hegel, trotz des anachronistischen Rückgriffs auf die ständische Ordnung von Staat und Gesellschaft, an der Schwelle zur modernen deliberativen und repräsentativen Demokratie, die im Laufe des neunzehnten und zwanzigsten Jahrhunderts unter Anfeindungen und Anfechtungen von linker wie rechter Seite zur Ausbildung kommt.

9.
Das bürgerliche Zeitalter: Liberalismus und Demokratismus

Die Epoche, die auf die großen Revolutionen am Ende des achtzehnten Jahrhunderts folgt, ist zugleich beruhigt und bewegt. Die Restauration der vorrevolutionären politischen Ordnung geht einher mit schleichenden Veränderungen in der Gesellschaft, die sich über kurz oder lang auch auf die Verfassung des Staates auswirken. Zwar sind die hehren Ideale der bürgerlichen Revolution nicht vergessen, doch ihre Umsetzung geht im neunzehnten Jahrhundert nicht mehr rapide, eklatant und desaströs vor sich, sondern allmählich, mit kleinen Fortschritten und mit Rückschritten zwischendurch. Gesellschaftlich gesehen geht der (gehobene) Mittelstand – das Besitz- und Bildungsbürgertum – als langfristiger Gewinner aus den teils revolutionären, teils evolutionären Entwicklungen zwischen Industrialisierung und Demokratisierung hervor. Auch politisch führt der Aufstieg des Bürgertums im Laufe des neunzehnten Jahrhunderts zum vermehrten Einfluss der breiten Mitte der Bevölkerung auf Gesetzgebung und Regierung.

In politisch-philosophischer Perspektive bringt das neunzehnte Jahrhundert einen doppelten Wandel mit sich. Zum einen wird die in der frühen Neuzeit maßgebliche Ausrichtung der politischen Philosophie auf das Recht in Gestalt von Naturrecht, Verfassungslehre und Rechtsgeschichte abgelöst durch die Orientierung an konkreten gesellschaftlichen Verhältnissen im Rahmen einer sich langsam ausbildenden Wissenschaft von der Gesellschaft, für die der französische Philosoph Auguste Comte (1798–1857) den Projekttitel «Soziologie» (*sociologie*) prägt. An die Stelle normativer Konzepte für die Einschätzung von Staat und Gesellschaft tritt damit der Fokus auf die Beschreibung des Gegebenen und dessen funktionale Analyse und Kritik. Zum anderen wird die politische Philosophie ihrerseits politisch und positioniert sich explizit durch ihre verschiedenen, oft auch gegensätzlichen Vertreter in dem sich ausbildenden Spektrum politischer Richtungen und Parteien – von links bis rechts, von sozialistisch-revolutionär bis konservativ-reaktionär, von nationalistisch bis internationalistisch, von anarchistisch bis autoritär.

Wird auf diese Weise die Politik des Staates im neunzehnten Jahrhundert wesentlich von Parteipolitik, insbesondere von deren extremen Positionen, geprägt (eine Entwicklung, die sich im zwanzigsten Jahrhundert noch verstärkt), so entwickelt sich auch die politische Philosophie zunehmend in ideologischer Richtung. An die Stelle der durchweg komplexen und nicht selten ambivalenten Analysen und Bewertungen der frühen neuzeitlichen politischen Philosophie von Hobbes bis Hegel tritt, beginnend mit dem neunzehnten Jahrhundert und intensiviert im zwanzigsten Jahrhundert, die philosophische Unterfütterung etablierter oder neu auftauchender politischer Positionen. Aus der Philosophie des Politischen wird so die (politisierte oder politisierende) politische Philosophie.

Doch bevor es ab der Mitte des neunzehnten Jahrhunderts zur Politisierung der politischen Philosophie kommt, lässt sich in der ersten Hälfte dieses Jahrhunderts eine intellektuelle Gruppierung ausmachen, welche die Parteinahme für ein sich abzeichnendes politisches Programm mit einem vergleichsweise klassischen Denken über Staat und Gesellschaft verbindet. Zwar stellen die einschlägigen Autoren ihr Werk unter das Schlagwort «Freiheit» (*liberté*, *liberty*), doch verfügen sie noch nicht über den ideologischen Ausdruck «Liberalismus». Rückblickend könnte man ihr Anliegen – zum Zweck der Unterscheidung vom Liberalismus des Rechts (Ordoliberalismus), vom Liberalismus des Marktes (Neoliberalismus) und vom Liberalismus des Individuums (Libertarismus) – als «politischen Liberalismus» bezeichnen, um damit anzuzeigen, dass es sich ganz wesentlich um den politisch involvierten, ja engagierten Liberalismus des politisch mündig werdenden Bürgertums handelt. Im Mittelpunkt des im spezifischen

Sinne politischen Liberalismus, wie er in den vier Jahrzehnten nach dem Wiener Kongress (1815) aufkommt, steht ein doppelter Freiheitsbegriff: die bürgerliche Freiheit in Gestalt der Gleichberechtigung breiter Bevölkerungsschichten und die politische Freiheit in Gestalt von deren gewählter Repräsentation in der Regierung des Staates.

Benjamin Constant

Der Schriftsteller, Staatsmann und Politiker Benjamin Constant (1767–1830) – eigentlich Benjamin-Henri Constant de Rebecque – entstammt väterlicherseits einer hugenottischen Familie von Militärs in Schweizer Diensten. Constant wird von Hauslehrern erzogen, besucht die Universitäten von Erlangen (wo die Vorlesungen noch in Latein gehalten werden) und Edinburgh, unternimmt Reisen und hält sich länger in der französischsprachigen Schweiz, in Nord- und Mitteldeutschland sowie in England und Schottland auf. Er betätigt sich literarisch, vermittelt einem französischen Publikum die deutschsprachige Gegenwartsliteratur (besonders Schillers geschichtlich-politische Trilogie *Wallenstein*) und verfasst autobiographische Werke. 1816 erscheint sein psychologischer Roman *Adolphe*. Seit 1795 ist er in der französischen Politik aktiv. Unter dem Konsulat mit Napoleon als Erstem Konsul bekleidet er ein hohes Staatsamt (1799–1802), ebenso nach Napoleons Rückkehr von Elba während der Herrschaft der Hundert Tage (1815). Während der restaurierten Bourbonenmonarchie ist Constant gewählter Vertreter in der Deputiertenkammer Frankreichs (1819–1822, 1824–1830), in der er zahlreiche vielbeachtete und einflussreiche Reden hält und das oppositionelle Lager der Unabhängigen (*Indépendants*), aus dem sich später die liberale Partei entwickelt, anführt. Constant stirbt, bevor er das für ihn nach der Julirevolution von 1830 vorgesehene hohe Staatsamt in der Regierung von Louis-Philippe I., dem «Bürgerkönig» (*Roi Citoyen*), antreten kann.

Constants Ruhm als politischer Redner und Publizist verblasst schnell. Präsent bleibt er vor allem als romantischer Schriftsteller. Das ganze Ausmaß seines politisch-philosophischen Werkes wird deutlich durch die seit 1993 erscheinende Edition seiner Korrespondenz und seiner (in guten Teilen von ihm selbst nicht zur Publikation gebrachten) Schriften. Es sind vor allem drei Texte, mit denen Constant wesentlich zur politischen Philosophie beiträgt. Die umfangreichen *Prinzipien der Politik anwendbar auf alle Regierungen* (*Principes de politique applicables à tous les gouvernements*) aus dem Jahr 1806 veröffentlicht Constant nur in einer Kurzfassung im Jahr 1815 und benutzt sie ansonsten als Materialressource für eine Reihe seiner späteren Schriften. Der Text von 1806, dessen wissenschaftliche Edition aus dem Jahr 2011 beinahe 1000 Seiten umfasst, ist ein regelrechtes Lehrbuch der Möglichkeiten und Grenzen des modernen politischen Systems. Im Mittelpunkt des Werkes steht das Widerspiel zwischen den politischen Befugnissen der Gesellschaft als Ganzer (*autorité sociale*) und der Freiheit des Individuums, darunter der Gedanken- und Religionsfreiheit.

Weitere wichtige Komponenten von Constants Reflexionen in den *Prinzipien der Politik*, welche die Grenzen von Individuum, Staat und Gesellschaft kritisch betrachten, sind die Eigentumsordnung, das Steuerwesen, die Wirtschafts- und Bevölkerungspolitik, die Kriegspolitik und das Bildungswesen sowie der individuelle Widerstand (in Gestalt von Staatsstreich und Revolution) gegen die politische Macht der Gesellschaft. Gerahmt werden diese Ausführungen von einer doppelten Frontstellung: durch die Widerlegung von Rousseaus Ansicht über den grundsätzlichen Gegensatz zwischen den Rechten der Gesellschaft (*droits de la société*) und den Rechten des Staates (*droits du gouvernement*) und gegen Ende, wo er den gesellschaftlichen Zustand (*état social*), samt dem zugehörigen Freiheitsverständnis, von Antike und Moderne unterscheidet.

Das andere Hauptwerk von Constants politischer Philosophie trägt den Titel *Vom Geist der Eroberung und der Usurpation in deren Beziehungen zur europäischen Zivilisation* (*De l'esprit de conquête et de l'usurpation dans leur rapports avec la civilisation européenne*) und erscheint im Jahr 1814, nach Napoleons Niederlage bei Waterloo und vor seiner unerlaubten Rückkehr aus dem Exil auf Elba. Mit den Titelbegriffen «Eroberung» und «Usurpation» bezeichnet Constant jeweils die außen- und innenpolitische Variante des (durch Napoleon exemplifizierten) modernen Despotismus. Jenseits ihres konkreten zeitgenössischen Kontextes ist Constants Schrift eine generelle Auseinandersetzung mit Militarismus und Despotismus in Staat und Gesellschaft. In Fortführung einschlägiger Ausführungen der französischen und schottischen Aufklärungsphilosophie stellt er dem kriegerischen Geist früherer Kulturformen, insbesondere des klassischen Altertums, die vergleichsweise friedliche Lebensweise des modernen Europa entgegen, die er primär durch Handel und Austausch zwischen den Staaten geprägt sieht.

Unter den Bedingungen der Moderne hält Constant das außenpolitische Instrument der Eroberung und das innenpolitische Mittel der Usurpation für einen Anachronismus – einen Rückfall in die überwunden geglaubte Willkürherrschaft (Despotismus). Auch spricht er generell – für Vergangenheit und Gegenwart – den despotischen Praktiken Stabilität und Dauer ab. Besonderes Interesse verdient seine kritische Erörterung der mit dem modernen Despotismus im revolutionären wie im kaiserlichen Frankreich einhergehenden gesellschaftlichen Gleichförmigkeit (*uniformité*), deren Künstlichkeit und Abstraktheit Constant die gewachsenen Traditionen einer historisch geprägten Gesellschaft einerseits und den modernen Individualismus andererseits gegenüberstellt (*Geist der Eroberung*, 13. Kapitel).

Ein weiteres wichtiges und voluminöses Werk mit politisch-philosophischer Perspektive ist betitelt *Über die Religion betrachtet in ihrer Quelle, ihren Formen und ihren Entwicklungen* (*De la religion considérée dans sa source, ses formes et ses développements*). Die Schrift, die nach vier Jahrzehnten vorbereitender Studien ab 1821 in fünf Bänden erscheint (davon die letzten beiden

Bände postum 1831), gehört aus mehreren Gründen in die politische Philosophie. Zum einen führt Constant die Religion als solche auf eine allen Religionen gemeinsame menschliche Grundlage zurück: das Gefühl (*sentiment*) für eine über das Gegebene und Alltägliche hinausreichende Dimension menschlicher Existenz, die das gesellschaftliche Leben der Menschen zu allen Zeiten und in allen Orten durchzieht und mitbestimmt. Zum anderen verzeichnet er die verschiedenen und wandelbaren Formen, in denen sich das anthropologisch verankerte religiöse Gefühl in der Gesellschaft manifestiert. Dabei unterscheidet er insbesondere zwischen «freien Religionen» (*religions libres*), wo Religion unabhängig von politischer Autorität praktiziert wird, und «priesterlichen Religionen» (*religions sacerdotales*), bei denen eine Priesterkaste die Religionsausübung in der Hand hält und damit auch politische Macht verbindet.

Aus taktischen Gründen, die mit den Zensurbestimmungen und dem religiösen Klima seiner Zeit zu tun haben, beschränkt Constant seine Untersuchung auf polytheistische Religionen. Doch spiegelt sich in seiner Gegenüberstellung der priesterlichen Religion in Ägypten und Indien und der freien Religion im klassischen Griechenland unverkennbar der neuzeitliche Gegensatz von institutionalisiertem Priestertum im Katholizismus und persönlichem Priesteramt der Gläubigen im Protestantismus wider. Für die moderne, zunehmend individualistisch und pluralistisch geprägte Gesellschaft erachtet Constant die private und persönliche Religion des Protestantismus als besonders angemessen, plädiert aber generell für gesellschaftliche Toleranz und persönliche Freiheit in religiösen Dingen.

Während seine drei vorgestellten Hauptwerke in deutscher Übersetzung schwer oder gar nicht greifbar sind, liegt mit seiner Akademie-Rede von 1819, *Über die Freiheit der Alten verglichen mit der der Modernen* (*De la liberté des Anciens comparée à celle des Modernes*), eine elegante Kurzfassung seines Beitrags zur politischen Philosophie vor. Constant behandelt die konstitutive Mehrdeutigkeit des politischen Freiheitsbegriffs im Rahmen eines kontrastierenden Vergleichs zwischen dem Freiheitsverständnis der griechisch-römischen Antike und demjenigen des neuzeitlichen (Nord-)Europa. Mit einer terminologischen Unterscheidung, die bei Montesquieu vorbereitet ist, ordnet er den Alten eine im spezifischen Sinn politische Freiheit (*liberté politique*) zu, die in der Teilhabe der Vollbürger an der Regierungsgewalt besteht – exemplarisch verwirklicht im demokratischen Athen des fünften vorchristlichen Jahrhunderts. Dagegen charakterisiert Constant die Freiheit der Modernen als im spezifischen Sinne bürgerliche Freiheit (*liberté civile*), die im Genuss von Rechtssicherheit und Freizügigkeit aller (qualifizierten) Mitglieder der Bürgerschaft besteht.

Constant versteht den Kontrast von politischer und bürgerlicher Freiheit als Gegensatz zweier politischer Lebensweisen, die historisch unterschiedlichen Epochen und geographisch verschiedenen Regionen zugeordnet sind. In gesellschaftlicher Hinsicht beinhaltet die politische Freiheit der Alten eine gemeinschaftliche Freiheit, die in der kollektiven Machtausübung (*pouvoir collectif*) im Gemeinwesen besteht. Dagegen ist für Constant die Freiheit der Modernen im Wesentlichen individuelle Freiheit (*liberté individuelle*), die er mit der Freiheit des Individuums von gesellschaftlicher und staatlicher Gängelung identifiziert. Die beiden Grundformen von Freiheit sind für Constant nicht Gegenstand einer freien Wahl, sondern reflektieren die zutiefst verschiedenen gesellschaftlichen Bedingungen in Antike und Moderne. Die aktive Teilhabe an politischer Macht in der griechischen und römischen Antike gründet, so Constant, zum einen in den vergleichsweise übersichtlichen Verhältnissen, insbesondere in den relativ kleinen griechischen Stadtstaaten, und zum anderen in der faktischen Freistellung der Vollbürger von den Angelegenheiten des täglichen Lebens durch die Institution der Sklaverei.

Dagegen ist die Moderne für Constant von großflächigen Territorialstaaten geprägt, die der professionellen Regierung und Verwaltung bedürfen, so dass der Einzelne keinen oder einen nur geringen Anteil an den Staatsgeschäften nehmen kann, zumal ein großer Teil der Bürgerschaft im Erwerbsleben steht und nicht über die Zeit und Mittel für ein der Politik gewidmetes Leben verfügt. Im Gegenzug genießen die Modernen individuelle Rechte, die ihren Besitz schützen und ihre private Unabhängigkeit (*indépendance privée*) garantieren. Constant zufolge sorgt die völlig anders geartete gesellschaftlich-politische Kultur von Antike und Moderne dafür, dass die Alten die den Modernen so teure individuelle Freiheit weder kennen noch vermissen, so wie umgekehrt die Modernen die den Alten so wichtige persönliche politische Partizipation nicht kennen und auch nicht vermissen.

Doch belässt er es nicht bei der idealtypischen Gegenüberstellung von zwei Arten (*espèces*) der Freiheit. Vielmehr reklamiert er auch für die Moderne eine Form von politischer Freiheit, die allererst den Genuss der bürgerlichen Freiheit ermöglicht. Ohne eine solche politische Garantie liefe die moderne bürgerliche Freiheit nämlich Gefahr, durch Formen des (populären) Despotismus, wie sie Constant in der Französischen Revolution und in der Herrschaft Napoleons I. am Werk sieht, untergraben zu werden. Im Unterschied zur direkt-demokratischen Form der politischen Freiheit der Alten ist die für die Gewährleistung der bürgerlichen Freiheit ebenso erforderliche wie hinreichende Form der politischen Freiheit, so Constant, indirekt und repräsentativ (*système représentatif*): Eine Minderheit übernimmt im Turnus die Vertretung der Interessen der Bürgerschaft in der und gegenüber der Regierung. Damit erweist sich der Constant oft zugeschriebene Liberalismus als eine eminent politische Position, der zufolge der liberale Individualismus ganz wesentlich die repräsentative Form der politischen Partizipation voraussetzt und insofern mit umfasst.

Alexis de Tocqueville

Alexis de Tocqueville (1805–1859), eigentlich Alexis Charles Henri Clérel, Comte de Tocqueville (aus altem normannischen Adel), schließt das Jurastudium 1826 in Paris ab und übernimmt zunächst eine Gerichtsstelle in Versailles. Das prägende Ereignis seines weiteren Lebens bildet ein selbstfinanzierter neunmonatiger Aufenthalt in Nordamerika zusammen mit dem Freund Gustave de Beaumont, der dazu dient, für die französische Regierung das Strafsystem in den jungen Vereinigten Staaten zu inspizieren (1831/32). Ähnliche Erkundungsreisen führen Tocqueville später nach England und Irland (1835) sowie nach Algerien (1841, 1846). Zusammen mit Beaumont verfasst er den erwarteten Bericht über das Gefängniswesen der Vereinigten Staaten (1833) und verarbeitet zusätzlich seine gezielt gesuchten Begegnungen und Gespräche mit Menschen aus allen Bevölkerungsgruppen, Schichten und Regionen des jungen Lands zu einer umfangreichen Beschreibung und Analyse der (nord-)amerikanischen Zivilgesellschaft, die unter dem Titel *Über die Demokratie in Amerika* (*De la démocratie en Amérique*) in erster Auflage 1835 und in (um einen zweiten Teil von gleich langem Umfang) erweiterter zweiter Auflage 1840 erscheint.

Das Werk findet große Beachtung. Tocqueville wird Ritter der Ehrenlegion (1837) sowie Mitglied der *Académie française* (1841) und wechselt in die Politik. Er ist kontinuierlich wiedergewählter Abgeordneter der Nationalversammlung (1839–1851), zuerst unter der Julimonarchie, dann unter der Zweiten Republik, als deren Außenminister er für kurze Zeit tätig ist (1849). Nach dem Staatsstreich Napoleons III. (1851), in dessen Verlauf Tocqueville kurzzeitig inhaftiert wird, wendet er sich von der aktiven Politik ab, bleibt aber deren genauer Beobachter und scharfer Analytiker, wie seine zeitdiagnostischen *Erinnerungen* (*Souvenirs*, postum publiziert 1893) bezeugen. 1856 erscheint noch, aufbauend auf einer eigenen früheren Abhandlung (1835), eine Untersuchung zur systematischen Kontinuität zwischen der absoluten Monarchie und der radikalen Revolution in Frankreich. In dieser Schrift mit dem Titel *Der alte Staat und die Revolution (L'Ancien régime et la Révolution)* stellt er die beiden Regimeformen gemeinsamen Merkmale von Zentralisation und Dirigismus heraus.

Nur vordergründig geht es Tocqueville in seinem frühen Hauptwerk zur Demokratie in den Vereinigten Staaten um politische Landeskunde. Sein systematisches Interesse gilt vielmehr der Prägung der modernen Gesellschaft durch den demokratischen Geist. Nordamerika ist für ihn das Labor des modernen Lebens in Staat und Gesellschaft ganz allgemein. Seine Beobachtungsreise betrachtet er als Reise in die Zukunft der westlichen Welt, deren Anzeichen er auch schon in Europa glaubt feststellen zu können. Die Demokratie ist dabei für Tocqueville nicht so sehr eine Staatsform als eine Gesellschaftsform – die prägende Gestalt der modernen Gesellschaft, wie er sie durch die Amerikanische Revolution paradigmatisch eingeführt sieht. Die demokratische Staats- und Gesellschaftsform macht Tocqueville speziell am Prinzip der bürgerlichen Gleichheit fest, das dem Buchstaben nach gleiche Rechte und Pflichten für alle (vollen) Staatsbürger umfasst und dem Geist nach deren gesellschaftliche Gleichstellung über ökonomische, kulturelle, intellektuelle und religiöse Differenzen hinweg beinhaltet. Eine vom Prinzip her demokratische Gesellschaft ist für Tocqueville so verfasst, dass alle Lebensbereiche durch eine «Gleichheit der Bedingungen» (*égalité des conditions*) charakterisiert sind (*Über die Demokratie*, 2. Band, 2. Teil, 9. Kapitel).

Seiner Einschätzung nach erlauben es die jungen Vereinigten Staaten, auf exemplarische Weise den allgemeinen und umfassenden Einfluss des Gleichheitsprinzips auf Staat und Gesellschaft in der nachrevolutionären Moderne zu studieren. In der politisch-philosophischen Auseinandersetzung mit den amerikanischen Verhältnissen geht es Tocqueville aber nicht einfach um eine typologische Gegenüberstellung von alteuropäischer, aristokratischer Gesellschaft und neuamerikanischer, demokratischer Gesellschaft. Vielmehr soll die Analyse der amerikanischen Verhältnisse den Blick schärfen für die Wahrnehmung demokratischer Elemente und Ansätze in den zeitgenössischen europäischen Systemen von Staat und Gesellschaft. Dabei gehen Tocquevilles konzeptuelle und komparative Analysen durchweg über die bloße Beschreibung hinaus und nehmen einschätzende und wertende Züge an. Doch ist die Bewertung der sozio-politischen Phänomene nicht einseitig und parteiisch, sondern sorgfältig abwägend, hochgradig reflektiert und von einer umfassenden politisch-philosophischen Perspektive getragen.

Sein impliziter Vergleich der Demokratie in Amerika mit den demokratischen Tendenzen in Europa ist bestimmt von einer doppelten Absetzung gegenüber den gängigen zeitgenössischen politisch-philosophischen Positionen. Zum einen ist Tocqueville kein Parteigänger der Revolution, die auf die radikale Umkehrung der gesellschaftlichen und politischen Verhältnisse abzielt. In den ideologischen und politischen Exzessen der Französischen Revolution – unter Einschluss von Napoleons Neocaesarismus – sieht Tocqueville nur Destruktion und Diktatur. Zum anderen steht Tocqueville auch nicht auf Seiten der Restauration vorrevolutionärer Verhältnisse, die er für geschichtlich überholt hält.

Der dritte Weg zwischen Revolution und Restauration, der Tocquevilles Blick auf Amerika wie auf Europa bestimmt, ist durch die zentrale Funktion der Freiheit als Prinzip und Zweck von Staat und Gesellschaft geprägt. Den rechtlich-politischen Kern der amerikanischen demokratischen Ordnung verortet er in der Lehre von der Volkssouveränität (*Über die Demokratie*, 1. Band, 1. Teil, 4. Kapitel). Ein durch gemeinsame Abmachung unter Menschen, die sich zunächst noch im vor- oder außerstaatlichen Verhältnis zueinander befinden, errichtetes Gemeinwesen kennt keine staatlich sanktionierten gesellschaftlichen Unterschiede, sondern nur rechtliche und politische Gleichheit. Wichtiger noch als die theoretische Begründung gesellschaftlicher Gleichheit ist für Tocqueville aber, dass demokratische Gesellschaftsverhältnisse schon in der nordamerikanischen Kolonialzeit zu finden sind. Aufgrund ihrer Gründungsgeschichte sind ihm zufolge die

Kolonien der Ostküste auf lokaler Ebene, der britischen Oberhoheit zum Trotz, von Anfang an demokratisch verfasst und durch die essentielle Gleichheit der Kolonisten untereinander geprägt.

Anders als die Französische Revolution, die gegen institutionelle Ungleichheit und Unfreiheit gerichtet war und Freiheit zusammen mit Gleichheit erst erringen musste, konnte die Amerikanische Revolution, so Tocqueville, von einer bereits existierenden gesellschaftlichen Gleichheit ausgehen, die dann gegen politische Unfreiheit durchgesetzt und so auf die politische Ebene ausgeweitet wurde. Nach seiner Einschätzung ist die Leidenschaft für Gleichheit in der demokratischen Gesellschaft sogar so groß, dass ihre Mitglieder zusammen mit der Freiheit immer auch die Gleichheit wollen (*il veulent l'égalité dans la liberté*) und deshalb der ungleich verteilten Freiheit sogar die gleich verteilte Unfreiheit vorziehen (*Über die Demokratie*, 3. Teil, 2. Teil, 1. Kapitel).

Um die amerikanische Demokratie als Herrschaftsform genauer zu charakterisieren, greift Tocqueville auf die politische Tradition des Republikanismus zurück, der zufolge ein Gemeinwesen (*res publica*) dann frei ist, wenn es nicht von anderen beherrscht wird, sondern sich selbst regiert. In einer demokratischen Republik (*république démocratique*) – im Unterschied zu einer aristokratischen Republik (Adelsrepublik) – wirkt das gesamte politisch geeinte Staatsvolk, so Tocquevilles summarische Formel, auf sich selbst (*Über die Demokratie*, 2. Band, 2. Teil, 9. Kapitel). Während die politisch-philosophische Orthodoxie, die sich an der globalen Staatengeschichte orientiert hatte, die Praktikabilität einer demokratisch-republikanischen Verfassung in einem territorial ausgedehnten Staat bestritten hatte, dienen die Vereinigten Staaten ihm zufolge als Beleg des Gegenteils und zugleich als Nachweis, dass in der fortgeschrittenen Moderne Staatengebilde und Verfassungsformen ganz neuer Art Wirklichkeit werden können.

Doch erfolgt die Herrschaft des Volkes über sich selbst in der amerikanischen Demokratie, wie Tocqueville herausstellt, nicht unmittelbar, wie in der direkten Demokratie altathenischer Art, sondern indirekt, als repräsentative Demokratie (*Über die Demokratie*, 1. Band, 1. Teil, 5. Kapitel). Eine weitere von ihm hervorgehobene Innovation der amerikanischen Demokratie, mit einer potentiellen Perspektive für andere Staaten und Länder, ist die föderative Verfassung, die Vielheit und Vielfalt mit Einheit zu vereinbaren erlaubt. Die enge Vereinigung der zuvor nur locker verbundenen ehemaligen nordamerikanischen Kolonien präsentiert Tocqueville als einen konstruktiven Kompromiss zwischen den einzelstaatlichen, essentiell demokratischen und den zentralen, im Wesentlichen republikanischen Parteiungen in der Gründungsphase der Vereinigten Staaten. Dabei registriert er aber auch den wirtschaftlich-gesellschaftlichen Gegensatz zwischen dem von einer Handel und Handwerk treibenden Mittelschicht geprägten Nordosten und dem durch Großgrundbesitz und Plantagenwirtschaft charakterisierten Süden – ein Gegensatz, so Tocqueville, der noch durch die jüngere Siedlungsbewegung nach Westen (Mittlerer Westen) und dessen kleinagrarische Wirtschaftsform verstärkt wird.

Der Zusammenhalt der disparaten Landesteile der Vereinigten Staaten verdankt sich, so Tocqueville, dem Umstand, dass sie außenpolitisch und wirtschaftlich aufeinander angewiesen waren. Vor allem aber werden die regionalen Differenzen und Divergenzen innerhalb der föderativen Union nach seiner Analyse durch das gemeinsame bürgerliche Ethos von gesellschaftlicher Gleichheit überbrückt. Die dadurch gegebene Übereinstimmung dank der «Gleichheit der Gefühle» und der «Ähnlichkeiten der Meinungen» (*similitudes des sentiments*, *ressemblance des opinions*) bildet, Tocqueville zufolge, auch den informellen Rahmen, in dem fortgesetzte Entwicklung, Expansion und Migration unter Wahrung der gesellschaftlich-politischen Einheit des gesamten Lands stattfinden können (*Über die Demokratie*, 2. Band, 2. Teil, 10. Kapitel). Doch zeichnen sich für Tocqueville in den regionalen Gegensätzen, vor allem dem zwischen Norden und Süden, speziell im Hinblick auf die Institution der Sklaverei, bereits die möglichen Bruchstellen der Föderation ab. Grundsätzlich gewährleisten die demokratische Grundanschauung und die republikanische Gesinnung für ihn auch ein stärkeres und haltbareres Einigungsband der amerikanischen Union als die formal festgeschriebene Bundesverfassung.

Nachdem Tocqueville zuvor die Auswirkungen der demokratischen Staatsform auf die amerikanische Gesellschaft untersucht hat, wendet er sich anschließend den Rückwirkungen der gesellschaftlichen Egalisierung auf das politische Leben in einem demokratisch verfassten Staat zu. Im Mittelpunkt seiner Überlegungen steht dabei der Status der Freiheit in einer Gesellschaft von bürgerlich Gleichen, in der das Volk durch seine Vertreter über sich selbst herrscht. Ganz generell stellt Tocqueville fest, dass gesellschaftliche Gleichheit zu Unabhängigkeit führt. In einer genuin demokratischen Gesellschaft fehlen Personen oder Gruppierungen von dauerhaft herausgehobenem Rang, die andere in Abhängigkeit halten können. Auf der Grundlage der durch Gleichheit eingeschränkten Freiheit ergeben sich für Tocqueville zwei politische Szenarien: anarchische Verhältnisse, wenn die gleiche Freiheit in allgemeine Unordnung mündet, und neue Abhängigkeit oder Knechtschaft, wenn die gleiche Freiheit in gleiche Unfreiheit umschlägt. So könnte, im letzteren Fall, ein Despotismus unter demokratischen Bedingungen, nämlich durch die Tyrannei der Mehrheit (*tyrannie de la majorité*), entstehen, die Tocqueville als die große Gefahr für den modernen Staat ansieht (*Über die Demokratie*, 2. Band, 2. Teil, 7. Kapitel).

Zur Gefährdung der Freiheit durch die Demokratie kann es, Tocqueville zufolge, kommen, weil die für die demokratische Gesellschaft charakteristische Gleichheit die Individuen, einzeln betrachtet, unbedeutend und schwach macht. Dagegen gewinnt die kollektive Vertretung der Individuen in Gestalt staatlicher Institutionen an Macht und Einfluss. In Tocquevilles Einschätzung erstreckt sich die gestärkte staatliche Macht nicht nur auf die Regelung der allgemeinen gesellschaftlichen Verhältnisse, sondern erfasst mehr und mehr auch die Individuen in ihrer privaten Existenz. Die zunehmende staatliche Einflussnahme wird, so Tocqueville, deshalb generell akzeptiert, weil die Individuen um den demokratischen Ursprung der staatlichen Macht und Gewalt über sie wissen und darüber die Gefährdung der Freiheit durch den demokratisch legitimierten Staat übersehen (*Über die Demokratie*, 4. Band, 4. Teil, 7. Kapitel).

Unter den Bedingungen gesellschaftlicher Gleichheit, wie sie für den modernen demokratischen Staat charakteristisch sind, fehlen nach Tocquevilles Einschätzung politisch signifikante gesellschaftliche Institutionen und Formationen, die mildernd und moderierend zwischen die politische Zentralgewalt des Staates und das Individuum treten könnten. Solche vermittelnden Institutionen, die das zugehörige Individuum schützen, indem sie die direkt über ihm stehende staatliche Macht schwächen, findet Tocqueville in den Ständen und Korporationen der vorrevolutionären Verhältnisse. Wenn solche Zwischengewalten fehlen, gerät das demokratische Individuum, so Tocqueville, in direkte Abhängigkeit vom demokratischen Staat. Allerdings sieht er auch deutlich, dass die alten, vorrevolutionären Verhältnisse in Staat und Gesellschaft nicht wiederherzustellen sind.

Die Kehrseite des modernen demokratischen Individualismus, der das Individuum aus etablierten Bindungen und festen Zugehörigkeiten befreit, ist Tocqueville zufolge die politische Marginalisierung des Individuums, die auch dort vorliegt, wo die Bürger in periodischen politischen Akten ihrer Funktion als Bestandteil des Souveräns nachkommen (Wahlen). Im Hinblick auf die bevorstehende Demokratie in Europa stellt sich deshalb für Tocqueville die Aufgabe, unter Bedingungen von bürgerlicher Gleichheit gezielt bürgerliche Freiheit zu verwirklichen und zu erhalten. Als Hauptgaranten einer solchen die Freiheit fördernden Demokratie nennt Tocqueville die Pressefreiheit und den rechtlichen Schutz des Individuums gegenüber dem Staat wie der Gesellschaft. Darüber hinaus betont er die essentielle Rolle zivisch gesinnter und politisch wirksamer Individuen in funktionaler Fortführung der alten Aristokratie, durch die ein elitäres Element in die von Tocqueville anvisierte liberale Demokratie gelangt (*Über die Demo-*

kratie, 4. Band, 4. Teil, 7. Kapitel). Eine weitere Einschränkung seines demokratischen Liberalismus liegt in der geographisch und demographisch auf Europa und Nordamerika beschränkten Geltungssphäre des Gleichheitsprinzips – ein geopolitisches Ungleichheitsdenken, das auch Tocquevilles späterer vehementer Verteidigung des französischen Kolonialismus in Algerien (*Travail sur l'Algérie*, 1841) zugrunde liegt.

John Stuart Mill

John Stuart Mill (1808–1873), Sohn des schottischen Philosophen James Mill, der ihn auch persönlich unterrichtet, tritt nach dem Studium am University College in London für fünfunddreißig Jahre in die Dienste der Britischen Ostindien-Kompanie (1823–1858). Von 1865 bis 1868 ist er Rektor der Universität von St. Andrews und sitzt während dieser Zeit auch für die Liberale Partei im britischen Unterhaus. Zu seinen politischen Zielen im Parlament zählen die Ausweitung des Wahlrechts auf Frauen und die Stärkung der Rolle der Gewerkschaften. Nach frühen Arbeiten zur Methodenlehre der Wissenschaften verfasst er, im engen Austausch mit seiner Frau Harriet Taylor Mill (1807–1858), grundlegende Abhandlungen zur individuellen Freiheit, *Über die Freiheit* (*On Liberty*, 1859), und zur Frauenfrage, *Die Unterwerfung der Frauen* (*The Subjection of Women*, 1861, publiziert 1869), sowie seine Darstellung einer utilitaristischen Ethik, *Utilitarismus* (*Utilitarianism*, 1861 als Artikelserie, 1863 in Buchform). Mills weitere politisch-philosophische Publikationen umfassen die *Grundsätze der Volkswirtschaft* (*Principles of Political Economy*, 1848) und die *Überlegungen über repräsentative Regierung* (*Considerations on Representative Government*, 1861).

Trotz seiner bedeutenden Beiträge zur Entwicklung der informellen Logik und der Logik der Wissenschaften liegt der wirkungsmächtige Teil seines Werkes im Bereich der Ethik und der politischen Philosophie. In beiden Bereichen baut Mill auf der

Arbeit von prominenten Vorgängern auf und liefert dabei originelle Ausgestaltungen der moralphilosophischen Position des Utilitarismus (Nützlichkeitsdenken) und der politisch-philosophischen Position des Liberalismus. Überdies sind die Positionen, die er auf den beiden Gebieten einnimmt, systematisch miteinander verknüpft.

Der Utilitarismus bildet bei Mill die Grundlage für die Bewertung von Handlungen, speziell von deren moralischer Qualität. Abweichend vom antiken, auf Aristoteles zurückgehenden Eudämonismus, der ethisches Handeln von dem umfassenden Zielzustand eines gelungenen Lebens (*eudaimonia*, Glückseligkeit) her versteht, und im Unterschied auch zur modernen, auf Kant zurückgehenden Pflichtenethik, die Moralität an Verbindlichkeit knüpft, bemisst der Utilitarismus den Wert einer Handlung nach deren Nützlichkeit. Der Nutzen wird dabei nach dem Gewinn von Lust oder Vergnügen und dem Vermeiden von Unlust oder Schmerz taxiert. Unter dem utilitaristischen Kalkül gilt es durchweg, Nutzen zu maximieren.

Der Utilitarismus in der Beurteilung von Handlungen aller Art, darunter denen von Recht, Politik und Moral, geht zurück auf Jeremy Bentham (1748–1832). Bentham bringt das Nützlichkeitsprinzip auf die Formel vom größten Glück der größten Zahl und bemisst den Nützlichkeitswert einer Handlung rein quantitativ nach dem Ausmaß der erzielten Genüsse und der vermiedenen Schmerzen. Die Nützlichkeit ist dann ihrerseits das alleinige Kriterium für die Bewertung einer Handlung nach richtig und falsch. Für die Moral resultiert daraus ein Hedonismus, der das Gute mit dem Lustvollen gleichsetzt.

Bei Mill wird der Utilitarismus von der Verkürzung auf einen quantitativen Hedonismus befreit. Zunächst unterscheidet er zwischen höheren Genüssen, die intellektueller und geistiger Art sind und in der Regel länger währen, und niederen Genüssen, die eher physisch dimensioniert und zumeist von nur kurzfristiger Wirkung sind. Des Weiteren vertritt Mill die generische Überlegenheit der höheren Genüsse gegenüber den niederen, unabhängig von den jeweiligen quantitativen Verhältnissen. Damit sind die höheren Genüsse bei Mill effektiv aus dem bloß quantitativen Nützlichkeitskalkül entfernt und bedürfen deshalb eines eigenen Maßstabes für ihre Bewertung und Beurteilung. Die alternative, qualitative Form von Nützlichkeit besteht für ihn im Beitrag, den die Bemühung um die höheren, geistigen Genüsse zum generellen Fortschritt der menschlichen Kultur leistet. Die Ausrichtung des höheren Nutzens auf den Gattungsfortschritt des Menschen verweist ihrerseits über den Utilitarismus hinaus auf ein umfassendes Menschenbild, das Mill im Rahmen seiner gesellschaftlich-politischen Konzeption von menschlicher Freiheit entwickelt.

Mit seiner Abhandlung *Über die Freiheit* liefert Mill im Anschluss an Locke einen der Gründungstexte des Liberalismus. Mit Locke teilt er die instrumentelle Auffassung des Staates als Schutzmacht für das Leben, die Freiheit und den Besitz seiner Bürger. Doch anders als Locke gründet Mill das Verhältnis der Bürger zum Staat nicht auf natürlichen Rechten, sondern auf der Nützlichkeit einer freizügigen Einrichtung der politischen Verhältnisse im Hinblick auf die übergeordnete Aufgabe der Selbstvervollkommnung des Menschen. Der Wechsel von der naturrechtlichen Begründung des Liberalismus bei Locke zu dessen Neubegründung in einer perfektionistischen Anthropologie bei Mill reflektiert den Einfluss eines anderen Klassikers des Liberalismus, den Mill auch ausdrücklich als Quelle seiner Ansichten zitiert. Es handelt sich um den preußischen Philosophen, Staatsmann und Bildungspolitiker Wilhelm von Humboldt (1767–1835) mit dessen früher Schrift *Ideen zu einem Versuch, die Grenzen der Wirksamkeit des Staats zu bestimmen* (1792). Zwar erscheint der Text zu Humboldts Lebzeiten nur in Auszügen, ist Mill jedoch durch seine spätere vollständige Veröffentlichung (1851) bestens bekannt.

Humboldts Schrift beschränkt den effektiven Einfluss («Wirksamkeit») des Staates auf diejenigen Einrichtungen und Maßnahmen, die zum Schutz seiner Bürger vor äußeren und inneren Bedrohungen ihrer Freiheit («Sicherheit») erforderlich sind (*Ideen*,

1. Kapitel). Getragen ist diese Begrenzung der staatlichen Autorität von der Überzeugung, dass der Staat nur Mittel zum Zweck ist und der außerhalb des Staates liegende Zweck des Staates darin besteht, die freie Entwicklung des individuellen Menschen zu gewährleisten. Humboldt zufolge ist der Mensch dazu bestimmt, seine Anlagen und Fähigkeiten («Kräfte») selbständig zu einem individuellen Ganzen auszubilden (*Ideen*, 1. Kapitel). Für die optimale Entwicklung des Individuums braucht es, nach Humboldts Einschätzung, zum einen möglichst ungehinderte Entfaltungsmöglichkeiten («Freiheit») und zum anderen variable Umstände, um die unterschiedliche Entwicklung der verschiedenen Individuen («Mannigfaltigkeit und Tätigkeit») anzuregen und zu fördern (*Ideen*, 3. Kapitel). Überschreitet der Staat seine Grenzen bei der Reglementierung des gesellschaftlichen Lebens, dann droht, so Humboldt, Einschränkung oder gar Verlust der freien individuellen Entwicklung, die doch den Endzweck menschlicher Existenz darstellt.

Mit der Ausrichtung des menschlichen Lebens auf individuelle Selbstvervollkommnung unterscheidet sich Humboldts ethisch-politische Anthropologie sowohl vom antiken Ideal der ethischen Bildung des Menschen zum Leben in der Gesellschaft (Bürgertugend) als auch von der modernen Ausrichtung gesellschaftlicher Existenz auf optimierte Wunscherfüllung (persönliche Glückseligkeit). Stattdessen vertritt Humboldt einen individuellen Perfektionismus, der den Menschen von staatlicher Bevormundung (Paternalismus) befreien und zum selbständigen Gestalter seines eigenen Lebens werden lassen will. Bei Humboldt erschöpft sich der Liberalismus also nicht in Liberalität und Lizenz, sondern umfasst essentiell ein Ethos individuell zu leistender Selbstvervollkommnung, das im Hinblick auf seine Voraussetzungen und Anforderungen durchaus elitäre Züge trägt.

Zwar übernimmt Mill weitgehend Humboldts über ein halbes Jahrhundert zuvor ausgearbeitete perfektionistisch-liberale Anthropologie, doch in einer wesentlichen Hinsicht, die von den besonderen Verhältnissen in England, vor allem aber von den sozialen

Entwicklungen in der ersten Hälfte des neunzehnten Jahrhunderts getragen ist, weicht er erheblich von seinem Vorgänger ab und modifiziert so ganz entscheidend die Orientierung des modernen Liberalismus. Humboldts Ansichten stehen in einem doppelten Kontext: zum einen den fortwährend vorrevolutionären Verhältnisse auf dem europäischen Kontinent (absolute Monarchie) und zum anderen der singulären Ablösung monarchischer durch republikanische Staatsgewalt (Französische Revolution) zu Ende des achtzehnten Jahrhunderts. Sein elitärer Humanismus hat zum Ziel, staatlichen Paternalismus und Dirigismus jeglicher Art, den revolutionären Republikanismus samt seines sozialethischen Ideals der Bürgertugend eingeschlossen, abzuwehren.

Mill dagegen schreibt über die Freiheit im Hinblick auf ein Land, in dem die monarchische Zentralgewalt seit Jahrhunderten durch garantierte Rechte (*liberties*, «Freiheiten») und verfassungsförmige Regelungen eingehegt ist. Seiner Ansicht nach ist dem modernen Individuum, das sich weitgehend von staatlicher Despotie zu emanzipieren vermochte, jedoch inzwischen eine andere Macht entgegengetreten, die seine freie Verwirklichung bedroht und beschränkt: die Gesellschaft als die Gesamtheit der Individuen, die sich in staatlicher Gemeinschaft miteinander befinden. Zwar erkennt Mill an, dass die moderne Gesellschaft aus eben den Individuen besteht, an deren Freiheit zur eigenen Selbstvervollkommnung ihm liegt, doch zeichnet sich für ihn die grundsätzliche Gefahr ab, dass die Gesellschaft insgesamt und in ihren dominanten Gruppierungen eine soziale Macht über die Individuen erlangt, die der politischen Macht von Staat und Regierung durchaus vergleichbar ist. Die Macht der Gesellschaft über das Individuum mag milder und weniger eklatant sein als die Macht des Staates über seine Bürger, sie ist dafür aber, nach Mills Einschätzung, umso intensiver und invasiver, was die Privatsphäre des Individuums angeht.

In seiner Auffassung von der gesellschaftlichen Bedrohung der individuellen Freiheit stimmt Mill mit Tocquevilles Analyse der demokratischen Gesellschaft überein. Die moderne Demokratie ist in sozio-politischer Perspektive nicht nur eine Regierungsform, sondern eine gesellschaftliche Gesamtgestalt. Der alte Gegensatz von Freiheit und Autorität, der über lange Zeit primär das Verhältnis von Herrscher und Untertan betraf, nimmt für Tocqueville wie für Mill in der Moderne neue Züge an. In modernen demokratischen Gesellschaften geht die Gefahr eines Despotismus nicht mehr primär vom Staat und von der Regierung aus, sondern vom Volk in dessen demokratischer Allmacht. Ihre politisch-philosophische Position des Liberalismus entwickeln beide Denker als gesellschaftlich-politischen Schutzschild für das ihrer Ansicht nach durch seinesgleichen in seiner Freiheit gefährdete moderne Individuum.

Im Gegenzug zu Humboldt, der die Grenzen der Wirksamkeit des Staates gegenüber dem freien Individuum erörtert, nimmt Mill in seinem liberalen Parallelprojekt die Grenzen der Wirksamkeit der Gesellschaft gegenüber dem freien Individuum in den Blick. Die gesuchte Grenzbestimmung findet Mill im Schadensprinzip: Der einzig gültige Grund für die gesellschaftliche Beschränkung des Freiheitsgebrauchs eines Individuums ist ein drohender Schaden, der anderen aus diesem Gebrauch erwachsen würde (*harm to others*) (*Über die Freiheit*, 4. Kapitel). Den zu vermeidenden Schaden versteht Mill dabei als massive Beeinträchtigung, so dass negatives Verhalten wie etwa kritische Äußerungen gegenüber einer anderen Person nicht darunterfallen würden. Auch gilt das die Freiheitsbegrenzung rechtfertigende Schadensprinzip nicht für einen Schaden, den jemand sich selbst zufügt, es sei denn, der Schaden betrifft indirekt auch andere. So sieht Mill durchaus paternalistische Maßnahmen gegen eine mögliche Selbstschädigung bei Minderjährigen oder Unmündigen vor. Auch die freiwillige Aufgabe der eigenen bürgerlichen Freiheit ist für ihn unter dem Schadensprinzip ausgeschlossen (*Über die Freiheit*, 5. Kapitel).

Mills negativ formuliertes Schadensprinzip der Freiheitsbegrenzung soll einen maximalen Freiraum schaffen für die individuelle Entwicklung, die zwar vom Einzelnen ausgeht, aber direkt oder indirekt von gesellschaftlichem Nutzen ist oder sein könnte. Die gezielte Entwicklung des Individuums ist für Mill, wie schon für Humboldt, auch keine lediglich kognitive Angelegenheit. Ziel und Zweck der durch maximale Freiheit ermöglichten individuellen Entwicklung ist die generelle Selbstvervollkommnung des Individuums, zu der für Mill auch die ethische Ausgestaltung des Selbst durch «Selbstbeherrschung» (*self-government*) gehört (*Über die Freiheit*. 3. Kapitel).

Zu den wesentlichen Formen der individuellen Freiheit von gesellschaftlicher wie staatlicher Kontrolle und Bevormundung gehört für Mill die Freiheit der Gedanken unter Einschluss ihrer öffentlichen Äußerung, insbesondere der Pressefreiheit. Er argumentiert auch hier utilitaristisch mit dem Erkenntnisgewinn, den die öffentliche Diskussion und Prüfung einer Meinung oder Position der Gesellschaft zu bringen vermag. Des Weiteren schließt Mill in den Freiraum des Individuums ausdrücklich die Freiheit in der persönlichen Lebensführung ein, die ebenso im Hinblick auf Geschmacksfragen wie auf religiöse Fragen gelten soll. Auch was die generelle politische Einrichtung der freiheitlichen Gesellschaft angeht, vertritt Mill einen elitär-individualistischen Ansatz. So soll die politische Repräsentation nach Bildungsniveau und sozialem Status differenziert sein und die Führung der breiten Bevölkerung von herausragenden, geistig überlegenen, aber auch in ihrem Ethos exzeptionellen Individuen übernommen werden.

Die andere, egalitäre statt elitäre Seite von Mills individualistischem Liberalismus steht im Vordergrund seines Beitrages zur zeitgenössischen Debatte um die Emanzipation der Frauen im Allgemeinen und ihrer rechtlichen Gleichstellung im Besonderen. Seine einschlägige Schrift *Die Unterwerfung der Frauen* baut auf der vorherigen Veröffentlichung seiner Frau Harriet Taylor Mill mit dem Titel *Die Entrechtung der Frauen* (*The Enfranchisement of Women*, 1851) auf. Mills Schrift im Stil eines Pamphlets widerlegt die traditionellen Versuche, die rechtliche Unterwerfung der Frauen mit Verweisen auf die natürliche Ordnung der Dinge zu begründen, als anachronistischen Rückgriff auf das Recht des

Stärkeren (*law of the stronger*), das aber in der modernen Gesellschaft durch das Prinzip rechtlicher Gleichheit abgelöst ist (*Unterwerfung*, 1. Kapitel). Den gesetzlich abgesicherten Despotismus innerhalb der Familiengemeinschaft sieht Mill als Parallele zum politischen Despotismus (*Unterwerfung*, 2. Kapitel). Die beiden verbleibenden Kapitel des kurzen Textes erörtern die persönliche und gesellschaftliche Schädlichkeit der rechtlichen Ungleichbehandlung der beiden Geschlechter und den Nutzen, den ihre rechtliche Gleichstellung für Individuum und Gesellschaft bereithält. Die von Mill hier befürwortete und von ihm auch im Rahmen seiner parlamentarischen Tätigkeit geforderte Wahlberechtigung der Frauen wird in England erst 1918 Wirklichkeit. Er selbst erfährt wegen seiner liberal-egalitären Position zur Emanzipation der Frauen in der viktorianischen Mehrheitsgesellschaft Englands publizistische Attacken und persönliche Verunglimpfungen.

10.
Die antibürgerliche Revolution: Aristokratismus und Sozialismus

Das neunzehnte Jahrhundert ist nicht nur die Epoche, in der das Bürgertum zu Macht und Einfluss in Wirtschaft und Politik aufsteigt, sondern auch die Zeit der theoretisch wie praktisch geübten Kritik an der bürgerlichen Lebensform in Familie, Gesellschaft und Staat. Schon der zeitgenössische Liberalismus ist durch die sich abzeichnende Bedrohung motiviert, die der gerade erst errungenen Freiheit des Individuums durch die kollektive Macht der modernen Gesellschaft und durch die konzentrierte Autorität des modernen Staates erwächst. Doch versteht sich der in Entwicklung begriffene Liberalismus nicht als Gegner der bürgerlichen Gesellschaft und ihres Staates, sondern als ihr mahnender Kritiker und als Anwalt der Freiheit des Individuums, die gerade innerhalb der bürgerlichen Ordnung von Staat und Gesellschaft verwirklicht werden soll. Aber jenseits des Liberalismus und in Absetzung von ihm ersteht dem Bürgertum im Verlauf des neunzehnten Jahrhunderts eine andere Art von Kritik und Gegnerschaft, die in vielfältiger Form auftritt, aber geeint ist durch das Ziel, der sich etablierenden bürgerlichen Gesellschaft und dem modernen Staat eine alternative Lebensform gegenüberzustellen und mit radikalen Mitteln an deren Verwirklichung zu arbeiten.

Das Spektrum der antibürgerlichen Politik oder vielmehr Anti-Politik reicht dabei von rechts nach links, von der nostalgischen Vergangenheitsfixierung bis zur utopischen Zukunftsorientierung und umfasst den Anarchismus ebenso wie den Sozialismus, den elitären Individualismus ebenso wie den egalitären Kommunismus, die Heilsversprechen der Wissenschaft ebenso wie die Erlösungsmythen der Kunst. Das gemeinsame Ziel der antibürgerlichen Bestrebungen des neunzehnten Jahrhunderts ist die radikale

Umgestaltung der gesellschaftlichen und politischen Verhältnisse. Zwar gehen die zu revolutionierenden bürgerlichen Verhältnisse ihrerseits auf revolutionäre Entwicklungen zurück, diese werden jedoch von den antibürgerlichen Revolutionären als unzureichend und kontraproduktiv erachtet.

Bei den verschiedenartigen antibürgerlichen Gegenentwürfen handelt es sich in erster Linie um theoretische Konstrukte, politische Programme und artistische Gegenwelten. Oft sind es einzelne Individuen, die ihr revolutionäres Gegenprogramm zur bestehenden Gesellschaft publizistisch lancieren – mit unterschiedlichem Erfolg (oder Misserfolg), was die Resonanz in der bürgerlichen Öffentlichkeit angeht. Nicht selten wird die antibürgerliche Agitation der Revolutionäre von der bürgerlichen Gesellschaft förmlich geschluckt und ihrem komplexen Selbstbild einverleibt. Aus dem Bürgerschreck wird ein Bildungsgut, aus dem Antibürger der Verbesserer, ja Retter des Bürgertums. Der politisierende Schriftsteller, Musikdramendichter und Theaterkomponist Richard Wagner, der als steckbrieflich gesuchter Revolutionär beginnt und als Nationalheiliger des deutschen Bildungs- und Besitzbürgertums endet, ist dafür das beste Beispiel.

Da die meisten Beiträge der antibürgerlichen Revolution den Charakter von Projekten haben, liegt auch in den wenigsten Fällen eine ausgearbeitete politische Philosophie vor. Eher handelt es sich um radikale Reaktionen und punktuelle Interventionen politisch-philosophischen Charakters im Hinblick auf die bestehenden Verhältnisse in Staat und Gesellschaft und um kritische Replik auf schon ausgearbeitet vorliegende Positionen in der politischen Philosophie. Die verschiedenen Ausprägungen der antibürgerlichen Revolution im neunzehnten Jahrhundert, bei denen es sich durchweg um politisch-philosophische Beiträge eigener Dignität handelt, schwanken zwischen aggressiver Polemik und distanzierter Verweigerung, zwischen Attacke und Rückzug, zwischen Anti-Politik und Politikabstinenz. Während die meisten antibürgerlichen Bewegungen gesellschaftliche oder kulturelle Randphänomene ohne größere politische Wirkung bleiben, entwickelt sich der Sozialismus – sowohl in seiner moderaten Variante als Sozialdemokratie als auch in seiner radikalen Gestalt als Kommunismus – schon im späteren neunzehnten Jahrhundert und dann erst recht im zwanzigsten Jahrhundert zu einer gewichtigen Alternative zur politischen Philosophie moderner Bürgerlichkeit.

Henry David Thoreau

Henry David Thoreau (1817–1862), der aus einer Familie von bescheidenem Wohlstand im Bundesstaat Massachusetts im Nordosten der Vereinigten Staaten stammt, verbringt praktisch sein gesamtes Leben in Neuengland. Nach dem Studium am Harvard College (1833–1837) kehrt er in seine Heimatstadt Concord zurück, um dort – und zeitweise auch in der Nähe von New York – als Schul- und Hauslehrer zu wirken (1837–1844) und anschließend in der Bleistiftfabrik seines Vaters zu arbeiten. Von 1845 bis 1847 lebt Thoreau zurückgezogen in einer einfachen Blockhütte an einem Teich in der Nähe von Concord und arbeitet später aus den Tagebuchaufzeichnungen dieser Zeit seine berühmteste Publikation, *Walden oder Leben in den Wäldern* (*Walden or Life in the Woods*, 1854), aus. Eine kurzfristige Inhaftierung wegen einer geringfügigen Steuerschuld wird zum Anlass für seinen Vortrag «Die Rechte und Pflichten des Individuums im Verhältnis zur Regierung» (*The Rights and Duties of the Individual in Relation to Government*, 1848), der im folgenden Jahr unter dem Titel *Widerstand gegen die bürgerliche Regierung* (*Resistance to Civil Goverment*) gedruckt erscheint und seit seiner postumen Wiederveröffentlichung im Jahr 1866 meist unter dem Titel *Über die Pflicht zum bürgerlichen Ungehorsam* (*On the Duty of Civil Disobedience*) firmiert.

Wie andere Mitglieder seiner Familie engagiert sich auch Thoreau in der Antisklavereibewegung (*abolitionism*). In seinen letzten Lebensjahren arbeitet er als Landvermesser und wendet sich, auch literarisch, zunehmend der lokalen Botanik und Ökologie zu. Sein philosophisches Vermächtnis sind die umfangreichen Tage- und Notizbücher in 47 handschriftlichen Bänden, die in beinahe einem Vierteljahrhundert (1837–1861) entstanden sind und zunehmend den Charakter eines eigenen Werkes annehmen. Die Originale gehören seit langem zum Bestand der Pierpont Morgan Library – inzwischen The Morgan Library & Museum – in New York und sind derzeit, wie Thoreaus andere Schriften, seine Korrespondenz und seine Aufzeichnungen, Gegenstand einer auf 28 Bände geplanten Gesamtausgabe.

Schon als Student gerät Thoreau unter den Einfluss einer geistigen Reformbewegung im Neuengland des frühen neunzehnten Jahrhunderts, des Transzendentalismus (*transcendentalism*), der religiöse, philosophische und literarische Motive und Medien verbindet. Die Transzendentalisten propagieren eine intellektuelle Gegenkultur zur nivellierten nachrevolutionären amerikanischen Gesellschaft. Religiös neigen sie zum Pantheismus, der das Göttliche im Natürlichen sieht. Ihre bevorzugte literarische Gattung ist der Essay, der gedankliche Tiefe mit populärer Präsentation verbindet. Philosophisch (und auch in der Namensgebung) stehen sie dem «transzendentalen Idealismus» Kants nahe, für den sich die Welt vom Selbst her erschließt.

Der Transzendentalismus übernimmt von Kant und seinen idealistischen Nachfolgern die Vorstellung von der strengen Korrelation zwischen Mensch und Natur und von der profunden Prägung der Natur durch menschliche Subjektivität. In Aufnahme des romantischen Naturdenkens kultiviert der Transzendentalismus die religiöse Überhöhung der Natur zum innerweltlichen Absoluten. Mit dem Hauptrepräsentanten der Bewegung, Ralph Waldo Emerson (1803–1882), verbindet Thoreau eine langjährige Freundschaft. Doch tritt bei Thoreau an die Stelle der naturalisierten Religion der Transzendentalisten eine Vorstellung von der Natur, die den sinnlich erfahrbaren Dingen selbst und für sich betrachtet Beachtung schenkt und Bedeutsamkeit zuweist.

Auch in der Einschätzung menschlicher Existenz weicht Thoreau von Emerson ab. Emerson vertritt einen elitären Kult führender Geister (*representative men*, «Repräsentanten der Menschheit»), unter die er zusätzlich zu Platon («der Philosoph»), Shakespeare («der Dichter») und Napoleon («der Weltmensch») auch Goethe («der Schriftsteller») rechnet. Gegen die damit vorgenommene Hochschätzung des Ausnahmemenschen und der heroischen Existenzform stellt Thoreau das Ethos der stillen Sinngebung des Lebens auch und gerade in der alltäglichen Existenz, die damit zum Feld für die Kultivierung eines bewusst vertieften Lebens inmitten des scheinbar Gewöhnlichen wird.

Charakteristisch für seinen spirituellen Umgang mit der Natur ist die Verknüpfung von genauer Beobachtung und origineller Einfühlung in die eigene Wirklichkeit der natürlichen Dinge. Dadurch verbinden sich in Thoreaus Aufzeichnungen und Publikationen Naturwissenschaft und Naturpoesie. Literarisch wechselt sein Denk- und Schreibstil zwischen analytischer Essayistik, dichterischer Prosa und prosaischer Beschreibung. Philosophisch bringt Thoreau die gezielte Reflexion auf das eigene Selbst mit der völligen Versenkung in den äußeren Gegenstand zusammen, dessen Essenz sich ihm erst im Absehen vom eigenen Selbst erschließt.

Ein wichtiges Vorbild für Thoreaus zugleich gegenständlich orientierten und einfühlsam dimensionierten Zugang zur Natur sind die Reiseberichte und Weltbeschreibungen des Naturforschers Alexander von Humboldt (1769–1859). Doch während Humboldt vorwiegend exotische Naturphänomene beschreibt und erforscht, widmet sich Thoreau ganz der näheren und weiteren Umgebung seines Geburts- und Wohnorts. Seinem zugleich geistigen und nüchternen Blick erschließen sich dabei die Bedeutsamkeit des Alltäglichen und die Wichtigkeit des Gewöhnlichen. Voraussetzung eines solchen Sehens, das die nächsten Dinge in ihrem eigentlichen Wesen durchschaut, sind für Thoreau Aufmerksamkeit und Ausdauer. Die dingliche Wahrnehmung erfolgt so nicht passiv und automatisch, sondern ist das sorgsam erworbene Resultat eigens eingeübter und gezielt ausgeübter Praktiken der Hinwendung zu den Dingen.

Der wissenschaftliche Charakter seiner naturkundlichen Beobachtungen und Aufzeichnungen verstärkt sich noch nach der Lektüre von Darwins Werk *Über den Ursprung der Arten*, das 1859 erscheint und das Thoreau im folgenden Jahr kennen und schätzen lernt. Unter dem Einfluss von Darwins Evolutionslehre, die die Ausbildung der Arten dem Prinzip der natürlichen Auslese im Kampf ums Überleben unterstellt, wandelt sich bei Thoreau die ganzheitliche Auffassung der Natur als geschlossenen Systems von Regelmäßigkeiten und Ordnungsstrukturen in die dynamische Sicht auf die verborgene Dramatik des Naturgeschehens, das ebenso durch stetigen Streit und unablässigen Untergang wie durch fortgesetzte Erneuerung und anhaltende Neuschöpfung geprägt ist.

Die enge Verknüpfung von Erkundung des eigenen Selbst und Erfassung der Naturwelt macht für Thoreau die tägliche Praxis des Philosophierens aus. Für ihn ist die Philosophie keine akademische Angelegenheit oder wissenschaftliche Disziplin, sondern Lebensform in der Tradition von Sokrates' Sorge um die richtige Weise zu existieren. Doch anders als die von Sokrates vollzogene und vorgelebte Abwendung von der Naturforschung und Hinwendung zu ethischem Einsatz, gesellschaftlicher Tätigkeit und politischer Partizipation vollzieht sich das philosophische Leben für Thoreau auch und gerade in der Abgeschiedenheit der Natur und im Rückzug aus dem öffentlichen Leben.

Mit seiner philosophischen Präferenz für das Private gegenüber dem Öffentlichen vertritt Thoreau eine Politik des Unpolitischen, die den Formen und Normen der zeitgenössischen Gesellschaft mit Skepsis und Misstrauen begegnet. Das moderne Leben erscheint ihm geprägt durch geistige Verarmung und einseitige Fixierung auf das Materielle und Marginale. Für Thoreau ermöglicht erst der gezielte Rückzug aus der Gesellschaft ein von kollektiven Mechanismen und bürgerlichen Konventionen befreites und für die Kernfragen menschlicher Existenz bereites Leben. Die maßgeblichen Anregungen und Einflüsse für ein eigenes und eigentliches Existieren entstehen Thoreau zufolge nicht im Austausch mit den anderen Mitgliedern der menschlichen Gesellschaft, sondern im stillen Umgang mit den Dingen der Natur. Erst die Erfahrung von deren eigener Wirklichkeit vermag, Thoreau zufolge, den Menschen vor sich selbst zu bringen.

Mit dem Fokus auf dem Individuum und auf der Persönlichkeit im Unterschied zur Öffentlichkeit vertritt Thoreau in Theorie und Praxis die politisch-philosophische Position des Privatismus, die den Sinn und Zweck echt menschlichen Existierens in die Selbständigkeit und Eigenständigkeit des Einzelnen gegenüber der Gemeinschaft legt. Die Benennung und Beschreibung der Haltung individueller Selbständigkeit (*self-reliance*) geht auf Emerson zurück, der damit das souveräne Individuum von der Konformität des gesellschaftlichen Lebens abheben will. Doch hat der praktische und robuste Individualismus bei Emerson wie Thoreau weiterreichende Wurzeln in der amerikanischen Siedlungs- und Gründungsgeschichte, die durch Skepsis gegenüber der Regierung – zuerst der britischen, dann auch der eigenen – geprägt ist und Regelung mit Bevormundung gleichsetzt.

Dem unpolitischen Leben abseits der Gesellschaft – in der Natur und mit der Natur – widmet Thoreau sein weltliterarisches Meisterwerk *Walden*. Der autobiographische Hintergrund der poetisch-philosophischen Prosa ist ein gut zweijähriger Aufenthalt am Waldenteich (*Walden Pond*) in den Wäldern nahe Concord. Dort baut sich Thoreau eine Holzhütte, die nur über einen einzigen Raum mit minimalem Mobiliar verfügt, und verbringt seine Zeit im natürlichen Rhythmus der Jahreszeiten mit der Erkundung der näheren Umgebung und der Niederschrift seiner Erfahrungen und Gedanken. Die umfangreichen Aufzeichnungen verbinden Selbstbeobachtung mit Naturbeschreibung. Minutiöse Details der lokalen Flora und Fauna stehen neben weit ausgreifenden Reflexionen über Selbst und Welt.

Thoreau verabschiedet sich für sein lebensphilosophisches Experiment nicht in die unerschlossene Wildnis. Er sucht das Fremde und Verborgene im Nächsten und Bekannten. Auch geriert er sich nicht als Eroberer oder Entdecker, sondern versteht sich als Erkunder und Erforscher. Überdies bricht er während seines Aufenthalts in den Wäldern den Kontakt zur menschlichen Gesellschaft nicht ab, sondern erhält regelmäßig Besuch von Freunden und Bekannten; auch Fremde kommen aus Neugier oder Interesse vorbei. Darüber hinaus kehrt er regelmäßig für kurze Zeit nach Concord zurück, wo er seine Wäsche waschen lässt.

Was man Thoreau als Inkonsistenz auslegen könnte, bekundet die tiefere Absicht hinter seinem experimentellen Waldleben, das von Anfang an als zeitlich begrenzt geplant ist. Im Gang durch die Natur will er sein Verhältnis zu sich selbst und zur menschlichen Gesellschaft überdenken und daraufhin neu einrichten. Er denkt und handelt nicht als Misanthrop, der die menschliche Gemeinschaft aus Hass und Verachtung meidet, sondern als kritischer, unpolitisch-politischer Denker der menschlichen Gesellschaft, für den die Einsamkeit Erkenntnismittel ist. Die Alternative zu einer durch Konvention und Komfort geprägten und auf Kommerz und Konsum eingeengten Existenz besteht für Thoreau in einem einfachen Leben in individueller Unabhängigkeit nach den moralischen Maßstäben von menschlicher Würde und Menschenrecht.

Zu den ethisch-politischen Konsequenzen seiner Selbst- und Welterkundung gehört ihm zufolge aber nicht nur die zwischenmenschliche Moral des fairen und verantwortlichen Umgangs der Menschen miteinander, vielmehr betreffen die strengen moralischen Anforderungen seines ethischen Individualismus auch das Verhältnis des Individuums zum Staat. Zwar denkt und handelt Thoreau – anders als seine europäischen Zeitgenossen – schon im Horizont eines funktionierenden demokratischen Gemeinwesens, das nach den Prinzipien von bürgerlicher Freiheit und Gleichheit eingerichtet ist. Doch sieht er die generelle Gefahr, dass der populäre Souverän unmoralisch entscheidet und handelt. So kritisiert Thoreau an der politisch-gesellschaftlichen Wirklichkeit der Vereinigten Staaten im frühen neunzehnten Jahrhundert insbesondere die Institution der Sklaverei und den Krieg gegen Mexiko.

Doch beschränkt sich seine ethisch-politische Kritik an Staat und Gesellschaft nicht auf aktuelle Missstände, sondern ist generell angelegt und grundsätzlich begründet. Für Thoreau bedroht der Staat als solcher, auch der demokratische Staat, die individuelle Freiheit seiner Bürger. Deshalb ist für ihn auch diejenige Regierung die beste, die am wenigsten regiert. Auf der Grundlage seiner robusten Ethik von individueller Selbständigkeit und persönlicher Unabhängigkeit entwickelt er eine Sicht auf Staat und Gesellschaft, die den Einzelnen auszeichnet und bevorzugt, ihn aber auch unter hohe existentielle und ethische Anforderungen stellt.

Thoreaus allgemeine Staatsskepsis und spezielle Regierungskritik findet ihren theoretischen Ausdruck in der Konzeption des «bürgerlichen Ungehorsams» (*civil disobedience*). Der «Widerstand gegen die bürgerliche Regierung» (*resistance to civil government*), für den Thoreau plädiert und agitiert, gründet für ihn im normativen Vorrang der individuellen moralischen Verpflichtungen gegenüber den bürgerlich-gesellschaftlichen Gesetzen und Praktiken. Für den Fall von Verstößen der Politik gegen die Moral vertritt und fordert Thoreau den freiwilligen Verstoß gegen unmoralische staatliche Vorgaben und Anweisungen aller Art. Zu den von ihm ins Auge gefassten Maßnahmen bürgerlichen Widerstands und zivilen Ungehorsams gehört insbesondere die Weigerung zur Entrichtung von Steuern, mit denen der Staat für unmoralisch zu erachtende Maßnahmen und Einrichtungen finanziert.

Die Vergeltung in Gestalt von Inhaftierung, mit der die Gesellschaft durch den Staat auf den Rechtsbruch (hier: die Verweigerung der Steuerzahlung) reagiert, nimmt Thoreau nicht nur in Kauf, sondern begrüßt sie sogar. Für ihn ist, wer aus moralischen Gründen gegen das staatliche Gesetz verstößt und verurteilt wird, auch im Gefängnis frei – anders als all diejenigen, die sich durch ihre Steuerleistung zu Unterstützern einer unmoralischen Politik machen. Spätere pazifistische Sozialrevolutionäre, vor allem Mahatma Gandhi und Martin Luther King Jr., haben Thoreaus Gedanken zum moralisch gebotenen Gesetzesbruch explizit aufgenommen.

Karl Marx

Karl Marx (1818–1883), der einer rheinischen Rabbinerfamilie entstammt, in der erst die Eltern zum Protestantismus übergetreten sind, studiert in Bonn (1835–1836) und Berlin (1836–1841) zunächst Jura und wendet sich dann in Berlin der Philosophie zu, bevor er in Jena mit einer Arbeit zur antiken Naturphilosophie promoviert wird (1841). Nach Tätigkeiten als Autor und Redakteur der liberalen Rheinischen Zeitung (1842/43) und Mitarbeit an den Deutsch-Französischen Jahrbüchern (1843) wendet er sich der publizistischen Auseinandersetzung mit dem Lager der politisch radikalisierten Hegelnachfolger (Linkshegelianer) zu (*Thesen über Feuerbach*, 1845; mit Friedrich Engels, *Die heilige Familie*, 1845; *Die deutsche Ideologie*, 1845/46). Es folgen politisch-propagandistische Aktivitäten im Kontext der internationalen Arbeiterbewegung, an deren Formierung Marx entscheidenden Anteil hat (mit Friedrich Engels, *Manifest der kommunistischen Partei*, 1848).

Nach frühen fragmentarischen Versuchen (*Ökonomisch-philosophische Manuskripte*, 1844) widmet Marx seine Zeit und Arbeitskraft fast vollständig der kritischen Analyse des kapitalistischen Wirtschaftssystems (*Zur Kritik der politischen Ökonomie*, 1859; *Das Kapital*, Bd. 1, 1867, Bd. 2, postum publiziert 1885, Bd. 3, postum publiziert 1894), bleibt aber auch weiter parteipolitisch aktiv (*Kritik des Gothaer Programms*, 1875, postum publiziert 1891). Die meiste Zeit seines Lebens verbringt er im politischen Exil, zunächst in Paris (1843–1845), dann in Brüssel (1845–1848) und schließlich in London (1849–1883), und kehrt nur gelegentlich zu kurzen Aufenthalten nach Deutschland zurück, darunter nach Köln im Revolutionsjahr 1848/49.

Später im neunzehnten Jahrhundert und während des gesamten zwanzigsten Jahrhunderts wirkt Marx als Begründer einer politischen Ideologie (Marxismus) von globalem Einfluss fort, in deren Zentrum eine antibürgerliche Konzeption von Wirtschaft und

Gesellschaft steht (Sozialismus, Kommunismus). Doch liegen die Anfänge und Vorbereitungen für seine Wende zu Politik und Ökonomie in der Philosophie, speziell im Umkreis des Linkshegelianismus, der sich in den 1840er Jahren zunehmend radikalisiert. Im Vorfeld und im Umfeld der europaweiten bürgerlichen Revolutionen von 1848/49, die allerdings in den deutschsprachigen Ländern scheitern, geht die zuvor primär publizistische Kritik an den bestehenden politischen Verhältnissen bei einigen Junghegelianern, insbesondere bei Marx und Engels, in politische Agitation über.

Der entscheidende Schritt beim Übergang vom revolutionären Denken zum Denken der Revolution ist dabei die Verbindung der bürgerlichen politischen Anliegen (bürgerliche Freiheit und bürgerliche Gleichheit, republikanische Verfassung) mit der sozialen Frage (Arbeiterfrage). Bei Marx vollzieht sich die politische Radikalisierung vor dem Hintergrund einer kritischen Auseinandersetzung mit Hegels Rechtsphilosophie und im Kontext der Rezeption von Feuerbachs Religionsphilosophie. Dazu kommt die theoretische Distanzierung von den Grundpositionen seiner linkshegelianischen Generationsgenossen (Bruno Bauer, Max Stirner) und des europäischen Frühsozialismus (Pierre-Joseph Proudhon). Während Marx' spätere politisch-ökonomische Arbeiten, allen voran *Das Kapital*, noch zu seinen Lebzeiten oder kurz nach seinem Tod im Druck erscheinen und breite Wirksamkeit entfalten können, wird sein umfangreiches und originelles politisch-philosophisches Frühwerk, das vielfach nur fragmentarisch vorliegt, erst etliche Jahrzehnte später veröffentlicht. Die frühen Schriften bleiben so praktisch ohne Einfluss auf die spätere politisch-propagandistische Rezeption von Marx' Denken, für welche sie deshalb aber auch als Korrektiv gegenüber einseitiger Vereinnahmung dienen können.

Die Grundzüge seiner kritischen Sozialphilosophie entwickelt Marx in produktiver Auseinandersetzung mit Hegel in dem frühen Fragment *Zur Kritik der Hegelschen Rechtsphilosophie* (1843/44). Für den jungen Marx repräsentiert Hegels integrierte Philosophie von Familie, bürgerlicher Gesellschaft und Staat die fortgeschrittenste Analyse des modernen Staates in seiner sozialen Wirklichkeit. Während Marx die generelle linkshegelianische Einschätzung der deutschen politischen Verhältnisse als rückständig und reaktionär teilt, sieht er in Hegels philosophischer Analyse von Staat und Gesellschaft die methodischen Mittel und konzeptuellen Kategorien bereitgestellt für eine kritisch-progressive Erfassung der politischen Wirklichkeit.

Sein besonderes Interesse gilt Hegels Darstellung des Verhältnisses von bürgerlicher Gesellschaft und politischem Staat. Hegel zufolge hat der Staat in engerer, politischer Bedeutung – als Instanz und Instrument von Regierung – Vorrang vor den scheinbar vor- und außerstaatlichen Formationen von Familie und bürgerlicher Gesellschaft. Demgegenüber erinnert Marx an den lediglich idealen Status des Staates («Idee»), der seine reale Basis in den konkreten Gruppierungen der Gesellschaft hat. In radikaler Umkehrung von Hegels Staatsidealismus, für den Familie und bürgerliche Gesellschaft unselbständige Teilmanifestationen («Momente») des Staates sind, zeichnet sich schon beim frühen Marx die Entwicklung eines gesellschaftlichen Materialismus ab, für den es die sozial konkreten und historisch spezifischen Umstände sind, die den Staat in seinen Strukturen und Institutionen wesentlich ausprägen («historischer Materialismus»).

In seiner Kritik an Hegel folgt Marx der Kritik Feuerbachs an der Religion als falscher Vergegenständlichung des menschlichen Bewusstseins. Dabei überträgt Marx Feuerbachs Verfahren der Ursprungsanalyse der religiösen Gestalt des Bewusstseins aus der Sphäre von Religion und Theologie in die von Staat und Gesellschaft. Der Staat in seiner vorgeblich absoluten Wirklichkeit ist für Marx die illusionäre Objektivierung und unbewusste Projektion der konkreten gesellschaftlichen Beziehungen in eine eigene, von der eigentlichen (bürgerlichen) Gesellschaft abgesonderte («abstrakte») Ordnung. Doch versteht Marx den Schritt über Feuerbachs genetische Analysen hinaus nicht nur als Erweiterung ihres Anwendungsbereichs jenseits von Feuerbachs engem Fokus auf der Religion. In kritischer Absetzung von Feuerbach verändert und erweitert Marx auch den Modus der genetischen Bewusstseinsanalyse.

Während nämlich Feuerbach als Wirkmechanismus hinter dem religiösen Wesen und seinen Operationen den Vorgang unbewusster Vergegenständlichung aufdeckt, ohne dabei dessen Sinn und Zweck zu ermitteln, interessiert sich Marx für die Funktion des Projektionsmechanismus, der dem religiösen Bewusstsein und darüber hinaus allem falschen, vergegenständlichenden Bewusstsein zugrunde liegt. Für Marx dient die Religion der Narkotisierung der Menschen («Opium für das Volk»), ihrer Betäubung gegenüber den Mühen des Lebens im Allgemeinen und den Plagen der gesellschaftlichen Existenz im Besonderen. Bei Marx erweitert sich so das von Feuerbach demaskierte religiöse Bewusstsein von einer jenseitigen Welt zum falschen Bewusstsein von der diesseitigen Welt, deren wahres Wesen durch das Bewusstsein verkannt und unterschätzt wird («verkehrtes Weltbewusstsein»).

Gegen die Idolatrisierung von absoluter Religion und absolutem Staat stellt der frühe Marx die konkrete gesellschaftliche Wirklichkeit und die sie bestimmenden materiellen Umstände, insbesondere die prägenden Besitzverhältnisse. Ihr politisches Pendant soll die philosophische Korrektur der verkehrten religiösen und politischen Verhältnisse («theoretische Revolution») deshalb in einer praktischen Revolution der Gesellschaft finden, die radikal andere rechtliche und staatliche Strukturen schafft. Erst durch solche revolutionäre Praxis findet die politische Philosophie, so Marx, ihre adäquate Umsetzung in der Wirklichkeit («Verwirklichung»).

Im Rahmen seiner Kritik an Hegels Rechts-, Gesellschafts- und Staatsphilosophie erkundet Marx auch schon die konkreten Bedingungen für radikale politische Veränderung. In Übereinstimmung mit seinem generellen historisch-materialistischen Ansatz verortet er die erforderliche Grundlage der Revolution statt in den Köpfen («Ideen») in den Menschen («Volk»). In Absetzung von historischen Vorbildern, insbesondere der Französischen Revolution, die als spezifisch politische Revolution auf die Gleichberechtigung des Dritten Standes («bürgerliche Emanzipation») abzielt, intendiert Marx eine gesamtgesellschaftliche Revolution mit dem umfassenden Ziel, nicht nur den Menschen als Bürger, sondern auch den Menschen als solchen – als Mensch – gesellschaftlich zu befreien («allgemein menschliche Emanzipation»).

Die angestrebte Revolution der menschlichen Gesellschaft, die einer vollständigen Veränderung («Negation») der bestehenden staatlich-gesellschaftlichen Ordnung gleichkommt, überträgt schon der frühe Marx einer besonderen sozialen Schicht («Klasse»), die durch ihre Randstellung in der bürgerlichen Gesellschaft am weitesten von deren spezifischen Wertvorstellungen entfernt ist («Negation des Privateigentums»): der Arbeiterschaft («Proletariat»), die über kein anderes Eigentum als ihre Arbeitskraft verfügt. Nach seiner Einschätzung sind die Anliegen gerade dieser Schicht nicht durch partikulare Interessen bestimmt, sondern absolut elementar und insofern als allgemein menschlich anzusehen. Doch sieht sein frühes Revolutionsszenario auch vor, dass die Theorie und speziell die politische Philosophie den gesellschaftlichen Träger der anstehenden kolossalen Umwälzung – das Proletariat – im Stil einer militärischen Vorhut («Avantgarde») anzuleiten hat.

Der Fokus auf Arbeit im Allgemeinen und auf Lohnarbeit im Besonderen bringt Marx schon früh in Gegensatz zum anthropologischen Denken Feuerbachs, das den Menschen als solchen, ungeachtet seiner gesellschaftlichen Stellung und Funktion, in den Blick nimmt und mit dem Rekurs auf Leib, Liebe und Leidenschaft eine eher ästhetische und affektive als tätige und praktische Dimension menschlicher Existenz in den Vordergrund stellt. Bei Marx geht es dagegen von Anfang an um den Menschen, sofern er sich durch Arbeit und Produktion die Natur wie auch andere Menschen dienstbar macht. Ganz generell sind bei Marx Kampf und Konflikt die Kennzeichen gesellschaftlicher Existenz («Klassenkampf»). In dieser Hinsicht ist sein Menschenbild statt von Feuerbach stark von Hegel geprägt, für den logischer Widerspruch und realer Gegensatz zu den unausbleiblichen Entwicklungsbedingungen von Staat und Gesellschaft gehören («Dialektik»).

Ihren Höhepunkt findet Marx' kritische Auseinandersetzung mit Feuerbach in der Formulierung einer Folge von elf *Thesen über Feuerbach* (1845, postum publiziert 1888), die in der berühmten letzten These münden, der zufolge die Philosophen die Welt nur verschieden interpretiert haben, während es darauf ankommt, sie zu verändern. Seine generelle Diagnose, dass der Materialismus bei Feuerbach theoretisch und kontemplativ bleibt, wohingegen er praktisch und aktiv zu werden hat, wird damit auf «die Philosophen» insgesamt ausgeweitet. In seiner knappen Formulierung bleibt aber offen, ob die propagierte Praxis zu einer neuen, anwendungsorientierten Philosophie gehört oder schon zur praktischen Politik von Agitation und Revolution, die jenseits der Philosophie als solcher liegt.

Den Weg von der Theorie im Anschluss an Hegel und Feuerbach zur Praxis im Kontext von sozialer Frage und gesellschaftlicher Revolution ebnet sich der frühe Marx in den *Ökonomisch-philosophischen Manuskripten* (auch *Pariser Manuskripte* genannt), die erste sozio-ökonomische Analysen und den Entwurf einer materialistischen Geschichtsphilosophie von gesellschaftlicher Veränderung enthalten. Im Zentrum steht dabei die Organisation der Arbeit in einer zunehmend industrialisierten Moderne. Ganz allgemein ist der Mensch für Marx ein produzierendes Wesen, das die materiellen und kulturellen Umstände seines Lebens durch körperliche und geistige Arbeit selbst hervorbringt. Arbeit ist so bei Marx das primäre Medium für die Produktion und Reproduktion der menschlichen Gesellschaft. Mit dieser Einschätzung ersetzt er die traditionelle philosophische Bevorzugung von kontemplativem Erkennen (Theorie) und ethisch-politischem Handeln (Praxis) durch eine Anthropologie der Arbeit im Zeichen von Herstellung (Produktion).

Doch steht im Mittelpunkt seiner frühen Analysen nicht die Arbeit als solche, in ihrer Dignität und Qualität für humane Existenz, sondern die Arbeit unter den Bedingungen moderner Warenproduktion, insbesondere die industrielle Lohnarbeit. Das primäre Kennzeichen dieser Art von Arbeit ist für Marx die Verkehrung der Arbeit von ihrer ursprünglichen Funktion der Verwirklichung des Menschen zu ihrer Verfallsform. Statt seiner Verwirklichung zu dienen, wird die Arbeit dem Menschen äußerlich und fremd («Entfremdung»). In den *Ökonomisch-philosophischen Manuskripten* unterscheidet Marx vier Stufen solcher essentiellen Entfremdung des Menschen durch die moderne Lohnarbeit («entfremdete Arbeit»). Zunächst wird der Mensch unter den Bedingungen der Lohnarbeit von seinem Produkt entfremdet, insofern der Lohnarbeiter etwas aus sich hervorbringt, das ihm dann nicht gehört. Sodann liegt in der Lohnarbeit als solcher Entfremdung vor, geschieht die Produktion doch unter Umständen, die strukturell und aktuell miserabel sind. Des Weiteren entfremdet die Lohnarbeit den Menschen von seiner Essenz als produzierend-reproduzierendes, auf Arbeit angelegtes Wesen («Gattungswesen»). Unter diesen Umständen verkümmern die wahren Fähigkeiten des Menschen. Schließlich entfremdet die Lohnarbeit auch die Menschen voneinander. An die Stelle genuiner zwischenmenschlicher Beziehungen tritt der abstrakte Warenaustausch, einschließlich der Ware Arbeit.

Der frühe Marx belässt es aber nicht bei der genauen Erfassung der Formen von Entfremdung. In einem nächsten Schritt geht es ihm darum, die Bedingungen zu rekonstruieren, unter denen gesellschaftliche Entfremdung überhaupt eintritt. Daran anschließend wendet er sich der Frage zu, unter welchen Bedingungen die Entfremdung in all ihren Formen aufgehoben werden kann. Bei aller kritisch wertenden Einstellung zum gesellschaftlichen Phänomen entfremdeter Arbeit geht es Marx nicht um die moralische Verwerfung eines Missstands oder um den ethischen Appell zu dessen Abschaffung. Für Marx handelt es sich bei der entfremdeten Arbeit um ein gesamtgesellschaftliches Phänomen, das strukturelle Ursachen hat, die über die Verantwortung – oder Verantwortungslosigkeit – einzelner Akteure hinausreichen.

Das geeignete Instrument für die theoretische Analyse und die praktische Kritik der entfremdeten Arbeit besteht für Marx also nicht in der Moralphilosophie mit ihrem Fokus auf dem individuellen Tun und Lassen und auch nicht in der Rechtsphilosophie mit ihrem Augenmerk auf der gesetzlichen Regelung gesellschaftlicher Beziehungen. Vielmehr entwickelt er seine kritische Theorie der bestehenden Gesellschaft im Rahmen einer politischen Geschichtsphilosophie und auf der Grundlage seines gesellschaftlichen Materialismus. Die Skizze dieser materialistischen Geschichtsphilosophie liefert das *Kommunistische Manifest*. Dabei erweist sich die durch Arbeit gekennzeichnete menschliche Gesellschaft als Resultat von Kräften materieller Art in Gestalt von Herstellungstechniken («Produktionsmittel»), die sich in immateriellen Verhältnissen von Besitz und Eigentum («Produktionsverhältnisse») manifestieren.

Doch ist das Verhältnis von materieller Grundlage («Basis») und kultureller Ausprägung («Überbau») für Marx nicht statisch, sondern dynamisch, konfliktreich und ebenso destruktiv wie konstruktiv («Klassenkämpfe»). Alte gesellschaftliche Ordnungen werden obsolet, bis sie endlich verschwinden, weil die ihnen zugrunde liegenden materiellen Umstände – im Kern produktionstechnische Mittel – durch neue abgelöst werden, die andere gesellschaftliche Ordnungen mit sich bringen. Nach dem Siegeszug des Bürgertums und seiner auf Kapitalinvestition und -akkumulation basierenden Wirtschaftsordnung («Kapitalismus») in der frühen Moderne sieht Marx' politische Geschichtsphilosophie für die nicht allzu ferne Zukunft eine soziale Revolution voraus, die der industriellen Revolution entsprechen und aus ihr resultieren soll («Diktatur des Proletariats», Sozialismus, Kommunismus). Mit seinen späteren, primär ökonomisch orientierten Schriften ergänzt er dann seine frühe politische Philosophie von Vergangenheit, Gegenwart und Zukunft um eine umfassende Kritik des kapitalistischen Wirtschaftssystems und seiner gesellschaftlich-politischen Implikationen.

Friedrich Nietzsche

Friedrich Nietzsche (1844–1900), der aus einem protestantischen Pfarrhaus stammt, studiert in Bonn (1864–1865) und Leipzig (1865–1868) klassische Philologie und wendet sich, vor allem unter dem Eindruck der Schriften Arthur Schopenhauers, zunehmend der Philosophie zu. Prägend für sein weiteres Leben und Wirken ist die Begegnung mit der Person und dem Werk Richard Wagners (1868), von dem er sich schließlich aber abwendet (1878). Mit gerade einmal 24 Jahren wird Nietzsche auf eine Professur für klassische Philologie an der Universität Basel (1869–1879) berufen. In der Basler Zeit entstehen zunächst Schriften zur antiken Philologie und Philosophie (*Die Geburt der Tragödie aus dem Geiste der Musik*, 1872; *Die Philosophie im tragischen Zeitalter der Griechen*, 1873) sowie zur Zeitkritik (*Unzeitgemäße Betrachtungen*, 1873–1878), gefolgt von einer ersten Aphorismensammlung (*Menschliches, Allzumenschliches*, 1878).

Aus gesundheitlichen Gründen lässt sich Nietzsche nach zehnjähriger Lehrtätigkeit in Basel pensionieren und hält sich das folgende Jahrzehnt über vor allem in der Schweiz, in Norditalien und in Südfrankreich auf (1879–1889). Hier entstehen sein poetisch-philosophisches Hauptwerk (*Also sprach Zarathustra*, 1883–1885) und eine Reihe von Werken zur Kritik der moralischen und religiösen Wertvorstellungen, die zumeist als umfangreiche Aphorismensammlungen angelegt sind (*Morgenröte. Gedanken über die moralischen Vorurteile*, 1881; *Die fröhliche Wissenschaft*, 1882; *Jenseits von Gut und Böse. Vorspiel einer Philosophie der Zukunft*, 1886; *Zur Genealogie der Moral*, 1887), sowie zwei schrille späte Schriften (*Der Antichrist*, 1888, publiziert 1894; *Ecce homo. Wie man wird, was man ist*, 1888/89, postum publiziert 1908).

Nach einem Nervenzusammenbruch, den er auf offener Straße in Turin erleidet, verbringt Nietzsche die verbleibenden Jahre seines Lebens geistig umnachtet in der Pflege seiner Familie (1889–

1900). Seine nachgelassenen Aufzeichnungen aus den 1880er Jahren werden nach seinem Tod in eigens arrangierter Zusammenstellung zu seinem philosophischen Vermächtnis stilisiert (*Der Wille zur Macht*, 1908; *Die Unschuld des Werdens*, 1931) und erst in der zweiten Hälfte des zwanzigsten Jahrhunderts in ihrer originalen Gestalt veröffentlicht. Noch zu seinen Lebzeiten beginnen Nietzsches Schriften auf intellektuelle und künstlerische Kreise weltweit zu wirken. Der dänische Literaturkritiker und philosophische Schriftsteller Georg Brandes, der schon 1888 Vorlesungen über Nietzsche hält, prägt für dessen geistig-politische Haltung das Schlagwort vom «aristokratischen Radikalismus». Im zwanzigsten Jahrhundert gerät Nietzsches Werk, insbesondere die fabrizierte Nachlassschrift *Der Wille zur Macht*, dann zunehmend in den Dunstkreis nationalistischen und nationalsozialistischen Denkens. In den letzten fünfzig Jahren wird Nietzsche schließlich von ganz unterschiedlichen Seiten international als zeitkritischer Denker und unakademischer Philosoph breit und zumeist zustimmend rezipiert.

Der generellen Dreiteilung seines Lebens und Werkes in eine frühe, eine mittlere und eine späte Phase folgt auch sein politisch-philosophisches Denken, das sich von einer originellen Interpretation des griechischen Staates über die propagierte Distanznahme des freien Geistes gegenüber aller Politik zur Begründung einer alternativen Art von Politik erstreckt. Doch tritt Nietzsche zu keinem Zeitpunkt formal als politischer Philosoph auf. Vielmehr sind seine diesbezüglichen Beiträge integriert in das umfassende Vorhaben einer kritischen Erkundung der eigenen Gegenwart unter dem doppelten Gesichtspunkt von fortwirkenden philosophischen und religiösen Traditionen und von zukünftigen geistigen und gesellschaftlichen Entwicklungen. Als distanzierter, aber involvierter Zeitgenosse erörtert Nietzsche die politische Kultur des neunzehnten Jahrhunderts, die er durch die komplementären Ideologien von Liberalismus und Sozialismus geprägt sieht, im Kontext von ausgedehnten moral- und religionsphilosophischen Analysen.

In dem unveröffentlichten Kurztext *Der griechische Staat*

(1872) deutet der frühe Nietzsche die antike Polis als gesellschaftliche Zwangsanstalt (inklusive rigoroser Reglementierung des öffentlichen Lebens und der Institution der Sklaverei zur Erledigung von Alltagsarbeiten), die zum probaten Mittel für einen außerpolitischen Zweck dient: die Hervorbringung des besonderen, hochgradig kreativen Individuums («Genius»). Auch der mittlere Nietzsche siedelt das eigentliche Leben jenseits der Politik und ihrer Tendenz zu Vergemeinschaftung und Vergesellschaftung an, wenn er die aufgeklärten, «freien» Geister als über- und international orientiert darstellt. Beim späteren Nietzsche stehen dann die psycho-sozialen Wirkmechanismen hinter den traditionellen und zeitgenössischen moralischen und religiösen Vorstellungswelten («Werte») im Zentrum der Überlegungen. Das von Nietzsche in Absetzung von der liberalisierten und sozialisierten Moderne – mehr skizzierte als ausgeführte – Gegenprojekt aus dem Nachlass trägt schließlich, neben primär moral- und religionskritischen Zügen, auch einen dezidiert politischen, nämlich staatskritischen Charakter und ist um eine Mega-Politik zentriert, die politisches Handeln ganz auf die gezielte Heranbildung («Züchtung») eines neuen Menschentypus («Übermensch») jenseits der gesellschaftlichen und staatlichen Domestizierung des Menschen ausrichtet («große Politik»).

Doch auch außerhalb der eklatanten Exzesse des Nachlasses weisen seine späteren Schriften einen zutiefst politischen Grundzug auf, sofern sie das Gelten vermeintlich absoluter moralischer Normen und religiöser Wahrheiten als ein Politikum entlarven – als gesellschaftliches Konstrukt zum Zweck der Machtausübung von Menschen über Menschen. Nietzsches kritisch-analytische Sicht auf das europäische Wertesystem lenkt den Blick auf den historischen Ursprung scheinbar fixer Werte, die sich als Resultate von Akten der Wertsetzung erweisen. Die Praktiken der Wertsetzung ihrerseits werden von Nietzsche auf vorgängige Absichten und vorherrschende Interessen politischer Art zurückgeführt. Seine Moral- und Religionskritik betreibt er so als kritische Herkunftsgeschichte («Genealogie»).

Ein integraler Bestandteil seines genealogischen Großprojektes ist der Bedeutungswandel, dem Wertungen aller Art und speziell moralische Werte im Laufe der Zeit unterliegen. Für Nietzsche sind Werte keine statischen Normen, sondern historische Ordnungssysteme, die der Veränderung unterliegen. Sein besonderes Augenmerk gilt dem radikalen Wertewandel in Gestalt der Veränderung eines Werts in sein gerades Gegenteil («Umwertung»). Auch erfolgt die Umwandlung von Wertungen und Werten für Nietzsche nicht zufällig und beliebig, sondern resultiert aus historisch-politischen Prozessen. Seiner Genealogie der moralischen Werte überträgt Nietzsche eine mehrfach gestufte Aufgabe. Zuerst gilt es, den Ursprung der moralischen Werte aufzudecken. Sodann sind die Formen ihrer Umwertung zu verfolgen, und des Weiteren kommt es darauf an, die Gründe und Bedingungen der zu beobachtenden Wertveränderungen zu bestimmen. Vor allem aber zielt Nietzsches Genealogie der moralischen Werte darauf ab, die Werte ihrerseits einer kritischen Beurteilung zu unterziehen («Wert der Werte»). Die Einschätzung der Werte selbst steht ihrerseits im Dienst von Nietzsches ultimativer Zielsetzung, die bewerteten Wertsysteme im Licht ihrer kritischen Bewertung zu revidieren, genauer: sie zu revolutionieren («Umwertung aller Werte»).

Das Paradebeispiel seiner wertungskritischen Genealogie der Moral ist die Bedeutungs- und Gebrauchsgeschichte des primären moralischen Bewertungsprädikats «gut». In Nietzsches philologisch basierter Perspektive dient die Vokabel, samt ihren Äquivalenten in anderen indoeuropäischen Sprachen, der Selbstzuschreibung von positiven Qualitäten durch eine gesellschaftliche Führungsschicht, die zunächst militärisch, dann auch politisch eine Machtstellung über den Rest der Bevölkerung einnimmt. Der Ausdruck dient so der Selbstunterscheidung der Starken und Überlegenen von den Schwachen und ihnen Unterlegenen, auf die von Seiten der «Guten» die abwertende Kennzeichnung «schlecht» im ursprünglichen Sinne von «schlicht» übertragen wird. Für Nietzsche bildet die Unterscheidung von «gut» und «schlecht» einen primären Moraltypus, den er in verschiedenen alten Kulturen glaubt ausmachen zu können («Herrenmoral») (*Genealogie der Moral*, 1. Abhandlung).

Doch bleibt es seiner Einschätzung nach nicht dauerhaft bei der Moral der Mächtigen. Die politisch Unterlegenen und gesellschaftlich Ohnmächtigen sind zwar in der Regel nicht zum direkten Aufbegehren gegen ihre Beherrscher und Unterdrücker in der Lage, (er-)finden aber, so Nietzsche, Mittel und Wege, um die Wertungsverhältnisse umzukehren («Sklavenaufstand in der Moral») und durch die Errichtung eines alternativen Moralsystems («Sklavenmoral») samt dessen politischer Ausstaffierung kreativ («imaginär») an ihren vormaligen Unterdrückern Rache zu üben (*ressentiment*). In der Umwertung der ursprünglichen moralischen Werte wird aus dem selbstzugeschriebenen «gut» der alten Moral das fremdattribuierte «schlecht» (im Sinne von «böse») der neuen Moral. Parallel dazu wird aus dem fremdzugeschriebenen «schlecht» der alten Moral das selbstattribuierte «gut» der neuen Moral. Bei dem von Nietzsche rekonstruierten Vorgang der Werteumwertung handelt es sich also nicht einfach um eine Inversion, so als wären die vorher anders zugewiesenen Werte («gut», «schlecht») nunmehr umgekehrt verteilt. Vielmehr umfasst die Umwertung eine Neubewertung, die – unabhängig von der Verteilung auf Personengruppen – die Bedeutung der Wertbegriffe selbst verändert (*Genealogie der Moral*, 1. Abhandlung).

Weitere wichtige Betätigungsbereiche für Nietzsches genealogische Erkundung der tradierten Wertsysteme im Allgemeinen und der alten und modernen Moralsysteme im Besonderen umfassen die moralischen Phänomene von Schuld und Gewissen sowie die politisch-theologische Begründung von gesellschaftlicher Macht («Priesterherrschaft»). Für den Wechsel vom ursprünglichen zum umgekehrten Moraltypus macht Nietzsche eine charakteristische Verinnerlichung der ethischen Beziehungen («nach innen geschoben») geltend, durch die überhaupt erst eine Innensphäre des moralischen Fühlens und Urteilens entsteht. Des Weiteren ist die Moral des Ressentiments für Nietzsche durch Praktiken der Selbst-

und Weltverleugnung («asketische Ideale») geprägt, die das Leben nach der früheren Moral verwerfen und verdammen (*Genealogie der Moral*, 2. und 3. Abhandlung).

Was schließlich den Vergleichswert der alternativen Wertsysteme («Wert der Werte») betrifft, konstatiert Nietzsche einen Verfall von Vitalität, eine Kultur des Niedergangs und eine Haltung der Lebensverneinung in der Moral des Ressentiments, die für ihn auch die eigene Zeit charakterisiert («Nihilismus»). Der von ihm eigens geprägte poetische Ausdruck für die dekadente Lebensform der modernen Kultur und speziell ihrer nihilistischen Moral lautet der «letzte Mensch». Doch sieht Nietzsches Philosophie auch die Überwindung des letzten, alten Menschen und die Anbahnung eines anderen, neuen Menschen voraus, für den er im Rückgriff auf radikalaufklärerische Vorstellungen vom überlegenen Menschen (*homme supérieur*, *esprit fort*) die Formel vom «Übermenschen» verwendet (*Also sprach Zarathustra*, Vorrede).

Der von Nietzsche anvisierte höhere Menschentypus soll den Niedergang des Lebens in der Moderne durch eine neue Wertordnung, die in einer Umwertung aller bestehenden Werte gründet, überwinden. Doch bleiben Nietzsches Ausführungen zum neuen Menschen und seiner Wertewelt, die sich vor allem im späten Nachlass finden, durchweg vage. Auch scheinen sie eher auf zukünftige exzeptionelle Individuen zu verweisen, die der Menschheit als Propheten und Vorbilder dienen könnten, als auf einen erst noch zu kreierenden, künstlichen Menschentypus. Vieles deutet darauf hin, dass er weniger eine ganz andere Menschheit im Sinn hat als eine Fortentwicklung im konstruktiven Rückgriff auf vormoderne Formen von Gesittung und Ethos, die unter Bedingungen der Moderne der individuellen Selbstvervollkommnung des Menschen dienen sollen.

Die Einheit und Beständigkeit des menschlichen Lebens über wechselnde historisch-politische Wertordnungen hinweg wird von Nietzsche auch dadurch nahegelegt, dass er alles Leben und die ihm entstammenden variablen Wertsetzungen dem elementaren, sozusagen urpolitischen Prinzip von Machtsteigerung und

Machtausübung («Wille zur Macht») unterstellt. Nach seiner Einschätzung liegt der universelle Drang nach Machterwerb und Machtgebrauch selbst da noch vor, wo – wie im modernen Nihilismus – das Leben scheinbar verneint wird («Wille zum Nichts»). In der umfassenden Sicht auf alles Leben als krypto-politisches Streben nach Übermacht ist eine Ethik oder Religion der Weltverneinung für Nietzsche nur eine besonders raffinierte (oder pervertierte) Form von Machtgewinn. Umgekehrt mutet er dem neuen Menschen aber auch die tragische Einsicht zu, dass selbst der gesteigerte Wille zu nichts weiter führt als zu mehr Macht, der der ebenso unvermeidliche Machtverlust folgt. Unter dem fiktiven Gesichtspunkt der Ewigkeit (*sub specie aeternitatis*) ändert sich nichts wirklich und bleibt sich alles letztlich gleich im ebenso endlosen wie ziellosen Machtspiel des Willens («ewige Wiederkehr des Gleichen»).

11.
Die postliberale Antimoderne: Reaktion und Reform

Die bürgerliche Welt des neunzehnten Jahrhunderts geht binnen weniger Jahre in den Materialschlachten des Ersten Weltkriegs – des «großen Kriegs» (*Great War*) – und in den politischen und gesellschaftlichen Wirren der Nachkriegszeit unwiederbringlich unter. Während und nach dem Krieg verschwinden ganze Großreiche von der Landkarte (Zaristisches Russland, Deutsches Reich, Österreich-Ungarn, Osmanisches Reich), neue Nationalstaaten sowie demokratische und sozialistische Republiken, außereuropäische Mandatsgebiete unter dem neugegründeten Völkerbund (1920) treten an ihre Stelle. Die Vereinigten Staaten erscheinen als neuer Akteur auf der Weltbühne. Das weltumspannende Friedensvertragswerk von Versailles legt den unterlegenen Kriegsparteien, insbesondere Deutschland, politische Strafen und wirtschaftliche Schulden auf, die den Fortbestand der ersten großflächigen Republik auf deutschem Boden (Weimarer Republik) von Anfang an belasten und gefährden. Dazu kommt eine globale Wirtschaftskrise kolossalen Ausmaßes mit Hyperinflation, Börsencrash und Massenarbeitslosigkeit, die zur weiteren Radikalisierung des politischen Klimas in Europa, vor allem in Deutschland, beiträgt.

So findet sich die bürgerliche Mitte zu Beginn des zwanzigsten Jahrhunderts von den zunehmend populären rechten wie linken Extrempositionen gesellschaftlich und politisch bedrängt. Vor allem die deutsche Gesellschaft ist wirtschaftlich wie politisch gespalten und durch starke Gegensätze geprägt, die zeitweise zu bürgerkriegsartigen Zuständen führen. Gleichzeitig entwickelt sich in den späten 1920er Jahren in den internationalen Metropolen, nicht zuletzt in Berlin, eine hedonistische Konsumkultur, die

Bürgertum und Bohème in Kabarett, Konzert und Kino zusammenführt (Goldene Zwanziger, *Roaring Twenties*). Vor dem Hintergrund der ideologischen und lebensweltlichen Gegensätze kommt es auch zu einer starken Politisierung von Kunst und Kultur. Die Gesellschaft wird zwar insgesamt pluraler, ist aber zunehmend durch Lagerdenken und Identifikation mit der jeweiligen eigenen politischen oder ideologischen Gruppierung geprägt. Insbesondere in Deutschland reicht die Skepsis gegenüber der neu etablierten parlamentarischen Demokratie bis tief in das etablierte Bürgertum hinein.

Beginnend in den 1920er Jahren erhalten in zahlreichen europäischen Ländern autoritäre und totalitäre Staatsformen breitere Unterstützung und können sich gegen rivalisierende Richtungen durchsetzen: als Sowjetkommunismus (Bolschewismus) in Russland, als Faschismus in Italien und Spanien, als Nationalsozialismus in Deutschland. Zusätzlich verschärft sich der Gegensatz zwischen der nationalistischen rechten und der internationalistischen linken Variante des Sozialismus zur globalen Konkurrenz zweier antibürgerlicher Grundformen von Staat und Gesellschaft. Als gemeinsamer Feind, primär repräsentiert durch die Vereinigten Staaten, gilt auf radikal rechter wie extrem linker Seite der Parlamentarismus, der Liberalismus und der Pluralismus des anglo-amerikanischen Westens.

Aus dem breiten Spektrum der politisch-philosophischen Beiträge zur Deutung der bewegten Zeit zwischen Erstem und Zweitem Weltkrieg – samt der zweiten Nachkriegszeit in der Mitte des zwanzigsten Jahrhunderts – ragen rückblickend jene Versuche heraus, die sich um eine historisch und systematisch vertiefte Sicht auf die Möglichkeiten und Grenzen des modernen Liberalismus bemühen. Die prinzipielle Kritik an der liberalen parlamentarischen Demokratie steht dabei im Spannungsfeld von wieder zu vitalisierenden vormodernen Denktraditionen einerseits und erst in Entwicklung begriffenen nachmodernen Ordnungs- und Herrschaftsvorstellungen andererseits. Gemeinsam ist den unterschiedlichen Versuchen der Verabschiedung des Liberalismus die Sehnsucht nach einer verlässlichen objektiven Ordnung im Angesicht einer im Niedergang begriffenen bürgerlichen Welt.

Carl Schmitt

Der deutsche Staatsrechtler, Verfassungslehrer und Reformator des Völkerrechts Carl Schmitt (1888–1985) studiert Jura, und zwar zunächst in Berlin (dessen Libertinage der damals noch strenggläubige Katholik aus dem Sauerland abstoßend findet), dann in München (wo er sich der Schwabinger Bohème annähert) und schließlich in Straßburg (wo er 1910 promoviert wird und sich 1916 habilitiert). Am Ersten Weltkrieg nimmt Schmitt als Freiwilliger ohne Fronteinsatz teil. Erste Rufe führen ihn, jeweils für kurze Zeit, auf Professuren in Greifswald, Bonn und Köln, bevor er als akademischer Lehrer nach Berlin geht, zuerst an die Höhere Handelshochschule und dann an die damalige Friedrich-Wilhelms-Universität (und heutige Humboldt-Universität), an der er von 1933 bis 1945 lehrt.

Schmitt erwirbt sich schon bald den Ruf eines stilistisch wie gedanklich brillanten Fachjuristen. Seinen frühen Publikationen – meist kürzere Abhandlungen thesenhaften Zuschnitts – zu politisch-philosophischen Grundfragen des Staatsrechts und der Verfassungslehre (*Politische Romantik*, 1919; *Politische Theologie. Vier Kapitel zur Lehre von der Souveränität*, 1922; *Der Begriff des Politischen* 1927, erweiterte Fassung 1932; *Verfassungslehre*, 1928; *Legalität und Legitimität*, 1932) folgen ausführlichere Arbeiten zum Völker- und Kriegsrecht (*Völkerrechtliche Großraumordnung und Interventionsverbot für raumfremde Mächte. Ein Beitrag zum Reichsbegriff im Völkerrecht*, 1939; *Land und Meer. Eine weltgeschichtliche Betrachtung*, 1942; *Der Nomos der Erde im Völkerrecht des Jus Publicum Europaeum*, 1950; *Theorie des Partisanen. Zwischenbemerkung zum Begriff des Politischen*, 1963).

Wie Heidegger dient sich Schmitt, der in der Endphase der Weimarer Republik noch die Präsidialdemokratie gutachterlich verteidigt, unmittelbar nach der «Machtergreifung» (Machtübernahme) der Nationalsozialisten dem neuen Regime an, tritt in die NSDAP ein, erhält auch sogleich die Ernennung zum Mitglied des Preußischen Staatsrates – der rein beratenden Nachfolgeinstitution des Preußischen Herrenhauses, die Anfang 1936 ein letztes Mal zusammenkommt – und wird mit wichtigen Parteiämtern für die Gleichschaltung von Jurisprudenz wie Justizwesen betraut. Die Karriere im neuen Staat endet aber schon 1936 jäh, weil ihm politischer Opportunismus vorgeworfen wird. Schmitt verliert seine Parteiämter, behält aber bis 1945 den Titel eines Preußischen Staatsrates und seine Berliner Professur. Nach Kriegsende wird er von der amerikanischen Besatzungsmacht interniert und inhaftiert, doch schließlich nicht wie ursprünglich vorgesehen in den Nürnberger Kriegsverbrecherprozessen angeklagt, sondern aus der Haft entlassen. Nachdem sich Schmitt einem Entnazifizierungsverfahren verweigert hat und damit auf die Möglichkeit einer Fortsetzung seiner universitären Karriere verzichtet, zieht er sich in die sauerländische Provinz zurück und wird dort zur *éminence grise* rechtskonservativer akademischer Kreise in der jungen Bundesrepublik.

Seine Schriften dokumentieren eine frühe und durchgängige Nähe zu autoritären politischen Positionen, ein fortwährendes Sympathisieren mit pseudo-demokratischen diktatorischen Maßnahmen in politischen Extremsituationen und einen (möglicherweise von katholischem Antijudaismus mit geprägten) penetranten Antisemitismus. In der Anfangsphase der nationalsozialistischen Herrschaft erwirbt sich Schmitt mit fachjuristischen Interventionen, die diktatorische Machtergreifung («Ermächtigungsgesetz»), politisch motivierte Morde («Röhmputsch») und die Nürnberger Rassegesetze rechtlich-politisch verteidigen (*Der Führer schützt das Recht*, *Verfassung der Freiheit*), schnell einen zweifelhaften Ruf («Kronjurist des Dritten Reiches»). Wie viel Opportunismus und wie viel echte Überzeugung bei Schmitts Gelegenheitsschriften um 1933 im Spiel war, dürfte schwer zu entscheiden sein. Die

Schriften vor und nach dem fatalen Intermezzo sind zwar alles andere als Bekenntnisse zu Demokratie und Liberalismus, enthalten aber durchaus denkwürdige Beiträge zur Neubestimmung des Verhältnisses von Politik, Verfassung und Staat und zur Neueinschätzung der geopolitischen Lage im Jahrhundert der Weltkriege und des Totalitarismus.

Im Zentrum seines politisch-philosophischen Werkes steht das prinzipielle Verhältnis der politischen Dimension menschlicher Existenz («das Politische») zu den Ordnungsmächten von Recht und Staat. Bei allem Fokus auf das Grundsätzliche und Generelle ist Schmitts Denken über Politik, Recht und Staat durchweg historisch geprägt. Die Bandbreite reicht dabei von der antiken Staatslehre über die mittelalterliche Vorstellung von weltlicher und geistlicher Herrschaft (*imperium*, *sacerdotium*) zum neuzeitlichen Staats- und Völkerrecht. Im Mittelpunkt steht durchweg die politisch begründete rechtliche Verfassung des modernen Territorialstaates mit dem Kernmerkmal staatlicher Oberhoheit (Souveränität) nach innen wie nach außen. Schmitts besonderes Interesse gilt dem Übergang des modernen Staates und Staatensystems in den Krisen und Kriegen des zwanzigsten Jahrhunderts in eine neue verfassungspolitische Form und geopolitische Ordnung.

Anders als das frühere neuzeitliche Nachdenken über Recht, Staat und Politik, welches das Recht dem Staat und den Staat der Politik vorlagert (Naturrecht, Vernunftrecht), bildet das Politische für Schmitt die unüberbietbare Grundlage aller rechtlichen Ordnung und staatlichen Einrichtung. Der so in den Mittelpunkt gerückte Begriff des Politischen betrifft nicht eine nachgeordnete Sphäre innerrechtlichen und innerstaatlichen Politisierens im Stil von parteiischer Politik und partikulärer politischer Auseinandersetzung. Vielmehr liefert die vorrechtliche und vorstaatliche Fundamental-Politik überhaupt erst die Bedingungen und Voraussetzungen für die urpolitisch begründete Einrichtung von Recht und Staat sowie von der in deren Rahmen betriebenen derivativen Politik. Die von Schmitt geltend gemachte prinzipielle Vorrangstellung des Politischen gegenüber dem Rechtlichen und dem Staatlichen führt dazu, dass die angestellten Analysen von Politik, Recht und Staat – bei aller Ausrichtung auf das Grundsätzliche – durchgängig historisch spezifisch sind («konkret») und sich auf jeweils besondere geschichtliche Umstände beziehen («Situation»).

Ideengeschichtlich schließt Schmitts fundamentalpolitische Einschätzung von Recht und Staat an die überlieferte staatsstiftende Rolle legendärer und geschichtlicher Gesetzgeber (Lykurg für Sparta, Solon für Athen) an. Historisch gesehen orientiert sich Schmitt an der zu Beginn der Neuzeit – im Zeitalter der Religionskriege – mit politischen Mitteln erstrebten und weitgehend erzielten Befriedung Nordwesteuropas durch die Ausbildung zentralisierter Staatlichkeit und rechtsgestützter zwischenstaatlicher Ordnung. Den Endpunkt dieser politisch gewirkten Entwicklung einer europäischen Staatenwelt im Zeichen von Verfassungs- und Völkerrecht bildet für Schmitt der weltanschaulich neutrale Staat der parlamentarischen Demokratie, der Politik und Gesellschaft ebenso pluralisiert wie individualisiert – samt dessen zumindest partieller Ablösung durch autoritäre und totalitäre Regimeformen («Diktatur») im zwanzigsten Jahrhundert. Darüber hinaus diagnostiziert Schmitt die sich abzeichnende Ersetzung der Europa-zentrierten Weltordnung souveräner Einzelstaaten durch außereuropäische Weltmächte (Russland, Vereinigte Staaten von Amerika) und deren überstaatliche Allianz- und Blockbildung («Reiche»).

Schmitts Schriften erörtern die tiefenpolitische Prägung von Rechts-, Staats- und Weltordnung in einer provokanten Mischung aus minutiösen rechtshistorischen Details und rechtswissenschaftlichen Referenzen, einem anspruchsvoll gelehrten Denk- und Sprachstil und markanten Thesen zur Deutung und Einbettung der fachspezifischen Befunde in einem umfassenden politisch-philosophischen Entwicklungsgang. Literarisch gesehen handelt es sich bei seinen Schriften in der Regel um fachwissenschaftliche Abhandlungen mittlerer Länge, die durch sukzessive hinzugefügte ergänzende Materialien (Vorworte, Corollarien, Zusätze) zu schichtenartig komponierten Büchern ausgebaut sind. In der breiteren interessierten Öffentlichkeit wirkt Schmitt bis heute vor allem durch begriffliche Prägungen und sprachliche Wendungen, die dann oft – aus ihren konkreten Bezügen entfernt und von ihren spezifischen Umständen abgetrennt – zu Schlagwörtern verkürzt werden. Dazu gehören insbesondere die geschichtsphilosophische Leitvorstellung einer politischen Theologie, die rechtsphilosophische Leitvorstellung der politischen Entscheidungsgewalt über den Ausnahmezustand sowie die politisch-philosophische Urunterscheidung von Freund und Feind. Doch ist jeder der drei Grundbegriffe bei Schmitt differenziert behandelt und an spezifische historische Kontexte gebunden.

So übernimmt Schmitt gelegentlich den aus der vorchristlichen Antike stammenden Begriff der politischen Theologie (*theologia civilis*), um die ursprünglich theologische Prägung politischer Vorstellungen zu kennzeichnen. Das gilt insbesondere für die vergleichbare Rolle des absoluten Monarchen und des allmächtigen Gottes in der politischen und theologischen Gedankenwelt der frühen Neuzeit (*Politische Theologie*, 2. Kapitel). Doch spielt das Unternehmen einer politischen Theologie bei Schmitt keineswegs die Rolle eines geheimen theologischen Leitfadens für politische Entwicklungen in Recht und Staat. Er geht vielmehr im Gegenteil von der definitiven Trennung von Kirche und Staat in der postreformatorischen Moderne aus und beharrt durchweg auf der grundsätzlichen Selbständigkeit («Autonomie») des Politischen gegenüber anderen gesellschaftlichen Mächten, darunter der Wirtschaft, aber auch der Religion.

Schmitts Schrift *Politische Theologie* befasst sich primär, wie auch der Untertitel (*Vier Kapitel zur Lehre von der Souveränität*) anzeigt, mit der spezifisch modernen Entwicklung souveräner Staatlichkeit und ist nur sekundär, in einem von insgesamt vier Kapiteln, eine Miniatur-Studie zur politischen Theologie des absoluten Staates. In seinem Kern stellt der Text eine Auseinandersetzung mit der klassischen Definition der Souveränität als oberster

Gesetzgebungsgewalt dar, die von Jean Bodin stammt. Gegenüber dem von der Tradition im Anschluss an Bodin gewählten Fokus auf der Rechtsverfassung des souveränen Staates (monarchische Gesetzgebung) und dessen regelgerechtem Funktionieren (Gewaltenteilung) richtet Schmitt den Fokus auf die politische Absolutheit des modernen Souveräns und seine Enthobenheit von den Gesetzen, die er zuallererst gibt und aufrechterhält (*a legibus absolutus*).

Das Wesensmerkmal der seit Bodin thematisierten und theoretisierten souveränen Herrschaft ist deshalb für Schmitt auch nicht im politischen Regelfall des normal operierenden Staates erkennbar, sondern erst und eigentlich in der außerordentlichen Suspension des Normalzustands in einer politisch-gesellschaftlichen Extremsituation, in der die souveräne Gewalt die politische Macht hat, die Entscheidung («Dezision») zur Aufhebung bestehender Gesetze («Ausnahmezustand») zu treffen. Mit der Rückführung von Souveränität auf Extrementscheidungsmacht verändert Schmitt den Grundansatz der modernen Staatslehre und Verfassungstheorie. Staatliche wie rechtliche Ordnung in der Moderne beruhen für ihn – ihrer Einsetzung, ihrer Durchsetzung und auch ihrer Aufhebung nach – auf politischer Entscheidungsgewalt. Der durch politische Dezision gestiftete und geprägte Staat ist so bei Schmitt nicht primär durch ein rechtlich abgesichertes Gewaltmonopol definiert, sondern durch ein zutiefst politisches Entscheidungsmonopol, das sich gerade in der Entscheidung zum Ausnahmezustand beweist und bewährt (*Politische Theologie*, 1. Kapitel).

Auch die mit Schmitts politisch-philosophischem Denken durchweg assoziierte Freund-Feind-Unterscheidung hat einen ganz spezifischen Sinn und bezeichnet gerade nicht eine generelle Bellizität menschlicher Existenz. Schmitt betont den öffentlichen Charakter des Feindes als politischer Feind (*hostis*) im Unterschied zum privaten Charakter des persönlichen Feindes (*inimicus*) (*Der Begriff des Politischen*, 3.). Die politische Freund-Feind-Unterscheidung bildet die vorrechtlich und vorstaatlich gegebene, affektiv wirksame («existentielle») Ausgangslage für die Formierung rechtlicher Ordnungen und staatlicher Gebilde. So erweist sich die über die Urunterscheidung von Freund und Feind definierte Existenzsphäre des Politischen als vorrangig, ja als selbständig gegenüber den Wesenssphären von Recht und Staat (*Der Begriff des Politischen*, 1. und 2.).

Vor dem Hintergrund seines polemisch, durch die existentiellen Urbeziehungen von Freundschaft und Feindschaft geprägten politischen Menschenbildes hält es Schmitt für die gestellte Aufgabe und die erbrachte Leistung des modernen souveränen Staates und seiner Rechtsordnung, den innerstaatlichen Krieg (Bürgerkrieg) rechtlich wie politisch zu verhindern («starker Staat») und den zwischenstaatlichen Krieg (Staatenkrieg) auf völkerrechtliche Regeln einzuschränken («Einhegung»). Doch stellt er auch fest, dass die Konsolidierung politischer Macht im modernen Staat älterer absolutistisch-monarchischer wie jüngerer demokratisch-parlamentarischer Prägung dazu führt, dass das genuin Politische («Politik») faktisch aufgegeben und durch eine Pseudo-Politik («Polizei») substituiert wird (*Der Begriff des Politischen*, 3.). Insbesondere vermisst Schmitt im eingehegten Staat von Recht und Ordnung die existentielle Dringlichkeit des Politischen («Todesbereitschaft», «Tötungsbereitschaft») (*Der Begriff des Politischen*, 5.).

Auch auf internationaler Ebene diagnostiziert Schmitt eine weitgehende Entpolitisierung der staatlichen Ordnung durch eine zunehmend pluralisierte Staatenwelt («Pluriversum»). Im Hinblick auf die scheinbar gegenteilige Entwicklung zu einer universalistisch verfassten Menschheit (Völkerbund, Menschenrechte) betont er den zutiefst unpolitischen Charakter der angestrebten befriedeten Menschheit, die für ihn keine spezifisch politische, sondern eine allgemein gesellschaftliche Einheit («universale Gesellschaft») darstellt (*Der Begriff des Politischen*, 6.). Wie die moderne Idee der universalistischen Menschheit ist auch deren individualistisches Gegenstück, der moderne Liberalismus, für Schmitt keine eigentlich politische Idee, sondern ein gesellschaftlicher Begriff, in dem die Neutralisierung des Staates und die Eliminierung des Politischen zum Ausdruck kommen. An die Stelle von genuiner Politik ist dadurch für Schmitt das spätmoderne Junktim von (sozialer) Ethik und (nationaler) Ökonomik getreten («Geist und Geschäft») (*Der Begriff des Politischen*, 8.).

Wie schon die Definition der Souveränität als urpolitischer Entscheidungsmacht über den rechtlichen Ausnahmezustand und die Definition des genuin Politischen als Freund-Feind-Unterscheidung verfügt auch ein dritter Grundbegriff von Schmitts politisch-philosophischem Denken, der «Nomos der Erde», sowohl über weltgeschichtliche als auch über zeitgeschichtliche Bezüge. Aufbauend auf früheren Arbeiten zur Fortentwicklung des Völkerrechts unter den Bedingungen des zwanzigsten Jahrhunderts – militärisch der Ausformung von Seekrieg und Luftkrieg, politisch der Herausbildung globaler Mächte – arbeitet Schmitt in seiner späten Schrift *Der Nomos der Erde* eine Entwicklungsgeschichte des neuzeitlichen Völkerrechts (*jus publicum europaeum*) im Zeitalter von Kolonialismus, Welthandel und Großmachtkonkurrenz aus. In Vertiefung seiner Grundthese des spezifisch politischen Ursprungs von Recht und Staat erörtert Schmitt – unter Rückgriff auf die Doppelbedeutung des griechischen *nomos* als Bezirk (*nomós*) und Gesetz (*nómos*) – den geschichtlichen Zusammenhang von Räumlichkeit («Ortung») und Normativität («Ordnung») (*Der Nomos der Erde*, I.).

Die ursprüngliche Räumlichkeit gesetzlicher Regelung versteht Schmitt als deren terrestrische Dimension («Erde»). Recht und Staat finden so ihre Fundierung in der Okkupation («Landnahme») und der Allokation («Landteilung») von Erdstrichen (*Der Nomos der Erde*, II.). Dem Freund–Feind–Schema des Politischen entspricht die räumliche Trennung durch Grenzziehung, die in der doppelten Gestalt von Eingrenzung und Abgrenzung auftritt. Den titelgebenden «Nomos der Erde» versteht Schmitt nicht als unveränderliches Gespann von Ortung und Ordnung, sondern als geschichtlich wandelbare Form der Verbindung von Raum und Norm. Schematisch betrachtet unterscheidet er drei

Nomoi der Erde. Im Zentrum seiner späten Nomoslehre (*nomologia*) steht der neuzeitliche Nomos von Land-, See- und Überseerecht in dessen Entwicklung seit dem sechzehnten Jahrhundert. Im Unterschied zum globalen Geltungsbereich des neuzeitlichen Nomos ist der frühere, antike und mittelalterliche Nomos durch lokale statt globale Formen der politischen Interaktion zwischen verschiedenen Völkern gekennzeichnet. Wichtiger als der vorneuzeitliche Nomos ist aber für Schmitt der sich abzeichnende nachneuzeitliche Nomos, der das neuzeitliche Europa-fokussierte Völkerrecht durch eine neuartige rechtlich-politische Weltordnung zu ersetzen sich anschickt.

Das europäische öffentliche Recht der Neuzeit (*jus publicum europaeum*) ist, so Schmitt, durch die Verbindung von innerlich wie äußerlich souveränen europäischen Territorialstaaten mit einer auf dem freien Seehandel («Freiheit der Meere») beruhenden weltumspannenden Wirtschaft von Warenproduktion und -austausch und der Kolonialherrschaft über weite Teile des amerikanischen und afrikanischen Kontinents sowie Ostasiens charakterisiert. Der Souveränität der europäischen Staaten im Verhältnis zueinander («interstatales Völkerrecht») entspricht dabei kein vergleichbares Rechtssystem für das Verhältnis der (durch Handelsgesellschaften vertretenen) Kolonialmächte zu den Kolonien. Insbesondere das Interventionsverbot für fremde («landfremde») Mächte gilt für die europäischen Staaten, nicht aber für die von diesen kolonisierten Territorien, die im Gegenteil den alten Erd-Nomos-Praktiken der Landnahme und Landteilung unterzogen werden (*Der Nomos der Erde*, III.).

Der neue Nomos, den Schmitt im Entstehen begriffen sieht («kommender Nomos der Erde»), ist dagegen – statt durch die Asymmetrie von Staatensystem und Kolonialraum – durch die Aufteilung der Welt, unter Einschluss der Meere, in globale Einflusssphären («Großräume») geprägt. Schmitt verfolgt die geopolitische Wende im «Nomos der Erde» zurück bis zu der 1823 vom amerikanischen Präsidenten John Monroe proklamierten außenpolitischen Positionierung der Vereinigten Staaten im Kontext fortgesetzter Kolonisations- und Expansionsbestrebungen der europäischen Großmächte auf dem amerikanischen Kontinent («Monroe-Doktrin») (*Der Nomos der Erde*, IV.). Die für Schmitts Großraum-Nomos maßgeblichen Elemente dieses amerikazentrierten Weltpolitikplans sind die Einteilung der Erde in voneinander getrennte geopolitische Räume (*spheres*), die Freihaltung der westlichen Sphäre, insbesondere Nord- und Südamerikas, von (Re-)Kolonisation (*non-colonization*) und Intervention (*non-intervention*) sowie die Beschränkung aller politisch-territorialen Veränderungen innerhalb des amerikanischen Kontinents auf das Wirken amerikanischer Mächte (*America to the Americans*). Die Fortführung des in der Monroe-Doktrin eingeführten dritten Nomos sieht Schmitt in der Ausbildung pluraler politischer Großräume im Verlauf des zwanzigsten Jahrhunderts gegeben. Die von ihm ursprünglich anvisierte Positionierung einer deutschen Großraummacht zwischen den Vereinigten Staaten und der Sowjetunion muss der späte Schmitt durch die zweigeteilte Welt des Kalten Kriegs ersetzt sehen.

Leo Strauss

Der aus einer orthodoxen Familie des hessischen Landjudentums stammende Leo Strauss (1899–1973) studiert – nach dem Besuch des Gymnasiums in Marburg und unterbrochen durch Kriegsdienst in der Etappe (1917/1918) – Philosophie, Mathematik und Naturwissenschaften an der Universität Hamburg (Promotion in Philosophie mit einer erkenntnistheoretischen Arbeit über den zeitgenössischen Kantkritiker F. H. Jacobi 1921) und geht danach für weitere philosophische Studien nach Freiburg und Marburg. Von 1925 bis 1932 ist er als wissenschaftlicher Mitarbeiter an der Hochschule für die Wissenschaft des Judentums in Berlin tätig. 1932 erlaubt ihm ein Forschungsstipendium den Aufenthalt in Paris, von 1934 bis 1937 hält er sich mit einem weiteren Stipendium in England auf (London und Cambridge). Ab 1937 wirkt er in den Vereinigten Staaten, zunächst für kurze Zeit an der Columbia University in New York, dann von 1938 bis 1948 an der New School for Social Research, ebenfalls in New York. 1944 erhält er die amerikanische Staatsbürgerschaft. Von 1949 bis zu seiner Emeritierung 1967 hat Strauss eine Professur für politische Philosophie an der University of Chicago inne. Die letzten Lebens- und Arbeitsjahre verbringt er als Gastwissenschaftler zunächst am Claremont McKenna College (damals noch Claremont Men's College) an der amerikanischen Westküste und dann am St. John's College in Annapolis an der amerikanischen Ostküste.

Strauss' geistiger Lebensweg führt vom orthodoxen Judentum über den politischen Zionismus und die philosophische Prägung durch Neukantianismus und Phänomenologie zur eigenständigen Auseinandersetzung mit dem mittelalterlichen jüdischen und islamischen Denken sowie mit der Religionskritik der frühen Neuzeit und mündet schließlich in die intensive Beschäftigung mit der klassischen griechischen Philosophie. Strauss' Schriften sind durchweg als kommentierende Interpretationen klassischer Werke angelegt und zumeist auf Grundfragen der politischen Philosophie fokussiert. In seiner amerikanischen Zeit lehrt und publiziert Strauss auf Englisch.

Die wichtigsten Texte, mit denen sich Strauss exegetisch beschäftigt, sind Platons *Politeia* (*The City and the Man*, 1964), Xenophons Dialog *Hiero* (*On Tyranny. An Interpretation of Xenophon's Hiero*, 1948), Maimonides' *Führer der Unschlüssigen* (*Philosophie und Gesetz. Beiträge zum Verständnis Maimunis und seiner Vorläufer*, 1935), Machiavellis *Fürst* (*Thoughts on Machiavelli*, 1958), Hobbes' *Leviathan* (*Hobbes' politische Wissenschaft in ihrer Genesis*, 1935) und Spinozas *Theologisch-politische Abhandlung* (*Die Religionskritik Spinozas als Grundlage seiner Bibelwissenschaft. Untersuchungen zu Spinozas theologisch-politischem Traktat*, 1930). Weitere seiner Veröffentlichungen, die vergleichsweise direkt über sein politisch-philosophisches Selbstverständnis Auskunft erteilen, sind ein relativ früher Aufsatz zu C. Schmitts Begriff des Politischen («Anmerkungen zu

Carl Schmitt, *Der Begriff des Politischen*», 1932) sowie zwei späte Buchpublikationen über Grundfragen der politisch-philosophischen Textauslegung (*Persecution and the Art of Writing*, 1952) und über die politisch-philosophische Antithese von antikem Naturverständnis und modernem Relativismus (*Natural Right and History*, 1953).

Vor seiner Emigration steht Strauss in Verbindung mit führenden Vertretern der deutsch-jüdischen Intelligentsia der Weimarer Republik, darunter Walter Benjamin und Hannah Arendt. Zu seinen philosophischen Lehrern in Marburg und Freiburg gehören Edmund Husserl und Martin Heidegger. Anfang der 1930er Jahre steht Strauss zeitweilig im Kontakt zu Carl Schmitt. Während seiner Pariser Zeit nimmt er an den Seminaren zur Philosophie Hegels von Alexandre Kojève und Alexandre Koyré teil. In Amerika wirkt er – außer durch eine Reihe von Aufsatz- und Buchpublikationen – durch seine zahlreichen, zu großen Teilen in Mitschriften und Mitschnitten dokumentierten Interpretationsseminare in New York, Chicago und Annapolis über Grundtexte des politisch-philosophischen Denkens. Seinem Selbstverständnis nach ist Strauss ein nachgeborener philosophischer Gelehrter der klassischen politischen Philosophen.

In Strauss' Leben und Nachleben verbindet sich ein stilles Gelehrtendasein in akademischer Zurückgezogenheit und relativer Obskurität mit einer beträchtlichen und kontroversen, größtenteils postumen Wirkung als Anreger und stillschweigender Stichwortgeber für rechtskonservatives akademisches und politisches Denken in den Vereinigten Staaten. Besonders strittig ist der angeblich durch einige seiner ehemaligen Schüler vermittelte Einfluss seines Denkens auf die amerikanische Außenpolitik unter der Präsidentschaft von George W. Bush, insbesondere im sogenannten Irakkrieg (Dritter Golfkrieg, 2003). In jüngerer Zeit ist ein gewisser Einfluss von Strauss – zusammen mit C. Schmitt – auf akademische und intellektuelle Kreise in der Volksrepublik China zu verzeichnen. Der politisch-philosophische Kontext ist dabei das autoritäre und kollektive Selbstverständnis des chinesischen

Staates und der chinesischen Gesellschaft in deren Absetzung vom westlichen Liberalismus und Individualismus, für deren prinzipielle Kritik C. Schmitt und Strauss als Gewährsleute herangezogen werden.

Strauss' philologisch-philosophische Kommentierung der Klassiker des politischen Philosophierens ist nicht akademischer Selbstzweck, sondern steht im Kontext einer umfassenden geistigen Distanznahme von den Bedingungen des modernen Lebens, gegen die durch aufmerksame Lektüre der klassischen politisch-philosophischen Texte eine andere Lebensform in Erinnerung gebracht und einem ausgewählten Schüler- und Leserkreis vermittelt werden soll. Doch vertritt Strauss keinen nostalgischen oder restaurativen Vormodernismus in dem Sinne, dass man zu früheren Verhältnissen zurückkehren könne. Ihm geht es vielmehr darum, zurückzusehen und sich von den Alten daran erinnern zu lassen, welch gänzlich andere Welt- und Werteordnung in früherer Zeit als verbindlich und vorbildlich galt, um dann im Licht dieser Lektionen das eigene Leben in angemessener Weise zu führen.

Nach Strauss' eigenem Bekunden steht im Zentrum seines philosophisch-pädagogischen Lebenswerkes das «theologisch-politische Problem» (*Die Religionskritik Spinozas*, Vorwort von 1965; *Hobbes' politische Wissenschaft*, Vorwort von 1965). Mit dem Terminus «theologisch-politisch» greift Strauss den Titelbegriff von Spinozas *Theologisch-politischer Abhandlung* aus dem Jahr 1670 auf, die ihrerseits eine revolutionäre Relektüre des Alten Testaments (Bibelkritik) in der Polarität von göttlicher Gesetzesoffenbarung und menschlich gestaltetem Gemeinwesen (*respublica Hebraeorum*) darstellt. Für Strauss markiert der von Spinoza her entwickelte Begriff des Theologisch-Politischen den grundlegenden Gegensatz von Offenbarung und Vernunft, von Glauben und Wissen, von Theologie und Philosophie, der das jüdische, christliche und islamische Denken des Mittelalters bewegt und der sich für ihn in der westlichen Moderne in der Konkurrenz von göttlicher und menschlicher Welteinrichtung fortsetzt.

Gelegentlich greift Strauss zur Kennzeichnung des theologisch-politischen Grundgegensatzes von Offenbarung und Vernunft auf die traditionelle Kontrastformel «Athen oder Jerusalem» zurück. Der Name Athens steht dann in idealtypischer Vereinfachung für das rein menschliche vernunftgeleitete Wissen und selbstbestimmte Handeln, das unabhängig von göttlicher Fügung zustande kommt, während der Name Jerusalems für das auf Gesetzesgehorsam basierende Weltbild des strengen Gottesglaubens steht. Mit der Ausrichtung seines Denkens auf den fundamentalen Gegensatz von Vernunft und Glauben nimmt Strauss ein zentrales Problem des Denkens der frühen Neuzeit auf.

Doch sympathisiert er nicht einfach mit den frühmodernen Versuchen einer weitgehenden Privatisierung von Religion und Glaube, wie sie sich insbesondere bei Hobbes und Spinoza finden. Vielmehr interessiert Strauss am historischen und rezenten Verhältnis von Vernunft und Glaube die Aporetik einer Konfrontation, in der keine der Seiten die andere konsequent zu überzeugen vermag. Sein Anliegen ist nicht die Entscheidung für die eine oder die andere Seite, sondern das Verständnis von deren Bedeutung für den Einzelnen wie für die Gesellschaft – früher wie heute. So erweist sich Strauss gerade im Hinblick auf das von ihm geltend gemachte theologisch-politische Grundproblem als ein durchaus moderner Diagnostiker und Kritiker der Moderne – als ein moderner Antimoderner, wenn nicht gar ein antimoderner Moderner. Speziell das Unternehmen einer gegenseitigen Grenzziehung zwischen Vernunft und Offenbarung bringt ihn in eine frappierende Nähe zu ähnlich motivierten Überlegungen in der klassischen Moderne, nicht zuletzt bei Kant und Hegel.

Generell wird man sagen können, dass Strauss seine politisch-philosophische Kritik an der Moderne mittels eines strategisch verengten Begriffs von Moderne entwickelt, der diese einseitig auf einen Relativismus der Wertsetzungen, einen Positivismus der Wissensformen und einen Liberalismus der Lebensführung und Gesellschaftsgestaltung festlegt. Die dezidiert selbstkritische Dimension der Moderne, der es nicht nur um titanische Selbstermächtigung geht, sondern ebenso um Selbstbestimmung durch

Selbstbegrenzung, bleibt dabei außen vor. Sogar den antidemokratischen Grundzug und die elitäre Präferenz für hohe geistige Bildung und tiefe sittliche Erziehung teilt Strauss mit der Mehrzahl der politisch-philosophischen Denker der Moderne. Insbesondere seine geistesaristokratische Grundhaltung hat ihre Vorgänger in Hegels politischer Diskriminierung der unteren Bevölkerungsschichten («Pöbel») und in Nietzsches gesellschaftlicher Denunziation des modernen Massenmenschen («letzter Mensch»).

Wenn so durchaus eine heimliche Nähe von Strauss zu gewissen die Moderne kritisierenden Hauptvertretern der Moderne selbst festgestellt werden kann, ist umgekehrt auf die Differenz und Distanz von Strauss zu C. Schmitt hinzuweisen, mit dessen Antiliberalismus und Antiparlamentarismus Strauss' Antimodernismus immer wieder zusammengebracht wird. Schmitts politisch-philosophische Positionierung ist durchweg rechtsgeschichtlich und fachjuristisch gegründet und in expliziter Auseinandersetzung mit der einschlägigen Literatur entwickelt. Zudem ist Schmitts politisch-philosophisches Denken geschichtsphilosophisch verankert: von der Vergangenheit geprägt, von der Gegenwart informiert und auf die Zukunft ausgerichtet. Dagegen strebt das politisch-philosophische Denken von Leo Strauss von der als historistisch, relativistisch und positivistisch wahrgenommenen Moderne weg – zunächst in eine Früh- und Vormoderne, die noch im Zeichen der Rivalität von Vernunft und Offenbarung steht, später in eine Antike, die für objektive Ordnung und ethisch-politische Selbstbeherrschung steht. Auch ist der Umgang mit den historischen Quellen seines politisch-philosophischen Denkens bei Strauss nicht historisch informiert und von fachwissenschaftlicher Auseinandersetzung geprägt, sondern getragen von der (hermeneutisch nicht unproblematischen) Vorstellung zeitlos gültiger Wahrheiten über die menschlichen und insbesondere über die politischen Dinge.

In seiner jahrzehntelangen Entfaltung des theologisch-politischen Grundproblems kommen zur Ausgangsfrage des Verhältnisses von Offenbarung und Vernunft, die der junge und mittlere

Strauss im Rückgriff auf mittelalterliche und frühneuzeitliche Autoritäten behandelt, zwei assoziierte Grundprobleme hinzu, die ihn vor allem in den letzten Jahren seines Arbeitslebens beschäftigen. Diese ergeben sich durch die Erweiterung des Dualismus der theologisch bestimmten und der politisch geprägten Grundform des menschlichen Lebens um die philosophische Lebensform des Menschen. Zum einen unternimmt der späte Strauss eine Positionsbestimmung der Philosophie in deren doppelter Differenz von der Religion und von der Politik. Zum anderen erarbeitet er mit Hilfe der Gegenüberstellung von modernem und antikem Philosophieverständnis einen speziell auf die ethische und politische Ordnungshaftigkeit der Natur in der klassischen (griechischen) Antike ausgerichteten Begriff von Philosophie.

Bei der Erörterung des Verhältnisses der Philosophie zu Religion und Politik betont Strauss die (prinzipiell errungene und je individuell zu erlangende) Enthobenheit der philosophischen Lebensform von den konträren Anforderungen der Religion einerseits und der Politik andererseits. Darüber hinaus hebt er aber auch umgekehrt die von der Philosophie ausgehenden kognitiven und ethischen Anforderungen an die Politik hervor. Die Philosophie steht so für Strauss in der konstitutiven Spannung zwischen politischer Einflussnahme auf sie und politischer Einflussnahme von ihr. Dementsprechend ist für Strauss die recht verstandene und angemessen betriebene Philosophie als solche und als Ganze politisch dimensionierte Philosophie – «Politische Philosophie» mit einem kapitalen «P».

Den Gegensatz von antikem und modernem Philosophieverständnis stellt der späte Strauss in den weiteren Rahmen der Rivalität zwischen klassisch-antiker und moderner Kultur (*quarrel of the ancients and the moderns*). Der modernen Betonung von Individualität und Pluralität stellt Strauss die antike Orientierung an einer überindividuellen Ordnung und einem universellen Ethos gegenüber. Für seine objektivistisch-universalistische Einschätzung des antiken, speziell des klassisch-griechischen Menschenbilds kommt dem Begriff der Natur zentrale Bedeutung zu. Zwar übernimmt Strauss die auf Cicero zurückgehende Einschätzung, dass Sokrates die zuvor auf die Natur der Dinge ausgerichtete Philosophie vom Himmel auf die Erde holt und in menschlichen Einrichtungen heimisch macht. Doch ist für ihn die ethisch-politische Ausrichtung der Philosophie bei Sokrates und seinen Schülern, allen voran Platon und Xenophon, durchweg der universellen und unveränderlichen Natur des Menschen verpflichtet – im Gegensatz zum geschichtlichen und wandelbaren Verständnis des Menschen in der Moderne (und zum relativistischen Menschenbild von Sokrates' Zeitgenossen Protagoras, wie man hinzufügen könnte).

Wenn Strauss in seiner späten Studie das antike Naturrecht und den modernen Historismus explizit einander gegenüberstellt (*Natural Right and History*), meint die Berufung auf das natürliche Recht nicht die egalitär gewährten Freiheitsrechte der modernen politischen Philosophie, sondern im Gegenteil die auf der unveränderlichen Einrichtung der Natur beruhende ethisch-politische Ordnung unter den Menschen, darunter die für natürlich gegeben erachteten Über- und Unterordnungsverhältnisse zwischen den Menschen. Der Elitismus einer nur wenigen vorbehaltenen philosophischen Lebensform erweitert sich so zum politischen Auftrag an eine geistige Führungsschicht gegenüber der breiten Bevölkerung, deren Unwissenheit und mangelnde Bildung durch das schon von Platon empfohlene manipulative Mittel der «edlen Lüge» (*pseudos gennaios*) gesteuert werden soll. Da Strauss seine politisch-philosophischen Positionen durchweg im Rahmen der Kommentierung früherer Philosophen entwickelt, bleibt der genaue Gegenwartsbezug seiner affirmativen Lektüre illiberaler und anti-demokratischer Quellen durchweg – und wohl auch gewollt – in der Schwebe.

Hannah Arendt

Die aus einer prominenten assimilierten jüdischen Familie in Königsberg stammende Hannah (ursprünglich Johanna) Arendt (1906–1975) wächst dort und in Berlin im Umkreis von bürgerlicher Bildung, Reformjudentum und Sozialdemokratie auf. Ab 1924 studiert sie zuerst in Marburg (bei Martin Heidegger, mit dem sie eine erst 1982 bekanntgewordene Liaison eingeht), dann kurz in Freiburg (bei Edmund Husserl) und schließlich in Heidelberg (bei Karl Jaspers) Philosophie sowie evangelische Theologie und griechische Philologie. Die Promotion bei Jaspers (1928) gilt dem existentialistisch interpretierten Liebesbegriff des spätantiken Kirchenvaters Augustinus. Das anschließende Habilitationsprojekt über die deutsch-jüdische Schriftstellerin Rahel Varnhagen kann Arendt nach der nationalsozialistischen «Machtergreifung», während der sie für kurze Zeit inhaftiert wird, nicht mehr beenden. Über Genf flieht sie 1933 nach Paris, wo sie für zionistische Hilfsorganisationen tätig ist und 1940 als deutschstämmige Ausländerin von den Franzosen interniert wird. Nach der Flucht aus dem Lager gelangt sie 1941 über Lissabon nach New York, der Hauptwirkungsstätte ihres weiteren Lebens. 1951 erhält die seit 1937 staatenlose Arendt die amerikanische Staatsbürgerschaft. Nach einer publizistischen und editorischen Tätigkeit hält sie ab 1953 Gastvorträge zu Themen und Autoren der politischen Philosophie an amerikanischen Universitäten. Von 1963 bis 1967 lehrt sie im Anschluss an eine Gastprofessur an der Columbia University in New York am Committee of Social Thought (einem interdisziplinären geistes- und sozialwissenschaftlichen Institut) der University of Chicago. Danach hat sie bis zu ihrem Lebensende eine Professur an der Graduate Faculty der New School for Social Research in New York inne.

Obwohl Arendt zumeist über Themen und Autoren der Geschichte der politischen Philosophie arbeitet, verortet sie selbst ihr Wirken und ihr Werk primär in der politischen Wissenschaft und der politischen Theorie (*political science, political theory*). Zwar ist ihr politisch-philosophisches Denken tief geprägt von antiker und moderner philosophischer Tradition, doch durchweg ausgerichtet auf die Umstände und Anforderungen des gegenwärtigen politisch-sozialen Lebens. Besondere Bedeutung kommt in Arendts politisch-philosophischem Denken ihrer im Angesicht von Antisemitismus und Holocaust vorgenommenen Selbstidentifikation als Jüdin zu, ohne dass dies mit spezifischen religiösen Überzeugungen verbunden wäre. Auch ihr lebenslanges zivilgesellschaftliches Engagement ist im Zusammenhang ihrer persönlichen Erfahrungen mit Verfolgung, Inhaftierung, Internierung und Staatenlosigkeit zu sehen. Dagegen scheint die Identität als Frau in einer ganz von Männern bestimmten akademischen Welt für sie keine vergleichbare Bedeutung zu haben. Obwohl ihre universitäre Karriere in Deutschland vorzeitig abbricht und die Fortsetzung in Amerika erst mit zwanzigjähriger Verspätung einsetzt, gehört Arendt zu den Vorreiterinnen einer erfolgreichen weiblichen Universitätskarriere – von ihrer gerade in jüngerer Zeit noch zunehmenden internationalen Reputation als politisch versierte brillante Intellektuelle einmal ganz abgesehen.

Das Buchprojekt der frühen 1930er Jahre über Rachel Varnhagen setzt sie 1937/1938 in Paris fort. Die abgeschlossene Arbeit erscheint in englischer Übersetzung 1958 (*Rahel Varnhagen. The Life of a Jewess*), im deutschen Original im Folgejahr (*Rahel Varnhagen. Lebensgeschichte einer deutschen Jüdin aus der Romantik*). Ebenfalls in den 1950er Jahren gelangen Studien zur zeitgenössischen französischen und deutschen Existenzphilosophie (Sartre, Camus; Heidegger, Jaspers) zur Veröffentlichung. Ihren publizistischen Durchbruch erzielt Arendt mit einer Artikelserie für das Magazin *The New Yorker* über den Prozess gegen Adolf Eichmann in Jerusalem im Jahr 1961, die später auch – zuerst auf Englisch, dann auf Deutsch – in Buchform erscheint (1963, 1964). Bis heute kontrovers diskutiert ist Arendts Beschreibung des angeklagten Naziverbrechers als nicht etwa dämonisch oder diabolisch, sondern in seinem bürokratisch-verspießerten Auftreten als geradezu banal (*Eichmann in Jerusalem. Ein Bericht von der Banalität des Bösen*). Arendt will die Kennzeichnung, die vielfach als verharmlosend verstanden wird, rein deskriptiv verstanden wissen und als folgenlos für die normative (moralische) Frage von Schuld und Verantwortung des Angeklagten. Auch konzipiert sie die Kategorie des Banal-Bösen in Gegenstellung zu Kants einflussreicher, von der christlichen Erbsündelehre beeinflussten Begriffsprägung vom Radikal-Bösen. Nicht weniger skandalös wirkt auf die Zeitgenossen ihre Darstellung der jüdischen Lager-Helfer und -Aufseher («Judenräte») als Komplizen des Vernichtungsregimes.

Arendts politisch-philosophisches Werk im engeren Sinn umfasst hauptsächlich drei von ihr selbst publizierte Schriften sowie eine in zwei von drei Teilen fertiggestellte letzte Arbeit. Im Einzelnen handelt es sich um eine umfangreiche Studie zum Totalitarismus in Geschichte und Gegenwart (*The Origins of Totalitarianism*, 1951; *Elemente und Ursprünge totaler Herrschaft*, 1955), eine Studie zur politischen Lebensform, ebenfalls in Geschichte und Gegenwart (*The Human Condition*, 1958; *Vita activa oder Vom tätigen Leben*, 1960) und eine Studie über die Revolution als Form der Politik, wiederum in Geschichte und Gegenwart (*On Revolution*, 1963; *Über die Revolution*, 1965) – ergänzt um eine postume Studie zu den Funktionsformen des menschlichen Geistes (*The Life of the Mind*. Vol. 1. *Thinking*, 1978. Vol. 2. *Willing*, 1979; *Vom Leben des Geistes. Das Denken, Das Wollen*, 1979), deren unausgeführter dritter Teil durch den Text ihrer Vorlesung über Kants politische Philosophie aus dem Jahr 1970 ersetzt wird (*Lectures on Kant's Political Philosophy*, 1982; *Das Urteilen. Texte zu Kants Politischer Philosophie*, 1985).

Die tausendseitige Studie zum Totalitarismus ist zugleich eng und breit angelegt. Zum einen schränkt Arendt den von ihr eingeführten Begriff des Totalitarismus auf die Regime von Hitler und Stalin ein, schließt also den italienischen und spanischen Faschismus, die Sowjetunion vor Stalin und nach Stalins Tod sowie das kommunistische China aus. Die Beschränkung auf Deutschland unter Hitler und die Sowjetunion unter Stalin bedingt auch Arendts streng parallele Behandlung des Totalitarismus rechter und linker Prägung (Terror, auch gegen die eigene Bevölkerung; Lagersystem). Zum anderen weitet Arendt die Perspektive über die beiden Ausgestaltungen des Totalitarismus hinaus aus, indem sie historisch die Anbahnung des Totalitarismus im neunzehnten und frühen zwanzigsten Jahrhundert, systematisch die Einschätzung des Totalitarismus über seinen Charakter als politisches Regime hinaus als ein gesamtgesellschaftliches Phänomen einbezieht. Für Arendt ist es gerade die Mobilisierung und Terrorisierung der Gesellschaft als Ganzer, die den Totalitarismus in seinen beiden bisher aufgetretenen Varianten von früheren oder gleichzeitigen diktatorischen, tyrannischen oder despotischen Regimen unterscheidet. Ursprünglich plant sie das Totalitarismus-Buch sogar nur als eine Analyse von Hitler-Deutschland und ergänzt das im Entstehen begriffene Werk dann in den Jahren 1948/49 um die Einbeziehung des Stalinismus, nachdem das Ausmaß des stalinistischen Terrors («Säuberungen») sich abzuzeichnen beginnt.

Wie ihre anderen größeren Arbeiten ist auch das Buch über den Totalitarismus aus einer kleinen Zahl längerer Essays zusammengesetzt. Die generell ideengeschichtliche Orientierung der Studie und der Rückgriff auf literarische Quellen (Marcel Proust, Joseph Conrad) ist ebenso charakteristisch für Arendts essayistischen Denk- und Schreibstil. Der erste der drei Teile des Buches über den Totalitarismus behandelt die spezifische Gestalt des Antisemitismus, die sich in Europa um die Ausbildung des Nationalstaates herum im Verlauf des neunzehnten Jahrhunderts entwickelt. Für Arendt ersetzt das nationale Denken die kosmopolitische Orientierung der Aufklärung an Menschenrechten und anderen universalen Idealen durch die nach innen zusammenhaltende und nach außen aggressive Politik des Nationalstaates als nationaler Gemeinschaft («Eroberung des Staats durch die Nation»). Die im Zusammenhang mit der Industrialisierung festzustellende Vermassung trägt, so Arendt, weiter zur Homogenisierung und Deindividualisierung der Gesellschaft bei. Besondere Aufmerksamkeit widmet Arendt der gesellschaftlichen Dynamik hinter der Dreyfus-Affäre in Frankreich um den angeblichen Landesverrat eines Offiziers jüdischer Abstammung.

Den Mittelteil des Totalitarismus-Buches widmet sie der Entwicklung des Imperialismus im neunzehnten und beginnenden zwanzigsten Jahrhundert. Hier gilt ihr Augenmerk der Ergänzung des bürgerlich eingehegten Antisemitismus durch einen ungebundenen kolonialistischen Rassismus. Dabei liegt der Fokus auf den eliminativen Praktiken der europäischen Kolonialmächte gegenüber der einheimischen Bevölkerung in Schwarzafrika. Auf der doppelten Grundlage der Entwicklung von bürgerlichem Antisemitismus und rassistischem Imperialismus im neunzehnten Jahrhundert stellt Arendt im dritten Teil den Totalitarismus in Gestalt der Alternative von ideologisch geprägtem Rassismus und Nationalismus einerseits und klassen- wie staatenloser Gesellschaft andererseits vor. In beiden Fällen hat die totalisierte Gesellschaft den bürgerlichen Rechtsstaat und die tolerante Zivilgesellschaft vollkommen verdrängt. In Anbetracht der totalitären Entwicklungen des zwanzigsten Jahrhunderts äußert sie ihre Enttäuschung über die Wirkungslosigkeit förmlich deklarierter Menschenrechte. Für den trotz des kolossalen Kulturbruchs durch den Totalitarismus zu erwartenden Fortgang der Menschengeschichte setzt Arendt auf zwei Prinzipien, von denen das eine eher formal und prozedural ist und jedem Menschen die Grundberechtigung zu rechtlich geschützten Ansprüchen zuspricht («Recht auf Rechte») und das andere universal und dynamisch ist und dem Menschen die generelle Fähigkeit zum radikalen Neubeginn zuerkennt («Geburtlichkeit», «Natalität»).

Vita activa oder Vom tätigen Leben von 1960 ist, wenn nicht das Hauptwerk, so doch das Schlüsselwerk ihres politisch-philosophische Denkens. Die Ausrichtung der Studie auf das aktive Leben steht im Gegensatz zum traditionellen Fokus der Philosophie auf purer Theorie (*vita contemplativa*). Doch geht der Text über das spezielle Unternehmen einer politischen Philosophie hinaus. Stilistisch wie gedanklich inspiriert von der zeitgenössischen

Anthropologie, Existenzphilosophie und Phänomenologie untersucht Arendt, wiederum im doppelten Blick auf Geschichte und Gegenwart, die unterschiedlichen Formen der tätigen Lebensweise des Menschen. Als die drei Grundformen des Tätigseins benennt, beschreibt und bewertet sie das Arbeiten (*labor*), das Herstellen (*work*) und das Handeln (*action*). Der Unterschied von Herstellung (*poiesis*) und Handlung (*praxis*) geht zurück auf Aristoteles, der darüber hinaus das individuelle, spezifisch ethische und das politische, spezifisch gemeinschaftliche Handeln unterscheidet. Die Herstellung behandelt Aristoteles als Teil der Hauswirtschaft (*oikonomia*) und weist ihre Ausführung den Handwerkern, darunter auch den Künstlern, und den Sklaven zu. Die Sphären von Haus (*oikos*) und Stadtstaat (*polis*), von Wirtschaft und Politik, von Privatleben und Staatsleben, sind so bei Aristoteles säuberlich getrennt nach Aktivitäten wie Akteuren.

Im Hinblick auf die seit Beginn der Neuzeit einsetzende Modernisierung der Lebensumstände – durch Wissenschaft und Technik ebenso wie durch Bürokratie und Industrie – unterscheidet Arendt das ganz auf die Reproduktion der Mittel zum Leben angelegte Arbeiten von dem auf die Schaffung mehr oder weniger dauerhafter Gegenstände angelegte Herstellen, darunter auch die Verfertigung von Kunstwerken. Während die Erzeugnisse der Arbeit *verbraucht* werden und einem nicht endenden Zyklus von Produktion und Konsumtion unterliegen, werden die Gegenstände der Herstellung *gebraucht*, unterliegen aber auch der Abnutzung im Laufe der Zeit. Dem Arbeiten ordnet Arendt die Figur des sich abmühenden Tieres (*animal laborans*) zu, dem Herstellen die des Menschen als Handwerker (*homo faber*). Insgesamt diagnostiziert Arendt in der Moderne die stets zunehmende und inzwischen so gut wie vollständige Verdrängung der politisch-aktiven Lebensform durch die Lebensaktivitäten des Arbeitens und Herstellens. Wo es in der Moderne noch politische Aktivität («Handeln») gibt, ist diese, so Arendt, dem zutiefst unpolitischen Paradigma des Machens und Messens angepasst.

In der modernen Massengesellschaft mit ihren nicht enden wollenden Zyklen von Produktion und Konsumtion und der durchtechnifizierten Waren- und Güterherstellung vermisst Arendt das genuine Handeln der Menschen miteinander, aufeinander und gegeneinander, wie es – ihrer Einschätzung zufolge – das öffentliche Leben der griechischen Polis exemplifiziert. Natürlich ist sich Arendt der antiquierten sozio-ökonomischen Bedingungen und Folgen der politischen Öffentlichkeit im klassischen Griechenland (Männerherrschaft, Sklavenwirtschaft) nur zu gut bewusst. Auch knüpft sie, anders als etwa Leo Strauss, nicht an ein imaginiertes Griechentum von verbindlicher vertikaler Ordnung (Regierende, Regierte; Wissende, Unwissende) an, sondern – in Orientierung an Nietzsches Griechenbild – an den politischen Streitgeist der Griechen, der den Marktplatz (*agora*) mit dem Wettkampf (*agōn*) zusammenbringt. Im Übrigen verortet Arendt die Anfänge der für die Moderne charakteristischen verfälschenden Angleichung des Politischen an das Poietische oder Produktive schon im antiken Athen, insbesondere in Platons anti-demokratischem Verständnis von politischer Herrschaft als autoritärem Regiment einer philosophisch gebildeten Wissenselite über eine in Unwissenheit und Machtlosigkeit befangene Bevölkerung. Was Arendt von der klassisch-griechischen politischen Praxis für die Moderne zu retten sucht, ist dagegen der Sinn für Pluralität ebenso wie für Partizipation in einer menschlichen Lebensform, die bei aller Pflege der Individualität immer auch auf die politische Gemeinschaft ausgerichtet ist.

Mit ihrer späteren Studie über die Bedeutung und Wirkung der beiden großen Revolutionen zu Ende des achtzehnten Jahrhunderts in Nordamerika und in Frankreich schließt Arendt an die in ihrem früheren Werk offen gebliebene Frage nach dem genuin politischen Handeln in der Moderne an. Ganz generell markiert eine politische Revolution für Arendt einen radikalen Bruch mit der zuvor bestehenden Ordnung der Dinge. Im kontrastierenden Vergleich der beiden Revolutionen notiert Arendt zum einen das Scheitern der Französischen Revolution im Terror der Straße und im Staatsstreich eines arrivierten Revolutionsgenerals und zum anderen das Gelingen der Amerikanischen Revolution bei der Einrichtung einer stabilen florierenden Bürgerrepublik unter der Leitidee der Freiheit. Doch bemängelt sie an der Amerikanischen Revolution den Geburtsmakel der institutionalisierten Sklaverei und das Verblassen des revolutionären Impetus in einer zunehmend depolitisierten Massengesellschaft. Auf Überlegungen von Thomas Jefferson zurückgreifend, skizziert sie ein der europäischen Revolutionsgeschichte («Arbeiter- und Soldatenräte») entnommenes Rätesystem (*ward system*) von gestuften republikanischen Zusammenschlüssen auf lokaler bis zentraler Ebene, das die Partizipation wie die Repräsentation der engagierten Elemente der Staatsbürgerschaft gewährleisten soll.

Vor dem Hintergrund der verklärenden Rückblicke auf das direkt-demokratische Athen und das sowjet-strukturierte Moskau wirken die Ausführungen in Arendts unvollendetem Spätwerk über das Leben des menschlichen Geistes wie eine Rückkehr zu der zuvor für überwunden erklärten philosophischen Kontemplation. Dem Geist ordnet Arendt eine dreifache Tätigkeitsform zu: das Denken, das wesensmäßig und durchgängig Andere und Anderes mit einbezieht; das Wollen, das essentiell selbstbezogen und auf Selbstkonstitution angelegt ist; und (vermittelt durch Kants Überlegungen zu Gemeinsinn und Öffentlichkeit) das Urteilen, das konstitutiv das eigene Selbst und die Anderen in kommunikativer Gemeinschaft zusammenschließt. Zwar sind auch die phänomenologisch inspirierten Analysen zu Aufbau und Funktion des menschlichen Geistes in ihrer Ausrichtung über das Individuum hinaus und auf die Gemeinschaft mit Anderen hin keineswegs unpolitisch. Doch nach den früheren konkreten Ausführungen zu totalitären Regimen, zum politischen Handeln und zur revolutionären Praxis erscheinen die Überlegungen in Arendts Spätwerk unverhofft akademisch und mehr an einer anthropologischen Grundlegung des Politischen als an aktuellem politisch-philosophischem Denken interessiert.

12.
Der liberale Antitotalitarismus: Individualismus und Pluralismus

Die persönlichen und gesellschaftlichen Erfahrungen mit totalitären Regimeformen führen in der Mitte des zwanzigsten Jahrhunderts bei einer kleinen, aber lautstarken Gruppe von Intellektuellen zu einem Wiedererstarken des Liberalismus, der sich seit seinem Aufkommen im frühen neunzehnten Jahrhundert nur schwer gegen die ideologische Konkurrenz durch die aufkommenden Bewegungen des Nationalismus und des Sozialismus behaupten kann. Im Angesicht der akuten Freiheitsbedrohung durch rechte wie linke kollektive Weltanschauung und -politik besinnen sich einflussreiche Vertreter der Wirtschaftswissenschaften, der Politischen Wissenschaft und der Philosophie auf die essentielle Bedeutung persönlicher und gesellschaftlicher Freiheit. Mit dem Kriegseintritt der Vereinigten Staaten von Amerika in beiden Weltkriegen und dem Einfluss der USA auf die globale Nachkriegsordnung betritt zudem ein politisch-ökonomisches System die Weltbühne, das die persönliche und wirtschaftliche Freiheit zum Prinzip hat. Nach dem Sieg der Alliierten aus West und Ost über die Achsenmächte Deutschland und Japan im Jahr 1945 positioniert dann der Kalte Krieg zwischen den westlichen Alliierten und der Sowjetunion samt ihren Satelliten über Jahrzehnte hinweg die westliche liberale Demokratie und die freie Marktwirtschaft gegen das politische und wirtschaftliche System des Staatssozialismus. In dieser Konstellation ist es kein Zufall, dass die Hauptvertreter einer dezidiert liberalen Antwort auf den rechten wie linken Totalitarismus zwar in England und den Vereinigten Staaten wirken und wirksam werden, ihrem persönlichen Hintergrund und ihren politischen Erfahrungen nach aber durch die nationalistischen und sozialistischen Revolutionen in Mittel-

und Osteuropa im ersten Drittel des zwanzigsten Jahrhunderts geprägt sind.

Friedrich August Hayek

Der aus dem Wiener Bildungsbürgertum und dem österreichischen Beamtenadel stammende Friedrich August Hayek (1899–1992) – bis zur Aufhebung der Adelsprädikate in der Republik Österreich 1919 Friedrich August von Hayek – kämpft im Ersten Weltkrieg an der italienischen Front, schreibt sich 1918 an der Wiener Universität ein und promoviert erst in den Rechtswissenschaften und dann in den Staatswissenschaften (1921, 1923). Von 1923 bis 1924 ist er als Postdoc an der New York University tätig, von 1929 bis 1931 lehrt er als Privatdozent an der Universität Wien. Die Stationen seiner professoralen Karriere in den Wirtschaftswissenschaften sind die London School of Economics (1932–1950), das Committee on Social Thought der University of Chicago (1950–1962) und die Universität Freiburg (1962–1968). Nach seiner Emeritierung wirkt er noch einige Jahre an der Universität Salzburg (1969–1977), kehrt dann aber für den Rest seines Lebens nach Freiburg i. Br. zurück. Schon 1938, nach dem sogenannten Anschluss Österreichs an das Deutsche Reich, nimmt Hayek die englische Staatsbürgerschaft an, die er bis zu seinem Lebensende behält. 1974 wird ihm der (erst 1968 gestiftete) Nobelpreis für Wirtschaftswissenschaften verliehen.

Hayek wirkt hauptsächlich als Wirtschaftstheoretiker im internationalen Kontext der Österreichischen Schule (*Austrian School of Economics*), die wirtschaftlich wie politisch den Liberalismus vertritt und sich gegen die – vor allem von John Maynard Keynes befürwortete – staatliche Ausgabenpolitik wendet. In Wien gehört Hayek zum Kreis um den führenden liberalen Wirtschaftswissenschaftler Ludwig von Mises, an der London School of Economics sind Hayek und Keynes befreundete Kollegen und fachliche Konkurrenten. An der University of Chicago wirkt Hayek auf Milton

Friedman, einen der Begründer der Chicagoer Schule (*Chicago School of Economics*). Hayeks volkswirtschaftliche Arbeiten liegen hauptsächlich in der Geld- und Konjunkturtheorie und behandeln zentral den Zusammenhang von wirtschaftlichen, gesellschaftlichen und institutionellen Entwicklungen. 1947 gründet Hayek die nach ihrem Gründungsort am Genfer See benannte Mont Pèlerin Society als Zusammenschluss wirtschaftlich wie weltanschaulich liberal Gesinnter aus Wissenschaft, Wirtschaft und Journalismus. In den 1970er Jahren stehen seine Ansichten und Arbeiten im Hintergrund der Wirtschaftspolitik der britischen Premierministerin Margaret Thatcher und des US-amerikanischen Präsidenten Ronald Reagan. Auch auf Ludwig Erhard, den «Vater des deutschen Wirtschaftswunders», hat Hayek einigen Einfluss. Ende der 1970er Jahre bewegt er sich allerdings in zweifelhafter ideologischer Nähe zum chilenischen Diktator Augusto Pinochet.

In der zweiten Hälfte seines Lebens erweitert und ergänzt Hayek seine wirtschaftswissenschaftlichen Arbeiten um politisch-philosophische Werke auf der Grundlage des um die Mitte des zwanzigsten Jahrhunderts erneuerten Liberalismus («Neoliberalismus» im Unterschied zum «klassischen Liberalismus» des neunzehnten Jahrhunderts). Es sind vor allem drei Werke, mit denen er die klassisch-liberale Theorie von Staat und Gesellschaft in Richtung des Neoliberalismus weiterentwickelt: *The Road to Serfdom* (1944; *Der Weg zur Knechtschaft*, 1945), *The Constitution of Liberty* (1960; *Die Verfassung der Freiheit*, 1991) und *Law, Legislation and Liberty. A New Statement of the Liberal Principles of Justice and Political Economy* (3 Bände, 1998; *Recht, Gesetzgebung und Freiheit. Eine neue Darstellung der liberalen Prinzipien der Gerechtigkeit und der politischen Ökonomie*, 1980/1981). Seit 2022 ist die 19-bändige Gesamtausgabe von Hayeks Schriften (*The Collected Works of F. A. Hayek*) nach dreißigjähriger editorischer Arbeit abgeschlossen.

Beim Übergang von seinen wirtschaftswissenschaftlichen Schriften zu seinem politisch-philosophischen Werk kann Hayek auf eigene frühere Studien zur Psychologie und Erkenntnistheorie zurückgreifen, die den jungen Wissenschaftler von der Unzulänglichkeit des menschlichen Kognitionsapparates, die komplexe natürliche und soziale Wirklichkeit zu erfassen, überzeugt hatten. Hayeks pessimistischer Anthropologie und Epistemologie zufolge ist der Mensch individuell wie kollektiv überfordert mit der umfassenden Erfassung von natürlichen und gesellschaftlichen Prozessen. Statt dem Menschen die Einsicht in die Funktionsweise komplexer Ordnungen zuzutrauen und zuzumuten, setzt Hayek auf die Selbstregulierung von Ordnungen aller Art («spontane Ordnung»), darunter insbesondere auf die Selbstordnung der Wirtschaft durch den von staatlichen Vorgaben unabhängigen, «freien» Markt. Zwar ist Hayek kein Vertreter des gänzlich unregulierten Spiels der Marktkräfte durch Angebot und Nachfrage (*laisser faire*), doch will er statt spezifischer staatlicher Direktiven nur allgemeine Regelwerke für das Operieren der Wirtschaft zulassen, die das ansonsten freie Spiel des Marktes rechtlich regulieren sollen (Ordoliberalismus).

Schon seine erste politisch-philosophische Buchpublikation macht den in der Fachwelt längst als einer der international führenden Wirtschaftswissenschaftler anerkannten Hayek zum Bestseller-Autor. Die englische Ausgabe (*The Road to Serfdom*) erscheint in der Endphase des Zweiten Weltkrieges zunächst in England (wo Papiermangel die Verbreitung anfangs einschränkt), dann in den USA und schließlich in den westlichen Zonen des von den Alliierten inzwischen besiegten und besetzten Deutschland. Die Auflage geht in die Hunderttausende, zudem erscheint ein zwanzigseitiger Extrakt bei Reader's Digest in Millionenauflage. Ähnlich erfolgreich ist eine knapp hundertseitige Kurzfassung des Werkes und sogar eine illustrierte Version ist im Handel. Bis in die jüngere Zeit erzielt Hayeks politisch-philosophischer Erstling hohe Auflagenzahlen und nimmt regelmäßig einen Spitzenplatz ein unter den einflussreichsten Sachbüchern des zwanzigsten Jahrhunderts. In der Zeit des Kalten Krieges kursieren unautorisierte Editionen des Werkes (*Samisdat*, wörtlich «Selbstverlag») im Ostblock.

Der im Titel des Buches sogenannte «Weg zur Knechtschaft» bezieht sich auf die Entstehungsbedingungen totalitärer Herrschaft im zwanzigsten Jahrhundert. Anders als die insbesondere auf linker, «antifaschistischer» Seite vorgenommene Verortung des Nationalsozialismus in der Spätphase des Kapitalismus, sieht Hayek die Grundlage für die Totalisierung des Staates und des damit verbundenen gesellschaftlichen Freiheitsverlustes im Sozialismus, Letzterer verstanden als politischer Dirigismus von Wirtschaft, Staat und Gesellschaft (Staatssozialismus). Damit ergibt sich für Hayek eine doppelt gestufte Erweiterung der für die Heraufkunft und Verbreitung knechtischer politischer Verhältnisse verantwortlichen Staatssysteme: Zunächst ist es der Sowjetsozialismus, dessen generell totalitärer Charakter für Hayek offenliegt, und sodann sind es die sozialdemokratischen Regierungen und Gesellschaftssysteme, die Hayek im Westen, insbesondere in England und den Vereinigten Staaten (*New Deal*), heranwachsen sieht.

Die dirigistische Einflussnahme des Staates auf die Wirtschaft und, darüber vermittelt, auf die Gesellschaft und damit letztlich auf das Individuum entspringt Hayek zufolge einem falschen Verständnis der Aufgabe des Staates im Verhältnis zu Wirtschaft und Gesellschaft. Gestützt auf seine eigenen Arbeiten zur Geld- und Ausgabenpolitik vertritt er nicht nur die wirtschaftliche Ineffizienz staatlicher Einmischung in den Markt, sondern auch die Gefährdung von persönlicher und politischer Freiheit, die eine staatliche Wirtschaftsplanung nach sich zieht. Seiner Meinung nach repräsentieren die vorliegenden oder sich abzeichnenden staatlichen Eingriffe in die Wirtschaft eine Art von Politik, die auf der undemokratischen Herrschaft einer intellektuellen Elite und deren letztlich willkürlichen Entscheidungen aufgrund abstrakter gesellschaftlicher Vorstellungen und Werte (soziale Gleichheit, gesellschaftlicher Wohlstand) beruht.

Die von Hayek vertretene politische Alternative zur staatlich geführten und durch Einzelne und deren Entscheidungen manipulierten Wirtschaft ist deren Selbststeuerung durch die anonymen und unpersönlichen Mechanismen des Marktes, insbesondere durch den Wettbewerb. Doch vertritt Hayek, anders als seine vom ungezügelten Kapitalismus begeisterte angloamerikanische Massenleserschaft, keinen *laissez faire*-Kapitalismus einer staatlich ungehemmten, ganz sich selbst überlassenen Wirtschaft. Er entwirft im Gegenteil ein ganzes Szenario von primär rechtlichen Regelungen, die das Individuum in seiner persönlichen Freiheit vor direktem und indirektem Schaden in einer freien Wirtschaft bewahren sollen. Dazu zählen Arbeitszeitvorschriften ebenso wie Bestimmungen zur Vermeidung von gesamtgesellschaftlichen Nachteilen durch eine Schädigung der Umwelt. Im Endeffekt sind die von Hayek im Namen der Freiheit vorgesehenen individuellen und gesellschaftlichen Schutzmaßnahmen sogar nur schwer von einer sozialen Marktwirtschaft zu unterscheiden – bis auf seinen prononcierten Fokus auf Freiheit als Ziel und Zweck wirtschaftlichen wie staatlichen Handelns.

Der enorme Erfolg seines politisch-philosophischen Erstlings erklärt sich aus dessen geschickter Verbindung von Propaganda und Popularität. Als Werk der Propaganda bekämpft *Der Weg zur Knechtschaft* das rechte wie linke staatswirtschaftliche System in genau dem Moment, in dem dessen rechte Variante untergeht und dessen linke Alternative zum Siegeszug anzusetzen scheint. Indem Hayek das gegen Hitler-Deutschland mit den Westmächten alliierte kommunistische Regime, was Wirtschaft und Gesellschaft angeht, in die Nähe der Nazi-Diktatur rückt, erscheint der westliche Kapitalismus als die einzige Systemform, die zur Bewahrung persönlicher und politischer Freiheit noch geeignet ist. Die Popularität dieses propagandistischen Szenarios, insbesondere in den angloamerikanischen Ländern, verdankt sich auch seiner Kontinuität mit lokalen Traditionen des Individualismus und Liberalismus, an die Hayek wie später auch andere Neoliberale geschickt anzuschließen weiß.

Der populäre und propagandistische Grundzug des Werkes erklärt auch die einseitige Rezeption von *Der Weg zur Knechtschaft.* Obwohl Hayek auf der staatlich-rechtlichen Einhegung des Wirtschaftslebens besteht, findet das Werk vor allem Anklang in libertaristischen, regierungsskeptischen und staatsanarchistischen Kreisen – in literarischer Form bei der Schriftstellerin des rationalen Egotismus Ayn Rand (*Atlas Shrugged*, 1957; *Atlas wirft die Welt ab*, 1959), in akademischer Form bei Robert Nozick (*Anarchy, State, and Utopia*, 1974; *Anarchie Staat Utopie*, 1976). Dagegen wird der Text so gut wie gar nicht von dem (vor allem durch John Rawls in Anlehnung an Kant) in die politische Philosophie eingeführten Liberalismus rezipiert, der Freiheit und Gleichheit ursprünglich zusammenzubringen sucht. Dabei harmonisiert Hayeks Plädoyer für die freiheitliche Demokratie des Westens eher mit einem sozial gesinnten Liberalismus als mit einem egozentrisch angelegten Libertarismus – auch wenn der Autor soziale Gerechtigkeit (*social justice*) für ein chimärisches Konzept hält, dessen Abzielen auf gesellschaftliche Gleichheit die rechtlich-politische Grundnorm der Freiheit bedroht.

Ungeachtet ihrer Zeitgebundenheit als Propagandaschrift für eine kapitalistisch-demokratische westliche Nachkriegsordnung hat Hayeks Einschätzung der gesellschaftlichen wie politischen Strukturfehler kollektiver Wirtschaftsformen in *Der Weg zur Knechtschaft* durch den Zusammenbruch der meisten sozialistischen Staatssysteme seine postume Bestätigung gefunden. Doch bleiben zwei eigenartige Entwicklungen der Nachkriegszeit außerhalb der theoretischen Reichweite seiner Analysen. Das sind zum einen der nord- und westeuropäische Staat sozial-demokratischer Verfassung, der die staatlich regulierte Marktwirtschaft an allgemeiner Wohlfahrt ausrichtet, und zum anderen der in der Volksrepublik China herangebildete staatsparteilich gelenkte Kapitalismus (Staatskapitalismus).

Zumindest die erste der beiden genannten Entwicklungen, der Wohlfahrtsstaat (*Wohlfahrtsstaat*, *welfare state*), findet anderthalb Jahrzehnte nach *Der Weg zur Knechtschaft* in Hayeks anderem politisch-philosophischen Hauptwerk, *Die Verfassung der Freiheit*, ausführliche Berücksichtigung. Dort bildet die Gefährdung individueller Freiheit – Letztere verstanden als Zustand der

Unabhängigkeit von der Willkür anderer – durch sozialstaatliche Maßnahmen und Einrichtungen den abschließenden dritten Teil, nachdem der erste Teil des Werkes die neuzeitliche Geschichte als zivilisatorischen Freiheitsfortschritt vorführt und der zweite Teil den Freiheitsgewinn in Gestalt des modernen Rechtsstaates (*rule of law*) darstellt. Auch diese breiter und historisch vertieft angelegte Schrift erweist sich als Bestseller, ebenso allerdings wiederum als Stein des Anstoßes für die Zeitgenossen, die skeptischer geworden sind gegenüber der Macht des freien Marktes und der konkurrenzlosen Vorrangstellung individueller Freiheit.

Hayeks abschließendes politisch-philosophisches Werk – *Recht, Gesetzgebung und Freiheit* (in der Neuübersetzung von 2008 betitelt *Recht, Gesetz und Freiheit*) – ergänzt die eher propagandistische Darstellung in *Der Weg zur Knechtschaft* und die mehr programmatische Darlegung in *Die Verfassung der Freiheit* um die detaillierte Skizze der rechtlichen und politischen Einrichtung einer freien Gesellschaft. Der erste Teil, «Regeln und Ordnung», stellt der nach künstlichen Zwecken eingerichteten Form von Ordnung (griechisch *taxis*) die spontan sich einstellende, gewachsene Art von Ordnung (griechisch *kosmos*) gegenüber, die, so Hayek, allein der komplexen Organisation von Wirtschaft und Gesellschaft gerecht werden kann. Auf der Ebene gesetzlicher Regelung entspricht der natürlichen *kosmos*-Ordnung der *nomos* als «Gesetz der Freiheit» (*law of liberty*), während der künstlichen *taxis*-Ordnung die *thesis* als «Gesetz der Gesetzgebung» (*law of legislation*) entspricht.

Während der zweite Teil von *Recht, Gesetzgebung und Freiheit* unter dem polemischen Titel «Das Trugbild sozialer Gerechtigkeit» die von Hayek diagnostizierten Freiheitsdefizite im modernen Wohlfahrtsstaat behandelt, unterzieht der dritte, mit «Die politische Ordnung eines freien Volkes» überschriebene Teil die moderne parlamentarische Demokratie einer systematischen Kritik unter dem Gesichtspunkt individueller Freiheit. Hayek moniert den individuellen Freiheitsverlust in der Mehrheitsdemokratie, hält aber generell am politischen Vorzug der parlamentarischen

Demokratie vor anderen Regierungsformen fest. Doch unterbreitet er eine Reihe von Vorschlägen für eine freiheitsfreundlichere Reformierung von Gesetzgebung und Rechtsprechung. Insgesamt gesehen hält der späte Hayek am absoluten Vorrang individueller Freiheit fest, geht aber weiter als früher bei der Entwicklung von restriktiven Regelwerken, die der Freiheit aller und damit dem sozialen Ziel allgemein verbreiteter Freiheit dienen sollen.

Isaiah Berlin

Der aus einer jüdisch-russischen Holzindustriellenfamilie stammende Isaiah Berlin (1909–1997) wächst im damals zum Zarenreich gehörigen Riga auf, erlebt die Februar- und Oktoberrevolution von 1917 im (kurzzeitig in Petrograd umbenannten) St. Petersburg und flieht 1921 mit der elterlichen Familie über Riga nach London. Nach dem Schulbesuch in London studiert der sprachlich hochbegabte Berlin in Oxford zuerst am Corpus Christi College klassische Literatur, Geschichte und Philosophie (*litterae humaniores*, informell *Greats*), absolviert danach noch den in Oxford entwickelten universitätsweiten Studiengang PPE (*Philosophy, Politics, and Economics*) und erhält, nach einer Tutorenstelle am New College in Oxford, als erster nicht konvertierter Jude ein Fellowship am All Souls College in Oxford. Im Zweiten Weltkrieg und für eine kurze Zeit danach ist Berlin für eine britische Propagandaorganisation als Berichterstatter über amerikanische Verhältnisse in New York (1940–1942) und Washington (1942–1946) tätig. Von Ende 1945 bis Anfang 1946 hält sich Berlin noch einmal in dem (inzwischen in Leningrad umbenannten) St. Petersburg auf, wo er den Schriftsteller Boris Pasternak und die Dichterin Anna Akhmatova trifft und die gefährlichen Lebensbedingungen der Intelligentsia in der stalinistischen Sowjetunion kennenlernt. Zurück in England setzt Berlin seine Arbeit in Oxford fort, wo er von 1957 bis 1967 als Chichele Professor for Social and Political Philosophy lehrt. 1957 wird er von der Königin geadelt. Im Jahr 1966 gehört er zu den Hauptinitiatoren hinter der Gründung des (für örtliche Verhältnisse) progressiven Wolfson College in Oxford, dessen erster Präsident er ist.

Nach anfänglichen fachphilosophischen Interessen und Forschungen im Umkreis der sich entwickelnden sprachanalytischen Philosophie (*Oxford Philosophy*) wendet sich Berlin in der Nachkriegszeit – vor dem Hintergrund seiner persönlichen Erfahrungen mit Revolution, Bürger- und Weltkrieg sowie Verfolgung und Flucht und in nüchterner Einschätzung seiner Fähigkeiten und Neigungen – zuerst der politischen Philosophie und dann verstärkt der Ideengeschichte (*intellectual history*) zu. Sein besonderes Interesse gilt der russischen Geistesgeschichte des neunzehnten und frühen zwanzigsten Jahrhunderts sowie der sogenannten Gegenaufklärung (*Counter-Enlightenment*) im achtzehnten Jahrhundert, insbesondere bei Giambattista Vico, Johann Gottfried Herder, Johann Georg Hamann und Jean-Jacques Rousseau. Berlins intellektuelle Sympathien liegen aber bei den Idealen der Aufklärung. Das Kernthema seiner Arbeiten ist die individuelle Freiheit (*liberty*).

Vom Typus her ist Berlin kein skrupulöser Gelehrter, sondern ein stilistisch und gedanklich brillanter Gesprächspartner, der seine originellen Überlegungen in persönlichen Gesprächen und bei öffentlichen Auftritten entwickelt und dabei zugleich geistig souverän und persönlich populär erscheint. Nach seinem ersten Buch, einer Biographie von Karl Marx (1939), publiziert Berlin keine wissenschaftliche Monographie mehr, sondern einzelne Essays, später auch Essaysammlungen, die meist auf mündliche Vorträge und Diktate zurückgehen. Dabei kaschiert Berlin durchgängig die eigene immense Belesenheit und intellektuelle Schärfe mit typisch britischem *understatement*. Die ab den 1970er Jahren einsetzende gezielte Republikation seiner zahlreichen verstreut veröffentlichten Vorträge und Beiträge macht Berlin über den Mikrokosmos von Oxford hinaus als politischen Denker und öffentlichen Intellektuellen von internationalem Format bekannt – mit besonderer Ausstrahlung in die angloamerikanische Welt.

Berlins wichtigster Beitrag zur politischen Philosophie ist seine Antrittsvorlesung als Chichele-Professor aus dem Jahr 1958 unter dem Titel «Zwei Begriffe der Freiheit» (*Two Concepts of Liberty*). Dabei gebraucht Berlin die beiden englischen Ausdrücke *liberty* und *freedom*, für die das Deutsche unterschiedslos dasselbe Wort «Freiheit» verwendet. Die beiden Freiheitsbegriffe, die Berlins Essay sowohl voneinander unterscheidet als auch zueinander in Beziehung setzt, sind nicht inhaltlich bestimmt, sondern formell und funktionell gehalten. Berlin differenziert zwischen «negativer Freiheit», verstanden als «Freiheit von ...», und «positiver Freiheit», aufgefasst als «Freiheit zu ...». Darüber hinaus ordnet er die beiden Freiheitsbegriffe unterschiedlichen Fragestellungen zu. Negative Freiheit betrifft die Frage nach jenem Bereich, in dem das eigene Wählen und Entscheiden ohne fremde Einmischung (*interference*) stattfinden kann. Dagegen bezieht sich positive Freiheit auf die Frage nach dem Ausmaß der Kontrolle, die andere über solches Wählen und Entscheiden ausüben. Während die negative Freiheit so, formal gesehen, in der Freiheit von Fremdbestimmung besteht, handelt es sich bei der positiven Freiheit dem gegenüber darum, selbstbeherrscht und sein eigener Herr zu sein (*self-mastery*, *one's own master*).

Das primäre Anwendungsgebiet für die Unterscheidung von negativer und positiver Freiheit ist für Berlin die individuelle Freiheit (*individual liberty*). Ein Individuum verfügt über Freiheit im negativen Sinn, wenn es unabhängig von Beeinflussung (*interference*) oder Beherrschung (*domination*) durch andere wählen kann. Ein solches Individuum ist frei in positiver Bedeutung, wenn es tatsächlich in eigener Regie entscheidet und handelt. Der negative Freiheitsbegriff Berlins orientiert sich am Verständnis von Freiheit als der Fähigkeit, das zu tun, was man will, und steht in der Tradition von Hobbes, Locke und John Stuart Mill. Sein positiver Freiheitsbegriff ist dagegen von der Auffassung von Freiheit als Selbstgesetzgebung oder Autonomie beeinflusst, die sich bei Rousseau und Kant findet.

Berlin nutzt die begriffliche Unterscheidung von negativer und positiver Freiheit für politisch-philosophische Zwecke. Insbesondere tritt er für ein Grundverständnis von negativer Freiheit als Gewährung – von staatlicher oder gesellschaftlicher Seite – eines persönlichen Freiraums ein, in dem das Individuum nach eigenen Vorstellungen leben kann, ohne von Staat und Gesellschaft belangt oder beschränkt zu werden. Hier steht Berlin in der liberalen Tradition des neunzehnten Jahrhunderts, wie sie insbesondere Constant und Mill repräsentieren. Als Strategien der Kultivierung von negativ-individueller Freiheit erörtert Berlin in historischer Perspektive die stoische Selbstverleugung (*self-denial*) und die romantische Selbstverwirklichung (*self-realization*). Die Selbstverleugnung besteht für ihn im mehr oder weniger freiwilligen Verzicht auf solche Dinge, die sich unter gegebenen widrigen Umständen der eigenen Kontrolle entziehen. Berlin spricht von einem Rückzug in die innere Zitadelle (*inner citadel*). Die Selbstverwirklichung besteht für ihn dagegen in der expansiven Entfaltung des Eigenen in einem Fremden und Widrigen, das man sich auf diese Weise zu eigen macht oder anverwandelt.

Während Berlin große Sympathien hegt für die negative Freiheit im Hinblick auf Individuum wie Gesellschaft, die beide durch die Förderung von Vielfalt und Entfaltung bereichert werden, ist seine Einschätzung der positiven Freiheit ungleich vorsichtiger, ja skeptischer. Insbesondere die für den positiven Freiheitsbegriff maßgebliche Vorstellung von der Selbstherrschaft als Herrschaft des eigenen Selbst unterzieht Berlin einer genaueren Untersuchung. Dabei gilt seine exemplarische Kritik der bei Kant auftretenden und schon bei Rousseau angelegten Aufteilung des Selbst in ein eigentliches, wirklich selbstbestimmtes und autonomes Selbst (*real self*) und ein uneigentliches, heimlich fremdbestimmtes und heteronomes Selbst (*empirical self*). In Berlins vereinfachender Darstellung stehen sich die beiden Arten des Selbst bei Kant als rein rationales und als lediglich sinnliches Selbst gegenüber – mit dem Ergebnis, dass von Kant nur die Kultivierung des puren Selbst als genuiner Fall von Selbstgesetzgebung und Selbstherrschaft angesehen wird.

Berlin sieht in der kantischen Doppelung des Selbst im Allgemeinen und im normativen Ausschluss des sinnlich-unfreien Selbst zugunsten des frei-vernünftigen Selbst im Besonderen die Keimzelle für andere Arten der Zuspitzung von Selbstherrschaft und Selbstverwirklichung auf exklusive Merkmale und Qualifikationen – sei es eine religiöse, kulturelle, nationale, ethnische oder politische Gruppenzugehörigkeit. Das bessere Selbst des positiven Freiheitsbegriffs droht so für Berlin zum Ausgangspunkt für die zunehmende Einschränkung negativ-individueller Freiheit durch positiv-kollektive Freiheit (oder vielmehr Pseudo-Freiheit) zu werden. An dieser Stelle zeigt sich der ideologische Hintergrund von Berlins Doppelbegriff der Freiheit in der Konfrontation von westlich-liberaler und östlich-sozialistischer Weltanschauung in der Ära des Kalten Kriegs.

In einem politischen Klima, das nicht wenige Intellektuelle in England und den Vereinigten Staaten mit der sowjetischen Ideologie und Regimeform sympathisieren lässt, zählt Berlin zu den vehementen Vertretern und wortgewandten Verteidigern der politisch-philosophischen Position des individualistischen Liberalismus *(Cold War liberal)*. Allerdings fällt auf, dass der Ideengeschichtler und essayistische Denker Berlin kein besonderes Interesse zeigt an – und sogar eine auffällige Distanz wahrt gegenüber – den beiden essentiellen wirtschaftlich-politischen Begleiterscheinungen des modernen Liberalismus, dem Kapitalismus und der Demokratie. Stattdessen verbindet er seinen doppelten Freiheitsbegriff mit einer anderen Konzeption von beachtlicher politisch-philosophischer Tragweite, die überdies bis in jüngere und jüngste weltanschauliche Diskussionen und Kontroversen wirkt.

Es ist dies die gegen das Ende des Essays über die beiden Begriffe der Freiheit in den Vordergrund tretende Vorstellung eines Pluralismus der Werte (*pluralism of values*). Berlin verzeichnet in Geschichte und Gegenwart eine Vielzahl von Werten, die es in ihrer kulturellen Bedingtheit aufzufassen gilt und deren Verhältnis zueinander sich oft als spannungsreich, wenn nicht gar als widersprüchlich zeigt. Dabei sind Werte für ihn keine fixen objektiven

Wesenheiten, sondern historisch geprägte Normen, die sich im Verhältnis zueinander als vielfältig (*multiple*) und nicht vergleichbar (*incommensurable*) erweisen. Insbesondere stellt Berlin fest, dass ein einheitlicher und verbindlicher Maßstab für die Hierarchisierung der pluralen und konträren Werte oder sogar Wertsysteme fehlt. Zwar finden sich bei ihm vage Ansätze zu einer Koordinierung und Konsolidierung verschiedener Werte und Wertsysteme innerhalb eines gemeinsamen Horizonts oder durch die Zurückführung auf einen gemeinsamen Kern. Doch überwiegt bei Berlin durchweg die Skepsis gegenüber den ins Autoritäre, wenn nicht Totalitäre tendierenden politischen Konsequenzen jedes anti-pluralistischen, dezidiert monistischen Wertverständnisses (*moral monism*).

Er ist aber auch bestrebt, den von ihm vertretenen Pluralismus der Werte, der das Bestehen konkurrierender Wertsetzungen und Wertschätzungen anerkennt, von einem Relativismus der Werte freizuhalten, der von der Unverträglichkeit auf die Unverbindlichkeit der Werte schließen würde. Für Berlin steht das menschliche Leben unter der ethischen Anforderung, die Spannungen, Gegensätze und Widersprüche zwischen den Wertordnungen, in denen es sich entfaltet, auszuhalten und die damit verbundene «tragische» (*tragic*) Dimension menschlicher Existenz zu akzeptieren. In seinem Wissen um die spannungsreichen Entwicklungen von ganz unterschiedlichen Werten und Wertsystemen weiß er sich einig mit einem historistischen Denken, das er insbesondere auf Machiavelli, Vico und Herder zurückführt. Was Berlins persönliche Werteordnung angeht, so gehört zu seinem Selbstverständnis als liberaler Jude und moderater Zionist (der früh und fortgesetzt für die Zwei-Staaten-Lösung des Palästina-Problems eintritt) – ungeachtet seines kosmopolitischen Auftretens und Wirkens – der besondere Wert der Nation als identitätsstiftender und -erhaltender Verband einer historisch gewachsenen Gemeinschaft.

Offen und unentschieden bleibt in seinem politisch-philosophischen Denken schließlich das Verhältnis der Freiheit, zumal in deren negativer Bedeutung und individueller Variante, zum Pluralismus der Werte. Zum einen fasst Berlin die Freiheit als einen Wert neben anderen auf, insbesondere der Gerechtigkeit (*justice*), Gleichheit (*equality*) und Tugend (*virtue*). Zum anderen rückt er den Pluralismus der Werte in die Nähe einer liberalen Grundposition, so dass der Pluralismus erst durch den individualistischen Liberalismus seine Begründung erfährt. Während Berlin in seiner Zeit eher durch seine Aktualisierung des klassischen Liberalismus als Gegenposition zum Staatssozialismus wirkt, dürfte er über seine Zeit hinaus vor allem mit seiner zwar liberalen, aber antirelativistischen Version des Pluralismus in Wertfragen und in Fragen der Weltanschauung fortwirken.

Judith N. Shklar

Judith N. Shklar (1928–1992), in Riga geboren als Judita Nisse, entstammt dem gehobenen jüdischen Bürgertum Lettlands. Sie besucht die neu gegründete jüdische höhere Schule und flieht 1939 nach Hitlers Überfall auf Polen und dem Einmarsch Stalins in Ostpolen mit ihrer Familie zuerst über die Sowjetunion nach Stockholm, danach durch die Sowjetunion über Japan in die USA. Dort wird die Familie wegen illegaler Einwanderung aus einem verfeindeten Land – es ist kurz nach Japans Angriff auf Pearl Harbor – interniert, gelangt jedoch schließlich nach Kanada. Nach einem vorgezogenen und abgekürzten Bachelor- und Master-Studium an der McGill University in Montreal studiert Shklar politische Wissenschaften am Radcliffe College, der Schwesterinstitution des damals noch Männern vorbehaltenen Harvard College. 1955 erlangt sie an der Harvard University den Doktorgrad (Ph.D.). Von 1956 an lehrt Shklar, inzwischen verheiratet und bald auch Mutter von drei Kindern, am Politologischen Institut der Harvard University (*Department of Government*), zunächst als Lehrbeauftragte (*Lecturer*), ab 1971 mit einer Daueranstellung (*tenure*) und von 1980 an als John Cowles Professor of Government.

Shklars zahlreiche Publikationen, darunter Monographien über Montesquieu, Rousseau und Hegel sowie ausführliche Abhandlungen und pointierte Essays über zentrale Themen und Probleme der politischen Theorie und Philosophie, erreichen zwar nicht die Breitenwirkung der Arbeiten ihrer älteren, ebenfalls durch die persönliche und politische Erfahrung von Totalitarismus und Migration geprägten Zeitgenossen, doch ragt ihr Werk aufgrund der radikalen Umakzentuierung, die sie dem klassischen Liberalismus in der Konfrontation mit den Phänomenen von Flucht, Vertreibung und Krieg verleiht, aus seiner Zeit heraus. Aus der politischen, wirtschaftlichen und gesellschaftlichen Fortschrittsgläubigkeit des Liberalismus wird bei Shklar ein rebellischer, bisweilen verzweifelter Liberalismus des Protests im Namen der Freiheit, aufrechterhalten im Angesicht von weltweit verbreiteter Ungerechtigkeit (*injustice*), Grausamkeit (*cruelty*) und Elend (*misery*). Mit einiger Verspätung und wohl auch im Fahrwasser der Faszination für Hannah Arendt erreichen Shklars Bücher und gesammelte Essays inzwischen auch eine deutschsprachige Leserschaft.

Die existentielle Reorientierung des Liberalismus geht bei Shklar einher mit einer Abkehr von den klassischen Fragestellungen der politischen Philosophie nach Herrschaftsformen, Regierungsarten und Ordnungssystemen. Im Mittelpunkt ihrer kritischen Analysen steht nicht der Regel-, Normal- oder Idealfall, sondern die Ausnahme, der Verstoß und der Missbrauch, der das Regelwerk der politischen Theorie gezielt durchkreuzt oder sogar aufhebt. Die radikale Umorientierung der politischen Philosophie bei Shklar zeigt sich schon in den Titelbegriffen ihrer drei bedeutendsten Publikationen.

Statt wie frühere oder zeitgenössische Vertreter der Moralphilosophie Tugenden (*virtues*) zu behandeln («Tugendethik», *virtue ethics*), erörtert Shklar Laster (*vices*) und dazu nicht etwa monumentale moralische Fehlleistungen, sondern ganz und gar gewöhnliche Laster (*Ordinary Vices*, 1984; *Ganz normale Laster*, 2014). Statt wie die Vertreter des klassischen Liberalismus seit Locke den allgemeinen Freiheitsanspruch an vorgegebenen, «natürlichen» Rechten festzumachen, redefiniert Shklar den Liberalismus über die Freiheit von Furcht (*The Liberalism of Fear*, 1989; *Der Liberalismus der Furcht*, 2013). Und statt wie die klassische politische Philosophie, bis hin zu Shklars Harvarder Kollegen John Rawls, das politische Denken um den Begriff der Gerechtigkeit auszurichten, konzentriert sich Shklar auf die affektive Erfahrung von Ungerechtigkeit in ihren vielen Formen (*The Faces of Injustice*, 1990; *Über Ungerechtigkeit. Erkundungen zu einem moralischen Gefühl*, 1992).

Die theoretischen Grundlagen für ihre später vollzogene, negativistisch und pessimistisch anmutende Umorientierung des Liberalismus legt Shklar in einer frühen, nicht ins Deutsche übersetzten Buchpublikation zum Verhältnis von Recht, Moral und Politik (*Legalism. An Essay on Law, Morals and Politics*, 1964; wiederveröffentlicht unter dem Titel *Legalism. Law, Morals, and Political Trials*, 1986). Zentrales Anliegen ihrer frühen Studie zu den philosophischen Grundlagen des zeitgenössischen Rechtsdenkens ist es, dessen angeblich vor-, außer- und unpolitische rechtliche (und moralische) Prinzipien als zutiefst politisch geprägt zu demaskieren. In Anlehnung an Marx bezeichnet Shklar die von ihr freigelegte Verdeckungsstrategie im Hinblick auf den ausgesprochen politischen Charakter der vermeintlich unabhängigen Sphäre des Rechts als «Ideologie». Mit ihrer Ideologie-Kritik an Recht und Moral will sie aufzeigen, dass die vorgeblich zeitlosen und allgemeinen Maßstäbe und Regeln nicht grenzenlos gültig sind.

Die dominierenden zeitgenössischen Rechtsauffassungen identifiziert Shklar als das traditionelle, an der Scholastik orientierte Naturrecht (*natural law*) und den von der analytischen Philosophie geprägten Rechtspositivismus (*analytical positivism*). Gemeinsam ist beiden Positionen die beanspruchte Isolierung der Rechtssphäre von der Politik. Während beim Naturrecht die Immunisierung gegenüber der Politik durch den Rückgriff auf übergeschichtliche Gesetzlichkeiten erfolgt, läuft beim Rechtspositivismus die Abschottung von der Politik über die Behandlung des Rechts als eigengesetzliche und selbständige Sphäre.

Der von Shklar im Titel ihrer Studie verwendete Begriff des Legalismus (*legalism*) bezeichnet die Reduktion des Rechts auf einen Inbegriff von Regeln und Vorschriften, deren Befolgung die Herrschaft des Gesetzes (*rule of law*) verbürgt. Hinter dem Legalismus in dessen beiden Varianten als traditionellem Naturrecht und modernem Rechtspositivismus sieht sie Voraussetzungen und Vorannahmen am Werk, die es zu benennen und einzuschätzen gilt. Am Naturrecht kritisiert sie den Konservatismus eines Rechtsdenken, das die etablierten Normen der eigenen Rechtskultur zu zeitlosen, universalen Standards erklärt. Am Rechtspositivismus kritisiert Shklar die Verdrängung seiner relativ jungen Entstehung im Kontext der mit der Aufklärung einsetzenden Abtrennung des modernen säkularen Rechts von der traditionellen religiös geprägten Moral. Darüber hinaus sieht sie im zeitgenössischen Siegeszug des Rechtspositivismus – verdeckt, aber wirksam – die politische Ideologie des Liberalismus am Werk, der das Recht moralisch neutralisiert, um es in den Dienst der persönlichen Freiheit des modernen Individuums zu stellen.

Im Anschluss an die grundsätzliche Demontage des Naturrechts aufgrund seines ideologischen Konservatismus und des Rechtspositivismus aufgrund seines ideologischen Liberalismus widmet sich Shklars Studie einer Reihe von juristisch-politischen Fallbeispielen. Dabei handelt es sich durchweg um politische Verbrechen einheimischer oder internationaler Art, durch deren juristische Analyse Shklar die grundsätzlichen Schwierigkeiten aufzeigt, in denen sich die politische Ideologie des Legalismus in seinen Varianten als Naturrecht und Rechtspositivismus bei der Aufarbeitung politischer Verbrechen findet. So untersucht sie die rechtlichen und moralischen Herausforderungen des legalistischen Denkens am Beispiel von Kriegsverbrecherprozessen, insbesondere der Nürnberger Prozesse der amerikanischen Militärregierung in Deutschland und deren Gegenstück in Japan. Insbesondere was Japan angeht, erörtert Shklar die argumentativen Unzulänglichkeiten des vorgeblich zeitlos-allgemeinen Naturrechts gegenüber einer völlig anders orientierten rechtlichen und ethischen Kultur.

Wenn Shklar so, im Prinzip wie auch im Einzelfall, die ideologische Voreingenommenheit des Legalismus darlegt, bekennt sie sich ihrerseits zu einer ideologischen Gegenposition, die gesellschaftliche Verschiedenheit (*social diversity*) als Grundzug menschlicher Existenz betrachtet und daraus die Grundwerte von Toleranz (*tolerance*) und Pluralismus (*pluralism*) herleitet. Auch den herausgehobenen Status der Freiheit in ihrem alternativen Liberalismus gründet Shklar auf deren Funktion bei der Ermöglichung und Förderung von gesellschaftlicher Verschiedenheit. Die Ausrichtung des klassischen Liberalismus an der durch Freiheit ermöglichten Selbstvervollkommnung und des Neoliberalismus an der Freiheit des Marktes hält Shklar inhaltlich für zu eng und historisch für zu spezifisch. Die vielfach geübte Berufung auf eine homogene und überlegene westliche Kultur von Recht und Freiheit erachtet sie für einen ideologischen Mythos. Statt im Westen eine einheitliche Tradition zu sehen, hält sie diesen für ein Gemisch aus durchaus verschiedenen Traditionen (*tradition of traditions*).

Den von ihr vertretenen toleranten Pluralismus versteht Shklar als einen auf das unbedingt Wesentliche reduzierten Liberalismus (*bare bones liberalism*), dessen Durchsetzung und Aufrechterhaltung mit von allen zu stemmenden Bürden der Freiheit (*burdens of freedom*) verbunden ist. Shklar zufolge ist die liberale Praxis von Pluralismus und Toleranz besonders wichtig für dauerhaft in der Minderheit befindliche Gruppen (*permanent minority groups*), die historisch wie aktuell der organisierten Unterdrückung (*organized repression*) ausgesetzt sind. In dem programmatischen späteren Aufsatz über den «Liberalismus der Furcht» unterscheidet Shklar ihren ganz auf die Verhinderung von Grausamkeit und Vermeidung von Furcht abgestellten Liberalismus von den inhaltlich anspruchsvolleren Formen des Liberalismus bei Locke und Mill, von denen Ersterer partikulare Rechte für das Individuum vorsieht (*liberalism of natural right*), während Letzterer die persönliche Entwicklung des Individuums im Auge hat (*liberalism of personal development*).

Hier macht sie auch den politischen Charakter ihres Liberalismus des furchtfreien Lebens explizit. Zum einen geht es ihr darum, den in Grausamkeit mündenden Missbrauch von politischer Macht durch die Einschränkung der Regierungsgewalt (*limited government*) zu verhindern und andererseits die fundamentale Furcht vor der Furcht (*fear of fear*) durch geeignete gesellschaftliche und staatliche Strukturen, Institutionen und Maßnahmen einzudämmen, wenn nicht gar abzuschaffen. Im Hinblick auf die fundamentalen Prinzipien des rechtlich geschützten Privateigentums und der Herrschaft des Gesetzes weiß sich Shklar zwar mit den anderen Vertretern des Liberalismus einig, betont aber darüber hinaus die absolut grundlegende Rolle der Achtung der Anderen (*respect of other persons*) in deren Status als fühlender und damit leidensfähiger Wesen (*sentient beings*).

Skeptisch verhält sich Shklars auf persönliche Freiheit von Furcht fokussierter Liberalismus gegenüber politischen Ideologien, die jenseits des Individuums eine Form der Gruppenzugehörigkeit (*ideology of solidarity*) geltend machen und dessen persönliche Freiheit einem größeren Ganzen, welcher Art auch immer, unterordnen, ohne dass dies die explizite und freie Entscheidung des Individuums wäre. Bei der Frage nach der für ihren Liberalismus am ehesten geeigneten Regierungsart und Staatsform votiert Shklar für die moderne westliche Demokratie (*representative democracy*), die sie am ehesten für fähig hält, das durch angedrohte und ausgeübte Grausamkeit und durch die Furcht davor gefährdete Individuum in seiner Gleichberechtigung mit allen anderen (*equal rights*) zu schützen und vor Rassismus, Fremdenfeindlichkeit und institutionalisiertem politischen Machtmissbrauch (*racism*, *xenophobia*, *systematic governmental brutality*) zu bewahren. Dass Shklar nicht nur totalitäre und autoritäre Regime, sondern auch westliche Demokratien solcher systematischen Praktiken der Grausamkeit für fähig – und schuldig – hält, geht aus ihren späteren Studien zu alltäglichen gesellschaftlich-politischen Verfehlungen und zum politischen Urphänomen der Ungerechtigkeit hervor und verleiht ihren inzwischen schon historischen Arbeiten eine traurige fortgesetzte Aktualität.

13.
Die sozioliberale Alternative: Gerechtigkeit und Gemeinschaft

Das von den Vereinigten Staaten ausgehende Staats- und Gesellschaftssystem des modernen westlichen Demokratietypus (*liberal democracy*), das sich im Kampf gegen die Totalitarismen des zwanzigsten Jahrhunderts etabliert und profiliert, gerät nach dem Höhepunkt des Kalten Krieges (Kubakrise 1962) im Laufe der 1960er und 1970er Jahre gerade in den USA in die Defensive. Die Bürgerrechtsbewegung, der Vietnamkrieg und die Studentenbewegung rütteln das Land (und weite Teile der westlichen Welt) auf und führen die sozialen Ungerechtigkeiten und politischen Unterdrückungsmechanismen einer sich als frei verstehenden Gesellschaft und ihres Staatsapparates vor Augen. Doch während in Westeuropa in progressiven Kreisen sozialistische Alternativen breitere Unterstützung finden, orientiert sich das fortschrittliche Denken in Nordamerika überwiegend auch weiterhin am Ideal einer demokratischen Gesellschaft, dessen historische Leitvorstellungen von Freiheit und Gleichheit nunmehr für einen reformerischen Umbau der bestehenden gesellschaftlichen und politischen Verhältnisse zum Einsatz kommen sollen.

Auf politisch-philosophischer Ebene stehen sich in den nordamerikanischen Debatten und Kontroversen der 1970er und 1980er Jahre zwei Gruppierungen gegenüber, die rückblickend als Liberalismus und Kommunitarismus klassifiziert werden, ohne dass sich deren Protagonisten mit solchen Benennungen identifiziert hätten. Auf der einen Seite befindet sich der in der Hauptsache auf das Werk von John Rawls zurückgehende Versuch, den klassischen Liberalismus in Abwendung von dem auf das Ökonomische verengten Neoliberalismus als einen durchaus sozial gesinnten Liberalismus zu rehabilitieren. War der klassische Liberalismus an der englischen und französischen politisch-philosophischen Tradition (Locke, Mill; Constant, Tocqueville) orientiert, so greift der neue, sozial gesinnte Liberalismus methodisch und inhaltlich auf Kant zurück.

Auf der anderen Seite stehen die verschiedenen Versuche, gegen die vermeintliche Reduktion des Menschen auf das isolierte und eigeninteressierte Individuum durch den Liberalismus (unter Einschluss von dessen sozial rehabilitierter Variante bei Rawls) die geschichtlich-gesellschaftliche Eingebundenheit des Menschen in vorgegebene Traditionen und fortgeführte Konversationen geltend zu machen. Die historischen Referenzautoren für die von ursprünglicher Vergemeinschaftung ausgehende Auffassung menschlicher Existenz sind dabei Aristoteles und Thomas von Aquin mit ihrem Fokus auf der habitualisierten Gesinnungs- und Verhaltensnormierung («Tugend»; griechisch *arete*, lateinisch *virtus*). Trotz ihres traditionalistischen Grundzugs erweisen sich die Kommunitaristen als gesellschaftlich progressiv, insbesondere im Hinblick auf die Hochschätzung von sozialer Gerechtigkeit, zivilgesellschaftlichem Engagement und selbstbestimmter Lebensgestaltung jenseits der ökonomischen Zyklen von Arbeit, Erwerb und Verbrauch.

Unter der anti-individualistischen Kritik am angeblich atomisierenden Liberalismus nimmt der Republikanismus durch seinen affirmativen Rückgriff auf antike und frühneuzeitliche Traditionen zivilbürgerlicher Gesinnung (*civic humanism*) eine besondere Stellung ein. Die Vertreter eines aktualisierten Republikanismus denken das moderne Individuum als verantwortungsvolles, selbstbestimmtes und solidarisch handelndes Mitglied einer den Staat nicht nur tragenden, sondern sogar ausmachenden Bürgerschaft. Hier sind die historischen Vorbilder das republikanische Rom, die italienischen Stadtrepubliken der Renaissance und die Vereinigten Staaten in ihrer legendären Gründungsphase.

John Rawls

Der als Sohn eines prominenten Anwalts und einer politischen Aktivistin in Baltimore an der Ostküste der USA geborene und aufgewachsene John Rawls (1921–2002) verliert schon im Kindesalter zwei Brüder, die sich bei ihm zu verschiedenen Zeitpunkten mit verschiedenen Infektionskrankheiten anstecken und sterben, während er beide Krankheiten überlebt. Rawls studiert an der Princeton University (1939–1943) und verfasst seine Abschlussarbeit (*senior thesis*) zu einem philosophisch-theologischen Thema (*A Brief Inquiry into the Meaning of Sin and Faith*, 118 Seiten, postum publiziert 2009; *Über Sünde, Glaube und Religion*, 2010). Zwar denkt er an weitere Studien für das Priesteramt in der Anglikanischen Kirche, verliert jedoch den religiösen Glauben über seinen Erfahrungen und Erlebnissen als Infanterist im Pazifik während des Zweiten Weltkrieges und für kurze Zeit danach im besiegten und besetzten Japan, in dem er auch das vom Atombombenabwurf zerstörte Hiroshima besucht (1943–1946). Eine Karriere als Offizier, die ihm angeboten wird, lehnt er ab; Jahrzehnte später wird er gegen die Rekrutierungsmaßnahmen der USA für den Vietnamkrieg protestieren. Zurück in Princeton (1946–1950) erwirbt er den Doktorgrad (Ph.D.) mit einer moralphilosophischen Dissertation. 1952 führt ihn ein Fulbright Stipendium an das Christ Church College in Oxford, wo Isaiah Berlin und der Rechtstheoretiker H. L. A. Hart seine Lehrer sind. Nach ersten Anstellungen an der Cornell University im Bundesstaat New York und am Massachusetts Institute of Technology (MIT) in Cambridge bei Boston erlangt Rawls 1962 eine Professur für Philosophie an der Harvard University (ebenfalls in Cambridge, Massachusetts), an der er fast dreißig Jahre – recht zurückgezogen und auf seine Arbeiten konzentriert – lehrt.

Rawls' weltweite Reputation als bedeutendster politischer Philosoph der letzten Jahrzehnte beruht so gut wie ganz auf dem enorm einflussreichen Hauptwerk des Fünfzigjährigen und auf dessen gezielter Ergänzung und Vertiefung durch zwei weitere Buchpublikationen. *A Theory of Justice* (1971, überarbeitete Ausgabe 1999; *Eine Theorie der Gerechtigkeit*, 1979) bringt es im Laufe der Zeit, trotz seines Umfangs von gut 550 Seiten und seines trockenen akademischen Stils, auf 300 000 verkaufte Exemplare. Mehr als zwei Jahrzehnte später erscheint *Political Liberalism* (1993; *Politischer Liberalismus*, 2003) und fast drei Jahrzehnte später *The Law of Peoples* (1999; *Das Recht der Völker*, 2002). Gegen Ende seines Lebens publiziert Rawls noch eine knappe Darstellung seines politisch-philosophischen Ansatzes auf dem letzten Stand (*Justice as Fairness. A Restatement*, 2001; *Gerechtigkeit als Fairneß. Ein Neuentwurf*, 2006).

Eine Theorie der Gerechtigkeit handelt zwar zentral von Freiheit (*liberty*), auch von Freiheiten (*liberties*), doch der Ausdruck «Liberalismus» (*liberalism*) kommt im gesamten Buch nur einmal vor – und das zur Kennzeichnung einer historischen Gestalt des Liberalismus (*classical liberalism*, S. 201 der Ausgabe von 1999). Rawls geht es in seinem Werk nicht um die ideologische Verteidigung einer politischen Doktrin, sondern darum, die alte politisch-philosophische Grundfrage, wie ein Gemeinwesen am besten einzurichten und aufrechtzuerhalten ist, unter modernen Bedingungen neu zu verhandeln. Bei der Beantwortung seiner leitenden Fragestellung geht er abstrakt und analytisch vor. Er sieht von den konkreten historischen Bedingungen, unter denen das politische Zusammenleben der Menschen jeweils stattfindet, ab und konzentriert sich ganz auf die allgemeinen und formalen Prinzipien, nach denen ein Gemeinwesen idealiter eingerichtet ist.

Auch die historische Orientierung seiner Theorie des gerechten Gemeinwesens an der Rechtsphilosophie und der politischen Philosophie Kants bleibt bei Rawls im Allgemeinen und Grundsätzlichen. Kantisch ist die Abtrennung der Sphäre von Recht und Politik von ethisch-moralischen Annahmen und Voraussetzungen; des Weiteren die zentrale Stellung der rechtlichen Freiheit, verstanden als die mit der Wahlfreiheit aller anderen verträgliche Wahlfreiheit jedes Einzelnen; sodann die Kopplung der rechtlichen Freiheit an die Gleichheit; und schließlich der Rückgriff auf die Leitvorstellung des Gesellschaftsvertrages als fiktives Gründungsszenario des Gemeinwesens. Von Kant und anderen Vertretern einer im allgemeinen Sinne liberalen, auf die Freiheit des Individuums bezogenen Staats- und Gesellschaftskonzeption unterscheidet sich Rawls politische Gerechtigkeitstheorie durch ihren durchgängigen Fokus auf der Gerechtigkeit, genauer: der Verteilungsgerechtigkeit (*distributive justice*) und der damit verbundenen gesellschaftlichen Gerechtigkeit (*social justice*). In *Eine Theorie der Gerechtigkeit* steht die Gleichheit (*equality*), wenn nicht auf gleicher Stufe mit der Freiheit, so doch in wesentlicher Verbindung zur Freiheit, die von Rawls als gleiche Freiheit, als Freiheit von Gleichen und unter Gleichen, konzipiert wird.

Die (Verteilungs-)Gerechtigkeit im Hinblick auf gesellschaftliche und staatliche Ämter und Funktionen, Güter und Leistungen, aber auch Aufgaben und Lasten versteht Rawls durchweg nach dem Modell der Fairness (*fairness*). Mit dem aus dem Bereich des Sports übernommenen Terminus bezeichnet er das zum Spielen eines Spiels intrinsisch zugehörige Befolgen der Regeln. Zur Fairness im Spiel der Gesellschaft gehört für ihn aber nicht nur das genaue Befolgen der gegebenen Regeln, sondern auch die vorab zu gewährleistende Fairness der Regeln selbst und darüber hinaus auch die Fairness der Verfahren, durch die solche Spielregeln ihrerseits aufgestellt werden. In der Grundvorstellung von der Gerechtigkeit als Fairness ist von Rawls – gleichsam spielerisch – mitgedacht, dass die Mitglieder der politischen Gemeinschaft sich durchweg an die Spielregeln halten und dass die Spielregeln wiederum einem geregelten Vor- oder Ur-Spiel entstammen. Mit der Zentrierung seiner politischen Philosophie um Verteilungsgerechtigkeit durch Verfahrensfairness folgt Rawls dem kantischen Ansatz, die Grundzüge von Recht und Politik nicht im Hinblick auf ein inhaltlich festgelegtes «höchstes Gut» (lateinisch *summum bonum*) zu bestimmen, sondern im Ausgang von einem primären Prinzip (*justice as fairness*, Gerechtigkeit als Fairness), auf dessen Grundlage die normativen Grundzüge von Staat und Gesellschaft nach Art einer Gebäudekonstruktion errichtet werden können (*constructivism*, Konstruktivismus).

Die Festlegung der Grundregeln für das fair-gerechte Gesellschaftsgefüge und Staatsgebäude überträgt Rawls einem spielerischen Gedankenexperiment, dessen Teilnehmer sich in einem Ursprungsszenario (*original position*) auf staatlich-gesellschaftliche Grundregeln einigen müssen, ohne ihre eigene soziale oder ökonomische Position zu kennen, die vielmehr hinter einem «Schleier des Unwissens» (*veil of ignorance*) verborgen liegt. Unter den künstlichen Bedingungen des fiktiven gesellschaftlichen Urzustandes sieht Rawls zwei Prinzipien zustande kommen. Das erste Prinzip spricht jeder Person den gleichen unabdingbaren Anspruch auf ein völlig adäquates System gleicher Grundfreiheiten zu, das mit demselben System von Freiheiten für alle vereinbar ist. Die Grundformen von Freiheit, die sich unter Gleichheitsbedingungen ergeben, umfassen für Rawls die traditionell als natürliche Rechte (*natural rights*) verstandenen individuellen (und von anderen Individuen zu respektierenden) Grundansprüche, darunter auch das persönliche Eigentum (*personal property*). Mit dem ersten Prinzip steht Rawls also ganz in der Tradition des klassischen Liberalismus.

Das zweite Prinzip seiner Urgesellschaft geht dagegen über die klassische liberale Ausrichtung auf individuelle Rechte hinaus und bezieht den Umgang mit gesellschaftlichen und wirtschaftlichen Ungleichheiten, die mit den gleichen Rechten durchaus zusammen bestehen können, in die Gründungsregeln der fiktiven Gesellschaft ein. Im Einzelnen stellt das zweite Prinzip die sozioökonomische Ungleichheit in einer Gesellschaft unter zwei einschränkende Bedingungen, die beide erfüllt sein müssen, damit die betreffende Gesellschaft als gerecht im Sinne von fair gelten kann. Zum einen müssen die sozialen und ökonomischen Ungleichheiten zusammengehen mit Ämtern und Positionen, die unter Bedingungen fairer Chancengleichheit (*equality of opportunity*) – ohne Ansehung von gesellschaftlichem Status und wirtschaftlichem Wert – allen offenstehen. Dadurch ist sichergestellt, dass jede Person, zumindest im Prinzip, aktiv und produktiv am Gemeinwesen teilhat. Zum anderen stellt Rawls in seinem gesellschaftlichen Ursprungsszenario die Existenz sozialer und ökonomischer Ungleichheiten unter die Bedingung, dass ebendiese Formen der Ungleichheit den am wenigsten begünstigten Angehörigen der Gesellschaft, im Vergleich mit anderen Ausprägungen von sozioökonomischer Ungleichheit, den größten Vorteil bringen.

Mit dem letztgenannten, als «Differenzprinzip» (*difference principle*) eingeführten Grundsatz will Rawls sicherstellen, dass die sozio-ökonomischen Ungleichheiten in einer rechtlich gleichen Gesellschaft nicht zum Nachteil, sondern vielmehr zum Vorteil der am meisten Benachteiligten ausfallen. Das alternative Szenario einer zumindest anzustrebenden Aufhebung von gesellschaftlichen und wirtschaftlichen Ungleichheiten, etwa durch eine revolutionäre Veränderung der Einkommens- und Besitzverhältnisse, schließt Rawls mit dem Argument aus, dass die gleich verteilten Grundrechte des ersten Prinzips – darunter das Grundrechtsprinzip des Privateigentums – Vorrang haben gegenüber den einschränkenden Bedingungen für sozio-ökonomische Ungleichheiten, die das zweite Prinzip einfordert. Rawls befürwortet einen sozial gesinnten Liberalismus und keinen liberal orientierten Sozialismus, den er für chimärisch hält. Im Übrigen ist zu betonen, dass die vom Differenzprinzip geforderte kompensatorische Versorgung der gesellschaftlich und wirtschaftlich Benachteiligten für Rawls nicht den Charakter einer Wohltat (*welfare*) hat, sondern ein genuines Recht im Rahmen einer fair-gerechten gesellschaftlichen und staatlichen Ordnung darstellt.

Die reichlich idealisierte Vorstellung einer vernünftig miteinander die faire Einrichtung von Staat und Gesellschaft beratenden und beschließenden Menschenmenge droht Rawls Gerechtigkeitstheorie in die Nähe utopischer Sozialphantasien zu rücken. Zwar geht es Rawls in *Eine Theorie der Gerechtigkeit* in erster Linie um die argumentative Rechtfertigung der primären politischen Prinzipien. Doch gehört zu einem politisch-rechtlichen Theorieentwurf nicht nur die überzeugende Herleitung der rechtlichen Grundsätze politischen Handelns, sondern auch die Reflexion auf die intellektuellen und institutionellen Bedingungen von deren breiter Akzeptanz (und Observanz) in einem real existierenden, nicht-idealen Gemeinwesen. Vor dem doppelten Hintergrund der ausstehenden Argumentation für die Akzeptanz seiner rein idealen Gesellschafts- und Staatstheorie einerseits und der zunehmenden Pluralisierung der westlichen Gesellschaften in den 1970er und 1980er Jahren andererseits entwickelt Rawls in *Politischer Liberalismus* eine minimale, prozedural orientierte Version des modernen Liberalismus, die liberale Regelungen und Einrichtungen für Menschen verschiedenster Überzeugungen zumutbar und annehmbar machen soll.

Statt von einer imaginären idealisierten Urgesellschaft geht Rawls nunmehr vom kulturellen Faktum aus, dass in modernen Gesellschaften Menschen ganz unterschiedlicher moralischer, religiöser und philosophischer Überzeugungen miteinander auskommen müssen – und darüber hinaus für den Fortbestand und das Wohlergehen ihres Gemeinwesens auch zusammenarbeiten müssen. Unter diesen Umständen geht es dem politisch effektiven Liberalismus nicht darum, inhaltliche Werte zu indoktrinieren, sondern einen minimalen Bestand an formellen und informellen Regeln für Staat und Gesellschaft zu schaffen, deren Zustandekommen sich Rawls mengentheoretisch als Schnittmenge anderweitig divergierender Überzeugungen (*overlapping consensus*) vorstellt. Die praktische Grundlage konsensualen politischen Lebens besteht für Rawls in gegenseitiger bürgerlicher Rücksichtnahme (*civility*) und in öffentlich-freiem Vernunftgebrauch (*public reason*).

Sowohl Rawls idealisierte Staats- und Gesellschaftsvision in *Eine Theorie der Gerechtigkeit* wie auch deren realistischeres Gegenstück in *Politischer Liberalismus* sind auf die Einrichtung und Aufrechterhaltung eines einzelstaatlichen Gemeinwesens im Allgemeinen und einer liberalen Demokratie im Stil der zeitgenössischen Vereinigten Staaten im Besonderen zugeschnitten. In Anbetracht der mit dem Untergang der Sowjetunion, dem Zusammenbruch des Warschauer Paktes und dem Ende des Kalten

Krieges pluraler, unterschiedlicher und dynamischer gewordenen internationalen Staatenordnung erweitert der späte Rawls in *Recht der Völker* die fair-gerechten politischen Ordnungsprinzipien von der einzelstaatlichen auf die zwischen- und überstaatliche Ebene. Die Bezugnahme auf «Völker» (*peoples*) im Titel seines dritten Beitrags zur zeitgenössischen politischen Philosophie zeigt schon an, dass es Rawls nicht, wie beim klassischen neuzeitlichen Völkerrecht (*ius gentium*), um die rechtliche Regulierung internationaler Beziehungen zwischen voneinander unabhängigen Staaten geht. Im Vordergrund steht vielmehr ein Ethos von gegenseitiger Anerkennung und wechselseitigem Respekt, das alle Völker über deren rechtlich-politische Verteilung auf separate Staaten hinweg verbindet.

In Fortführung kantischer Überlegungen verwirft Rawls Bestrebungen zur Errichtung einer umfassend-einheitlichen politischen Weltordnung («Weltrepublik»). Ebenfalls Kant folgend imaginiert Rawls eine zwangsfreie internationale Gemeinschaft von unabhängigen Staaten und ihren Völkern, die minimale Standards menschenwürdiger Verhältnisse für ihre Bevölkerung beachten und befolgen. Da er den Umstand anerkennt, dass viele Staaten und deren Völker nicht die individualistisch und progressivistisch geprägten Lebensvorstellungen westlicher Gesellschaften teilen, stellt Rawls andere Völker und ihre Staaten auch nicht unter die voreingenommene Anforderung des politischen Liberalismus. Statt liberale Völker (*liberal peoples*) als Bedingung wie Zweck seiner internationalen Weltordnung zu verlangen, zählt Rawls auf anständige Völker (*decent peoples*). Ein Staat, der die minimalen Anforderungen an ein internationales Ethos von gelebter Achtung füreinander nicht erfüllt, gilt Rawls als Schurkenstaat (*outlaw state*). Die extremen internationalen Entwicklungen seit dem 11. September 2001 («9/11») im Zeichen von internationalem Terrorismus, religiösem Fanatismus und politischem Illiberalismus weltweit sind in Rawls zuversichtlichem internationalem Szenario noch nicht berücksichtigt und damit wohl auch nur schwer zu vereinbaren.

Charles Taylor

Der aus einer religiös wie kulturell gemischten Familie stammende Charles Taylor (1931) wächst in Montreal, der Hauptstadt der frankokanadischen Provinz Quebec, zweisprachig und katholisch auf. Der Vater ist ein ursprünglich aus Toronto stammender protestantischer Großindustrieller, die Mutter eine katholische Frankokanadierin. Nach dem Studium an der McGill University in Montreal (Bachelor in Geschichte, 1952) geht Taylor nach Oxford, zuerst als Rhodes Scholar an das Balliol College, wo er 1955 den Studiengang Politics, Philosophy and Economics mit Auszeichnung (*first class honours*) abschließt, danach als Fellow am All Souls College (1956–1961), wo er unter der Betreuung von I. Berlin seinen Doktorgrad mit einer sozialphilosophischen Dissertation erwirbt (1961, publiziert 1964). Seine professorale Karriere verbringt Taylor abwechselnd an der Oxford University und der McGill University. Im Laufe seiner akademisch wie publizistisch überaus erfolgreichen Laufbahn erhält er prestigeträchtige Auszeichnungen, die teilweise mit enormen Preisgeldern verbunden sind, darunter 2007 den Templeton Preis, 2008 den Kyoto Preis, 2015 (zusammen mit Jürgen Habermas) den John W. Kluge Preis und 2016 den Berggruen Preis. Als Mitglied der kanadischen sozialdemokratischen Partei (*New Democratic Party*, NDP) kandidiert er – erfolglos – für einen Sitz im kanadischen Unterhaus. Von 2007 bis 2008 ist Taylor einer der beiden Vorsitzenden der Bouchard-Taylor Konsultativkommission, die Vorschläge für den «vernünftigen» (*reasonable*) Umgang mit kulturellen und religiösen Minderheiten in der Provinz Quebec erarbeiten soll.

Taylor gehört zu einer Reihe von Philosophen in Nordamerika, die sich ab den 1970er Jahren gegen den durch Rawls rehabilitierten politisch-philosophischen Liberalismus positionieren. Die Klassifikation dieser Gegenströmung als «Kommunitarismus» (*communitarianism*, von Lateinisch *communio*, «Gemeinschaft») geht ebenso wenig auf deren Protagonisten zurück, wie die Identifikation von Rawls' Position in *Eine Theorie der Gerechtigkeit* als «Liberalismus» auf diesen zurückgeht. Zudem sind die unter der Kennzeichnung «Kommunitarismus» zusammengefassten Positionen reichlich heterogen und machen keineswegs eine Schule oder auch nur eine lose Gruppierung aus.

Gemeinsam ist den Vertretern eines im weitesten Sinne gemeinschaftsbasierten Denkens in der jüngeren politischen Philosophie die Überzeugung von der identitätsstiftenden Rolle historischer Traditionen und gewachsener Gemeinschaften. Doch unterscheiden sich die einzelnen Vertreter der Strömung beträchtlich voneinander – von politisch konservativ bis progressiv, von historisch orientiert an Antike und Mittelalter bis ausgerichtet an der Frühphase der Vereinigten Staaten. Zu den Protagonisten des (im Wesentlichen als Kritik an Rawls entwickelten) kommunitarischen Denkens gehören Alasdair MacIntyre (*After Virtue*, 1981; *Der Verlust der Tugend*, 1995), Michael Walzer (*Spheres of Justice. A Defence of Pluralism and Equality*, 1983; *Sphären der Gerechtigkeit. Ein Plädoyer für Pluralität und Gleichheit*, 1992) und Michael Sandel (*Liberalism and the Limits of Justice*, 1985; *Liberalismus oder Republikanismus. Von der Notwendigkeit der Bürgertugend*, 1995).

Taylor nimmt unter den kommunitarischen Denkern in mehrfacher Hinsicht eine Sonderstellung ein. Das gilt sowohl für den enzyklopädischen Umfang seines philosophischen Werkes, das weit über die politische Philosophie hinausreicht, als auch für seine interkulturelle Prägung – als Quebecer in Kanada, als Kanadier in England, als Montrealer in Oxford. Darüber hinaus gilt es für sein zwischen den philosophischen Kulturen des angloamerikanischen sprach- und begriffsanalytischen Philosophierens und des kontinentaleuropäischen geistesgeschichtlichen Zugangs zur Philosophie pendelndes Denken. Und schließlich gilt es für die populäre und publizistische Ausstrahlung seines Denkens, das statt des Streits den Dialog sucht und statt der polemischen Auseinandersetzung die vernünftige Aussprache pflegt.

Taylors frühere Arbeiten sind methodischen Grundfragen der

Geistes- und Sozialwissenschaften gewidmet (gesammelt in *Philosophical Papers*, 2 Bde., 1985). Gegen den Primat der Naturwissenschaften (Naturalismus) vertritt er die eigene Dignität und spezifische Methodik der Humanwissenschaften. Sein besonderes Augenmerk gilt dabei der konstitutiven Rolle des Verstehens für die Auslegung und Aneignung kultureller Leistungen aller Art (Hermeneutik). Zu den Leitfiguren seines Denkens gehören der frühe Martin Heidegger mit seiner Auffassung von der profunden Einbettung des Selbst in eine ganze Welt von Sinnbezügen und existentiellen Vorannahmen und der späte Ludwig Wittgenstein mit seinen Überlegungen zur essentiellen Funktion von impliziten Hintergrundannahmen beim Befolgen von Regeln aller Art und zur sozio-kulturellen Pluralität und Diversität von Lebensformen (*forms of life*). Speziell für seine späteren Arbeiten zur politischen Philosophie orientiert sich Taylor an der Philosophie des modernen Staates und seiner Gesellschaft bei Hegel, dem er eine ebenso einflussreiche wie umfangreiche frühe Studie widmet (*Hegel*, 1975; *Hegel*, 1983).

Sein Beitrag zur politischen Philosophie besteht im Wesentlichen aus zwei Werken, die zentrale politische Themen und Fragestellungen im Kontext breiterer Ausführungen zu den Spezifika der modernen Kultur erörtern. 1989 erscheint *Sources of the Self. The Making of the Modern Identity* (*Quellen des Selbst. Die Entstehung der neuzeitlichen Identität*, 1994) und 2007 *A Secular Age* (*Ein säkulares Zeitalter*, 2009). Beide Werke enthalten kein polemisch zugespitztes Alternativprogramm zu Rawls' analytischer Theorie der Gesellschaftsgerechtigkeit, sondern bieten historisch informierte, textbasierte und gemeinschaftsethisch orientierte Überlegungen zur Situierung des Selbst und zur Bedeutung der Religion in der Moderne.

In *Quellen des Selbst* verbindet Taylor auf 600 Seiten eine Kritik der modernen Moralphilosophie – unter Einschluss der Rechtsphilosophie und politischen Philosophie – mit einer Neueinschätzung der moralischen Ressourcen der Moderne. Die Potentiale und Errungenschaften des modernen Lebens in Staat und Gesellschaft sollen gegen dessen verkürzte, auf einen künstlich isolierten Begriff von Individualität reduzierte Auffassung durch die moderne Moralphilosophie geltend gemacht werden. Dementsprechend folgt im Aufbau von *Quellen des Selbst* auf die kritische Darstellung der einseitig verzerrten Behandlung des modernen Selbst durch die klassische und jüngere angloamerikanische Philosophie die Ehrenrettung des modernen Selbst durch Taylors alternative Genealogie und Morphologie modernen Selbstseins.

Beide Teile von *Quellen des Selbst* sind historisch angelegt. Taylors Gegendarstellung von Charakter und Leistungsumfang des modernen Selbst bettet dessen langwierige Herausbildung von der Renaissance und der Reformation bis zur globalen Gegenwart in einen weiten geschichtlichen Rahmen, der von dem kriegerischen Ethos der Helden Homers über die Verbürgerlichung des Menschen im klassischen Griechenland und in Rom zum christlichen Menschenbild in Spätantike und Mittelalter reicht. Dabei greift seine breit angelegte Beschreibung der wechselnden Identitätsformationen des Selbst zusätzlich zu philosophischen Quellen auch auf Literatur und bildende Kunst zurück. Für Taylor sind die außerphilosophischen Zeugnisse und Belege sogar aufschlussreicher als die expliziten, aber für Selbsttäuschung anfälligen Aussagen der Philosophie zur Identität des Selbst in Vergangenheit und Gegenwart.

Abweichend von anderen kommunitarisch orientierten Denkern beschränkt sich Taylor nicht auf eine negative Kritik des modernen Selbst und kultiviert auch keinen theoretischen oder praktischen Rückzug in vormoderne Verhältnisse. Er hält im Gegenteil das moderne Selbst, sofern es in seiner authentischen Gestalt erfasst und nicht philosophisch fehlverstanden wird, für eine genuine Bereicherung in der kulturellen Entwicklung des Menschen. Drei Haupteigenschaften unterscheidet er, die zusammen die Identität des modernen Selbst ausmachen: das reiche Innenleben des modernen Menschen (*inwardness*), die hohe Wertschätzung des gewöhnlichen Lebens (*ordinary life*) und die enorme Ausdrucksfähigkeit des Seelisch-Inneren in den äußeren Gestalten von Natur und Kunst (*expressivism*). In geistesgeschichtlicher Perspektive führt Taylor die drei modernen Identitätsmerkmale des Selbst auf die christliche, wenn auch inzwischen säkularisierte Grundlage der Moderne in der Kirchenreformation zurück. In philosophiegeschichtlicher Perspektive folgt seine Diagnose des modernen Selbst Hegels historischer Herleitung der Errungenschaften der Moderne aus dem Zusammenfluss von religiöser Reform, philosophischer Aufklärung und politischer Revolution.

Gegen die standardisierte Auffassung vom isolierten, atomisierten und generalisierten Selbst der Moderne stellt Taylor ein in seinem Innenleben wie in seinen Ausdrucksmöglichkeiten hochgradig differenziertes Selbst, das dabei nicht die heroische Vereinzelung kultiviert, sondern die Geselligkeit und Solidarität der alltäglichen Existenz. Der politisch-philosophische Ertrag seiner Reinterpretation des modernen Selbst liegt in den gesellschaftlichen Leitvorstellungen von Freiheit, Gleichheit und Gemeinschaftlichkeit, die das moderne Leben prägen und zusammen die in einem elementaren Sinne demokratische Kultur der Moderne ausmachen. Nach der Kritik am einseitigen Fokus der modernen Philosophie von Staat und Gesellschaft auf individuellen Rechten glaubt Taylor in der von ihm freigelegten alltäglich-demokratischen Kultur des modernen Selbst eine aktualisierte Version der alten ethisch-politischen Zielvorstellung vom guten, gelungenen Leben gefunden zu haben.

Doch ist er sich auch bewusst, dass in einer durch Individualität und Pluralität geprägten westlichen Moderne kein Konsens darüber herzustellen ist, was genau – und was nicht – das unbedingt erstrebenswerte Gute (*the good*) des menschlichen Lebens ausmacht. Statt das moderne Selbst nach Art der modernen Moralphilosophie unter universal gültige und allgemein verbindliche Vorgaben zu stellen, begnügt sich Taylor deshalb damit, durch die ebenso detaillierte wie begeisterte Beschreibung einer politischen Kultur der Verständigung und des Austauschs das Zusammenbestehen vielfältiger und voneinander verschiedener Lebenseinstellungen und Weltanschauungen zum Modus Vivendi moderner gesellschaftlicher Existenz zu erklären. Für Taylor geht es nicht um eine monolithische politische Theorie, sondern um die Ermöglichung pluraler und gerade in ihrer Pluralität produktiver politischer Praktiken.

Taylors zweites Hauptwerk von politisch-philosophischer Tragweite, *Ein säkulares Zeitalter*, übertrifft mit seinem enormen Umfang von knapp 800 Seiten den Vorgänger noch einmal deutlich. Das Thema ist scheinbar enger gefasst: Es geht um die Stellung der Religion in der zunehmend säkularisierten Moderne. Taylor behandelt das Phänomen des gesamtgesellschaftlichen Bedeutungsverlustes der christlichen Religionen in Europa und Amerika aus der persönlichen Perspektive des gläubigen Katholiken. Doch stellt Taylor den geschichtlich-gesellschaftlichen Prozess der Säkularisierung nicht einfach als kulturellen Verlust und geistige Verarmung dar. Mit Hilfe einer umfassenden und detaillierten Darstellung der Interaktion von Religion und Gesellschaft in Antike, Mittelalter und Neuzeit gewinnt Taylor eine Sicht auf die Säkularisierung als langfristigen Entwicklungsprozess, der ursprünglich religiöse Errungenschaften sukzessive in profane Formen und Funktionen überführt.

Für Taylor besteht der säkulare Charakter der Moderne nicht primär in der zunehmenden Ausbreitung von Unglauben und Irreligiosität, sondern in der Entfernung der Religion aus dem Zentrum des öffentlichen gesellschaftlichen Lebens. In der Moderne steht das religiös geprägte Leben als eine der möglichen Lebensformen neben anderen. Es ist nicht das Verschwinden der Religion, sondern deren Privatisierung und Pluralisierung, die Taylor verzeichnet und in ihrer Genese aus jahrhundertealten Vorgängen von mittelalterlicher Reform und frühneuzeitlicher Reformation nachvollzieht. Vieles an seinen Analysen des Säkularisierungsprozesses der westlichen Gesellschaften erinnert an die von Émile Durkheim und Max Weber zu Ende des neunzehnten und zu Beginn des zwanzigsten Jahrhunderts entwickelte Soziologie der Religion. Doch geht es Taylor anders als diesen Vorgängern nicht nur um das gesellschaftlich-politische Phänomen der Säkularisierung, sondern darüber hinaus um die fortgesetzten Möglichkeiten und Formen genuiner Religion in der säkularisierten Moderne.

Das Fortbestehen von Religion im säkularen Zeitalter besteht für Taylor vor allem im individuellen existentiellen Überschreiten der rein immanenten Verfasstheit (*immanent frame*) des modernen Lebens. Die von ihm beanspruchte religiöse Erfahrung von radikaler Transzendenz soll das lediglich auf sich selbst und seinesgleichen bezogene und solcherart abgeschottete Selbst (*buffered self*) überwinden. Die unter den Bedingungen der Moderne fortgeführte Form der Religion besteht für Taylor weniger in etablierten Institutionen als in einer erneuerten Spiritualität (*spirituality*) jenseits der Amtskirchen. Die durch moderne Religiosität kultivierte Außenperspektive auf das moderne Leben soll darüber hinaus für den Einzelnen die Inspiration und Orientierung bereitstellen für das gesellschaftliche und politische Engagement, wie es Taylor propagiert und selbst praktiziert. Doch hat er auch im Blick, dass die Wiederkehr des Religiösen in der Moderne neben der Spiritualisierung des gesellschaftlichen und politischen Lebens auch dessen Radikalisierung im Zeichen von Sektierertum und Fundamentalismus umfasst.

Jürgen Habermas

Der in Düsseldorf geborene und in Gummersbach im Bergischen Land aufgewachsene Jürgen Habermas (1929) studiert von 1949 bis 1954 in Göttingen, Zürich und Bonn Philosophie, Psychologie, deutsche Literatur und Wirtschaftswissenschaften und wird 1954 in Bonn mit einer (unpublizierten) Dissertation über Schellings Geschichtsphilosophie promoviert. Nach kurzer Tätigkeit als freier Journalist ist er von 1956 bis 1959 Forschungsassistent am Frankfurter Institut für Sozialforschung und habilitiert sich 1961 in Marburg mit einer historischen Sammelstudie zum philosophischen Begriff der Öffentlichkeit. Nach einer ersten Professur in Heidelberg (1961–1964) wirkt Habermas von 1964 bis 1971 als Professor für Philosophie in Frankfurt und von 1971 bis 1981 als Direktor am Max-Planck-Institut zur Erforschung der Lebensbedingungen der wissenschaftlich-technischen Welt (ab 1980 Max-Planck-Institut für Sozialforschung) in Starnberg bei München. Von 1983 bis zu seiner Emeritierung 1994 ist er wieder Professor für Philosophie in Frankfurt. Seit 1989 hat Habermas regelmäßig Gastprofessuren in New York (Law School der New York University) und Evanston bei Chicago (Northwestern University) inne, ab 1996 unternimmt er mehrere Vortragsreisen nach China (Peking, Shanghai). Habermas ist Träger zahlreicher prestigeträchtiger Preise, die ihm für sein philosophisches Werk wie für sein öffentliches Wirken verliehen werden.

Als Angehöriger der ersten im Nachkriegsdeutschland akademisch ausgebildeten und danach beruflich tätigen Generation begleitet Habermas die Bundesrepublik Deutschland publizistisch und philosophisch von ihren Anfängen in Kaltem Krieg und Wirtschaftswunderzeit über die Studentenbewegung und den RAF-Terrorismus bis zur Wiedervereinigung der beiden deutschen Staaten und zur Rolle der Berliner Bundesrepublik in Jugoslawienkrieg, Irakkrieg und Ukrainekrieg. Zusätzlich zu wesentlichen wissenschaftlich-theoretischen Debatten im Land (Positivismusstreit in der deutschen Soziologie, Historikerstreit über die Singularität des Holocaust) ergreift Habermas regelmäßig das Wort zu aktuellen gesellschaftspolitischen Kontroversen mit Essays, die in den Feuilletons der großen deutschen Tages- und Wochenzeitungen (Frankfurter Allgemeine Zeitung, Süddeutsche Zeitung, Die Zeit) erscheinen und von der Eugenik über die Hirnforschung und den europäischen Einigungsprozess bis zu den Corona-Pandemie-Maßnahmen und den Waffen- und Gerätelieferungen an die von Russland attackierte Ukraine reichen.

Habermas' philosophisches Werk sticht durch seinen ambitiösen Umfang und weiten Ausgriff hervor. Zwar sind die (in der Regel recht umfangreichen) Buchpublikationen zumeist um Methoden- und Sachfragen der Sozialphilosophie zentriert, doch durchweg flankiert von zugehörigen Arbeiten zur theoretischen

Philosophie (Erkenntnistheorie, Wahrheitstheorie, Sprachphilosophie) und Moralphilosophie (Handlungstheorie, Ethik). Habermas' Arbeitsweise ist primär systematisch; er konzentriert sich auf sachliche Probleme und Fragestellungen und stellt dabei das Einzelne in den inneren Zusammenhang eines zugehörigen Ganzen. Überdies geht er eklektisch und synkretistisch vor, indem er sich gezielt bei einer Vielzahl historischer und zeitgenössischer Autoren aus ganz unterschiedlichen Gebieten bedient und die von dort wahlweise herangezogenen Anregungen, Einflüsse und Beiträge zu einem großen Ganzen eigener Prägung zusammenstellt. Die laufende kritische Bezugnahme auf eine Vielzahl von Autoren und Texten macht Habermas' Schriften anschlussfähig an ganz unterschiedliche philosophische und sozialwissenschaftliche Disziplinen und Forschungsfelder, bringt aber auch eine gewisse Überfrachtung seiner Texte und eine beträchtliche Beanspruchung seiner Leserschaft mit sich.

In seinen großen Linien betrachtet, bewegt sich Habermas' philosophisches Werk von dem ganz frühen Einfluss Heideggers über eine langfristige Orientierung an Marx zum stetig zunehmenden Rückgriff auf Kant. Hinzu kommt ein ausgedehnter Referenzrahmen, der disziplinär vor allem die Sozialwissenschaften (Institutionenlehre, Systemtheorie) und die klassische sowie zeitgenössische angloamerikanische Philosophie (Pragmatismus, Sprachphilosophie) umfasst. Die französische Gegenwartsphilosophie (Foucault, Derrida) wird zwar rezipiert, aber primär in kritischer Absicht. Durch seine frühe Anstellung am Frankfurter Institut für Sozialforschung und seine spätere jahrzehntelange Lehrtätigkeit an der Universität Frankfurt mit Leitungsfunktion am Institut für Sozialforschung gehört Habermas institutionell zur Frankfurter Schule (Kritische Theorie der Gesellschaft). Hier repräsentiert er deren zweite Generation – nach den Gründungsdirektoren Max Horkheimer und Theodor W. Adorno, die das Institut mit ins amerikanische Exil und nach dem Krieg zurück in die junge Bundesrepublik gebracht hatten. Doch schließt er in seinen Arbeiten allenfalls indirekt an die neo-marxistische Orientierung und die empirisch betriebene Sozialforschung des Instituts an.

Habermas' Lebensthema ist die zwischenmenschliche Verständigung («Kommunikation») – in ihrer fiktiven («kontrafaktischen») Perfektion («ideale Kommunikationsgemeinschaft») wie in ihren defekten Formen («Pathologien»). Schon seine Habilitationsschrift (*Strukturwandel der Öffentlichkeit. Untersuchungen zu einer Kategorie der bürgerlichen Gesellschaft*, 1961) behandelt die Rolle argumentativ gestützter und im öffentlichen Austausch entwickelter Kommunikation zwischen einander aufklärenden Diskutanten. In seinem massiven sozialphilosophischen Hauptwerk (*Theorie des kommunikativen Handelns*, 2 Bände, 1981) führt er eine speziell auf wechselseitige Verständigung angelegte Form des Handelns («kommunikatives Handeln») ein, die sich vom üblichen absichtlichen Handeln («strategisches Handeln») prinzipiell unterscheidet. Habermas' rechtsphilosophisches Hauptwerk (*Faktizität und Geltung. Beiträge zur Diskurstheorie des Rechts und des demokratischen Rechtsstaats*, 1992) behandelt die Umsetzung von gesellschaftlichen Einigungsprozessen («kommunikative Macht») in verbindliche rechtlich-politische Normen («administrative Macht»).

In einem weiten Sinn sind so gut wie alle Arbeiten von Habermas der politischen Philosophie zuzurechnen. Genau besehen handeln sie aber überwiegend von der Gesellschaft im Unterschied zum Staat und auch unter Aussparung der politischen Ökonomie (Volkswirtschaft), die nur indirekt – in Form der gesellschaftlichen Kritik an der fortgeschrittenen, zunehmend globalisierten Ökonomie («Spätkapitalismus») – eine Rolle spielt. Speziell in der *Theorie des kommunikativen Handelns* bilden der Staat und die Wirtschaft einen übermächtigen institutionellen Apparat («System»), der durch umfassende Bürokratisierung und Monetarisierung das alltägliche Funktionieren der menschlichen Gesellschaft («Lebenswelt») fremden Einflüssen und unfreien Kontrollen unterwirft («Kolonisierung»). Erst in der relativ späten Rechtsphilosophie von *Faktizität und Geltung* wendet sich

Habermas dem Staat selbst und als solchem zu. Der Fokus liegt dabei auf der rechtlichen Grundlage und auf der juridischen Rahmung des modernen Staates (Staatsrecht, Verfassungsrecht).

In *Faktizität und Geltung* bindet Habermas die Rechtfertigung der dem Staat zukommenden Macht an dessen rechtlich gestaltete Einrichtung und dessen rechtlich geregeltes Funktionieren («Legitimität durch Legalität»). Die beiden Begriffe im Titel des Werkes bezeichnen die zwei Pole rechtlich-politischer Wirklichkeit: die faktische Durchsetzung von staatlicher Macht («Faktizität») und deren Begründung in überfaktisch gültigem Recht («Gültigkeit»). Für die Begründung von staatlichem Recht greift Habermas zurück auf seine früheren Arbeiten («Diskurstheorie») über die argumentative Rechtfertigung von Geltungsansprüchen aller Art in rational und kommunikativ geführten Beratungs- und Entscheidungsverfahren («herrschaftsfreier Diskurs»). Die rechtlichen Verhältnisse des Staates gründen für Habermas in demokratisch geprägten Verfahren unter der kommunikativen Grundvoraussetzung der Freiheit und Gleichheit aller Bürgerinnen und Bürger.

Die prominente Position der parlamentarischen Demokratie im Allgemeinen und der Sozialdemokratie im Besonderen macht *Faktizität und Geltung* bei aller Ausrichtung auf das Prinzipielle und Generelle zu einem diskurstheoretisch verklärten Spiegel der sozial-liberalen Bundesrepublik Deutschland zu Ende des zwanzigsten Jahrhunderts. International gesehen erscheint Habermas' Konzeption des sozial-demokratischen Rechtsstaates als kontinentaleuropäischer Vereinbarungsversuch der nordamerikanischen Alternative zwischen einem liberal und einem kommunitarisch entworfenen Gemeinwesen. Die konstitutive Rolle der Kommunikation bei Habermas auch und gerade im Politischen – sozusagen sein Kommunikarismus (mit Binnen-k) – versucht, die Mitte zu halten zwischen der von ihm vertretenen rechtlich gleichen Stellung der Individuen und dem für ihn ebenso essentiellen Vorrang der Zwischenmenschlichkeit («Intersubjektivität») vor der Einzelmenschlichkeit («Subjektivität»).

Doch beinhaltet die kommunitarische Dimension des Sozialen

bei Habermas kein konservatives Festhalten an etablierten Traditionen, sondern die Orientierung an der idealen Norm der freigleichen Diskursgesellschaft («universale Kommunikationsgemeinschaft»). Speziell in politischer Hinsicht und eingedenk der horrenden Vorgeschichte der Bundesrepublik Deutschland in Diktatur und Terror reduziert sich für Habermas das traditionelle patriotische Ethos gegenüber dem Staat auf eine sich zum demokratischen Rechtsstaat bekennende staatsbürgerliche Gesinnung («Verfassungspatriotismus»). Im Kontext seines wachsenden Interesses am Ergänzungsverhältnis zwischen wissenschaftlicher Erkenntnis und religiösem Glauben (*Auch eine Geschichte der Philosophie*, Band 1: Die okzidentale Konstellation von Glauben und Wissen. Band 2: Vernünftige Freiheit. Spuren des Diskurses über Glauben und Wissen, 2019) konzediert der späte Habermas aber auch, dass der von geschichtlich Gewordenem weitgehend entkernte moderne Sozial- und Rechtsstaat durchaus noch Raum bereithält für ein religiöses Leben. Zwar kann die Religion für ihn in der Moderne nicht mehr die Grundlage des Staates sein, doch bildet die Religion in ihrer modernen Gestalt als plurale und koexistierende Glaubenshaltungen ein den zivischen Zusammenhalt beförderndes Element innerhalb der den Staat tragenden Gesellschaft. Allerdings koppelt Habermas die Fortexistenz der Religion im modernen säkularen Staat an die Forderung, dass die religiösen Gruppierungen durchweg die rechtliche Autorität des Staates anerkennen.

Die Herkunft seiner Rechts- und Staatsphilosophie aus seiner auf Kommunikation und Konsens ausgerichteten Handlungstheorie prägt nicht nur den demokratisch-egalitären Grundcharakter des Staates bei Habermas, sondern auch die partizipative und repräsentative Form des Staates («parlamentarische Demokratie») und deren Ausgestaltung durch ausführliche Beratung und argumentative Begründung anstelle bloßer Meinungsäußerungen und einfacher Mehrheitsentscheide («deliberative Demokratie»). Was die starke Rolle der Volksvertretung (Legislative) angeht, aus der sich auch die Regierung (Exekutive) rekrutiert, unterscheidet sich

Habermas' radikal demokratisches Staatsverständnis, das darin die bundesrepublikanischen Verfassungsverhältnisse wiedergibt, von einem stärker republikanischen Verfassungsverständnis, das allen drei Gewalten (unter Einschluss der Judikative) wesentliche Mitwirkung an der Gesetzgebung gewährt – so in der legislativen Kokompetenz des Präsidenten und des Obersten Gerichtshofs (*Supreme Court*) in der amerikanischen Verfassung.

Habermas' radikal demokratisches Grundverständnis des Staates zeigt sich auch in seiner Sympathie für Volksentscheide, insbesondere für Referenden im Rahmen des europäischen Verfassungsgebungsprozesses. Auf derselben Linie liegt sein Eintreten für eine Diskurskultur der gesellschaftlichen Auseinandersetzung («demokratische Öffentlichkeit») und für die Umgestaltung der ökonomisch ausgerichteten bürgerlichen Gesellschaft zur politisch selbstverantwortlichen Bürgergesellschaft («Zivilgesellschaft»). Doch anders als vor- oder frühmoderne Politikmodelle, die den Bürger auf Kosten seiner Privatsphäre politisch in die Pflicht nehmen (Republikanismus), vertritt Habermas die gleichberechtigte Koexistenz («Gleichursprünglichkeit») von persönlich-privater und öffentlich-politischer Selbstbestimmung («Autonomie»).

In *Faktizität und Geltung* geht die konsensdemokratische Ausrichtung von Habermas' Staats- und Verfassungslehre zusammen mit umfangreichen Anleihen beim späten Kant (*Metaphysik der Sitten*, 1797), insbesondere bei dessen Behandlung der philosophischen Prinzipien des öffentlichen Rechts (Staatsrecht, Völkerrecht, Weltbürgerrecht). Sogar der streng allgemeine Anspruch der kantischen Rechtsbegriffe und -prinzipien («a priori») hat sein Pendant in Habermas' Ausweis der Grundstrukturen des demokratischen Rechtsstaates als notwendiger Voraussetzungen («Bedingungen der Möglichkeit») politisch-sozialen Handelns. Auch in der Frage eines übernationalen rechtlich-politischen Großgebildes («Weltrepublik») ist sich Habermas mit Kant einig, wenn er zwar starke internationale Kooperation befürwortet, deren Überführung in einen Superstaat aber ablehnt («Weltinnenpolitik ohne Weltregierung»).

Über der Affinität des späten Habermas zum späten Kant sollte aber die strategische Nähe von Habermas zu Hegel nicht übersehen werden. In Übereinstimmung mit Hegels Auffassung der Rechts- und Staatsphilosophie als rational bereinigter Beschreibung des zeitgenössischen Staatsgebildes legt Habermas seine Rechtsstaatslehre als kritische Apologie der zeitgenössischen Bundesrepublik an. Wie Hegel, der den Zeitgenossen zur Identifikation mit der eigenen rechtlich-politischen Wirklichkeit («Versöhnung») verhelfen möchte, will auch Habermas mit seinem diskurstheoretisch reinterpretierten Idealbild der Bundesrepublik dazu beitragen, dass deren Bürgerinnen und Bürger sich miteinander und mit ihrem Gemeinwesen solidarisch fühlen und demgemäß handeln. Freilich bleibt in Habermas' inzwischen schon historisch gewordener Apologie des bundesrepublikanischen Rechts- und Sozialstaates noch unberücksichtigt, welche gewaltigen geopolitischen Verschiebungen und beträchtlichen demographischen Entwicklungen samt ihrer wirtschaftlichen und gesellschaftlichen Folgen die bundesdeutsche Öffentlichkeit und nicht nur diese vom hehren Ideal zivil geführter und vernünftig gestalteter politischer Diskurse zu entfernen drohen.

14.
Das Ende der Geschichte: Antikolonialismus und Postdemokratie

Der langwährende Fokus der modernen politischen Philosophie auf dem Westen und insbesondere auf dem nordatlantischen Raum (Westeuropa und Nordamerika) erweitert sich in der zweiten Hälfte des zwanzigsten Jahrhunderts durch zwei miteinander verbundene Entwicklungen. Zum einen kommt es zur sukzessiven (Selbst-)Befreiung großer Teile Afrikas und Asiens von der bis in die Mitte des zwanzigsten Jahrhunderts fortwährenden europäischen Kolonialherrschaft. Zum anderen tritt eine ganze Reihe neu gebildeter oder neu erstarkter Staaten außerhalb Europas und Amerikas in die Weltpolitik ein. Aus der zuerst vorwiegend von Europa und dann zunehmend von den Vereinigten Staaten dominierten internationalen Ordnung wird so ein dynamisches Geflecht von Beziehungen, Allianzen und Kooperationen zwischen Ländern ganz unterschiedlicher geographischer Lage, wirtschaftlicher Entwicklungsstufe und kultureller Prägung. Der Zusammenbruch der Kolonialreiche entlässt große Teile der Welt in eine offene, ungewisse Zukunft, die sich zwischen den Polen der Rückbesinnung auf präkoloniale Traditionen und des postkolonialen Einstiegs in die moderne Welt aufspannt. Neben die Alte Welt (Europa, *Old Europe*) und deren Ausweitung in die zunächst kolonisierte und später entkolonialisierte Neue Welt (Nord- und Südamerika) tritt so der globale Süden (*Global South*) als Akteur mit eigenen Interessen und Ansprüchen, aber auch als begehrter Rohstofflieferant und neu entdeckter Wirtschaftspartner für internationale Produktion und globalen Absatz.

Der nordatlantische Westen ist zunächst noch fixiert auf die politisch-ideologische Rivalität mit dem Ostblock. Mit dem Ende des Kalten Krieges und dem Untergang des Sowjetimperiums steht die westliche Demokratie zunächst als Sieger in der globalen Auseinandersetzung um politische und ideologische Hegemonie da. Doch erweist sich schon bald, dass der Westen die beanspruchte Führungsrolle durch sein als neo-imperial wahrgenommenes Auftreten und Eingreifen auf fremden Kontinenten aufs Spiel setzt und bald verspielt. Hinzu kommen innere Auslösungserscheinungen der westlichen Demokratie, der in der kapitalistischen, transnational agierenden Weltwirtschaft ein von ihr selbst großgezogener post-politischer Rivale ersteht. Am Ende des zwanzigsten und zu Beginn des einundzwanzigsten Jahrhunderts sieht sich die westliche liberale Demokratie von innen wie außen bedrängt durch post- und anti-demokratische Entwicklungen in Staat und Gesellschaft weltweit, die den Westen samt seinem politisch-philosophischen Denken in die Defensive zu drängen drohen.

Frantz Fanon

Der aus einer schwarzen Mittelstandsfamilie auf der damals noch zum französischen Kolonialreich gehörenden Karibikinsel Martinique stammende Frantz Fanon (1925–1961) besucht das örtliche Gymnasium (wo der Dichter der *négritude* Aimé Césaire einer seiner Lehrer ist) und kämpft – nach militärischer Ausbildung in Französisch-Marokko – zu Ende des Zweiten Weltkrieges in der französischen Befreiungsarmee in den Vogesen gegen die deutschen Besatzer. Nach dem Krieg studiert er in Lyon Medizin und Philosophie (Letzteres auch bei Maurice Merleau-Ponty) und beginnt eine breite schriftstellerische Tätigkeit. 1953 übernimmt Fanon die Leitung der psychiatrischen Abteilung einer Klinik in der Nähe von Algier im damals noch französischen Algerien.

Aus politischen Gründen tritt Fanon 1956 von seinem Posten im französischen kolonialen Gesundheitswesen zurück, wird daraufhin umgehend des Landes verwiesen und engagiert sich im Folgenden von Tunesien aus publizistisch und in führenden politischen und diplomatischen Funktionen im Befreiungskampf Algeriens gegen die französische Kolonialherrschaft. Nach der Diagnose einer Leukämieerkrankung sucht Fanon zunächst in der Sowjetunion, später in den USA Behandlung, stirbt aber während der vom CIA eigens organisierten Therapie in den Nationalen Gesundheitsinstituten der Vereinigten Staaten (*National Institutes of Health*) an einer Lungenentzündung. Kurz vor seinem Tod trifft er in Rom noch mit Jean-Paul Sartre zusammen, der später das Vorwort zu Fanons letztem und berühmtestem Werk schreibt.

Fanon gilt als führender Vertreter des weltweiten Antikolonialismus in der Zeit nach dem Zweiten Weltkrieg. In seinem Wirken verbindet sich politisch-philosophische Publizistik mit politisch-diplomatischer Aktivität. Zu seinem politisch-kulturellen Erfahrungshorizont gehören die französische Karibik, in der er aufwächst, das französische Mutterland, in dem er studiert und erste medizinische Erfahrungen in der Psychiatrie sammelt, der französische Maghreb, in dem er zunächst medizinisch und später politisch tätig ist, und das subsaharische Afrika, in das ihn seine Bemühungen um eine panafrikanische antikoloniale Bewegung führen.

Beeinflusst ist sein Werk von der französischen Nachkriegsphilosophie, insbesondere der Phänomenologie (Maurice Merleau-Ponty) und dem Existentialismus (Jean-Paul Sartre), von der philosophischen Psychiatrie und Psychoanalyse (Karl Jaspers, Jacques Lacan) sowie von Hegel und Marx. Fanons Schriften verbinden philosophische Argumentation, politische Agitation und existentialphänomenologische Deskription in einer eindrucksvollen stilistischen und gedanklichen Synthese. Philosophisch gesehen bewegt sich Fanon von früher Faszination für den humanistischen Universalismus der Existenzphilosophie über die kritische Auseinandersetzung mit dem revolutionären Marxismus zur Rehabilitation von Nation und Volk als politischen Kategorien im antikolonialen Kampf.

Seine drei politisch-philosophischen Hauptwerke entstammen dem Anfang, der Mitte und dem Ende seines relativ kurzen Lebens. Im Kontext seiner persönlichen Erfahrungen, medizinischen

Studien und schriftstellerischen Anfänge in Frankreich erscheint als Erstes eine Studie zur Psychopathologie des kolonialen Subjekts (*Peau noire, masques blancs*, 1952; *Schwarze Haut, weiße Masken*, 1985). Im Zusammenhang mit seinen Aktivitäten für die Unabhängigkeit Algeriens entsteht *Im fünften Jahr der algerischen Revolution*, eine gesellschaftlich-politische Bilanz der Erhebung gegen die französische Kolonialmacht (*L'an V de la révolution Algérienne*, 1959; neu herausgegeben unter dem Titel *Sociologie d'une révolution,* 1968). Unmittelbar nach seinem Tod kommt – mit einem Vorwort von Sartre – Fanons berühmtestes Werk, *Die Verdammten dieser Erde* (1966; *Les Damnés de la Terre*, 1961), heraus, dessen Titel auf den Anfangsvers des sozialistischen Kampflieds «Die Internationale» zurückgeht.

Sein Erstling *Schwarze Haut, weiße Masken* ist noch ganz um die politisch-philosophische Analyse des anti-schwarzen Rassismus in Frankreich und seinen karibischen Kolonien angelegt. In den Schriften im Zusammenhang mit der Algerischen Revolution, zu denen auch zahlreiche Zeitungs- und Zeitschriftenbeiträge gehören, erweitert Fanon seine Perspektive auf den afrikanischen Antikolonialismus unter Einschluss der Entwicklungen in Schwarzafrika. In *Die Verdammten dieser Erde* schließlich gelten Fanons Analysen und Agitationen dem Schicksal der Geplagten und Geschundenen weltweit. Im Laufe dieser Entwicklungen verlieren seine kritischen Beschreibungen zwar zunehmend ihren persönlichen Charakter, gewinnen aber auch an argumentativer Schärfe und politischem Weitblick. Aus dem empathischen Theoretiker von rassistischer Diskriminierung wird der engagierte Analytiker und Kritiker des globalen kolonialen Imperialismus.

Schwarze Haut, weiße Masken behandelt in einer Reihe von Einzelstudien die Formen der Entfremdung des schwarzen kolonialen Subjekts in der rassistisch geprägten Gesellschaft. Im Duktus folgen Fanons Analysen der Zusammenführung von Phänomenologie, Existenzphilosophie und Psychoanalyse bei Sartre (*L'Être et le néant*, 1943; *Das Sein und das Nichts*, 1993). So steht im Mittelpunkt der Analysen die Beschreibung und Einschätzung der gelebten Erfahrung (*expérience vécue*) des kolonialen Subjekts. Insbesondere Sartres dramatische Beschreibung des objektivierenden Blicks auf den Anderen als Gegenständlich-Fremden prägt Fanons Auffassung des kolonialen Subjekts in dessen Status als fremdem Objekt.

Unter den Bedingungen des kolonialen Rassismus wird, so Fanon, aus dem objektivierten Anderen der rassisch minderwertige Fremde. Auch hier folgt er Sartre, insbesondere dessen existenzphilosophischer Deutung des zeitgenössischen Antisemitismus (*Réflexions sur la question juive*, 1946; *Überlegungen zur Judenfrage*, 1994). Wie schon bei Sartre summieren sich Fanons detaillierte Einzelanalysen zu einer Theorie des gesellschaftlichen Seins (Sozialontologie), nunmehr erweitert um die koloniale Perspektive. Aus Fanons späterer, theoretisch fortgeschrittener und praktisch erweiterter Perspektive erscheint die an Sartre angelehnte Ontologisierung des kolonialen Subjekts in *Schwarze Haut, weiße Masken* zu sehr fixiert auf universelle Wesenszüge des kolonialen gesellschaftlichen Seins, statt die Funktionsmechanismen hinter den diskriminierenden gesellschaftlichen Praktiken zu enthüllen.

Mit dem Titel von *Schwarze Haut, weiße Masken* will Fanon anzeigen, dass die kolonialen Subjekte unter dem Druck der diskriminierenden Verhältnisse die Kultur der Kolonialmacht verinnerlichen, ohne deren Standards je voll zu erreichen. Das von ihm herausgestellte nachahmerische Verhältnis betrifft sowohl die Beziehungen der kolonialen Subjekte zur Kolonialmacht als auch das Verhältnis der kolonialen Subjekte untereinander. Fanons Musterbeispiel für die vom Kolonialismus auferlegte Selbstmaskierungsstrategie des kolonialen Subjekts ist die angestrebte Beherrschung der Hochsprache der Kolonialmacht (Pariser Französisch). Selbst da, wo sie gelingt, macht der wahrgenommene Gegensatz von Hautfarbe und Sprachmaske, so Fanon, den inferioren Status des kolonialen Subjekts nur noch deutlicher. Für den Psychiater Fanon nehmen die zum Scheitern verurteilten Anpassungsbemühungen der kolonialen Subjekte an die kulturellen Normen der Kolonialmacht sogar neurotische Züge an.

Ihm zufolge deformieren die kolonialen, rassistisch geprägten Verhältnisse aber nicht nur die kolonialen Subjekte, sondern ebenso die Gesellschaft der Kolonialmacht, die in allen Lebensbereichen von rassistischen Vorurteilen bestimmt ist. Fanons Vision für eine von Rassismus und Kolonialismus befreite Gesellschaft in *Schwarze Haut, weiße Masken* besteht auch nicht in der Rückkehr zu präkolonialen Verhältnissen in den ehemaligen Kolonien. Vielmehr gilt es, so der frühe Fanon, am politisch-philosophischen Versprechen von Universalismus und Humanismus festzuhalten. Die vormals kolonisierten Subjekte sollen vollwertige Bürgerinnen und Bürger des ehemaligen Mutterlandes werden können. Mit dem Ortswechsel von Frankreich nach Algerien und im Licht seiner Erfahrungen mit dem algerischen Widerstand gegen die französische Kolonialmacht verabschiedet sich Fanon schon bald vom europäischen Humanismus der Nachkriegsphilosophie und erweitert den Antirassismus zum Antikolonialismus in Gestalt des revolutionären Freiheitskampfes auf dem afrikanischen Kontinent.

Seine zweite größere Schrift, *Im fünften Jahr der algerischen Revolution*, behandelt – wie auch seine verstreuten Aufsätze zum Aufstand gegen Frankreich – die gesellschaftlichen Veränderungen in Algerien im Kontext der nordafrikanischen antikolonialen Erhebung. Dabei gilt sein besonderes Interesse der religiösen, familiären und kulturellen Entwicklung im traditionell muslimisch geprägten Algerien. Zum einen sieht Fanon das Land durch den revolutionären Impetus des Aufstands nach vorne drängend – in eine offene, ungewisse Zukunft. Zum anderen beobachtet er, wie das Land in seiner Abwehrhaltung gegen die französische Kolonialmacht und deren gesellschaftliche Kultur auf die eigenen, lokalen Traditionen zurückgeworfen wird. Die Situation Algeriens erscheint Fanon wie ein unentschiedener Schwebezustand zwischen Vergangenheit und Zukunft. Generell setzt er sich in *Im fünften Jahr der algerischen Revolution* dafür ein, sich im organisierten Kampf gegen die Kolonialmacht deren Taktiken und Technik zu bedienen – allem voran der Waffengewalt, aber auch solch unterstützender Einrichtungen wie des Gesundheitswesens und der Telekommunikation.

In seinem postum publizierten abschließenden Werk *Die Verdammten dieser Erde* verbindet Fanon den Aufruf zur antikolonialen Erhebung mit strategischen Überlegungen zum Ablauf der Revolution und der vagen Vision einer postkolonialen Zukunft. Im Zentrum seiner späten politisch-philosophischen Überlegungen steht die Rolle der Gewalt (*violence*), die für ihn nicht nur dem Kampf gegen die ihrerseits gewalttätige Kolonialmacht dienen soll, sondern der auch eine identitätsstiftende Funktion innerhalb der antikolonialen Bewegung zukommt. Die durch revolutionäre Gewalt gestiftete solidarische Identität der vormaligen kolonialen Subjekte schafft, Fanon zufolge, kollektive Verbundenheit auf allgemein kultureller Ebene, darüber hinaus aber auch ein gesamtgesellschaftliches Bewusstsein und insbesondere eine neue nationale Identität. Über die Theorie und Praxis revolutionärer Veränderung hinaus eröffnet Fanon so die Perspektive auf eine (nach-)revolutionäre Zukunft der ehemaligen Kolonien durch die Gründung neuer Staaten und deren weitere Entwicklung.

Den Weg zur post-kolonialen Welt sieht Fanon in erster Linie von einer Bevölkerungsgruppe getragen, die sonst eher im Schatten der strategischen Überlegungen zum revolutionären Kampf steht – den im Titel des Werkes genannten sprichwörtlichen «Verdammten dieser Erde». In Anlehnung an die Analyse der revolutionären Gesellschaftsformationen bei Marx und im agitatorischen Marxismus unterscheidet Fanon im Hinblick auf den antikolonialen Kampf drei große Gruppierungen: die Arbeiterschaft, die Intellektuellen und den gesellschaftlichen Rand von Besitz-, Erwerbs- und Arbeitslosen («Lumpenproletariat»). Während Marx und dessen Nachfolger den Klassenkampf in den europäischen Ländern von der Arbeiterklasse getragen und von den Intellektuellen geführt sehen, traut Fanon, was die kolonialisierten außereuropäischen Gesellschaften angeht, weder der durch einkömmliche Beschäftigung ruhiggestellten Arbeiterschaft noch der durch Privilegierung korrumpierten Intellektuellenschicht revolutionären Furor zu. Einzig die heterogenen Randgruppen innerhalb der kolonialisierten Gesellschaften sind, so Fanon, verzweifelt genug, um in den bewaffneten Kampf einzutreten, in dessen Verlauf das revolutionäre Feuer dann auf andere Teile der Gesellschaft übergreifen kann.

Für die Zeit nach einem erfolgreichen Sturz der fremden Kolonialherrschaft liefert Fanon am Ende von *Die Verdammten dieser Erde* ein Szenario, das primär ausführt, was die postkoloniale Gesellschaft und ihr Staat nicht werden sollen. In *Schwarze Haut, weiße Masken* hatte er noch die gleichberechtigte Integration der vormaligen kolonialen Subjekte in die von ihrem Rassismus gereinigte und auf einen universalen Humanismus eingeschworene freie Gesellschaft europäischen Stils vorgesehen. In *Die Verdammten dieser Erde* propagiert er die Abwendung von Europa und seinen politischen und gesellschaftlichen Institutionen und Lebensformen. Die alternative, ebenso postkoloniale wie post-europäische Ordnung stellt sich Fanon aber nicht einfach als Rückkehr zu vorkolonialen und damit auch vormodernen Strukturen vor. So bleibt die Zukunft nach dem Kolonialismus auch zu Ende von *Die Verdammten dieser Erde* offen, damit aber auch bereit für die Entwicklung unvorhersehbarer Formen des gesellschaftlichen und staatlichen Lebens.

Francis Fukuyama

Der einer in zweiter Generation in den USA ansässigen japanischen Familie entstammende Francis Fukuyama (1952) wächst in Chicago, New York und im Bundesstaat Pennsylvania auf, erwirbt den Bachelorabschluss in klassischen Sprachen und Literatur an der Cornell University im Bundesstaat New York und erlangt seinen Doktorgrad – nach einem abgebrochenen Studium der Vergleichenden Literaturwissenschaft an der Yale University (mit Auslandsjahr in Paris) – am Institut für Politik (Department of Government) der Harvard University. Die Stationen seiner akademischen Karriere sind Professuren an der George Mason University (1996–2000), der Johns Hopkins University (2000–2010) und der Stanford University (2010–).

Fukuyama gehört ursprünglich in den Umkreis einer seit den 1960er Jahren in den USA auszumachenden neo-konservativen intellektuellen Strömung (*neoconservatives*, auch *neocons* genannt), die sich in Reaktion auf die Liberalisierung der amerikanischen Gesellschaft, insbesondere die politische Radikalisierung und den Pazifismus der jüngeren Generation und die generelle Linksverschiebung des politischen Spektrums, als Gegenideologie formiert. Der Anti-Kommunismus der Neokonservativen in innen- wie außenpolitischen Fragen entfaltet sich insbesondere nach dem Fall der Berliner Mauer (1989) und dem Kollaps der Sowjetunion (1991), der als Untergang des einzig verbleibenden ideologischen Konkurrenten und politischen Gegners des US-amerikanischen Junktims von Demokratie und Kapitalismus wahrgenommen wird.

Insbesondere unter der Präsidentschaft von George W. Bush (2001–2009) und im Umfeld der außenpolitischen Reaktionen auf die Terrorattacken des 11. September 2001, darunter der amerikanischen Invasion des Irak, gelangen die Neocons zu beträchtlichem politischen Einfluss. Schließlich distanziert sich Fukuyama jedoch – bei fortwährender Sympathie für die traditionellen amerikanischen Wertvorstellungen in Bezug auf Staat, Gesellschaft und Wirtschaft – vom geostrategischen Unilateralismus und militärischen Interventionismus der neo-konservativen amerikanischen Außenpolitik (*America at the Crossroads. Democracy, Power, and the Neoconservative Legacy*, 2006; Titel der britischen Ausgabe *After the Neo Cons. Where the Right Went Wrong*).

Zu weltweiter Beachtung und bis heute anhaltender Reputation als Deuter der weltpolitischen Großlage gelangt er durch eine Buchpublikation mit dem provokanten Titel «Das Ende der Geschichte» aus dem Jahr 1992, die auf einem gleichnamigen Essay basiert, den Fukuyama 1989 kurz vor dem Fall der Berliner Mauer veröffentlicht hatte (*The End of History and the Last Man*,

1992; *Das Ende der Geschichte*, 1992). Die Zeitenwende, die sich im Mauerfall und in dem zwei Jahre spätere erfolgenden Untergang der Sowjetunion, verbunden mit der Auflösung ihres politischen Satellitensystems (Warschauer Pakt), manifestiert, versteht Fukuyama nicht einfach als das Ende der Epoche des Kalten Krieges. Für ihn signalisiert das faktische Verschwinden der (sowjet-) kommunistischen Welt das Ende eines umfassenden geschichtlichen Prozesses, der seine Kulmination in der politischen, gesellschaftlichen und wirtschaftlichen Rivalität zwischen dem Westen unter amerikanischer und dem Ostens unter sowjetischer Führung erreicht hatte.

Mit dem Niedergang und Untergang der Sowjetunion verbleibt, so Fukuyama, als einzige politisch-ideologische Weltmacht (Hegemon) das amerikanische integrierte Doppelsystem von Demokratie und Kapitalismus. Sowohl die politische Systemform der Demokratie als auch die wirtschaftliche Systemform des Kapitalismus stehen bei Fukuyama im Zeichen der Freiheit – als «liberale Demokratie» (*liberal democracy*) und «freie Marktwirtschaft» (*free market economy*). Zur liberalen Demokratie gehören für Fukuyama – in bester amerikanischer Tradition – die individuelle Freiheit, die Gewaltenteilung und die Herrschaft des Gesetzes. Als einzig verbleibendes, konkurrenzlos erfolgreiches politisch-wirtschaftliches System repräsentiert die liberale Demokratie zusammen mit dem (neo-)liberalen Kapitalismus für Fukuyama Erfolg und Enttäuschung in einem. Demokratie und Kapitalismus haben gesiegt, doch ohne einen ebenbürtigen Gegner droht der Erfolg hohl zu werden. Vor allem aber zeichnet sich für ihn ab, dass Geschichte im Sinn des Auftretens von ganz Neuem und des Erscheinens eines ganz anderen mit dem Doppelsieg der liberalen Demokratie und des Kapitalismus an ihr Ende gekommen sein dürfte.

Die nicht etwa triumphale und affirmative, sondern durchaus resignative und melancholisch gebrochene Stimmung von *Das Ende der Geschichte* wird von Fukuyama deutlich angezeigt, wenn er in der Buchfassung seines so betitelten Essays den provokanten Titel «Das Ende der Geschichte» um die auf Nietzsche zurückgehende Rede vom «letzten Menschen» (*Last Man*) erweitert – eine entscheidende Ergänzung, die nicht in den Titel der deutschen Übersetzung aufgenommen wurde. Doch nicht nur das Nietzsche-Zitat im Titel zeigt den weiten, welthistorischen Hintergrund von Fukuyamas demokratisch-kapitalistischer Geschichtsdeutung an. Mit der Vorstellung vom Zielzustand der Geschichte in einer durch westliche Werte bestimmten Gegenwart schließt Fukuyama an die Philosophie der Weltgeschichte des späten Hegel an, der im Verfassungsstaat, der Zivilgesellschaft und der frühkapitalistischen Wirtschaft seiner eigenen nach-napoleonischen Gegenwart die Geschichte in ihrem universalhistorischen Gang von Ost nach West und von der Antike bis in die Neuzeit an ihr Ende gekommen sieht.

Zwar öffnet Hegels gescheiter Schüler und abtrünniger Nachfolger Marx der Hegel'schen Geschichtsphilosophie die Perspektive auf eine gesellschaftlich befreite und politisch wie wirtschaftlich radikal umgestaltete Zukunft, doch auch der von Marx prognostizierte und propagierte Zielzustand soll die Geschichte an ihr Ende bringen und eine geschichtslose Frei-Zeit inaugurieren. Den von Hegel in Umwandlung religiöser Vorstellungen vom Ende der Zeiten (Eschatologie) eingeführten Topos vom Ende der Geschichte nimmt dessen einflussreicher, in Frankreich wirkender Interpret Alexandre Kojève in den 1930er und 1940er Jahren auf – verbunden mit der These, dass westlicher Liberalismus und östlicher Sozialismus die zeitgeschichtliche Alternative von Rechts- und Linkshegelianismus repräsentieren, die beide das Potential bergen, durch die totale Technisierung und komplette Bürokratisierung der menschlichen Lebensverhältnisse in das Ende der Geschichte zu münden. Noch näher an Fukuyamas These vom ebenso famosen wie deprimierenden Ende der Geschichte liegt die Vorstellung von der gegenwärtigen Zeit als bloßer Nach-Geschichte (*posthistoire*), die sich in der deutschen Nachkriegsphilosophie (Arnold Gehlen) findet, in der die im Deutschen verwendete französische Wortprägung die endgültige

Erschöpfung des welthistorischen Vorrats an Ideen zur Gestaltung von Staat, Gesellschaft und Wirtschaft bezeichnet.

Die auf die welthistorische Wende von 1989 folgenden Jahrzehnte des internationalen Terrorismus, des Wiedererstarkens Russlands und des Aufstiegs Chinas sowie der periodischen Wirtschafts- und Finanzkrisen und der geopolitischen Phänomene von Massenmigration und Klimawandel haben Fukuyamas steile These vom Ende der Geschichte schnell altern lassen. Die Weltgeschichte scheint wieder in Bewegung zu geraten. Doch lässt sich, wie Fukuyama in der Antwort auf seine vielen Kritiker herausstellt, auch beobachten, dass der Kapitalismus, unter Einschluss seiner rezenten Varianten als (russischer) Oligarchenkapitalismus und (chinesischer) Staatskapitalismus, weiterhin das global dominierende wirtschaftliche Modell abgibt. Was die liberale Demokratie angeht, konzediert Fukuyama zwar das Ausbleiben ihres weltweiten Siegeszugs, macht aber weiterhin die herausgehobene Stellung und den universellen Anspruch der westlichen, «atlantischen» Werte von individueller Freiheit, Gewaltentrennung und Rechtsstaatlichkeit geltend.

In globaler Perspektive hält Fukuyama, bei allem Insistieren auf dem Primat der Freiheit in Politik und Wirtschaft, am Fortbestehen souveräner Nationalstaaten mit politischer und wirtschaftlicher Autonomie fest, verbunden mit transnationalen Bündnissen und Zusammenschlüssen für wirtschaftliche und politische Zwecke wie der Europäischen Union. Fukuyamas Buchpublikationen nach *Das Ende der Geschichte* gelten den gesellschaftlichen Funktionsmechanismen der Wirtschaft (*Trust. Social Virtues and Creation of Prosperity*, 1995), der langfristigen und jüngeren Entwicklung von politischer Ordnung (*The Origins of Political Order. From Prehuman Times to the French Revolution*, 2011; *Political Order and Political Decay. From the Industrial Revolution to the Present Day*, 2014) und der Redefinition des politischen und wirtschaftlichen Liberalismus in Antwort auf dessen Kritiker an beiden Enden des politischen Spektrums (*Liberalism and Its Discontents*, 2022).

Die Bedeutung eines Buches bemisst sich nicht zuletzt an der Quantität und Qualität der kritischen Entgegnungen, auf die es trifft. Bei Fukuyamas *Das Ende der Geschichte* ist hier besonders auf die Replik durch seinen ehemaligen Lehrer an der Harvard University, Samuel P. Huntington, zu verweisen, die 1992 in Form eines Essays erfolgt, der mit «Der Zusammenprall der Zivilisationen» betitelt ist und den Huntington danach zu einem Buch ausarbeitet (*The Clash of Civilizations and the Remaking of World Order*, 1993; *Kampf der Kulturen. Die Neugestaltung der Weltpolitik im 21. Jahrhundert*, 1996). Der reißerische deutschsprachige Ausdruck im Titel des Werkes («Kampf») zusammen mit der irreführenden Übersetzung des Titelbegriffs *civilizations* als «Kulturen» und der Übertragung des Strukturbegriffs *world order* durch das individuelle Akteure implizierende Wort «Weltpolitik» verdeckt den komparativen Charakter von Huntingtons Studie konkurrierender politisch-gesellschaftlicher Ordnungssysteme. Huntington geht es nicht um Kulturenkampf, sondern um die Verzeichnung fundamental verschiedener Arten der Regelung und Normierung des Zusammenlebens in Staat und Gesellschaft.

Huntington sortiert die von ihm unterschiedenen konkurrierenden Typen von Zivilisation nach Geographie und Geschichte. Dabei spielen (ehemalige) koloniale Zusammenhänge ebenso eine Rolle wie religiöse Traditionen und Entwicklungen. Neben der nordatlantischen westlichen Zivilisation unterscheidet er die mit ihr eng verwandte lateinamerikanische Zivilisation, die osteuropäische orthodox geprägte Zivilisation, die ostasiatische Zivilisation, die muslimisch geprägte Welt von Teilen Afrikas und Asiens, die Zivilisation des subsaharischen Afrikas sowie einzelne, keinem der Haupttypen zuzuordnende oder mehrere der Haupttypen vermischt repräsentierende Länder und Ländergruppen. Huntington lokalisiert die wichtigsten Konflikte und Kriege in der Zeit seit dem Ende des Kalten Krieges entlang der Trennungslinien der von ihm unterschiedenen Zivilisationen. Darüber hinaus kritisiert er die zivilisatorische Arroganz hinter dem Vorhaben, die westlichen Wertvorstellungen, namentlich in ihrer individualistisch-liberalen

Zuspitzung, anderen Zivilisationen überstülpen zu wollen. Schließlich diagnostiziert Huntington eine geo-politische Kräfteverschiebung vom Westen weg und hin zu anderen zivilisatorischen Sphären, allen voran zu China innerhalb der ostasiatischen Zivilisation.

Den im Titel seines Werkes angezeigten «Zusammenprall der Zivilisationen» verortet Huntington in erster Linie zwischen der westlichen und der islamischen Welt, religiös angetrieben durch den islamischen Fundamentalismus und politisch-ökonomisch verursacht durch die regionalen demographischen Entwicklungen (*demographic explosion*). Zusätzlich zu den Konflikten und Kriegen entlang den Trennungslinien der verschiedenen Zivilisationsformen rechnet Huntington auch mit direkten Auseinandersetzungen zwischen den Hauptvertretern der antagonistischen Zivilisationstypen. Allerdings hält er auch einen langfristigen Verständigungsprozess zwischen der westlichen Zivilisation und den nicht-westlichen Zivilisationen für möglich, in dessen Verlauf der Westen seine universalistischen Ansprüche zurücknimmt und die anderen Zivilisationen einen Modus (Co-)Vivendi in der mehr und mehr zusammenwachsenden Welt der Moderne finden.

Natürlich ist auch Huntingtons plurale und antagonistische Sicht auf den Zustand der Welt nicht unwidersprochen geblieben. Insbesondere seine monolithische Sicht auf die von ihm unterschiedenen Weltzivilisationen und seine Fixierung komplexer zivilisatorischer Prozesse und Dynamiken als statische Formationen sind bemängelt worden. Am schwersten wiegt aber der Verdacht, dass auch hinter Huntingtons zivilisatorischem Schematismus, wie schon hinter Fukuyamas historischer Apokalyptik, eine immer noch zutiefst westlich geprägte Auffassung von Welt und Wirklichkeit liegt.

Sheldon Wolin

Der aus einer in erster Generation aus Russland eingewanderten Immigrantenfamilie stammende Sheldon Wolin (1922–2015) wächst in Chicago und in Buffalo im Bundesstaat New York auf, studiert an dem für seinen politischen Aktivismus bekannten Oberlin College im Bundesstaat Ohio, unterbricht sein Studium, um im Zweiten Weltkrieg in der Air Force im Pazifik zu kämpfen, und erwirbt 1946 seinen Bachelorabschluss am Oberlin College. Den Doktorgrad in politischer Wissenschaft erlangt er 1950 an der Harvard University. Von 1954 bis 1970 lehrt Wolin politische Wissenschaft an der University of California, Berkeley, dann von 1970 bis 1972 an der University of California, Santa Cruz und schließlich von 1972 bis zu seiner Emeritierung 1987 an der Princeton University.

Wolins Werk ist in doppelter Hinsicht wichtig und ein besonders geeigneter Abschluss für den Gang durch zweieinhalb Jahrtausende Geschichte der politischen Philosophie. Zum einen plädiert Wolin für die fortwährende Bedeutung historischer politisch-philosophischer Werke zum Zweck der umfassenden Orientierung und kritischen Distanznahme im gegenwärtigen politischen Denken und stellt sich damit gegen den Einzug positivistischen Denkens und empirischer Methodik und die Vernachlässigung der Geschichte in der jüngeren politischen Wissenschaft. Zum anderen hält er es für die Aufgabe politisch-philosophischer Theorie, über die akademische Welt hinaus in die breitere Öffentlichkeit zu wirken – in der Absicht, dadurch zur Überführung der politischen Theorie in die politische Praxis zumindest indirekt beizutragen.

Das erste seiner beiden Anliegen verwirklicht Wolin in einer Reihe von Studien, die historische Werke der politischen Philosophie mit gegenwärtigen Problemstellungen in Politik und Gesellschaft zusammenführen. Das zweite Anliegen bringt ihn dazu, regelmäßig in einflussreichen außerakademischen Organen zu veröffentlichen, insbesondere der *New York Review of Books* und der *New York Times*. Des Weiteren gründet Wolin eine kurzlebige Zeitschrift, die politische Theorie und Praxis zusammenführen soll (*Democracy. A Journal of Political Renewal and Radical Change*, 1981–1983). In Anbetracht seiner herausragenden Stellung als historisch eminent versierter und politisch akut engagierter Denker ist es zu bedauern, dass seine Arbeiten, mit Ausnahme seiner letzten Buchveröffentlichung, bislang nicht auf Deutsch vorliegen.

Wolins besondere Bedeutung für die politische Philosophie der Gegenwart besteht nicht zuletzt darin, dass er die repräsentative Demokratie nordatlantischer Prägung in seinen historischen und gegenwartsbezogenen Analysen zwar durchaus kritisch darstellt, aber nicht einfach einen polemischen Standpunkt außerhalb dieser Tradition – etwa eine marxistische Sicht der Dinge – einnimmt. Ihm geht es darum, die Chancen wie die Fehlleistungen des dominierenden westlichen politischen Systems von innen zu erfassen und deutlich zu machen. Damit kann Wolin als Anwalt der westlichen liberalen Demokratie im Moment ihrer gegenwärtigen existentiellen Bedrohung, die ihr von innen wie außen zuwächst, gelten. So sind von ihm auch keine schnellen Scheinlösungen, falschen Versprechen und überzogenen Ansprüche zu erwarten. Stattdessen liefert Wolin einer besorgten, aber immer noch zuversichtlichen Leserschaft kundige Einblicke in historische und gegenwärtige Zusammenhänge. Verbunden sind diese mit der melancholischen Perspektive auf eine Zukunft, die ohne die gefährdete, aber auch gefährliche Demokratie noch schlimmer und bedrohlicher wäre als mit ihr.

Wolins wissenschaftliches Werk umspannt sechs Jahrzehnte. Seine Veröffentlichungen zeichnen sich, abgesehen von historischer Bildung und theoretischer Eindringlichkeit, auch durch ihre literarische Qualität aus. Seine umfangreiche erste Buchpublikation, die in einer späteren Neuausgabe noch einmal beträchtlich erweitert wird, stellt das politisch-gesellschaftliche System der westlichen Demokratie in einen historischen Kontext, der bis zu den Griechen reicht und vor dessen Horizont die Möglichkeiten und Grenzen gegenwärtiger demokratischer Staats- und Gesellschaftsformen zutage treten (*Politics and Vision. Continuity and Innovation in Western Political Thought*, 1960; erweiterte Ausgabe 2004). Ein Jahrzehnt später erscheint mit einem Buch über Hobbes eine Studie, die exemplarisch den fortgesetzt wichtigen Beitrag von historischen politisch-philosophischen Werken epischen Ausmaßes (*epic theories*) aufzeigt (*Hobbes and the Epic Tradition of Political Theory*, 1970). Knapp zwei Jahrzehnte später erscheint eine Aufsatzsammlung, die anhand des amerikanischen Regierungssystems und seiner Verfassung das Ineinander von historischer Gründung und aktueller Bedeutung darlegt (*The Presence of the Past. Essays on the State and Constitution*, 1989).

Zu Wolins weiteren Werken gehört eine intellektuelle Biographie des politisch-philosophischen Beobachters der jungen Vereinigten Staaten und späteren französischen Staatsmannes Alexis de Tocqueville (*Between Two Worlds. The Making of a Political and Theoretical Life*, 2001). Wolin beschreibt Toquevilles Vita in ihrer exemplarischen Verbindung von politischer und theoretischer Lebensform. Auch für Wolin selbst geht das Nachdenken über die Demokratie mit dem Wirken für die Demokratie zusammen. Wolins kritisch-engagierter Einsatz für die gesellschaftlich-politische Lebensform der Demokratie findet einen dramatischen Ausdruck in seiner Analyse der gegenwärtigen westlichen Demokratie als «umgekehrtem Totalitarismus» (*inverted totalitarianism*). Erstmals entwickelt Wolin das Konzept in einem Essay aus dem Jahr 2003, um es dann ins Zentrum einer Buchpublikation zu stellen (*Democracy Incorporated. Managed Democracy and the Specter of Inverted Totalitarianism*, 2008; *Umgekehrter Totalitarismus. Faktische Machtverhältnisse und ihre zerstörerischen Auswirkungen auf unsere Demokratie*, 2022).

Die deutsche Übersetzung des Buchtitels lässt aus, dass Wolin den von ihm in der Demokratie diagnostizierten umgekehrten Totalitarismus als «Gespenst» (*specter*) charakterisiert, wie dies Marx und Engels anderthalb Jahrhunderte früher mit dem Kommunismus tun. Es geht Wolin nicht um die flache These, dass die gegenwärtige Demokratie totalitär ist – als gäbe es keinen Unterschied mehr zwischen Demokratie und Despotie oder Diktatur. Vielmehr will Wolin herausstellen, dass die westliche Demokratie Entwicklungen unterliegt, die auf ihre Annäherung an totalitäre Verhältnisse hindeuten. Anders als der Totalitarismus des zwanzigsten Jahrhunderts (Nationalsozialismus, Stalinismus), der die Bevölkerung umfassend («total») durch Propaganda und Terror für politische Zwecke mobilisiert, bewirkt (oder beabsichtigt) der sich abzeichnende demokratische (Quasi-)Totalitarismus umgekehrt die Entpolitisierung des zuvor politisch mächtigen *demos*.

Wolin beobachtet und beschreibt den schleichenden Vorgang einer Aushöhlung der Demokratie durch die Überführung des demokratischen Staates und seiner Gesellschaft in die Strukturen und Funktionsweisen eines großformatigen Wirtschaftsbetriebs (*corporation*). Auf diese Weise wird die Demokratie zur Demokratie-AG (*democracy incorporated*). Die Umwandlung von genuin politischer Macht (*political power*) in betrieblich-unternehmerische Macht (*corporate power*) versteht Wolin nicht nur als die faktische Übernahme der Politik durch die Wirtschaft. Auf einer tieferen Ebene diagnostiziert und kritisiert er den Einzug von betriebswirtschaftlichem Denken in sämtliche Institutionen und Funktionsmechanismen von Staat und Gesellschaft, von der Verwaltung über das Gesundheitssystem bis zum Bildungswesen.

In der Sache trifft sich Wolins Befund der sich abzeichnenden Demokratie-AG mit Habermas' fast gleichzeitiger Diagnose einer ökonomisch-zweckrationalen Fungibilisierung der vormals unabhängig-selbstbestimmten Sphäre gesellschaftlich-politischer Existenz («Kolonisation der Lebenswelt»). Während aber der späte Habermas auf systemische Korrekturen der wirtschaftlich-politischen Schieflage durch die normativen Mächte von Recht und Gesetz setzt, zeigt sich Wolin skeptisch im Hinblick auf die Möglichkeit, die in ihrer Selbständigkeit gefährdete Demokratie allein mit den Mitteln des demokratischen Rechtsstaates zu retten. Ihm zufolge befindet sich die westliche Demokratie am Übergang in die «Postdemokratie» (*post-democracy*) – einen Zustand ihrer Vereinnahmung durch strukturell undemokratische Denkweisen aus den Sphären von wirtschaftlicher Steuerung und politischer Planung. Die Rückzugsorte der Demokratie sieht Wolin statt in zentralen Strukturen und übergeordneten Institutionen in lokalen und spontanen Aktivitäten basisdemokratischer Art. Unter den ins Unpolitische totalisierten Verhältnissen ist genuine Demokratie für ihn keine Systemform mehr, sondern eine irreguläre Demokratie auf der Flucht (*fugitive democracy*) – auf der Flucht vor ihrer falschen Vereinnahmung durch undemokratische Instanzen, wie es Wolin in einer postumen Sammlung seiner späten Arbeiten darstellt (*Fugitive Democracy and Other Essays*, 2016).

Seit dieser resignativen Diagnose hat sich die Bedrohungslage für die alte westliche Demokratie eher noch verstärkt. Sie ist gefährdet oder sogar schon stark beschädigt, und dies gleich in mehrfacher Hinsicht. Zum einen ist die Demokratie durch ein prononciertes politisches Lagerdenken (*partisanship*) gefährdet, das die demokratische Gemeinschaft in ideologisch definierte Interessengruppierungen zerfallen lässt, die einander radikal bekämpfen, statt konstruktiv und durch Kompromisse das Gemeinwohl zu fördern. Zum anderen ist die Demokratie durch einen Populismus der Pseudo-Demokratie bedroht, der einfache Lösungen propagiert und schnelle Hilfen suggeriert für durchaus reale politische Krisen und gesellschaftliche Probleme, die jedoch in ideologischer Verzerrung aufgefasst und dargestellt werden. Die sich abzeichnende Klimakatastrophe, die gewaltigen demographischen Verschiebungen und die stetig wachsende Kluft zwischen Arm und Reich stellen die demokratische Gesellschaft vor Aufgaben, die, wenn überhaupt, nur konsultativ und kooperativ bewältigt werden können.

Schluss: Rückblick und Ausblick

Die provokante These vom Ende der politischen Geschichte – sei es in Gestalt einer global triumphalen liberalen Demokratie, sei es in Form einer heimtückischen illiberalen Postdemokratie – mag durch die gegenwärtige globale Lage mit ihrer neuen multipolaren Mächtekonstellation und dem Eintritt des globalen Südens in die Weltpolitik ernsthaft in Frage gestellt, wenn nicht gar endgültig widerlegt sein. Doch am Ende eines Buches über die politische Philosophie der letzten zweieinhalbtausend Jahre stellt sich die Frage, ob, wenn nicht die politische Geschichte, so doch vielleicht die Geschichte der politischen Philosophie inzwischen an ihr Ende gekommen ist. Natürlich geht heute und wohl auch morgen noch das politisch-philosophische Nachdenken über bereits eingetretene oder sich abzeichnende Entwicklungen in Staat und Gesellschaft weiter. Insbesondere die politische Wissenschaft mit ihrer empirischen Ausrichtung auf Daten und Fakten wird sicher auch in Zukunft betrieben werden und ihren laufenden Kommentar zum gegenwärtigen Geschehen abgeben. Doch im Verlauf ihrer langen Geschichte war die politische Philosophie nie nur politische Theorie und politische Wissenschaft, sondern eine umfassende kritisch-analytische Reflexion auf die politische Wirklichkeit, die über deren spezialisierte theoretische Erfassung und einzelwissenschaftliche Bearbeitung hinausreichte.

Politische Philosophie verstand sich durchweg als wertendes, normatives und sogar präskriptives Nachdenken über die Formen und Funktionen des Gemeinwesens – und dies auch da, wo die politische Philosophie statt von Idealen und Mustern von Defekten und Fehlleistungen in Staat und Gesellschaft handelte. Sicher stand der normative Anspruch der historischen politischen Philosophie durchweg im engen Zusammenhang mit den jeweils bestehenden politischen Verhältnissen, die dabei zumeist auch als umfassend geltend aufgefasst oder sogar als allgemein verbindlich angesehen wurden. Doch trifft das für die politische Philosophie insgesamt charakteristische Ineinander von normativem Anspruch auf die Gestaltung des Gemeinwesens und historischem Charakter in der Widerspiegelung der realen politischen Verhältnisse in der globalen Gegenwart auf eine geradezu unüberschaubare Vielzahl unterschiedlicher und sogar gegensätzlicher Ansprüche, Vorstellungen und Vorgaben für das Zusammenleben in Staat und Gesellschaft, die keine einzelne politisch-philosophische Position mehr zu vereinbaren vermag.

An die Stelle der historischen politischen Philosophie mit ihrem integralen Anspruch und ihrer umfassenden Reichweite sind in der Gegenwart plurale, ideologisch bestimmte Positionen getreten, die jeweils partikulare (und nicht selten durchaus berechtigte) Interessen vertreten, aber nicht mehr den Blick für das Ganze zu liefern beanspruchen und das sogar nicht einmal beabsichtigen. Ganz so wie die Gesellschaft selbst unterliegt auch das Nachdenken über die politische Verfassung der Gesellschaft der Aufsplitterung in plurale, unterschiedlich oder gar gegensätzlich ausgestaltete Identitäten, die miteinander in einer hochgradig differenzierten und diversifizierten Gesellschaft um Anerkennung und Ressourcen konkurrieren. Während das verfrüht prognostizierte Ende der politischen Geschichte durch den Fortgang der Geopolitik widerlegt sein dürfte, scheint das Ende der Geschichte der politischen Philosophie durch die ebenso rapiden wie vielförmigen gesellschaftlichen Entwicklungen weltweit so gut wie besiegelt. In Anbetracht der schieren Komplexität der gegenwärtigen Verhältnisse erscheint das Unternehmen einer historisch versierten politischen Philosophie, die durchweg das große Ganze von Staat und Gesellschaft kritisch und komparativ in den Blick zu nehmen beansprucht, unangemessen, ja vermessen.

Doch noch in einer ganz anderen Hinsicht könnte von einem Ende der Geschichte der politischen Philosophie in der gegenwärtigen globalen Lage die Rede sein. Zwar gerät die westliche liberale Demokratie weltweit zunehmend in die Defensive, doch die sich abzeichnenden alternativen Staats- und Gesellschaftssysteme – von pseudo-demokratischen Varianten wie der (autoritär) gelenkten Demokratie und der (populistisch) plebiszitären Demokratie bis zu offen autokratischen Regimeformen samt ihren theokratischen Spielarten – bringen keine neuen, geschweige denn originellen Formen der Gestaltung von politischer Herrschaft ins Spiel. Vielmehr handelt es sich durchweg um Formen des pathologischen Rückfalls in die Travestien, Deformationen und Perversionen des Gemeinwesens, die von der politischen Philosophie im Laufe ihrer Geschichte längst namhaft gemacht und bloßgestellt wurden – von der Diktatur über den Despotismus bis zur totalitären Herrschaft.

Vor dem Hintergrund einer solchen historisch geprägten Einschätzung der gegenwärtigen pseudo- und anti-demokratischen Entwicklungen erweist sich das festzustellende Ende der politischen Philosophie als der endliche Abschluss einer umfassenden Erkundung der Normen und Formen von politischer Gemeinschaft, der die Gegenwart und wohl auch die Zukunft nichts grundsätzliches Neues hinzuzufügen haben dürfte. Neu und wichtig für die politisch-philosophische Philosophie sind dagegen die enormen globalen Herausforderungen der Gegenwart, allen voran der Umgang mit dem rapiden Klimawandel, die Eindämmung der zunehmenden gesellschaftlichen Ungleichheit und die Anerkennung des globalen Südens als neuem *global player*. Doch auch hier hält die politische Philosophie in ihren historischen Ausprägungen und mit ihrer jüngeren Ausrichtung auf politische Freiheit, bürgerliche Gleichheit und gesellschaftliche Gerechtigkeit (*social justice*) vielversprechende Konzepte und Rezepte bereit für einen reflektierten Umgang mit den globalen politischen Problemen der Gegenwart.

Die an ihr Ende gelangte Geschichte der politischen Philosophie erweist sich so zugleich als Archiv wie auch als Arsenal für die kritische Auseinandersetzung mit den Herausforderungen der Gegenwart in Staat und Gesellschaft weltweit – als Aufbewahrungsort von akkumuliertem Denken und Wissen und als Waffenkammer für die theoretische und praktische Entwicklung von Antworten und Lösungen. Von besonderer Bedeutung dürften dabei immer noch jene Kernkonzepte der modernen (westlichen) politischen Philosophie sein, die zugleich die idealisierte Grundgestalt des modernen (westlichen) Staates und seiner Gesellschaft ausmachen. Zu den Grundbegriffen des gelingenden politischen Lebens zählen die als Selbstbestimmung verstandene Freiheit auf individueller (persönlicher) und kollektiver (nationaler, internationaler und übernationaler) Ebene, die Herrschaft des Rechts (*rule of law*) (ebenfalls auf nationaler, internationaler und übernationaler Ebene) und eine funktionierende Zivilgesellschaft (einschließlich einer verantwortlich verfahrenden Volks- und Weltwirtschaft).

Die eine solche Konstellation verbürgende Zusammenführung von vernünftiger Selbstbestimmung («Freiheit»), rechtlicher Regelung («Gesetz») und politischer Durchsetzungskraft («Gewalt») hat schon Kant als den Inbegriff des Gemeinwesens («Republik») identifiziert. Speziell die Verbindung von «Freiheit und Gesetz» bezeichnet er dabei als «die zwei Angeln» (gemeint sind Türscharniere), um die sich «die bürgerliche Gesetzgebung dreht» – gleich einer Tür, die sich dank der beiden beweglichen Angeln öffnen lässt, um den Zutritt freizugeben zu einem Gemeinwesen, das gesellschaftliche Verbundenheit mit individueller Unabhängigkeit im Rahmen einer staatlich gewährleisteten Rechtsordnung zu vereinbaren versteht (*Anthropologie in pragmatischer Hinsicht*, Anthropologische Charakteristik, E.).

Anhang

Literaturhinweise

Die folgende Auswahlbibliographie folgt einer chronologischen Ordnung nach dem Geburtsdatum der Autorin oder des Autors.

Aischylos, Tragödien, übers. v. Oskar Werner u. hg. von Bernhard Zimmermann. Mannheim 2011

Herodot, Historien, übers. und hg. v. Kai Brodersen u. Christine Ley-Hutton. Stuttgart 2019

Thukydides, Der Peloponnesische Krieg, übers. u. hg. v. Helmuth Vretska. Stuttgart 2000

Platon, Der Staat, übers. u. hg. v. Gernot Krapinger. Stuttgart 2017

Platon, Die Gesetze, übers. v. Klaus Schöpsdau u. hg. v. Michael Erler. Stuttgart 2019

Aristoteles, Politik. Schriften zur Staatstheorie, übers. und hg. v. Franz F. Schwarz. Stuttgart 1989

Aristoteles, Der Staat der Athener, übers. u. hg. v. Martin Dreher. Stuttgart 1986

Polybius, Die Verfassung der römischen Republik: Historien, VI. Buch. Griechisch / Deutsch, übers. v. Kai Brodersen. Stuttgart 2012

Cicero, De re publica / Vom Staat. Lateinisch / Deutsch, übers. u. hg. von Michael von Albrecht. Stuttgart 2013

Cicero, De legibus / Von den Gesetzen: Paradoxa Stoicorum / Stoische Paradoxien. Lateinisch / Deutsch, hg., übers. u. erl. v. Rainer Nickel. Berlin 2011

Tacitus, Historien. Lateinisch / Deutsch, übers. u. hg. v. Helmut Vretska. Stuttgart 1984

Tacitus, Germania. Lateinisch / Deutsch, hg. v. Manfred Fuhrmann. Stuttgart 1972

Augustinus, Vom Gottesstaat, übers. v. Wilhelm Thimme u. hg. v. Carl Andresen. München 2007

Thomas von Aquin, Über die Herrschaft des Fürsten, übers. v. Friedrich Schreyvogl. Nachwort v. Ulrich Matz. Stuttgart 1986

Dante Alighieri, Philosophische Werke. Band 4. Das Gastmahl IV. Italienisch / Deutsch, übers. v. Thomas Ricklin, kommentiert u. eingel. v. Ruedi Imbach. Hamburg 2004.

Dante Alighieri, Monarchia. Studienausgabe. Lateinisch / Deutsch, eingel. u. komm. v. Ruedi Imbach und Christoph Flüeler. Stuttgart 1989

Marsilius von Padua, Der Verteidiger des Friedens. Auswahl u. Nachwort v. Heinz Rausch. Stuttgart 1985

Niccolò Machiavelli, Il Principe / Der Fürst. Italienisch / Deutsch, übers. u. hg. v. Philipp Rippel. Stuttgart 1986

Niccolò Machiavelli, Discorsi. Gedanken über Politik und Staatsführung, hg. u. eingel. v. Rudolf Zorn. 3. Aufl. Stuttgart 2007

Jean Bodin, Über den Staat, ausgew. u. übers. m. Nachw. v. Gottfried Niedhart. Stuttgart 1999

Hugo Grotius, Von der Freiheit der Meere, übers. und eingl. v. Richard Boschan. Hamburg 1919.

Hugo Grotius, Drei Bücher über das Recht des Krieges und Friedens, übers. u. erl. v. J. H. von Kirchmann, Berlin 1869 (kostenfrei verfügbar bei Google Books)

Thomas Hobbes, De cive / Vom Bürger. Lateinisch / Deutsch, übers. v. Andrée Hahmann u. hg. v. Andrée Hahmann u. Dieter Hüning. Stuttgart 2017

Thomas Hobbes, Leviathan. Eine Auswahl. Englisch / Deutsch, übers. v. Holger Hanowell, hg. v. Jürgen Klein. Stuttgart 2013

John Locke, Über die Regierung, übers. v. Dorothee Tidow. Nachw. v. Peter Mayer-Tasch. Stuttgart 1986

Baruch de Spinoza, Theologisch-politischer Traktat, übers. u. hg. v. Wolfgang Bartuschat. Hamburg 2012

Samuel Pufendorf, Die Verfassung des deutschen Reiches, übers. v. Horst Denzer. Stuttgart 1985

Charles-Louis de Montesquieu, Vom Geist der Gesetze, übers., ausgew. u. eingel. v. Kurt Weigand. Stuttgart 1994

Jean-Jacques Rousseau, Du contrat social / Vom Gesellschaftsvertrag. Französisch / Deutsch, hg. u. übers. v. Hans Brockard. Stuttgart 2010

Adam Smith, Der Wohlstand der Nationen. Eine Untersuchung seiner Natur und seiner Ursachen, übers. v. Horst Claus Recktenwald, hg. v. Georg von Wallwitz. München 2018

Immanuel Kant, Was ist Aufklärung? Ausgewählte kleine Schriften, hg. v. Horst D. Brandt. Mit einem Text zur Einführung von Ernst Cassirer. Hamburg 1999

Kant, Immanuel, Zum ewigen Frieden. Ein philosophischer Entwurf, hg. v. Rudolf Malter, durchgesehene und bibliographisch ergänzte Auflage. Stuttgart 2022

Edmund Burke, Betrachtungen über die französische Revolution, übers. v. Friedrich von Gentz, eingel. v. Dieter Henrich. Frankfurt/M. 1967/ Burke, Edmund, Betrachtungen über die französische Revolution. Berlin 2015

Alexander Hamilton, James Madison und John Jay, Die Federalist Papers, hg. u. übers. v. Barbara Zehnpfennig. München 2007

Emmanuel Joseph Sieyès, Was ist der dritte Stand? Ausgewählte Schriften, hg. v. Oliver W. Lembcke u. Florian Weber. Berlin und Boston 2012

Johann Gottlieb Fichte, Grundlage des Naturrechts, nach Prinzipien der Wissenschaftslehre, hg. v. Manfred Zahn. Hamburg 1991

Johann Gottlieb Fichte, Reden an die deutsche Nation, hg. v. Alexander Aichele. Hamburg 2008

Benjamin Constant, Über die Freiheit der Alten im Vergleich zu der der Heutigen. In: ders.: Werke in vier Bänden. Vierter Band: Politische Schriften, hg. v. L. Gall, Berlin 2006, S. 365–396

Wilhelm von Humboldt, Ideen zu einem Versuch, die Grenzen der Wirksamkeit des Staats zu bestimmen, Nachw. v. Robert Haerdter. Stuttgart 2006

Georg Wilhelm Friedrich Hegel, Über die Reichsverfassung, hg. v. Hans Maier. Hamburg 2004

Georg Wilhelm Friedrich Hegel, Grundlinien der Philosophie des Rechts, hg. v. Klaus Grotsch. Hamburg 2018

Georg Wilhelm Friedrich Hegel, Vorlesungen über die Philosophie der Geschichte, eingef. v. Theodor Litt. Stuttgart 1989

Thoreau, David Henry, Ziviler Ungehorsam, übers. v. Ulrich Bossier. Stuttgart 2013

Alexis de Tocqueville, Über die Demokratie in Amerika, ausgew. u. hg. v. J. P. Mayer. Stuttgart 1985

John Stuart Mill, On Liberty / Über die Freiheit. Englisch / Deutsch. Mit Anhang und Nachw. hg. v. Bernd Gräfrath. Stuttgart 2009

Karl Marx, Philosophische und ökonomische Schriften, hg. v. Johannes Rohbeck. Stuttgart 2008

Friedrich Nietzsche, Die Geburt der Tragödie und ihr zugeordnete Schriften aus dem Nachlaß, hg. v. Bernhard Greiner. Stuttgart 2014

Friedrich Nietzsche, Zur Genealogie der Moral. Eine Streitschrift, hg. v. Volker Gerhardt. Stuttgart 1988

Carl Schmitt, Politische Theologie. Vier Kapitel zur Lehre von der Souveränität, 11., korr. Auflage. Berlin 2021

Friedrich August Hayek, Die Verfassung der Freiheit, übers. v. Ruth Temper, Dietrich Schaffmeister und Ilse Bieling. Tübingen 1991

Leo Strauss, Naturrecht und Geschichte. Stuttgart 1956

Hannah Arendt, Elemente und Ursprünge totaler Herrschaft. Antisemitismus, Imperialismus, totale Herrschaft. München/Zürich 2005

Hannah Arendt, Vita activa oder Vom tätigen Leben. München und Zürich 2002

Isaiah Berlin, Freiheit. Vier Versuche. Frankfurt/M. 2006

Judith N. Shklar, Der Liberalismus der Furcht, übers. v. Hannes Bajohr. Berlin 2013

John Rawls, Eine Theorie der Gerechtigkeit, übers. v. Hermann Vetter. Frankfurt/M. 1979

John Rawls, Justice as Fairness / Gerechtigkeit als Fairness. Englisch / Deutsch, übers. u. hg. v. Corinna Mieth u. Jacob Rosenthal. Stuttgart 2020

Sheldon Wolin, Umgekehrter Totalitarismus. Faktische Machtverhältnisse und ihre zerstörerischen Auswirkungen auf unsere Demokratie, übers. v. Julien Karim Akerma. Vorwort von Rainer Mausfeld. Frankfurt/M. 2022

Frantz Fanon, Die Verdammten dieser Erde, übers. v. Traugott König. Vorwort von Jean-Paul Sartre. Frankfurt/M. 1981

Habermas, Jürgen, Faktizität und Geltung. Beiträge zur Diskurstheorie des Rechts und des demokratischen Rechtsstaats. Frankfurt/M. 1998

Charles Taylor, Multikulturalismus und die Politik der Anerkennung. Frankfurt/M. 2009

Francis Fukuyama, Das Ende der Geschichte, übers. v. Ute Mihr, Helmut Dierlamm und Karlheinz Dürr. Hamburg 2022

Personenregister

Zur Orientierung innerhalb des zweieinhalbtausendjährigen Zeitrahmens, den die Darstellung umfasst, sind den aufgeführten Personen die Lebensdaten hinzugefügt. Die jeweils einer einzelnen Person gewidmeten 42 Unterkapitel sind durch Fettdruck der betreffenden Seitenzahlen ausgewiesen.